木のヨーロッパ
建築とまち歩きの事典

太田邦夫

WOODEN EUROPE
Field Notes of its architecture and townscapes

Kunio Ota

WOODEN EUROPE
Field Notes of its architecture and townscapes

木のヨーロッパ

建築とまち歩きの事典

太田邦夫

Kunio Ota

彰国社

まえがき

　ヨーロッパを旅すると、永い歴史を重ねた町ほど、その有名な広場や中心街に残された木造の町家がいくつも目に入る。その古さは、近世どころか15-16世紀にまで遡ることも少なくない。北西ヨーロッパの石や煉瓦積みの壁が多い町ですらこうなのだから、まして鄙びた農山村が多い東ヨーロッパでは、家々がみな似た形の屋根や軒を連ねた、すてきな木造の街並に出会うことが多くなる。

　ヨーロッパにまだ多くの木造を見ることができる遠因は、日本の場合と同じく、数千年前までここも深い森で覆われた大陸だったことにある。新石器時代からここに移住しつづけてきた諸民族は、その森から得られた豊かな木材で、中世までに多様な生活文化を築きあげていた。その「木のヨーロッパ」を基層文化とし、そこに地中海型ともいえる「石のヨーロッパ」を上層文化として採り入れることによって、近世以降の世界に冠たるヨーロッパ文明が生まれたともいえるだろう。

　いつの時代も同じだが、庶民が住む農山村の家々や都市の町家が建築や街並の基層文化を形づくり、城郭や寺院、支配層の邸宅などがその上層文化として君臨してきた。明治以降の日本は、こうしてヨーロッパの上層文化を築いてきた石造や煉瓦造とはまた別の、新しい鉄やコンクリートの建築が100年以上の寿命を保つであろうことから、これで近代的な街づくりができると皆で信じてきた。

　しかし、それから100年を経たいま、日本に木造ではない建築の文化財がどれだけ創られたのか。鉄筋コンクリート全盛の時代に素晴らしい街並がどれほど生まれたのか。そのあまりの数の少なさと失われてきた木造遺産の多さに想いを致すとき、日本が自らの文明開化のために欧米の建築術を短絡的に受容してきた間において、それを支えてきたヨーロッパの基層文化、すなわち「木のヨーロッパ」を完全に見過ごしてしてきたという経緯に気づかざるをえない。

　ところが、地中海から北のヨーロッパの人々にとって、この「木のヨーロッパ」はいまだに心の故郷でありつづけ、またその半数ほどの人々にとっては現実の環境そのものである。古い家や街並は当然木造と考える人は多いし、それだけに愛着も深く、大切に保護しながらそこに永く住みたいと願ってもいる。「古い家のない町は、思い出のない人間と同じである」というヨーロッパの古い諺ほど、彼らの想いを雄弁に物語った言葉はない。

　そうと知れば、世界有数の木造の技を誇る日本人であればこそ、「木のヨーロッパ」の旅に強く惹かれるところが多いにちがいない。その旅で得られた収穫が、古い建物を年々消し去りつつある日本のまちづくりに、よい示唆をもたらすことは明白だろう。その旅のためと、「木のヨーロッパ」の全貌を居ながらにして理解するために、この本が少しでも役立つならば幸いである。

2015年9月

太田邦夫

まえがき 3

旅の準備編　旅を楽しくするための 8 つのポイント 7

1 木造建築の分布　その伝統的基盤 8

2 気候と建築　日本との違い 10

3 植生の分布　森林の歴史と開発 12

4 土地利用の形態　その多様性と建築 14

5 民族的な背景　言語と習慣 16

6 宗教の分布　教会とその装飾 18

7 建物の探し方　野外博物館と街並 20

8 旅の実践　地域とコースの選び方 22

旅 編　おすすめ 12 のルート 24

1 イギリス 32
　ハーフティンバー様式の街並と木造ホテル

2 フランス 42
　ノルマンディー地方とブルターニュ地方の港町

3 フランス、スペイン 52
　フランス南西部とスペイン・バスク地方の村と町

4 ドイツ、フランス 68
　シュヴァーベン地方とアルザス地方の街並

5 スイス、オーストリア 78
　アルプス山地の木造建築とその集落

6 ドイツ 88
　ヘッセン、ニーダーザクセン、ハルツ、テューリンゲン地方の街並

7 ノルウェー、ドイツ、デンマーク 100
　木造スターヴ教会と北海沿岸の街並

8 フィンランド、エストニア、ロシア 114
　バルト海沿岸諸国とカレリア地方の村と町

9 ポーランド、スロヴァキア 134
　カルパチア山地の木造教会

10 ハンガリー、オーストリア、ドイツ ……………………… *150*
オーストリア中央部とパンノニア平原の村と町

11 ルーマニア、ウクライナ ………………………………… *164*
トランシルヴァニア地方とワラキア地方の木造教会と街並

12 ブルガリア ………………………………………………… *178*
バルカン山地と黒海沿岸の村と町

コラム

街並を眺める ……………………………………………… *61*
ラヴェナム、ホホウフ、コルマール、ヴルコリーネツ、ツェレ、ネルトリンゲン

民家園に行こう! ………………………………………… *127*
大きい民家園、小さな民家園、楽しく遊べる民家園

旅の参考資料編 ……………………………… *192*

木造建築の分布〔立面図〕 ……………………………… *192*

屋根の形 …………………………………………………… *198*

屋根と壁の仕上げ ………………………………………… *200*

構造部材の名称 …………………………………………… *202*

小屋組の種類 ……………………………………………… *204*

木造軸組 1 ………………………………………………… *206*

木造軸組 2 ………………………………………………… *208*

住宅の平面構成 農村部 ………………………………… *210*

住宅の平面構成 都市部 ………………………………… *212*

インテリア ………………………………………………… *214*

窓 …………………………………………………………… *218*

扉と門 ……………………………………………………… *220*

教会の種類 ………………………………………………… *222*

納屋と穀倉 ………………………………………………… *224*

細部の装飾 ………………………………………………… *226*

大工道具 …………………………………………………… *228*

建築用の樹木 ……………………………………………… *230*

図版の説明と出典／世界遺産や木造街並のある町と野外博物館などのリスト／参考文献／索引／あとがき

「木のヨーロッパ」 凡例

＊表記法

・固有名詞（国名、地方名、市町村名）
伝統的な木造建築や街並の地方色を重視する立場から、地名や主要建物名、人名などは現地
語表記を原則とする。ただし、複数国にまたがる地域あるいは一国内で複数の言語を併用する
地域（スペインでのバスク語、フィンランドでのスウェーデン語、ウクライナでのロシア語表記
など）では、その市町村が現在所属する国の公用語表記で便宜上統一する。＊＊

・現地語の日本語表記
本文における国名、市町村名、主要建物名は日本語とラテン文字による現地語表示との併記を
原則とし、ロシア、ウクライナ、ブルガリアの記述では本文にキリル文字、地図や資料編の一部
にはラテン文字表記を用いる。地名のカタカナ表記はwww.google.co.jp/maps/placeによる。
ただし、スペインでは「v」を「バ」行、ルーマニアでは「â」を「ウ」、ブルガリアでは「ъ」を「ウ」、ゲ
ルマン語系諸国とハンガリーでは「ö」を「オェ」として原則的に表記する。＊＊＊

・表記の記号
カタカナ表記における「・」と「゠」は「Mont Saint-Michel」を「モン・サン゠ミッシェル」、地名にお
ける併記は、現在名/過去名を「ビトリア/ガステス」、同じ地域内に複数存在する地名は「ホムブ
ルク（エフツェ）」などとして記載する。

・建物名の表記
現地名と所在地の後に付した数字は、その建物の新築または大規模な増改築の年代を示す。

・国名略称（本書における使用順）
UK：イギリス、FR：フランス、ES：スペイン、NL：オランダ、BE：ベルギー、LU：ルクセ
ンブルク、CH：スイス、IT：イタリア、DE：ドイツ、AT：オーストリア、DK：デンマーク、
NO：ノルウェー、SE：スウェーデン、FI：フィンランド、RU：ロシア、EE：エストニア、LV：
ラトヴィア、LT：リトアニア、BY：ベラルーシ、PO：ポーランド、CZ：チェコ、SK：スロヴァ
キア、HU：ハンガリー、SI：スロヴェニア、HR：クロアチア、BA：ボスニア゠ヘルツェゴヴィ
ナ、ME：モンテネグロ、AL：アルバニア、RS：セルビア、RO：ルーマニア、UA：ウクライナ、
MD：モルドヴァ、BG：ブルガリア、MK：マケドニア、GR：ギリシア、TR：トルコ

＊＊ 索引の項では、その対象はその国のどの地域（地方、県）にあるのかを個別に表示。
＊＊＊ カタカナ表記の例外（原則的には違うが、俗称がインターネット上でも通用しているため、
それに従った表記、たとえばネルトリンゲン（Nördlingen）、テルベル（Törbel）なども含む。

＊旅程図 記号・標章

	鉄道（緑）
	特急列車（EC、ICなど）
	普通列車
	特急列車（機関車牽引、寝台列車を含む）
	観光用列車
	一般道路（茶）
	定期バスが利用可能
	タクシー・一般車のみ利用可能
	船またはフェリー
	世界（文化、自然）遺産
	著名な近代建築
	その他の景勝地
	野外博物館

「木のヨーロッパ」に関する現地語による資料は下記のキーワードを参照
wooden europe (UK), (l') europa en bois (FR,CH), (la) europa madera (ES), (l') europe di legno (IT,CH), (das) hölzerne Europa (DE,AT,CH), houten europa (NL), træ europa (DK), av tre europe
(NO), av trä europa (SE), puinen europa (FI), деревянная Европа (RU), драўляны еврoпы(BY), puidust euroopas (EE), koka dēļu europe (LV), medinis europa (LT), дерев'яний європи (UA),
drewniany europa (PO), dřevěný europa (CZ), drevený europa (SK), fából (fából készült) europa (HU), lesena europe (SI), drveni europe (HR), drvene europe (BA), europe prej druri (AL),
деревянние Европа (RS), europe din lemn (RO), дървени Европа (BG), дрвени Европа (MK), ξύλινα Ευρώπη (GR), ahşap avrupa (TR)

旅の準備編

旅を楽しくするための8つのポイント

この活き活きした線の木彫は、ヴァイキングがノルウェーで活躍していた時代の最高傑作。フィヨルドの奥に遺されたウルネス木造教会の北壁に、いまでも大切に保存されている。(→p.105, 226)

1 木造建築の分布
その伝統的基盤

つい先ごろまで、ヨーロッパに木造の建築を見に行くと言うと、ほとんどの日本人は「ヨーロッパは石造の建築ばかりだろう。ほんとうに木造の建築があるの？」と、必ず問い返してきたものだった。最近は、世界遺産に登録された木造の教会や伝統的な集落が多くのメディアを通じて知られるようになったので、少しはそうした問いの数は減ったが、幼少期から分厚い石壁に囲まれた古城の伝説や、ゴシックの大伽藍の荘厳さに惹かれていた人々の心の裡に、「石のヨーロッパ」のイメージが深く焼き付けられているのは無理からぬことだろう。そうした人にとっては、次頁に示したように、ヨーロッパ各地に20世紀初頭まで膨大な木造建築が残されていて、その多くがまだ使われているという事実は、大きな驚きとして迎えられるにちがいない。

もっとも、建築が石造か木造かの区別は、壁が石積みで造られているか、それとも木の柱や梁を組んで造られているかの違いだけである。今でも庶民の石壁の家は床が依然として梁や根太と板で造られているし、その屋根のほとんどは木造なのだ。いつの時代でも石造は高価だから、よほど豪奢な王侯貴族の館か大聖堂のような公共的な建築でないと、壁や柱と天井をすべて石造にすることはむずかしい。したがって、「石のヨーロッパ」にこだわるのは、こうした上層文化だけを見て建築の歴史を考える人に限られるのかもしれない。次頁の図もその地域の住まいの壁が木を主体に造られているか否かを示しているだけで、木造が優越していない地域でも中世まで壁は木造だったし、現在でも床や屋根には他所より貴重な木材が大切に使われていることも、併せて理解しておきたいところである。

この図を見ると、木を壁に使わない地域、たとえば土壁や砕石とモルタル混じりの壁か煉瓦積みの壁にする地域は、地中海や大西洋、北海、バルト海、それに黒海の沿岸や極北の地帯といったヨーロッパの周辺部

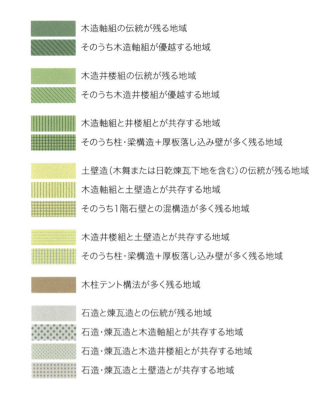

に位置していて、それ以外の内陸部のほとんどが木造の地帯、あるいは木造と他の構造との混交地帯で覆われている。そこは、北西から中央のヨーロッパが木の樹幹を柱や梁として縦に使う軸組造と、その東と北のヨーロッパが樹幹を校木として横に積んで使う井楼組とに二分されているが、東西に横たわる山間部では地勢や気候の関係もあって、それらの分布は複雑にならざるをえない。そのうち斜線の部分は、軸組造や井楼組の建物が優越する地域で、そこに行けば今でもすぐ素晴らしい建物に出会えることを示している。

それでも、いきなりその地域を端から訪ねるのは避けたほうがよい。その前に、なぜこんなに木造があるのか、何が原因でこうした分布になったのか知る必要があるからだ。ヨーロッパの木造建築の歴史や地理的な背景を大まかに知っておけば、そのなかで最も興味深い地域から旅を始めることができるし、訪れたい建物を絞り込むこともできる。まずはヨーロッパの気候や植生、農耕や牧畜の形式、民族や宗教の違いなどを、同じスケールの地図の上で俯瞰しながら比較してみよう。すると、これまで考えもつかなかった木造の旅の舞台が、そこにはっきりと見えてくるはずである。

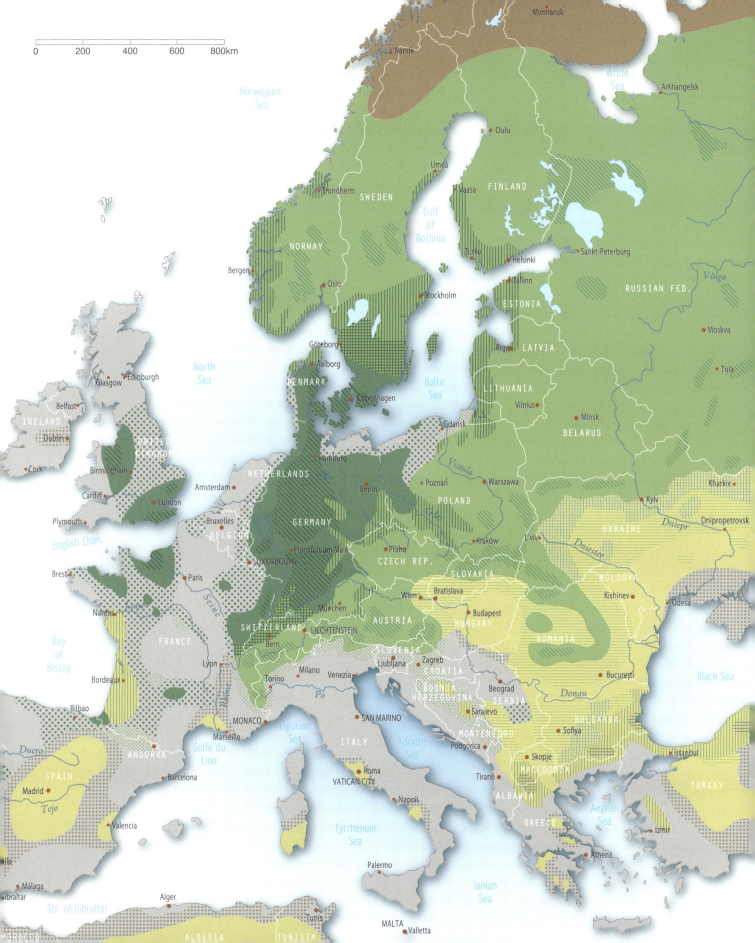

2 気候と建築
日本との違い

木造の建物を建てるには、良質な木材を産み出すための広い森が不可欠である。その森が育つには、豊かな陽光と恵みの雨が必要なことはいうまでもない。ヨーロッパはその気候の温和さで知られているが、これまで文明が興った地域のなかでは最も緯度が高い。そのため陽光が弱く、かつその角度が低いので、単位水平面当りの日射量、すなわち太陽エネルギーの量は少ないと思われがちだ。ところが、夏季の日照時間が長いため、年間日射量はより低緯度の日本や中国の江南地方などとくらべて大差はない。たとえば北海道は緯度からするとアルプス山地の少し上に位置するが、実際の日射量は1200kWh/m^{2}で、より北のスロヴァキアと同程度であるし、南スペインと同緯度の九州は1400kWh/m^{2}でフランスやルーマニアより値が低い。日本や中国では陽射しがいくら強くても、降水量の多い地域は雨雲のために日射量が減るのである。

ただし、北西ヨーロッパの沿岸部は、大西洋を流れる暖流のせいで雨量が年間1000mm以上と多く、夏冬の温度差が少ない西岸海洋性の気候だが、ヨーロッパを横切る中央山地の北側に位置するポーランドから東の内陸部では冬の気温が極端に低く、年間降水量500mmほどの、夏も冷たい大陸性湿潤気候を示している。さらにその北のバルト海から東の高緯度の地帯も、より寒冷な亜極地性気候を示しており、これら寒暖の差が木造軸組造と井楼組との分布の境を形作っている。中央山地より南は夏に雨が少ない地中海性気候のため、木造建築は稀にしかみられないが、バルカン半島西部の山地は湿潤な亜熱帯気候なので、古い木造の形式が最近まで残っていた。その東側の内陸部と黒海西岸は、比較的湿潤で夏が暖かい大陸性気候なので、井楼組と軸組造とが混交して現れる地域になるが、黒海北岸以東は年間降水量が500mm以下の大陸性乾燥気候、すなわちステップ地帯になるため、木よりも土や日乾煉瓦(ひぼしれんが)の壁が優越する地域になっている。

こうした日射量と降水量とは、その年間総量がその地域における樹木の生育量と関係しているだけでなく、それらの変化が季節ごとの積算温度や降水量に及ぼす影響は、その地域に適した樹木の樹種まで決定づけると考えられている。すると、次頁の図で日射量が同じで降水量も同じ地域には、似たような樹種が生育し、それを用いて同じように建てた木造建築がみられる可能性があるということになる。ましてや、いくら夏季の降水量に大差があるとはいえ、日本とヨーロッパの年間日射量がほとんど同じ値を示すかぎり、この図の比較的雨の多い地域では、ひょっとすると日本と同じ形の木造建築がみられるのかもしれない。

もっともこの場合、日射量は気温の高低から算出される暖かさや寒さの指数ではなく、年間を通じて晴天日が何日あるかという、天気の良し悪しの指標であることに留意しておく必要がある。最近では日本でも地域ごとに日射量や晴天率が詳しく得られるようになった。地方色豊かな日本の木造建築のこうしたバックデータをあらかじめ調べておきさえすれば、この図のどこに行くとそれと似た建築に遭遇できそうかなど、そうした心躍る企てもできる。それこそがヨーロッパの木造を見て廻る者ならではの楽しみ方ともいえるのだ。

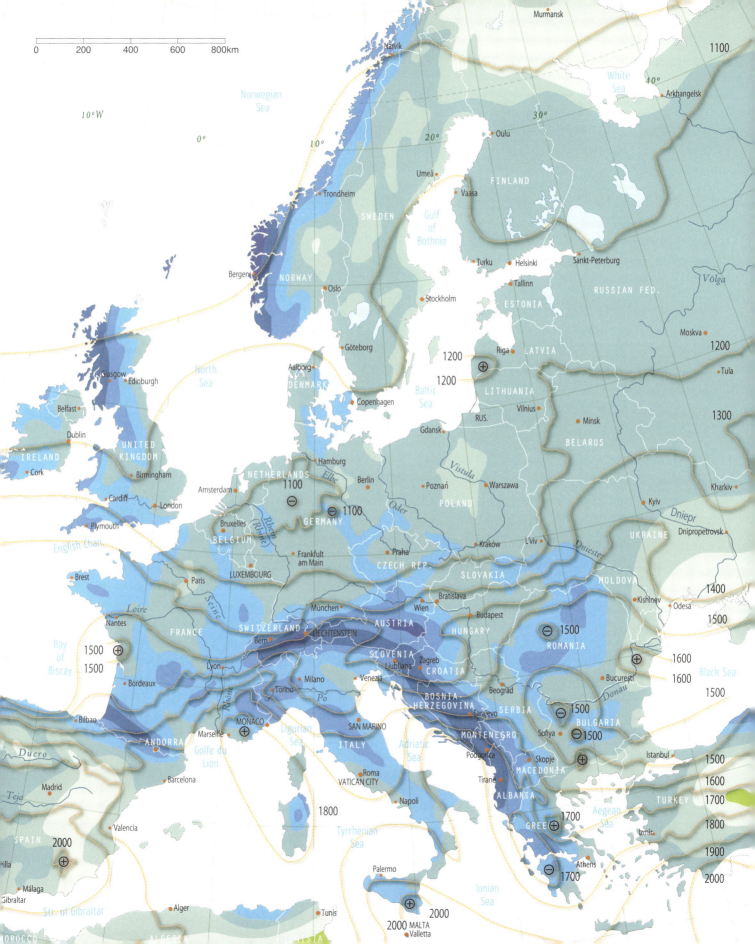

3 植生の分布
森林の歴史と開発

- 常緑針葉樹林
- 落葉針葉樹林（常緑針葉樹林と落葉広葉樹林との混合樹林）
- 落葉広葉樹林
- 常緑落葉広葉樹林（落葉広葉樹林と地中海型疎林との混合樹林）
- 地中海型疎林
- 荒地・湿原・ツンドラなど
- 高山植物帯
- 草原・ステップ
- 砂漠

　ヨーロッパの植生は、その中央山地の北側に限れば、西が落葉広葉樹林帯（ナラやブナ）、北が常緑針葉樹林帯（トウヒやモミ）、東が両者の混合である落葉針葉樹林帯（カラマツも含む）に大別され、それぞれが西岸海洋性気候、亜極地性気候、湿潤内陸性気候の地域に対応していることが次頁の図から読み取れる。中央高地の南側に当たる地中海性気候の地域では、北イタリアを除くとオリーヴのような地中海型疎林しか育たないし、スペインの内陸乾燥地帯には常緑落葉広葉樹林がみられるだけである。

　針葉樹ではアカマツが亜高山帯や冷温帯・亜寒帯の平地に広く分布し、北欧と東欧ではとくに多い。モミは適潤な亜高山帯に自生するが、トウヒは乾燥地でも生育するため、そのほとんどが人工林になっている。ヨーロッパの落葉広葉樹林は、同じ樹林帯である日本の本州東北部や北海道の平地部より夏冬の温度差や降水量が少なく、比較的乾燥しているので、ナラの天然林が多い。ブナは、やや湿潤な山地とその北辺部だけに限られている。

　こうした樹林帯は高緯度にある。そこでの夏は、日本にくらべ陽光は弱いが日照時間が長く、また上方からの直射光よりも方向性のない散光が多いから、ここで育つ広葉樹や針葉樹はみな樹高が高く、枝葉が垂直に保たれる傾向が強い。そのため、北方になるほど樹形、とくに樹冠は細長くなり、建築用の直材が得やすい。したがって、落葉広葉樹林帯にはその木を柱や梁に用いる木造軸組の建物が、常緑針葉樹と落葉樹との混合樹林帯にはその木を校木に用いる井楼組の建物が適していた。この両者の密接な関係は、次頁の図と前掲の木造建築の分布図（pp.8-9）とを比較すればよくわかるだろう。

　しかし、植生図はその地域に最も生育しやすい植物種を示すだけで、その地域がその種の森ですべて覆われているわけではない。森林率をそこに掛けないと、実際の森の広さが掴めないのだ。ヨーロッパの森林率は、日本の69％にくらべ、フィンランドとスウェーデンを除くと全体としてはるかに低い。オーストリア、スロヴァキア、ノルウェーが40％前後、フランス、スイス、ドイツ、ポーランドが約30％で、イタリア、ベルギー、ハンガリーは20％台、デンマークやイギリスは13％にも達しない。すると、その森林の全成長量は低くなるので、その成長量を伐採する割合は、日本の4割にくらべてヨーロッパ諸国はほぼ5-7割と、高い利用率を示している。

　このようなヨーロッパでも、中世以前は中央山地の北側は深い森に覆われていた。その豊かな木材を用いて、どこでも木造の建物が好んで建てられていたのだ。しかし、人口増に従い森は開墾されて農地や牧場になり、金属冶金用の燃料や造船材の確保のため、ナラなどの良材は真っ先に伐採されていった。ヨーロッパ文明の発達、すなわち都市化の歴史は、こうした森の破壊によって達成されたといってよい。比較的開発が遅れたルーマニアは、いまでも広葉樹材と針葉樹材と両方を供給できるが、他の国々では、植生だけからみるとどの樹種もあるものの、建築用の大材となるとどれかの樹種に絞るか、輸入した針葉樹材に頼らざるをえないのは、こうした森の歴史があったからである。（→pp.230-1）

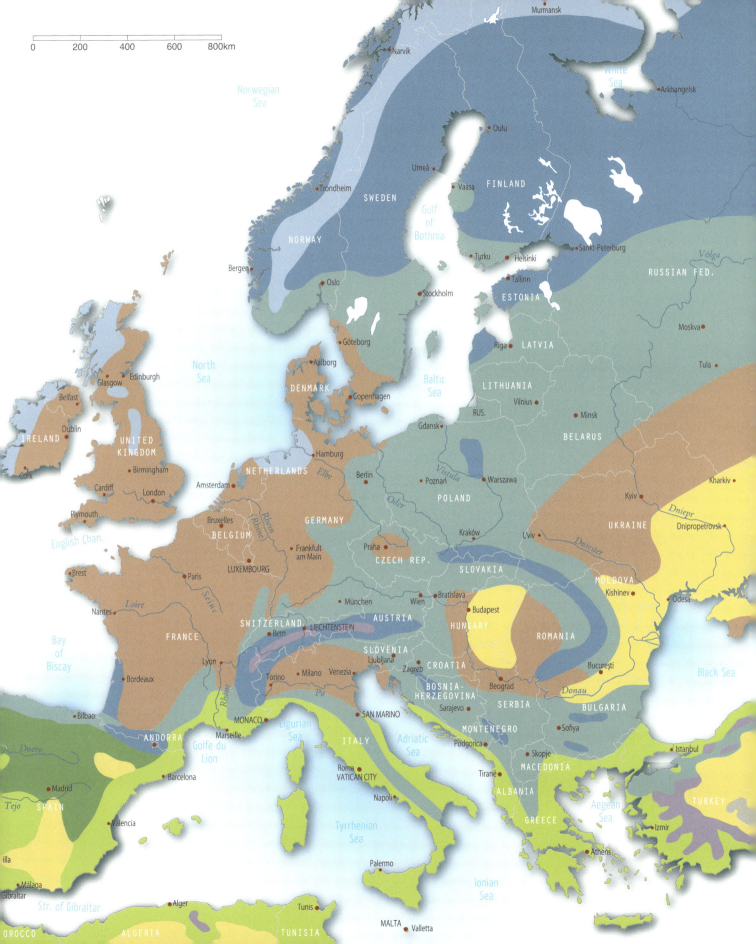

4 土地利用の形態
その多様性と建築

中世からヨーロッパの森は次々と耕地や牧場に変えられてきたが、そこに大小さまざまな都市や村落が発達していったため、現代におけるヨーロッパの農地や牧地の分布は、それ以前よりもさらに複雑な状況を示している。なかでも特徴的なのは、酪農を主体とする地域が北海からバルト海沿岸、さらに中央山地の大半を占め、小麦、大麦、ライ麦などの穀物を生産する農耕地帯が内陸部に押しやられていること、それと地中海や大西洋の沿岸部だけでなく、内陸部の川沿いや盆地にも果樹栽培（ブドウやリンゴなどのほか、タバコ、米、綿花などの特殊栽培種も含む）や市場園芸（蔬菜や花卉）が広く行われていることだ。とくに北西沿岸部の酪農はヨーロッパ式の混合農業ともいわれ、穏やかな気候で育つ牧草と、農耕で得られる家畜用の飼料によって優れた乳製品や肉製品を産出し、近郊の都市部のみならず、国外にもその多くが輸出されることで有名である。

また、内陸の北西部はかつて落葉広葉樹に広く覆われていたため、褐色の肥えた土壌（ルビソル）に恵まれ、小麦を中心とした効率のよい穀物栽培がつづけられてきた。しかし、北東部の常緑針葉樹林帯は地味に乏しい酸性土壌（アルベルビソル）であるためにライ麦や大麦しか育たず、北西部の亜高山帯や東部の混合樹林帯も、そう肥沃でない灰白色の酸性土壌（ポドゾル）で覆われているので、大麦や雑穀は育つが、山間部では羊や山羊などの放牧しかできない。南ロシアからウクライナ西南部に伸びる地帯はステップに培われた黒土（チェルノーゼム）が豊かで、現在でも小麦の大産地になっている。ドナウやエルベの上流にも黒土地帯が点在し、新石器時代ここに移住してきた農耕技術を持つ民族が、豊かな地味を利用して木造軸組の建物を広めていった歴史も忘れてはならない。

果樹栽培が盛んな地域では収穫物の熟成や加工に適した石造の建物が圧倒的に多いが、その逆に内陸部の農耕地帯では住居のほかに納屋や穀倉、家畜小屋などが必要とされ、さらに沿岸部の混合農業地帯では大きな畜舎や乾草小屋、灌漑用の風車や製材用の水車などが加わるので、木造の建物が果す役割は非常に大きかった。こうした農耕や酪農用建物の形は地域ごとに異なり、その平面の使い方も多岐にわたるため、それらを見て廻るだけでも楽しい。(pp.224-25)

だが、中央山地の酪農が土地の高低差を利用しながら家畜を移動させる方式であるように、これら多様な建築や施設、耕地や牧場などがどのような間隔と向きで配置されているか、それらの間を家畜や飼料、収穫物、生活用品などが人と共にどう動いていくか、それを見極める視点がないと、ヨーロッパの農山村が伝えてきた建築や集落の空間配置の意味や面白さがわかってこない。(pp.210-11)

しかも、こうした建物配置の伝統は、単に村落の規模だけでなく、都市においてもその街並や広場を形成する際の手法に深い影響を及ぼしてきた。都会の街角で買い求めたチーズやパンの匂いと味に、それまでに訪れてきた農山村の風景やそこで働く人々、そこで見た建物のイメージが鮮やかに蘇ってくればしめたもの。そのとき初めてヨーロッパらしい木造の旅が身近になったといえるだろう。

農業と肉食用の牧畜とが混合する地域（羊毛用の牧畜も含む）
多様な混合農業が残る地域
伝統的な地中海型農業が残る地域（穀物栽培＋小規模牧畜が主）
酪農地域
市場用園芸・果樹栽培地域（ブドウ栽培、タバコ、米、綿花などの特殊栽培も含む）
商業用穀物栽培地域
伝統的な内陸型農業が残る地域
放牧による牧畜地域
遊牧型の牧畜が残る地域
非農耕地域

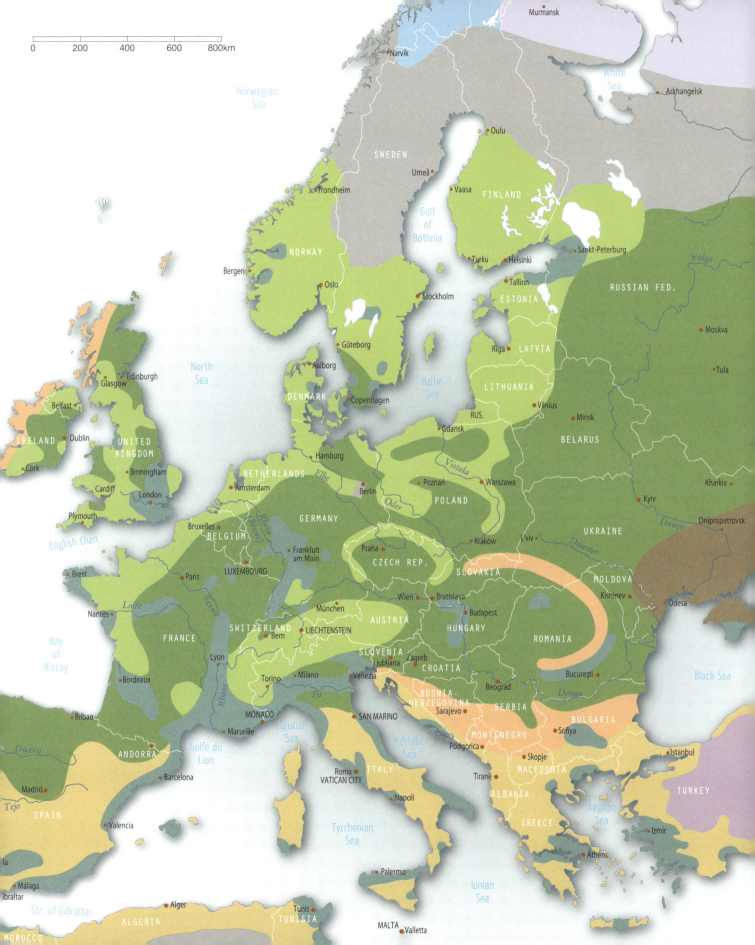

5 民族的な背景
言語と習慣

これまで述べてきたのは、気候や植生といった自然の環境とそれに適した農耕や牧畜といった生業をもとに、ヨーロッパにおける木造建築の特徴を確かめる試みだった。これは建築の形がその地域の環境に決定されるという見方である。しかしその反面、ヨーロッパにはさまざまな言葉を話す人々が暮らしているから、その民族的な背景の違いが多様な生活様式をもたらし、それがその地域の建築や集落のあり方に深く関わっているという、民族の伝統を重視する見方もある。次頁の言語の分布図からもわかるように、ヨーロッパの南と西にラテン（ロマンス語）系、中央と北にゲルマン系、東にはスラヴ系の言語を話す人々が住んでいて、所によってはその分布の境が現在の国境と一致しないため、公用語がいくつもある国も多い。その言語と建築との関係の複雑さは、数万年前からヨーロッパに流入していたさまざまな民族の生活習慣が各地に根強く残ったことと、時代ごとにその一部が集団で移動したり、個別に拡散や消滅を繰り返したことが原因とされている。

このラテン、ゲルマンやスラヴという区分は、ギリシア系と共に元はインド・ゲルマン語族の、人種的にはコーカソイド系の人間が勝手に作ったものだ。ラテン系民族は紀元前2千年紀、中近東を経てバルカン半島南部からアドリア海沿いに北進、先住民が築いた円形や楕円形、四角い平面に棟持柱という住まいの伝統を踏襲した。ゲルマン系はすでに新石器時代の紀元前4千年紀にコーカサス経由でユトランド半島まで到達していて、初期の農耕技術と長大な平面に棟持柱の住居を持ち込んだとされている。その後、内陸の中央部に東からケルト系民族が流入、ヨーロッパに初めて青銅器文化をもたらすが、残念ながらその言語と建築はまったく残っておらず、その痕跡がわずかに大西洋沿岸で偲ばれるのみである。

北部にいたゲルマン系は、古代末期から南下を始め、ブリテン島やイベリア半島にも進出するが、その頃から棟木のない合掌方式の住居が、従来の棟持柱形式に代わって内陸北部に出現し始める。6世紀頃から、その東側にアジアからモンゴロイド系の遊牧民族が進出、円形平面のテントを伴う住居形式をもたらすが、いまはその言語と習慣だけがハンガリーやフィンランドなどに残っている。これらの混乱に乗じてゲルマン人の祖地のすぐ東から拡散し始めたのがスラヴ人で、東スラヴ系はそのころから盛んになった井楼組を用いて東のロシアやウクライナへ進出、西スラヴ系は井楼組と軸組造を併用しながら内陸部へ、また南西スラヴ系はバルカン半島まで南下したのである。

中世後半からはこうした大規模な民族移動が行われなくなったが、木造建築にとって注目すべきはドイツ周辺の人の動きで、中世中葉の数次にわたるドイツの東方移民が西スラヴ系のポーランドやチェコとラテン系のルーマニアに与えた建築的な影響は大きく、ナチズムの台頭や第二次世界大戦とその後の東西陣営の対立は、多くのドイツ人やスラヴ人の強制移住とユダヤ系の建築の破壊をもたらした。そうした歴史や文化の名残が、今でもこれらの地域の木造建物や街並に残っているので、ここを旅する人たちにとって、これらの建築の民族的な背景を事前に知っておくことはぜひとも必要だろう。

インド・ゲルマン語
- ロマンス諸語（ラテン系）
- ゲルマン語
- スラヴ語
- ケルト語
- バルト語
- トラキア・イリュリア語
- ギリシア語

非インド・ゲルマン語
- 非インド・ゲルマン系諸語
- --- 言語境界
- .... 方言境界

アイルランド・ゲール

ACo
ガリシア語

ポルトガル語

PO
Lisbon

モロッコ

6 宗教の分布
教会とその装飾

　現代のヨーロッパでも、キリスト教を信仰する人が圧倒的に多い。次頁の図のようにその西側の地域はローマ・カトリックの信者が圧倒的に多いが、木造建築が多くみられる北半球の地域では中世末期以来プロテスタントの勢力が強く、ドイツやスイスの主要部とオランダ、北欧諸国にフィンランド、バルト三国等をルーテル派などが占め、イギリスはイングランド国教会とスコットランド国教会に属している。その一方、東側や南東の諸国はそれぞれがロシア正教会、ウクライナ正教会、ルーマニア正教会、ブルガリア正教会などの名で正統派（オーソドックス）の伝統を守ってきた。イスラム教徒はバルカン南部に限られ、かつて内陸の北東部に集結していたユダヤ教徒は、第二次世界大戦後すっかりその数を減らしてしまった。

　こうした地域区分は、キリスト教が誕生して以来の東西ローマ帝国間における宗教上の対立や、ローマ・カトリックの権勢に対してアルプス以北の農民層が結束して反撥した歴史から生まれた。すでに森を失った地中海側に立地するカトリック系の教団が好んで石造の教会や修道院を建てたのに対し、ルーテル派や正教の信徒は得意の木造で教会を建てた。現存するヨーロッパの古い木造教会にカトリック系が少ないのはこのためである。

　それでも17世紀、列強の狭間にあって宗教的にも不安定だったカルパチア山地の北辺（旧ガリツィア地方）に、ローマ・カトリックが教会を木造で建てることで進出、その圧力に屈した地元の正教徒は、旧来の典礼を守りながらローマ教皇権を認める東方カトリック教会にやむなく参入する。しかし、ルーテル派は北欧諸国の援助を受けながら布教をつづけた。その競合の激しさは、ここガリツィアに残る三者三様の教会の多さから容易に想像できる。しかも1717年、その南東に当たるマラムレシュ地方にタタール人が侵入。彼らの撤退直後に建てられた教会には異教徒から解放された歓びが溢れて

いた。木造教会の傑作がこの地域に集中しているのも、これらの教会が、こうした受難の時代を生き抜いた村人たちにとって、象徴的な存在だったからにちがいない。

　周知のように、キリスト教が及ぶ前のヨーロッパ、とくにアルプスから北の地域は森と岩に覆われていた。先史人が巨石を崇め、ケルト人やゲルマン人がそこに世界樹や動物に化身した神々の姿を見たとしても、なんらの不思議はない。ヴァイキングの時代、北欧の木造教会は森の精霊が棲むにふさわしい暗さに満ちていた。ゴシックの大伽藍も「石の森」を模した結果といえよう。カトリックの教理は、その空間に上からの光を導き、信徒の視線を内陣で行われる荘重な儀式と、祭壇のキリストやその使徒たちの彫像に集めることを促した。だが、神性を重視する正教徒は、ほのかな蝋燭の光に浮かび上がった同じ顔のイコンに口づけするだけで満足する。華やかな典礼や装飾を簡素化したルーテル派になると、木造の礼拝室は聖書をひもとくだけの明るさがあればよい。それなら、彼らは木の空間にどのような福音や恩寵（おんちょう）の訪れを求めたのだろうか。そうした宗派ごとに違う空間の構成とその使い方だけは、実際に教会の厚い木の扉を開け、その中で体験してみないとわからないのである。（→pp.222-3）

7 建物の探し方
野外博物館と街並

　日本でもそうだが、いつも見慣れた村や町のおびた
だしい数の建物のなかで、見ておきたい建物がどこに
あるかと誰かに聞かれても、すぐ答えられないのが普通
である。ましてや異国の旅で、見応えのある立派な木
造建築だけを選んで見て歩こうとしても、もともと価値
判断が違うから、どれがよい建物か地元の人はなかな
か教えてくれない。それでも歳月を経た古い木造建築
はあるかと聞くと、数が少ないこともあるのか、わりと
容易にその在り所を知ることができる。だが、それらが
かつての王侯貴族や豪商の城や館、そして通い慣れた
教会のように有名な建物ならそれでよいが、名もない
農家や町屋の場合は一軒一軒探しようがない。どんな
ガイドブックにも載っていないからだ。

　そこでまず薦めたいのは、ヨーロッパに興った野外博
物館や民家村の活用だ。木造建築が盛んだった国は、
古くなっても貴重な建物を一箇所に移築して集め、そ
れを保存しながら後世の人たちも往時の建築と風習を
体験して学べるようにした。その数は次頁の図のように
100ヵ所以上にのぼる。しかし、石造や煉瓦造の多い
国では、建物を分解して運び、それを旧態どおりに戻
すことが容易でないから、この種の施設は極めて少ない。
それでもフランスのエコミュゼのように、近年は建物や
家具・什器だけでなく、農耕地や森囲いなどの周辺環
境も一緒に保存し、そうした環境自体を公園や催し事
に利用することで、伝統的な生活手法やその考え方を
現代に活かそうとする例が増えてきた。その結果、以
前からある有名な民家園を含め、こうした野外施設の
面積はとても広く、短時間ではとうてい全部見て廻れな
い。細かい説明を聞く余裕もない急ぎ足の旅人にとって、
案内書が充実し、それで見たものを後から追認できる
施設のほうが望ましいのは当然である。幸いにして最近
はこうした野外博物館の充実ぶりが事前にネットで確認
できる。そこから実績のある施設を選び、専門家が熱

★ 木造の世界遺産（街並も含む）があるところ

▲ 優れた木造の街並があるところ

◉ 主な野外博物館など

記号の左あるいは右にある国名略称や数字は各国
ごとにその所在地を示す（→pp.237-9）

心に保存している建物にはそれだけの価値があるという、
その設立の趣旨を信じながら、園内の楽しい雰囲気だ
けは存分に味わってきたいものだ。（pp.127-33、237-9）

　もうひとつ大切なのは、よい木造の街並がありそうな
町を先に選んでおくこと。世界遺産の町や村が近くにあ
ればなおよい。どれがよい建築なのか、それともこの一
画全体が素晴らしいのか、それを現地で考えるだけで
楽しい。地図が事前に用意できなければ、その地で求
めてみる。なければ見所をとりあえず地元の人に聞いて
みよう。石造とは違い、木造で有名な街並には、日本
と同じで門扉を固く閉ざした家が圧倒的に少ないからだ。

　ただし、こうして得た情報は、案内書の写真説明と同
じように、地元の人にとって常識的な見方であることを
忘れないように。建物や出会える人の数が増せば増す
ほど、それだけ多くの違う見方がある。街並を新鮮な目
で捉えることは、その町を初めて体験する者にしかでき
ず、通常の旅のコースから外れた所の街並ほど新しい
発見の機会は多くなると思い込むと、旅が余計に楽しく
なる。そのためにも、出発前に立派な木造の街並があ
る町の名だけを挙げておき、その理由は詳しく問わな
いまま、できるだけそれらが多く見られるよう、旅程を
うまく組むべきであろう。（→pp.61-7, 237-9）

8 旅の実践
地域とコースの選び方

1. イギリス／ハーフティンバー様式の街並と木造ホテル
2. フランス／ノルマンディー地方とブルターニュ地方の港町
3. フランス、スペイン／フランス南西部とスペイン・バスク地方の村と町
4. ドイツ、フランス／シュヴァーベン地方とアルザス地方の街並
5. スイス、オーストリア／アルプス山地の木造建築とその集落
6. ドイツ／ヘッセン、ニーダーザクセン、ハルツ、テューリンゲン地方の街並
7. ノルウェー、ドイツ、デンマーク／木造スターヴ教会と北海沿岸の街並
8. フィンランド、エストニア、ロシア／バルト海沿岸諸国とカレリア地方の村と町
9. ポーランド、スロヴァキア／カルパチア山地の木造教会
10. ハンガリー、オーストリア、ドイツ／オーストリア中央部とパンノニア平原の村と町
11. ルーマニア、ウクライナ／トランシルヴァニア地方とワラキア地方の木造教会と街並
12. ブルガリア／バルカン山地と黒海沿岸の村と町

――― メイン・ルート
――― エクスカーション・ルート

　さて、これで旅をする前の心の準備はおおかた整った。あとは実際のスケジュールを決めるだけだ。ここで余計な知識を蓄えると、訪れてみたい建物や街並がかえって増えてしまう。限られた日数と予算からすると、よいといわれる場所だけをまず先に選び、それで1週間から10日くらいで効率よく見て廻れる標準的なコースを考えてから、そこに枝葉を付けるため、もう一度現地周辺の事情を調べ直したほうがはるかに具体的だ。2週間以上も旅ができる場合なら、複数のコースを組み合わせればよい。主要空港からの交通は通常の列車とバスだけを利用すると、一応は仮定しておこう。

　そこで、この本には12のコースがあらかじめ設定してある。ただし、それがヨーロッパの西から始まるのは、建物を木で造る慣習はすべて東のアジア側から伝えられたと著者は考えるからで、そうした流れを確かめながら、その端末からその源へ遡ろうとする旅の順序を全体構成の基本として選んだにすぎない。旅にはかならず始めと終りがある。実際はどの章から始めてもよいし、そのコースの中のどの町で終わってもかまわないのである。

　まずはイギリス。ここなら言葉が苦手な日本人でも安心だし、見覚えのある木造の様式にしばしば出会える。好天だけを祈ろう。次はドーヴァーを越えてフランスの北西部へ。街並は鄙びてくるが、なぜかここから食べ物が美味くなる。そのままフランスを南下、スペインのバスク地方に至るのが第3のコース。時折大西洋を望めるのが嬉しい。ここで一度街並の眺め方を確かめたうえ、次は東に戻ってフランスの東とドイツ西南部との国境地帯。日本と似た屋根が登場しても、ワインは程々にしたい。ここからついでにアルプスの山中へ。木の香漂う建物と美しい山の景色との絶妙な取り合わせに時を忘れよう。次章は一気に北転、軸組造の本場、ドイツの中央部に入る。あまりの街並の見事さとその数の多さに、旅人の嬉しい悲鳴が聞こえてくるようだ。

　ここまで来たら、さらに北のドイツ北部と北欧諸国を目指そう。ここは昔ヴァイキングが活躍した地域。穏やかな北欧の陽射しに慣れたところで、次はフィンランドとロシア西端へのコース。井楼組の建物にアジアの気配がうっすら漂っている。

　このあたりから各地の民家園を訪れる機会が増えてくるので、その楽しみ方も計画しておこう。そこからの行く先はいよいよゲルマンとスラヴとの接点。ポーランドとスロヴァキアを組み合わせると、その趣向を充分堪能できる。なにせここは井楼組建築の宝庫だからだ。次はその南のオーストリアとハンガリー。ここは昔から中央ヨーロッパへの玄関口だったが、大国と小国との歴史的な葛藤が味わえる所でもある。ルーマニアもその点で同じだが、できればマラムレシュと並ぶ隠れた木造建築の聖地、ウクライナの西部も覗いてみたい。旅の終りはブルガリア。昔懐かしい農村に泊まると、隣国トルコの匂いが木造の家々に染み付いているのがわかる。黒海の向こうはもうアジア。それまでの長い旅をここで振り返れば、国ごとにさまざまな木造の建築で支えられてきた本当の「木のヨーロッパ」、その姿と歴史の全貌がはっきり見えてくる。もちろん、これ以外の地域にも見所はたくさんある。それらを組み合わせれば、もっと豊かで個性的な旅が期待できるはずだ。（→pp.192-7, 237-9）

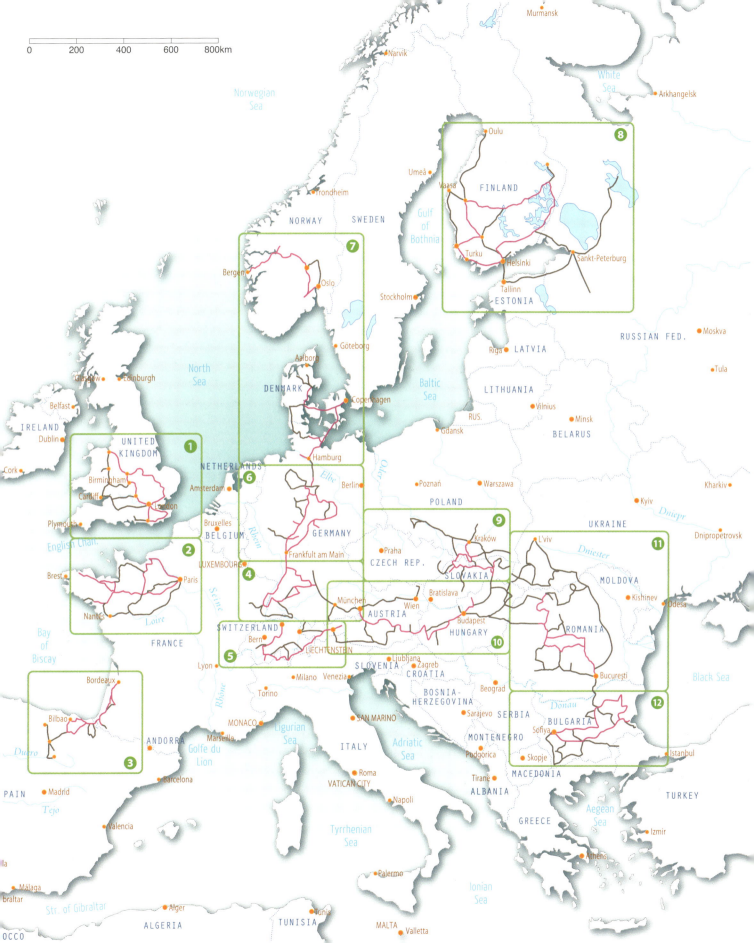

旅編

おすすめ12のルート

世界一小さな街並で世界遺産になったスロヴァキアのヴルコリーネツは坂道に沿った村。入母屋屋根の妻破風に半円錐形の飾りを付けるのが、この地域に独特な慣例である。(→p.65, 144, 227)

ドイツのマイン川沿いにあるミルテンベルクは、フランケン地方の古い木造の街並で有名だ。マルクト広場に聳えるホーエス・ハウス（1505年、左端）はその代表的な名建築。（→p.194）

イギリスの港町ヘイスティングズにある漁網用の木造倉庫。1850年代には100棟以上を数え、その高さを競う群造形は高層建築時代の到来を予告していたかのようだ。(→p.36)

スロヴァキアの東には、高い鐘塔や礼拝室を組み合わせた、すてきな形の木造教会が多い。バルデヨフに遺るズボイの教会(1706年)もその伝統を受け継ぐ格好の建築。(→p.147)

ドイツのニーダーザクセン地方には、大きな切妻屋根の妻破風を精緻な木組みで飾る伝統がある。クロッペンブルクの近郊にあったこの豪壮な農家(18世紀末)もその一例。(→p.95)

前頁と同じドイツ系でも、現在のチェコ、ボヘミア地方の北西部に入植した農民は、格子状の細かい筋違を使って家々の妻破風を飾った。ヘブから東南13kmのドゥブラヴァにて。

スロヴァキア北辺の山村ジュディアルの民家。窓枠を華やかに彩色し、井楼組の壁や校木の鼻を不思議な模様で飾る。その由来は、まだ詳しくわかっていない。(→p.146)

ノルウェーのテレマーク地方に伝わる高床の穀倉(ロフト)。扉の枠の模様が見事だ。その奥にどんな宝物が隠されているのか。それらの発見の旅がこれから始まる。(→p.108)

イギリス
United Kingdom

ハーフティンバー様式の街並と木造ホテル

✈ 日本からのアプローチ

　ロンドンを起点にするのが普通だが、コースが南廻りの場合、列車でブライトンに出るにはヒースロー空港よりもガトウィック空港着の便のほうが便利である。フランスの旅と組み合わせる場合は、パリ発ロンドン行の国際列車を利用してアッシュフォードへ入り、そこからドーヴァー海峡沿いに移動すると日程が楽になるだろう。前もってノルマンディー地方やブルターニュ地方にいる場合には、フェリーで海峡を渡るのも楽しい。アムステルダム、フランクフルト、コペンハーゲンなどを経由する場合は、バーミンガム(Birmingham)行に乗り継ぎ、イングランドの北西部から旅を始めるのも得策だ。スコットランドの旅と組み合わせて、グラスゴー(Glasgow)に降りてから列車で南下する案もある。

✎ 旅程の組み方（→注）

　イギリスの旅は、この国に大陸側の生活文化が最初に伝わったドーヴァー海峡側から始めるのがよい。ロンドンを起点に、まず海沿いの保養地ブライトン(Brighton ②)まで列車で出る。有名な大桟橋などを見た後、海峡を右手にしながらヘイスティングズ(Hastings ③)、ライ(Rye ④)へと港町の建築を見て廻ろう。ライのマーメイド・インは格式ある木造ホテルで、ぜひ1泊したいところ。ライの北方10-20kmほどの内陸には、15-16世紀の文化財や下見板張りの民家が多く残っている。ただし、これはタクシーを利用しないと行けない。欲を言えば、この際チチェスター(Chichester ①)の北、シングルトン(Singleton)の野外博物館で、サセックス(Sussex)地方の伝統的な生活と住宅の歴史を学んでおきたいが、日程は1日余計にかさむ。

　アッシュフォード(Ashford)北東のチラム(Chilham ⑦)はカンタベリー(Canterbury ⑧)へ通ずる巡礼路にあり、途中下車してもよい美しい村。カンタベリーでは、大聖堂とスタウ川沿いの木造建築を見よう。翌朝早くに発てばその日のうちにロンドンで列車を乗り換え、コルチェスター(Colchester)からバスでサフォーク地方のラヴェナム(Lavenham ⑨)に行ける。

　織物で栄えたラヴェナムの街並を充分に堪能した後、その夜は中世の室内をそのまま残すスワン・ホテル泊、次の日はバスと列車を乗り継いで、イーリー(Ely)、ピーターバラ(Peterborough)経由でチェスター(Chester ⑬)へ向かう。また、ラヴェナムからバスなどでロンドンへ戻れば、ここからも約3時間半でチェスターに着ける。チェスターの木造街並は桁外れのスケール。ここを拠点に、コングルトン(Congleton ⑪)のリトル・モートン・ホールやナントウィッチ(Nantwich ⑫)の木造建築も見ておきたい。

　旅の最後の拠点はウィリアム・シェイクスピアの生地ストラトフォード゠アポン゠エィヴォン(Stratford-upon-Avon ⑮)。日程に余裕があれば、チェスターからその南の美しいウェールズの村々に寄ってシュルーズベリー(Shrewsbury ⑭)で泊まり、そこで骨太の木造建築を見てからストラトフォードに出てもよい。この町の見所はチューダー様式の建物と街並。宿をシェイクスピア・ホテルの旧館にとれれば最高だ。町の喧騒が嫌なら、エィヴォン川下流すぐ近くのウェルフォード゠オン゠エィヴォン(Welford-on-Avon)に逃れよう。可憐な前庭がある農家の屋根は茅葺で、遠くからの旅人を、村人が温かくもてなしてくれるにちがいない。

［注］地名の後に挿入した丸数字は、右頁の地図や本文の地名タイトル、その頁下部の旅程図に掲載した地名冒頭の丸数字と整合している。

イギリスの伝統的な木造建築

イギリスの木造建築は歴史が永く、またそこにはヨーロッパ大陸北部のオランダやベルギー、フランスなどの影響が強かったため、イングランド北西部から東南のテムズ川流域やドーヴァー海峡側には、15世紀以降のハーフティンバー(Half timber)様式の建築が、緑に囲まれた町や村に残されていて、旅する人の目を楽しませてくれる。

この様式は、柱と同寸の間柱を狭い間隔で立て、その間を塗壁や煉瓦で充填したもので、黒々とした軸組と白い壁や赤褐色の煉瓦との縞模様が、見事なコントラストを示している。イングランド東部では柱の間隔が狭く、中央部では広めの柱の間に水平の腰貫が交わって格子状の軸組になる。北部では格子の間に筋違を細かく入れた、華やかで背の高い軸組が多い。造船の盛んなドーヴァー海峡沿いでは壁に厚い下見板を張った建物が多く、この形式が帝国主義時代に海外へ広く伝わったとされている。

また、イングランドには湾曲した長い部材を縦に割り、その両方をアーチ状に交叉させたクラックトラス(Cruck truss)という特殊な小屋組が残っている。キングポストトラス(King post truss)をはじめ、こうした木造家屋の伝統的な小屋組の技法が、やがて鉄骨トラスの構法に利用され、産業革命以降の世界に新しい建築の発展をもたらしたことを考えると、イギリスの旅では、暗い小屋裏を覗いてみて、その構造を確かめることも大切だ。

中世のイギリスには、炉を中央に設けた吹抜けの応接用ホールを持ち、それを挟んで寝室や台所が並ぶウィールデンハウス(Wealden house)型という木造住宅の形式があった。このホールは、後に炉が壁付きの暖炉に変わると2階へと移るが、いまも階段付きの玄関ホールにその伝統が残っている。装飾的な茅葺屋根や軸組の壁が多い外観も素晴らしいが、各地に残る著名な木造ホテルに泊まり、室内の豊かな梁組にこうした歴史を偲んでみたいものである。(→p.210, 214)

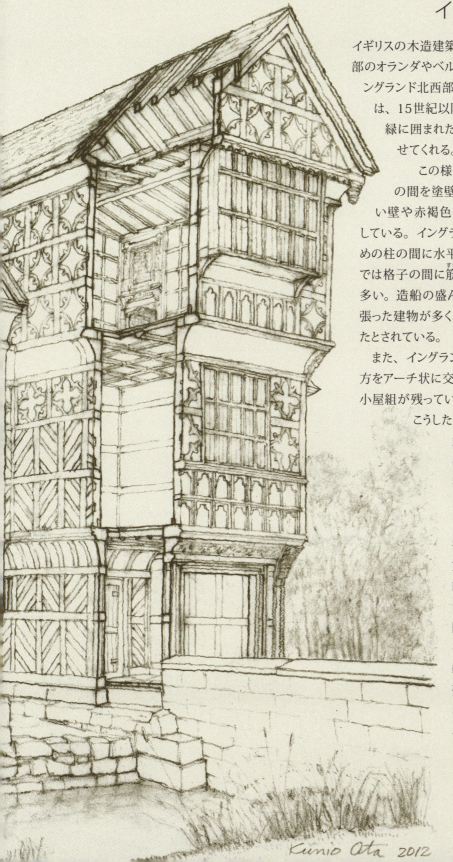

イギリス最古の木造マナーハウスであるリトル・モートン・ホールは、「イングランド木造の貴婦人」としてその美しさを伝えるチューダー様式の傑作。このゲート・ハウス(1560-2年)の奥には、グレート・ホール(1504-8年)や庭園などが遺されている。(→p.38)

1 イギリス —— United Kingdom

1 チチェスター
Chichester

チチェスターの北10kmにあるシングルトン（Singleton）のウィールド・アンド・ダウンランド野外博物館（Weald and Downland Open Air Museum）は、13世紀から19世紀のヴィクトリア様式にいたるサセックス地方の民家50棟を蒐集・保存する民家園で、材料、構造、意匠などの展示が充実している。
なかでも、❶❷15世紀の農家を含むベイリーフ中世農場（Bayleaf Medieval Farmstead）は、吹抜けのホールに炉があるイギリス南部ウィールデンハウス（Wealden house）の原型を示すものとして見逃せない。

また、15世紀の鼠返し（Staddle Stone）がある穀倉も、この地方における農耕規模の発展を象徴するものとして興味深い。（→p.192, 206, 210, 214, 224）

2 ブライトン
Brighton

海峡に面した人口16万の都市。18世紀末から王室公認の海水浴場として知られ、1841年にロンドンとの鉄道が開通してからは保養地として発展した。さまざまな娯楽施設を収めた長さ500mの大桟橋（Brighton Pier）や、ジョージ4世がピクチュアレスクの建築家J.ナッシュ（John Nash）に造らせたロイヤル・パヴィリオン（Royal Pavilion）がある。後者の建物は1787年の着工で、完成は1822年。外観はインド風ながら、内部は当時上流階級で流行したシノワズリー（Chinoiserie, 中国趣味）でまとめられている。

3 ヘイスティングズ
Hastings

1066年、ノルマンディー公ギヨーム率いるノルマン軍が上陸し、ウェセックス伯ハロルドのアングロサクソン軍を破った古戦場として有名。現在の港に❸1830年代に建てられた当初は平面8×8ftの木造板張りの網倉（Net Shop）が40棟ほど保存されている。これは漁民たちがロープや漁網を2層以上の高さに収納するために造ったもので、1850-75年頃には110棟も並んでいたという。（→p.26）

4 ライ
Rye

14世紀までは城塞で囲まれた港町だったが、現在は港から4kmも後退した坂の多い町。エリザベス朝以後の木造で、壁が下見板（Weatherboard）張りの建物が多い。❹マーメイド・ストリートにあるホテル、マーメイド・イン（the Mermaid Inn, 1420年）は、15世紀を代表するハーフティンバー（Half timber）様式

の名建築で、静かな木造の雰囲気を愛する旅人に人気が高い。町の高台にあるセントメアリーズ教会（St. Mary's Church）周辺には、落ち着いた色調を持つハーフティンバーの木造の街並が随所にみられる。

⑤ スモール・ハイス
Small Hythe

ライ北方10kmの⑤スモールハイス・プレース（Smallhythe Place）は、1514年に建てられたチューダー様式の木造農家。2階全体をジェティ（jetty, 出桁（だしげた））で張り出した貴重な例としてナショナル・トラスト（National Trust）が管理するこの家は、ここを愛した名女優の名にちなんでエレン・テリー邸（Ellen Terry's House）と呼ばれている。（→p.192）

⑥ ビッデンデン
Biddenden

ライ北方20kmにある村で、ここや手前のテンターデン（Tenterden）にはケント州特有の厚い下見板張りの民家が多い。ライから4kmの村アイデン（Iden）には、⑥塗壁だが15世紀のウィールデンハウス型のオクセンブリッジ（Oxenbridge）家が残っている。

⑦ チラム
Chilham

アッシュフォード（Ashford）の北東8kmにある町で、⑦昔ながらの木造建築がセントメリー教会（15世紀）とチラム城（1616年）の間の広場を囲んでいる。中世にはカンタベリー大聖堂への巡礼の列が続いていたというこの広場は、18世紀にその一部が煉瓦で改修されたが、それがかえってハーフティンバー様式の軸組と美しい対比をみせている。

⑧ カンタベリー
Canterbury

5世紀末、聖アウグスティヌスを迎えてイギリスにおける布教活動の中心地となったカンタベリーは、1170年の大司教トーマス・ベケットの非業の死以来、年に10万人の巡礼が訪れる一大宗教都市に変身した。その一方、近世以降は大陸からの移住者が持ち込んだ毛織物や絹織物の技術を活かして繊維産業が興り、その盛況ぶりは⑧スタウ（Stour）川を水運に利用した木造の織物職人の家（Weaver's House, 1500年頃）などに偲ぶことができる。見所は、大聖堂（Cathedral）のほか、織物の中心街マーサリー・レーン（Mercery Lane）に14世紀末に創業した木造ホテルのチェッカーズ・オブ・ホープ（Checkers of Hope）や、イーストブリッジ病院（Eastbridge Hospital）からカンタベリー博物館（Museum of Canterbury）に至る、川沿いの緑に囲まれた木造住宅群などである。

⑨ ラヴェナム
Lavenham

ロンドン北東のローマ時代の古都コルチェスター（Colchester）から20km北にあるラヴェナムは、16世紀初頭に大陸のフランドル地方から織物職人が住み着き、優れた毛織物、なかでもサージ（serge）で栄えた町。1967年には街路の電柱を取り払い、サフォーク地方らしい木造の街並を蘇らせたことでも知られている。そのうち、中央広場（Market Place）に ⑨⑩ 聖体ギルド（Corpus Christi Guild）によって1528年に建てられたギルドホール（Guildhall）はチューダー様式を代表する名建築。縦繁の柱や装飾豊かな出窓のナラ材はグレーの地肌をそのまま表現している。織物業が衰退する16世紀後半から町役場や牢獄などにも使われたが、現在は博物館なので、床組や出窓の詳細を内部で見ることができる。（→p.206, 214, 218）

町の南端にある教会（Church of St. Peter & Paulo）から北に延びるハイ・ストリート（High St.）と東からのウォーター・ストリート（Water St.）とが交わる角にある ⑪ スワン・ホテル（Swan Hotel）は15世紀の創業で、すべてが中世からの古い木造の町屋から成る建物。クラウン・ポスト（Crown Post）で支えられた天井垂木が露出したままのウール・ホール（the Old Wool Hall, 1464年）もここに移築・復元されており、ぜひとも泊まってみたい宿である。また、ウォーター・ストリートの反対側には13世紀からつづく木造の小修道院（the Priory）があり、この地方独特の化粧漆喰壁で飾られている。（→p.62, 192, 220）

⑩ カージー
Kersey

イプスウィッチ（Ipswich）とラヴェナムの中間にある小さな村落。16世紀前半にカージー織という丈夫な毛織物で栄えた職人の村で、色とりどりの屋根や破風を載せた木造や煉瓦造の民家が2つの丘の間に点在し、その美しい情景で知られている。また、ここから2kmほどのハドリー（Hadleigh）にも木造3層の立派なギルドホールがある。

⑪ コングルトン
Congleton

この町から南西約5kmの田園地帯に保存されている ⑫ リトル・モートン・ホール（Little Moreton Hall, 1502-62年）は、チューダー朝マナーハウス（Manor House, 荘園主の家）を代表する傑作。外壁を北西イングランド特有の正方形4分割の細かい装飾模様で飾ったこの3層の建物は、周囲を囲む水濠に「イングランド木造の貴婦人」と称されるその優美な姿を映している。休日などの時間帯によっては、ゲストハウス内部の参観も可能。ここから北12kmのマートン（Marton）にある聖ジェームズ・聖ポール教会（St. James and Paul's Church, 1540年）はイギリスに数少ない木造で、できれば立ち寄りたい。（→p.192, 222）

⑫ ナントウィッチ
Nantwich

1577年に建てられた ⑬ チャーチス・マンション（Churche's Mansion）は、町の中心から少しはずれ

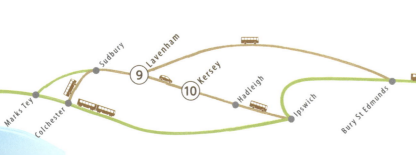

ていたために1583年の大火を免れ、やや太目の曲木で装飾模様を施した独自の軸組様式を伝える建物。1階はレストランで、往時の内装や木造ディテールの歴史も偲ぶことができる。大火後すぐに再建されたハイ・ストリート (High St.) のクラウン・ホテル (Crown Hotel) も必見の建物である。

⑬ チェスター
Chester

ディー (Dee) 川下流北岸にあり、ウェールズとの国境に近いため、ローマ時代から軍事拠点とされた城塞都市。14世紀以降アイルランドやスペインとの貿易で発展したが、近代以降は港が海から後退し、往時の繁栄はみられなくなった。砂岩の台地上にある旧市街は、ローマ時代から中世にかけての壁で囲まれたイギリスでは唯一の町で、家々を俯瞰しながらその上を周廻できる。

見所は、ローマ風の道路が直交する街並に残る3、4層の木造建築。とくに、町の中心を東西に横切るウォーターゲート・ストリート (Watergate St.) と南北に貫くブリッジゲート・ストリート (Bridgegate Str.) とが交叉する⑭ザ・クロス (the Cross) 周辺は、中2階の高さに歩行者用の通路ザ・ロウ (the Row) が設けられ、劇場都市とでもいうべきその立体的な景観が有名だ。このザ・ロウは、道路脇にあった中世以前の煉瓦造建物の基礎に木造の店舗や住宅を載せた際、隣同士が行き来するための歩道が残ったもの。1850年頃に街並が改造された折、それらが連続するように整備・拡張されている。(→p.212)

なかでも、ウォーターゲート・ストリートの南側にある、3層の建物正面を⑮17世紀初頭の華やかな彫物で飾った切妻屋根の建物、ゴッズ・プロヴィデンス・ハウス (God's Providence House, 1652年) やオールド・レッチェ・ハウス (Old Leche House)、⑯ビショップ・ロイズ・ハウス (Bishop Lloyd's House) などのほか、聖マルティン大通 (St.Martin's Way) の西にあるスタンレイ・パレス (Stanley Palace) は必見の建物。また、ロウアー・ブリッジゲート・ストリートNo.29とNo.31の建物は、市内で最も古い1503年の木造建築である。そのほか、市内には聖歌隊席に14世紀の見事な木彫を残すゴシック様式のチェスター大聖堂 (the Cathedral) や、ヴィクトリア朝の室内を再現したピアリオド・ハウス (Period House) を併設するグロスヴナー博物館 (Grosvenor Museum) などがある。市の南西35kmのスランゴスレン (Llangollen) にあるプラス・ニューウッド (Plas Newydd, 1780年) は、ゴシック風の外装と内部の彫刻で知られる北ウェールズの木造名建築だ。

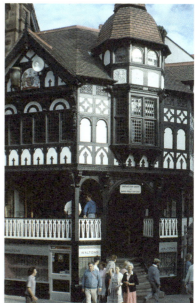

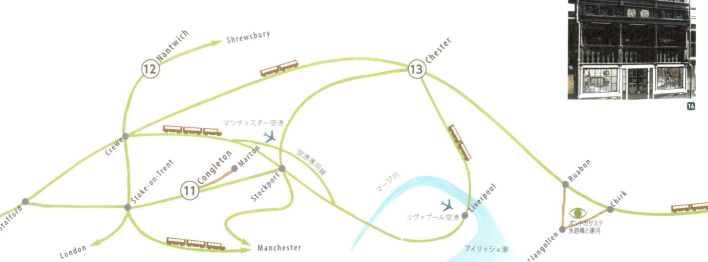

1 イギリス── United Kingdom

⓱

⓲

⓳

⓴

㉑

や、⓳クラックトラス（Cruck Truss）の実例が残るウェオブリー（Weobley）に立ち寄ってみるのも楽しいだろう。（→p.192, 204, 206）

⑮ ストラトフォード＝アポン＝エイヴォン
Stratford-upon-Avon

ウィリアム・シェイクスピアの生誕地として有名なこの観光地は、12世紀末にその市場が公認される前からエイヴォン（Avon）川の渡渉地として栄えた交易の町だった。そのため、15世紀からの集会場、教会、施療施設などの公共建築のほかに豊かな商家を数多く残し、チューダー様式の木造建築を保存する町として、建築的にも重要である。

ヘンリー・ストリート（Henley St.）のシェイクスピアの生家（Sheakespeare's Birthplace）は、近くにあるアーデン（Arden）の森の木を用いた中産階級のごく一般的な住宅で、エリザベス風とジャコビアン風の内装と15世紀末から16世紀初頭の骨太な木造軸組をよく示しており、塗壁の下地である粗野な木舞組（こまいぐみ）が外から見える。これに対し、文豪の娘が住んだチェストナットウォーク（Chestnutwalk）の東にあるホールズ・クロフト（Hall's Croft）のほうが高級で、上層部をジェティで張り出した建物。ナラ材の内壁や家具・調度をはじめ庭もよく管理されていて、チューダー朝の裕福な市民層の生活が偲ばれる。

街並の見所は、⓴ハーヴァード・ハウス（Harvard

⑭ シュルーズベリー
Shrewsbury

湾曲したセヴァーン（Severn）川に3方を囲まれ、戦略上の拠点として中世から栄えた町。骨太でチューダー様式の木造建築がよく残されている。なかでもハイ・ストリート（High st.）にある3層のアイルランズ・マンション（Ireland's Mansion, 1575年）や装飾豊かなオーウェンズ・マンション（Owen's Mansion）、いまは博物館の⓱軸組間隔が縦横に広いローリーズ・ハウス（Rowley's House, 1616年）や、傍のブッチャー・ロウ（Butcher Row）にあるアボッツ・ハウス（Abbot's House）などは見逃せない。日程さえ許せば、ここを拠点に西へ向かい、ウェールズの町や村、たとえば美しい景観と⓲木造の古い牧師館（1616年）で有名なベルリュウ（Berriew）とか、南のヘレフォード（Hereford）に下って木造街並が魅力のレッドベリー（Ledbury）

■エイヴォンクロフト建築博物館
バーミンガム（Birmingham）経由、またはノッティンガム（Nottingham）経由でブロムスグローヴ（Bromsgrove）まで列車、駅から博物館近くまでバスの便あり。

■チルターン野外博物館
ロンドン市内からチルターン（Chiltern）線かメトロポリタン線でチャルフォント（Chalfont）、ラティマー（Latimer）あるいはチョーリーウッド（Chorleywood）で下車し、タクシーを利用。

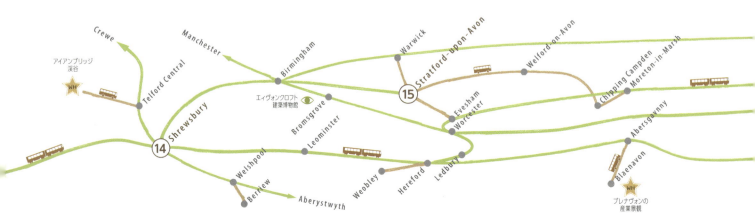

House）やガーリック・イン（Garrik Inn）、オールド・チューダー・ハウス（the Old Tudor House, 1596年）などがあるハイ・ストリート（High St.）から、ギルド・ホール（1416年）や救貧院（Almshouses, 1427年）があるチャーチ・ストリート（Church St.）の間だ。（→p.192, 212）

21 チャペル・ストリート（Chapel St.）にあるシェイクスピア・ホテル（Shakespeare Hostelrie）は、昔の木造3層で切妻屋根の民家をいくつも連ねてホテルにしたもの。ここやガーリック・インに宿をとり、1階ロビーの出窓から道行く人々を心ゆくまで眺めたくなるほど、素晴らしい中世の街並が続いている。

戸建として興味深い民家は、ローザー・ストリート（Rother Str.）のメイソンズ・コート（Maison's Court）で、個人所有だが1480年頃に建てられ、ウィールデンハウス型の空間構成をよく伝えている。（→p.220）

観光客に人気があるのは、町から西約2kmにあるアン・ハサウエイズ・カッテージ（Anne Hathaway's Cottage）で、シェイクスピアの妻の実家だった16世紀の農家。不規則な配置で連なる木造軸組や、曲線美豊かな急勾配の茅葺屋根、その屋根を貫いて林立する煉瓦造の煙突などに心惹かれるであろう。さらに西南4kmにある **22** ウェルフォード＝オン＝エィヴォン（Welford-on-Avon）は宿が3軒しかない小さな村だが、見事な棟飾を持つ茅葺屋根の農家や、家々の前に連なる可愛らしい前庭など、住み手が自由にデザインを競う様が楽しい村である。（p.226）

また、ストラトフォード＝アポン＝エィヴォンから北西30kmのブロムスグローヴ（Bromsgrove）には、1964年に開設されたエィヴォンクロフト建築博物館（Avoncroft Museum of Historic Buildings, Bromsgrove, Worcestershire）があり、チューダー様式の商人の家（The Tudor Merchant's House, 1558年）をはじめ、木造の教会（Victorian Mission church, Bringsty Common, Herefordshire, 1891年）、クラックトラスを用いた16世紀の納屋（Barn, Leominster, Herefordshire）など、25棟の伝統的な木造建築が保存・展示されている。

16 カーディフ
Cardiff

ウェールズの民俗文化や芸術を広く紹介する目的でカーディフ郊外（St. Fagans）に設けられたウェールズ民俗博物館（Welsh Folk Museum）は国立の施設。内装、家具、衣装、農業、農機具などの博物館のほか、16-19世紀の農家や居城が30棟展示され、そのうち、**23** 17世紀改造のポーイス（Powys）地方の農家やクラックトラスを用いた16世紀のクライド（Clwyd）地方の納屋など、木造軸組の建物も数棟保存されている。（→p.192）

17 ロンドン
London

ロンドンから日帰りで木造建築の旅をするのなら、都心から北西35kmのニューランド・パーク（Newland Park）にあるチルターン野外博物館（Chiltern Open Air Museum, Buckinghamshire）がよいだろう。18haの広い敷地に30棟の建物が、グループごとに保存・展示されている。ここの特色は、居住棟がケンブリッジの大学農場の建物（College Farm, Marsworth owned by Trinity College, Cambridge, 1836年）だけで、それ以外は農作業用の建物中心の蒐集であることと、それも移動用の車や鼠返しのような仕掛けが多いため、19世紀の農園や集落に特有の地方色豊かな雰囲気が楽しめることである。

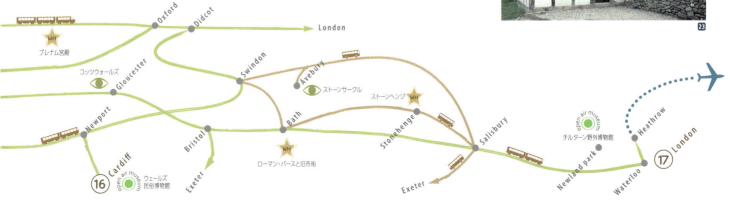

フランス
France

ノルマンディー地方と ブルターニュ地方の港町

✈ 日本からのアプローチ

　空路のアクセスはやはりパリ(Paris)が中心。日本からパリやミラノ経由でその日のうちにナントに飛ぶこともできるが、コースの廻り方は逆になる。イングランドの旅と組み合わせた場合は、列車かフェリーでカレー(Calais)に向かい、アミアン(Amiens)経由で直接ルーアンに至るのが最短距離。ただし、時間的にはユーロスター(国際特急列車)でパリまで行きルーアンに戻るほうが早い場合もある。そのほか海峡横断の船便は、情緒があっても時間がかかりすぎるから、日程が限られた旅には適さないだろう。

✎ 旅程の組み方 (→注)

　パリからセーヌ(Seine)河口のルーアン(Rouen ①)やル・アーヴル(Le Havre)に出てノルマンディー(Normandie)地方を廻り、それから地方色豊かなブルターニュ(Bretagne)地方の港町を巡った後、ロアール渓谷を通ってパリへ戻るのが得策である。

　まず、最初の古都ルーアンをたっぷり見るには、できるだけ朝早くパリを離れるのがよい。その伝統的な木造街並や由緒ある建物を、明るいうちにより多く見て廻れるからである。

　翌日は列車でル・アーヴルに出て、そこからカーン(Caen)行のバスに乗り、オンフルール(Honfleur ②)やドーヴィル(Deauville ③)を訪れよう。ドーヴィルからリジウー(Lisieux)までは列車で約20分だが、チーズの名産地であるここオージュ地方(pays d'Auge ④)の伝統的な農家を細かく見るのならタクシーを利用するとよい。その日はリジウーから南に下り、いまだに木造の建物を残すル・マン(Le Mans ⑥)に泊まるのが無難。カーンから西に向かい、タペストリーで名高いバイユー(Bayeux ⑤)か、少し無理してその南西140kmのポントルソン(Pontorson)に泊まり、次の日にはモン・サン゠ミッシェル(Mont Saint-Michel ⑦)を訪れてからディナン(Dinan ⑨)やレンヌ(Rennes ⑧)に向かう策もある。

　ル・マンからTGV(新高速幹線鉄道)で80分のレンヌは、ブルターニュ地方の旅の根拠地として最適な町。だが、最初はこの町に翌日の宿を予約し、そこに荷を預けて市内を充分に見た後、軽装のまま北へ列車で1時間のディナンまで行って1泊したほうがよい。次の日、さらに列車でブルターニュ半島を西へ進み、サン゠ブリュー(Saint-Brieuc ⑩)やモルレ(Morlaix ⑪)といった個性豊かな港町を楽に巡ってから、その日のうちにランバル(Lamballe)経由でレンヌに戻れるからだ。

　その次の日は、レンヌから南西へ列車で1時間強のヴァンヌ(Vannes ⑫)への日帰りの旅。城壁に囲まれた大聖堂と古い民家の街並にこの旅の目的が凝縮されている。ついでに、その近郊にあるカルナック(Carnac ⑬)の巨石群やドルメンを訪れ、先史時代からの歴史を偲ぶのもよいだろう。

　旅程の最後はレンヌから列車でパリに戻るだけだが、前日に手荷物と共にヴァンヌからナント(Nantes ⑭)に廻っておけば、ナントやアンジェ(Angers ⑮)市内の一角に残る著名な木造建築を見納めてから、パリ経由でその日の夜には帰国の途につくことも可能である。

［注］地名の後に挿入した丸数字は、右頁の地図や本文の地名タイトル、その頁下部の旅程図に掲載した地名冒頭の丸数字と整合している。

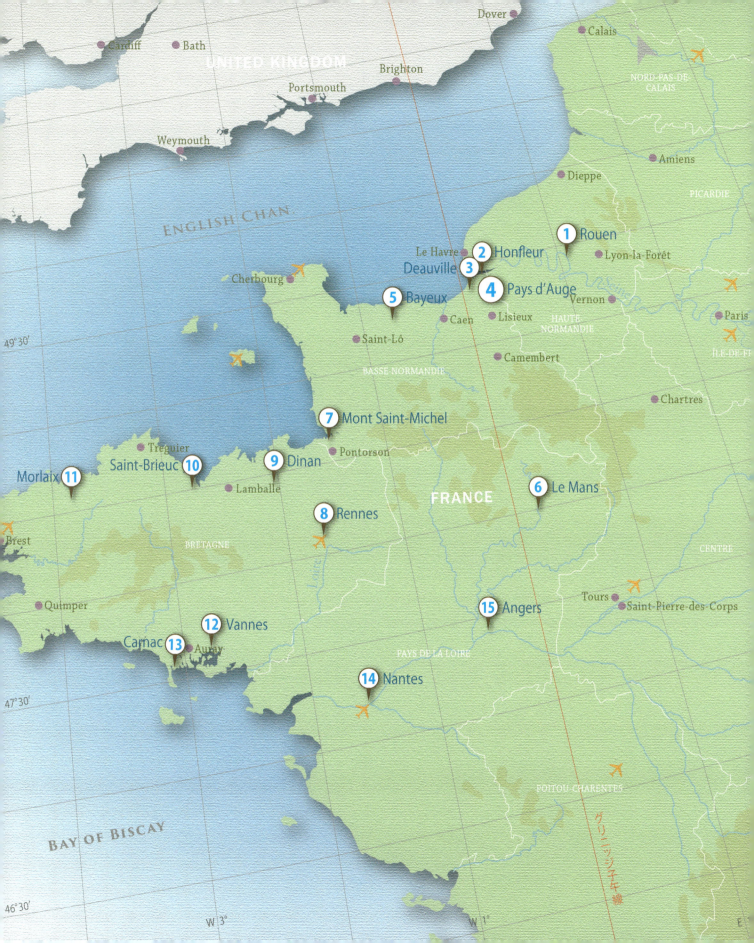

フランス北西部の木造建築

　フランス北西部の木造建築は、その地理的な関係からイギリス南部の木造建築と同じ起源を持つと考えられている。実際、カレー海峡を望むノルマンディー地方の港町やその近郊では、フランスでパン・ド・ボア(pans de bois)といわれる木造軸組建築のなかでも間柱の間隔がとくに狭い構法、いわゆるコロンバージュ(colombage)が、イングランドのハーフティンバー(Half timber)と同じ意味で盛んに使われてきた。都市部では3、4層の居住階の上に屋根裏部屋を載せた背高の木造住宅が目立つが、農村には伝統的な茅葺で寄棟屋根の民家もところどころに残していて、ノルマンディー独自の親しみやすい景観を形づくっている。

　ただし、このコロンバージュは、隣国ドイツの同じ木造軸組の建物にくらべると木材の量に限りがあったためか断面が小ぶりで、仕口の工夫も思うにまかせず、豪快な木組や装飾的な彫物ができないため、建築としての迫力や華やかさに欠けるといわれてきた。だが、それだけに質素でスマートな持ち味が発揮されているともいえよう。とくに、ここフランスの北西部では、最小限の太さや長さの柱と梁で、どれだけ多くの階を重ねた木造建築が建てられるかと、近世から地元の工匠たちが模索しつづけてきた。その合理的な架構を求める姿勢が、やがて近代の技術者たちを奮い立たせ、鉄骨やコンクリートが使える新しい柱・梁構造の理論を、いち早くフランスにもたらしたとも考えられる。

　ところで、風雨の厳しいブルターニュ地方に近づくにつれ、屋根だけでなく壁の軸組、なかには壁全体を地場産の天然スレートで覆った木造建築が現れる。そのグレー1色で彩られた街並も少なくない。しかも、この地域の屋根は急勾配。そこに屋根裏部屋を採光するためのさまざまな形の細長い出窓が設けられ、この地方の複雑な地形の合間に発展した、ただでさえ美しい港町の景観を、その立体的な造形でさらに引き立てている。こうした頑固で素朴な建築の伝統があったからこそ、それとは逆に自由で明快な木造軸組ならではの造形が、フランス北西部の街並に求められていたのではなかろうか。(p.46, 192)

ノルマンディーの主都ルーアンの中心街グロ・ゾルロージュ通。時計台 (16世紀) の東西には当時からのコロンバージュ様式で4、5階建ての木造家屋がびっしり立ち並び、フランスの街並に特有な人懐かしい雰囲気が路地いっぱいに満ちている。(→p.46)

① ルーアン
Rouen

セーヌ(Seine)下流沿いに発展したフランス第四の港町。第二次世界大戦で壊滅的な被害を受けたが、旧来の姿を復元しつつ、ノルマンディー地方の主都らしい木造の街並を見事に蘇らせている。ここで軸組の柱間隔がとても狭いコロンバージュ(colombage)様式の木造建築が多くみられるのは、ゴシック様式の大聖堂(1145-1250年頃)の北面に沿ったサン゠ロマン通(Rue. St-Roman)と、そこからサン゠マクルー教会(Eglise St-Maclou de Rouen, 1436-1520年)の東に延びる❶マルタンヴィユ通(Rue Martinville)。ほとんどの町家は3、4層の居住階の上に屋根裏部屋を設け、縦長窓の下の腰壁を交叉した短い化粧筋違で固めている。サン゠ロマン通のヴィエイユ・メゾン(Vieille Maison, 1466年)やマルタンヴィユ通194の建物(1540年)のように、15-16世紀の古い建物が多いのもこの辺の特徴だ。

マルタンヴィユ通から北に入った❷サン゠マクルー墓地(L'aitre St-Maclou)に、16-17世紀の木造納骨堂がある。現在は美術学校だが、墓地だったその中庭は周囲の黒い建物の柱や桁に髑髏や骨が刻まれているため、往時の怖ろしげな雰囲気を偲ばせる空間として有名。その北のオー゠ド゠ロベック通(Rue Eau-de-Robec)に壁の軸組をブルターニュ風にスレートで覆った❸サル・ドゥ・マリアージュ(Salle des Mariage, 185-7, 15世紀末)、さらにその東北、サン・ヴィヴィアン通(Rue St Vivien)の61にあるルーアン最古の木造3層の町家(14世紀末)にも立ち寄ってみたい。ここから西の、時計台で有名なグロ・ゾルロージュ通(Rue du Gros Horloge)は、この町で最も賑やかな遊歩道。この道筋にも139-141、146、161や197(1580年)のようなルネサンス期以降の町家が軒を連ねている。(→pp.44-5, p.192)

さらに西へ進むとヴィユ゠マルシェ広場(Pl. du Vieux-Marché)。1431年、ここでジャンヌ・ダルク(Jeanne d'Arc)が火炙りに処されたのを記念し、❹木造屋根のサント゠ジャンヌ゠ダルク教会(Ste.-Jeanne-d'Arc)が、ルーアンの建築家L. アレッチ(Louis Arretche)の設計により1979年に建てられた。❺船の竜骨を想わせる集成材の天井は聖ペテロの舟の故事にちなんだ大胆な造形で、鉄骨トラスの梁間からの採光も見応えがある。壁を飾る16世紀のステンドグラスは、第二次世界大戦で被爆した近くのサン゠ヴァンサン(Saint-Vincent)教会が保存していたもの。広場周辺の建物6棟は、その正面が15-18世紀の木造町家を模し

❶

❺

❷

❸ ❹

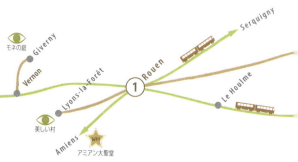

た様式で、それが忠実に復元修理されている。

市場で賑わうこの広場から西北に延びるコショワーズ通（Rue Cauchoise）の 45 には、窓の配置が見事な木造建築（1631年）があるが、ここではすでに１階が石造になっている。こうした階ごとの構造や高さ、窓割りのデザインに時代の変化を感じながら歩けるのも、大聖堂やサン=トゥアン教会（Eglise St-Ouen）のような大伽藍巡りとは一味違う木造の旅の魅力だろう。

② オンフルール
Honfleur

セーヌ（Seine）河口にあるル・アーヴル（Le Havre）よりは数世紀古い漁港で、人口は8,000弱。印象派の画家たちが好んだ静かで美しい雰囲気が、たまらなく旅情をそそる。とくに、❻その旧港（Vieux Bassin）周辺の、古い木造町家が立ち並ぶ光景が秀逸で、シャルル・サンク通（Bd. Charles V, 67）には作曲家E. サティ（Erik Satie）の伝統的な木造の生家もあるから、ここはゆっくり歩いてみたい。

小高い丘の上に建つ❼サント=カトリーヌ教会（Ste.-Catherine）は、フランスで数少ない15世紀の木造教会。とくに、❽百年戦争の終りに地元の船大工が修復して架け替えた筒型ヴォールトの天井は、船底を逆さにした形をしていて素晴らしい。❾教会の前には木造の鐘塔があり、内部も見学できる。

③ ドーヴィル
Deauville

カレー海峡に面したフランス屈指の保養地。海が見渡せる丘の上には、❿茅葺屋根を載せたコロンバージュ様式の木造別荘が、そこかしこに建てられている。カーン（Caen）やパリに通ずる列車が発着する駅の西側には木造の高級ホテルが多く、なかでも港近くのグレーと白の木造軸組で飾られた⓫ノルマンディー・バリエール（Normandy Barrière）は旅行者に人気が高い。また、南へ4kmのトゥルジェヴィル（Tourgéville）には、15世紀の装飾豊かな木造建築の技を伝えるラ・ピパルディールの荘園（Le manoir de La Pipardière）や16世紀のグラティーニュの荘園（Le manoir de Glatigny）がある。

④ オージュ地方
Pays d'Auge

オージュ地方とは、ドーヴィル (Deauville) やカブール (Cabourg) など、海峡沿いの地域からその南のトゥーク (Touque) 川、ヴィ (Vie) 川流域に広がる渓谷を含めた、最もノルマンディーらしい地域の総称。ドーヴィル南方8kmのカナプヴィル (Canapville) には木造建築の荘園 (15世紀) があり、さらにその南5kmのチーズ産地で知られるポン＝レヴェック (Pont-l'Evêque) には、**⓬コロンバージュ様式の壁に茅葺の寄棟屋根を載せた農家**がいまだに健在である。(→p.210)

⓬

その南のリジウー (Lisieux) はカルメル会の聖テレーズが住んでいた町。美しい木造の街並は第二次世界大戦で焼失したが、**⓭その面影は町北端の町家など**で偲ぶことができる。その西17kmのクレヴクール＝アン＝ノージュ (Crevecœur-en-Auge) では、木造の荘園や、石油研究所にある木造の小博物館も見てみたい。その南15kmの

⓭

クーペサルト (Coupesarte) にも16世紀の素晴らしい木造の荘園 (Le manoir de Coupesarte) がある。リジウーから南では、オービション家 (Aubichon de Lisieux) や、マトゥラン家 (Les Mathurins de Lisieux)、その南ではシフルト (Chiffretot) やベルー (Bellou) などの木造の荘園が有名。時間があればそこから西のリヴァロ (Livarot) へ行き、ヴィ川を遡ってさらに南12kmのカマンベール (Camembert) に至り、その世界的に有名なチーズと共に素朴な農家の木造を楽しむのもよいだろう。(→p.192)

⓮

⑤ バイユー
Bayeux

ノルマンディー公ウィリアム征服王の妃マティルダのタピストリーで有名な町だが、ノルマン・ゴシック様式 (13世紀) のノートルダム大聖堂 (Cathedrale Notre-Dame) をはじめ、町の中心には古い家並を残しており、**⓮4層の木造建築 (14世紀)** が観光案内所 (Office de Tourisme) として使われている。(→p.192, 207)

⑥ ル・マン
Le Mans

24時間耐久カーレースで有名なここの旧市街 (Vieux-Mans) は、ロマネスク様式のサン・ジュリアン大聖堂 (St Julien, 11-12世紀) と11基の塔、そしてガリア時代からの街並が赤い城壁で囲まれた歴史の町でもある。**⓯15-17世紀の中層の木造建築**が、大聖堂南西部の大通 (Grand-Rue) からレーヌ・ベランジェル通 (Rue de la Reine Bérengèr) にかけて立ち並んでおり、なかでもピリエ・ルージュ館 (Maison du Pilier Rouge, 16世紀) や二人の友の家 (Maison dite des Deux Amis) は見ておきたい建物である。(→p.192)

⑦ モン・サン＝ミッシェル
Mont Saint-Michel

巡礼地として8世紀から栄えた聖地。**⓰海辺にある岩山の上に建てられた修道院 (11-16世紀)** とそれを取り巻く門前町は建築的な造形へと一体化し、

⓯

その美しい外観と永い歴史は訪れる者を魅了してやまない。

⑧ レンヌ
Rennes

ブルターニュ地方の玄関口として人々が行き交う人口20万の都市。大聖堂（18-19世紀）周辺からサン・ジョルジュ通（Rue St Georges）にかけて、1720年の大火にも焼け残った古い木造の街並がみられるし、サン・ソヴール通（Rue St Sauveur）やサン・ギヨーム通（Rue St Guillaume）のような静かな街並も充分に楽しめる。⑰サン・ギヨーム通にあるレストランのティ・コズ（Ti Coz）は、ゲスラン館（Maison du Guesclin）と以前は呼ばれた名建築。⑱シャン＝ジャケ広場（Place du Champ-Jacquet）を囲む木造の建物は、どれが垂直に建っているのか迷うほどみんな歪んだ、それでいて生活感に溢れる素晴らしい建築群として知られている。（→p.192）

⑨ ディナン
Dinan

駅からではなく、銃眼付きの古い城壁で囲まれた町の東の陸橋を渡り、ヨットが並ぶ入江を眼下に見下ろしながらのアプローチが秀逸。町の中心にあるコルドリエ広場（Place des Cordelier）から⑲ラポール通（Rue de L'Apport）を経て⑳メルシェ広場（Place de Merciers）までの一帯に、2、3層の木造軸組の建物が集中して残っている。ラポール通8の建物（16世紀）のように、太い柱頭に取り付けた持送り（sapport）で上階の床の張出しを支える柱廊（Portique）付きの建物が多く、家々の境は分厚い石壁で区切られている。これらの広場の脇にあるオート＝ヴォワ通（Rue Houte-Voie, 6）の3層の建物（15世紀初頭）がこの町で最も古い。コルドネリー通（Rue Cordonnerie）や職人街だったジェルジュアル通（Rue de Jerzual）、そこから東北の城門を出て入江に至るプティ・フォール通（Rue de Petit Fort）にも、石畳の坂道に沿って魅力的な古い家並が続いている。（→p.192, 207）

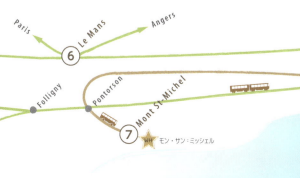

Maison de Le Ribeault）があるファルデル通（Rue Fardel）やカンケーヌ通（Rue Quinquaine）にかけて、柱に彫刻を施した15-16世紀の趣深い木造建築が立ち並んでいる。

⑪ モルレ
Morlaix

最初に驚かされるのは、㉒この人口2万の港町の上を横切る高さ58m、長さ292mの鉄道橋。1860年代初頭に建設されたこの橋は、中世に麻布の輸出、近代は煙草の生産で栄えた町の穏やかな風景を一変してしまった。それでも鉄道線路の下、地上20mの高さにある歩廊から見渡せる町の中心街には、㉓ブルターニュ地方特有の木造建築が健在だ。家々の道に面した壁には、上階を持送りの床組で順次広げる張出し（encorbellments）があり、その鋭角的な屋根だけでなく、その壁の多くが地場産のアルドワーズ（ardoise,粘板岩）のグレー1色で覆われている。ムール通（Rue de Mur）の㉔アンヌ公妃の家（Maison de la Duchesse Anne）や大通の建物（Grand-Rue 9）は、外観と内部にある木彫の装飾が見所だ。（→p.192）

⑫ ヴァンヌ
Vannes

モルビアン（Morbihan）湾の最深部に位置する港町。古い家並と曲がりくねった路地が多く、それらが城壁に囲まれた町民の生活を静かに見守ってきた。町の中心にある㉕大聖堂周辺のアンリ4世広場（Place Henri IV）やサン＝サロモン通（Rue St-Salomon）などに伝統的な木造民家が多く残り、デ・アール通の家（Rue de Halles 23）は15世紀の建物。大聖堂前のラ・コユ（La Cohue）は、12-14世紀の有蓋広場の雰囲気を伝える施設である。また、㉖城壁東南のバスティオン・ヌフ（Bastion Neuf）地区からラ・ガレンヌ公園（Promenade de la Garenne）に出る橋の傍らに、城壁を背にした古い木造建築があり、川沿いに建てられた

⑩ サン＝ブリュー
Saint-Brieuc

かつて司教区も置かれた静かな港町で、最近は産業の発達で賑やかになったとはいえ、中心部の入り組んだ小道には㉑15-17世紀の古い木造建築が健在である。とくに大聖堂（14-15世紀）北側のマルタイ広場（la Place de Martay）から、ラン広場（la Place au Lin）との角にル・リボー館（La

細長の共同洗濯場と共に、アルドワーズと木造の町にふさわしい情景を繰り広げている。(→p.192, 207)

⑬ カルナックの巨石群
Carnac

㉗大西洋を望む荒野に、延々数キロにわたり2,935本のメンヒル（menhir, ブルトン語で石柱の意）が並び立つこの遺跡は、新石器から青銅器時代（紀元前4500-2000年）にかけての文明の謎を問いかける。近くの村には、石のテーブルを意味するドルメン（dolmen）もいくつか保存されている。ヴァンヌ（Vannes）から31km、車で約30分の距離。

⑭ ナント
Nantes

かつてのブルターニュ公領の首都で、ロワール（Loire）河畔に栄えた人口25万の港湾都市。旧市街はロワイヤル広場（Place Royale）西側の煉瓦造の建物は、革命や第二次大戦で破壊されたが、窓辺を飾る鋳鉄製の手摺を軸として、18世紀の街並を見事に再現している。その広場の東、サント゠クロワ教会（Eglise Ste-Croix）周辺には、たとえばジュイヴリ通（Rue de Juiverie 7）やバクルリー通（Rue de la Baclerie 8）、㉘カルメ通（Rue des Carmes 4）の建物など、15-16世紀の古い木造建築がいくつも残されている。

⑮ アンジェ
Angers

ロワール河畔に築かれた13世紀の城郭を中心に発展したこの軍事拠点は、14-15世紀初頭のアンジュー公国時代に花と芸術の町へと変身した。㉙15世紀、大聖堂近くのサント゠クロワ広場（Place Ste-Croix）に地元の富豪がアダム館（Maison d'Adam）を建てたが、市民がその建設に携わった地元職人たちを記念して「工匠の家（Maison de Artisants）」と称したほ

どの傑作だ。現名はその柱に㉚アダムやイヴなどさまざまな人物の像が彫られたことに由来する。その屋根や破風の立体的構成が角地に建つ中層建物には最適で、フランス西部を代表する木造建築といえよう。近くの㉛ロワゼルリー通（Rue de l'Oiselerie 9）にある木造の町屋3棟も立派に修復・保存されている。(→p.192)

3 フランス南西部と スペイン・バスク地方の村と町

フランス、スペイン
France & Spain

✈ 日本からのアプローチ

　空路でのアクセスは、パリ経由でその日のうちにボルドーに着くのが効率的だ。コースを逆にとる場合は、パリに着いた日の晩にビルバオ行の便がある。ロンドン経由は、ボルドー便がすべてガトウイックかスタンステッド空港発なので乗り継ぎに時間がかかるが、ビルバオ便はヒースロー空港発もあるから、その日の夜早めにビルバオに着ける。ただし、ボルドーからのロンドン便は帰路も不便なので注意したい。ミラノやフランクフルト経由だとその日の夜遅くビルバオ着の便もあるがボルドー便はなく、帰路もパリ経由となる。

✎ 旅程の組み方（→注）

　このコースは、ボルドー（Bordeaux）に1泊してから旅を始めるほうが日程を組みやすい。ボルドーの南に広がるランド（Landes）地方の建築を知るうえで、ぜひサブレ（Sabre）近郊のマルケーズ民俗村を訪れたいからだ。ボルドーから早朝の列車で約1時間のラブーエール（Labouheyre）からタクシーで東へ15km、サブレの手前3kmにマルケーズ（Marquéze ①）はある。ラブーエールの南のモルサン（Morcenx）からは25km。ここのほうがタクシーやバスの便が得やすいはずで、それをあらかじめボルドーで確認しておくとよい。帰途もモルサンに出たほうがバイヨンヌ（Bayonne ②）に早く着ける。

　翌日は、バイヨンヌから日帰りでフランス・バスク地方のラブール（Labourd）地区に残る木造街並を見て廻ろう。バイヨンヌから列車で1時間弱のサン゠ジャン゠ピエ゠ド゠ポル（Saint-Jean-Pied-de-Port ⑥）、あるいは途中のカンボ゠レ゠バン（Cambo-les-Bains）で降り、タクシーでその南西にあるバスク（Basque）地方特有の街

並で名高いエスプレット（Espellete ④）やアイノア（Ainhoa ⑤）などを廻るのが得策だ。

　日程に余裕があればバイヨンヌにもう1泊し、バイヨンヌからビアリッツ（Biarritz ③）、ビダール（Bidart）、ゲタリー（Guethary ⑦）、そしてサン゠ジャン゠ド゠リュズ（Saint-Jean-de-Luz ⑧）などのリゾート地帯に点在する、20世紀前半の建築家が設計したネオ・バスク様式の木造名建築を見るのも楽しい。

　3日目は、フランス側のアンダイ（Hendaye）経由でスペイン側のイルン（Irun）に入り、そこからタクシーやバスを利用してナバラ（Navarra）地方のレサカ（Lesaka ⑩）やベラ゠デ゠ビダソア（Vera-de-Bidasoa ⑨）などに残る典型的なバスク風の民家や街並を巡りたい。レサカは1泊してもよい落ち着いた町。ゴイズエタ（Goizueta ⑪）もよいが、レサカからは山越えの道となる。その日はイルン経由でその西25kmの美しい港町サン・セバスティアン（San Sebastián）に泊まってみよう。

　次の日、サン・セバスティアンから列車で2時間のビトリア（Vitoria ⑬）へ移動し、そこで中層木造建築の街並などを見た後、西南のミランダ・デ・エブロ（Miranda de Ebro）経由でF. O. ゲーリー設計のグッゲンハイム美術館があるビルバオ（Bilbao ⑮）や、ピカソの絵で有名なゲルニカ（Guernica）まで足を伸ばし、翌日に狭軌の鉄道かバスでサン・セバスティアンに戻ると、その途中のアバディーニョ（Abadiño ⑯）やエチェバリア（Etxebarria ⑰）などで、ビスカヤ（Vizcaya）地方ならではの低層の木造農家や塔状の石造民家がみられよう。少々時間がかかるが、ビトリアからブルゴス（Burgos）へ出て、その南のコバルビアス（Covarrubias ⑭）などの村々まで往復するのも、スペインらしい旅になりそうだ。

［注］地名の後に挿入した丸数字は、右頁の地図や本文の地名タイトル、その頁下部の旅程図に掲載した地名冒頭の丸数字と整合している。

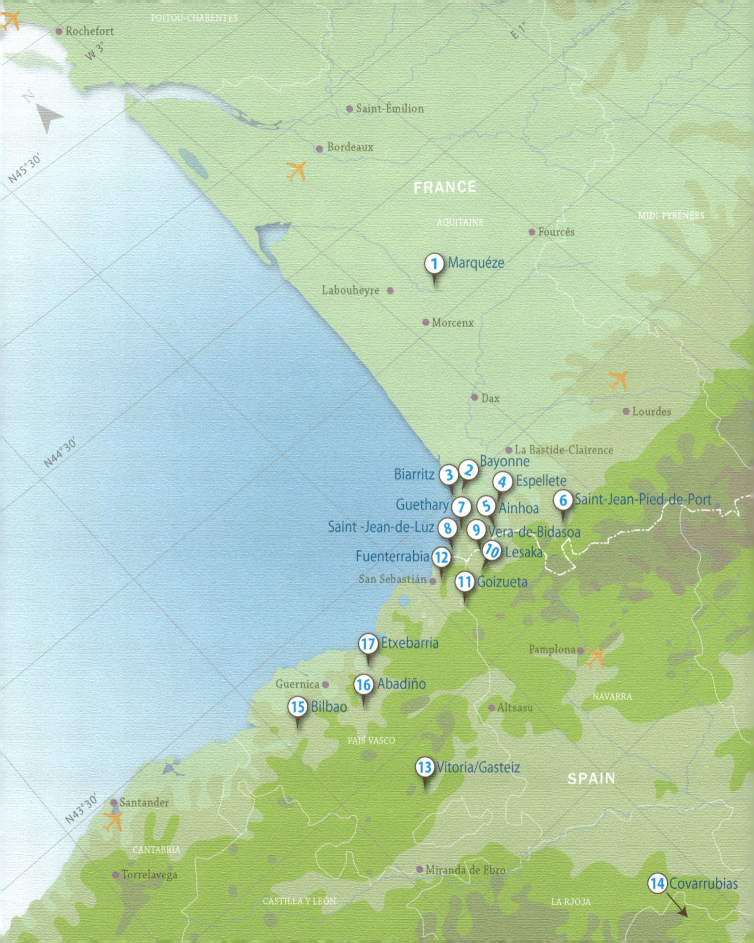

フランス南西部と
スペイン・バスク地方の木造建築

　フランス南西部とは、ボルドーがあるボルドレ地方とその南のランド地方、そしてその南に接するバスク、ベアルン、ビゴールなどの地方を含み、以前はその北部がギュイエンヌ、またランド地方以南はガスコーニュと呼ばれていた。ここは大西洋に面しているので温暖な気候に恵まれ、ブドウ栽培をはじめ各種の農業が盛んである。その一方、沿岸部には砂丘が連なり、かつ湿地や湖沼が多いので、18世紀末からマツの木が植えられ、林業が発達した。

　そのため、農村には伝統的な木造建築がよく残り、寄棟や切妻形式の緩勾配の大屋根を載せた低層の農家が、この地域の特徴になっている。基本的にはパン・ド・ボア(pans de bois)様式の柱・梁構造を主体とするが、その軸組の柱間隔は広く、フランス北西部のような柱間隔が狭い軸組様式(コロンバージュ、colombage)に急勾配の切妻屋根を架けた建物は、もはや内陸部でも見ることができない。

　ただし、バスク地方の沿岸地域には4、5層のリゾート建築が多く建てられ、構造が木造でなくても、色彩豊かなこの地方の木造の柱割りやバルコニーのデザインを、ネオ・バスク的な意匠として受け継いでいる。これら木造の軸組を露出した建築の形式は、国境を越えてサン・セバスティアンやビルバオなど、スペイン・バスク地方の沿岸都市にも繋がっていくのである。

　また、バスク地方西の山間地にみられる木造街並の形式、とくに隣家と接する側の壁を防火壁のような厚い石積みにし、ときにはそれで得られる広い妻入りの建物を、正面の棟を境にして2世帯で分割所有する形式がスペイン側でも同様にみられ、パンプローナを中心とするナバラ地方では、北部の集落にその例が多い。ただし、ピレネー山脈に接するもうひとつのアラゴン地方では、木造建築そのものがほとんど残されていない。

　両国間にわたって、このようなフランス南西部やバスク特有の木造建築が分布し、またそれを支える共通の民族文化がいまだに色濃く残ることから、ピレネー山脈の南北を一気にまとめて巡ることで、少数民族の歴史や建築文化に対するいっそうの興味が湧き上がってくる。そこが、このコースでしか味わえない旅の魅力といえるだろう。

フランスの、ランド地方サブル村にあるマルケーズの地主の家(19世紀前半)は、この地方に特有な木造平屋建ての技法を伝える貴重な建物。正面入口の左右には、太いナラの軸組を吹放ちで用いた心地よい空間が設けられている。左下は高床式の鶏小屋。(→p.56, 192, 206, 214)

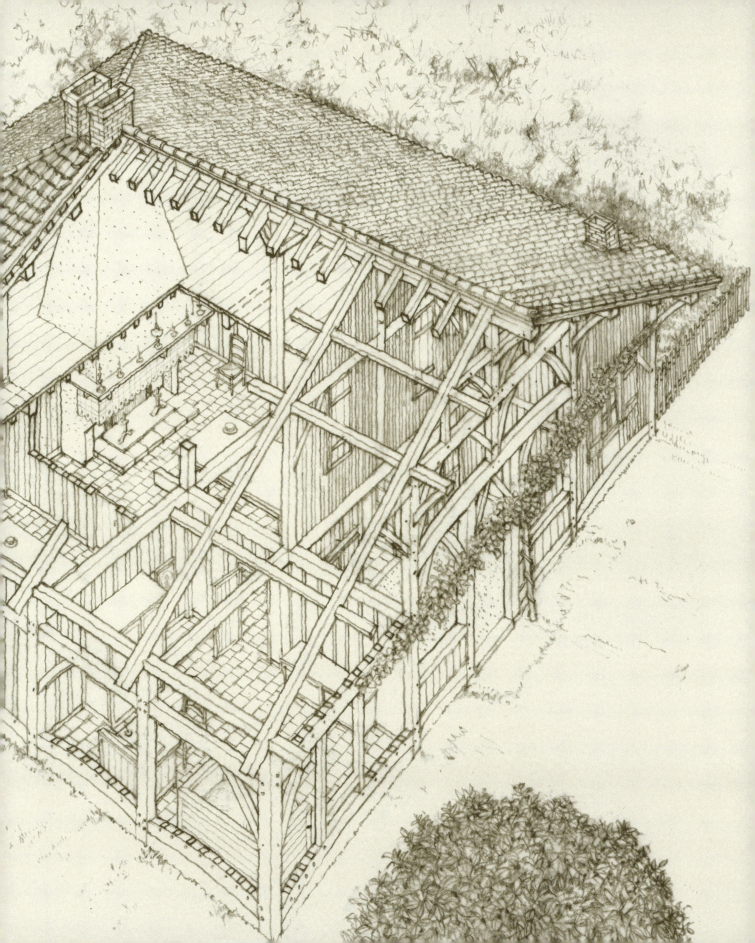

3 フランス、スペイン —— France & Spain

1 マルケーズ
Marquéze

マルケーズ民俗村は、グランド・ランド・エコミュゼ（écomusée de la Grande Lande, Marquéze, Sabres）の通称。ジロンド地方とランド地方にまたがる26万haのランド地方自然公園の一部で、その敷地面積は70ha。そこにあった **1 2 マルケーズの地主の家**（La maison du Maître, Marquéze, 19世紀前半）など約30棟を移築・保存し、当時の農民の生活と周囲の自然環境を追体験できるよう1969年に設立された。敷地内には農家の主屋のほか、借地人の家、**3 製粉業者の家**、松脂採取人や羊飼いの家などの平屋住居と、水車小屋、家畜小屋、**4 鶏小屋**、道具小屋などの付属屋が配置されている。1892年に敷設されたラブーエール（Labouheyre）とサブル（Sabres）を結ぶ狭軌の林業用蒸気鉄道が残っているので、入園者はこれを利用したレトロな列車で、地方色豊かなホテルやレストランがあるサブルの駅と民俗村との間を往復できる。

この地域の木造家屋は、大西洋から吹き付ける風雨を避けるため、西側は緩勾配の寄棟屋根、東側は妻中央に吹放ちの深い庇（auvent）を設けた切妻屋根とし、そこへ陽光を招き入れている。ナラ材を用いた灰色の柱と梁の軸組に白壁を配したデザインは、イングランドと同様に高価な建築とされた。内部は中央に大きな暖炉を構え、その前面を居間、背後を台所にし、その左右に寝室を配する平面構成が主流。サブルの町はずれに、現在でもこうした平屋の農家が残っているから、時間が許せば訪ねてみよう。（→pp.54-5, p.192, 204, 214, 224）

2 バイヨンヌ
Bayonne

アドゥール（Adour）河口の波止場と古い城塞に囲まれたバスク地方の中心都市。美しい街路はアドゥール川とその支流ニーヴ（Nive）川によって、大バイヨンヌ（Grand Bayonne）地区、小バイヨンヌ（Petit Bayonne）地区、フォーブール＝サン＝エスプリ（Faubourg-Saint-Esprit）地区に3分されている。**5 市内には中層の木造建築がみられる**が、大バイヨンヌ地区西側の城塞跡に沿った広いポーミー通（Allées Paulmy）の西側には、ゴメス兄弟（Lous et Benjamin Gómez）設計のヴィラ・イッツァラ（Villa Itzala, 1923年）やスプレ兄弟（Jean et Joseph Soupre）設計のヴィラ・アリ・ゴリ（Villa Arri Gorri, 1926年）のような、ボザール（Beaux Arts de Paris）で学んだ地元出身の建築家によるネオ・バスク様式の壮大な木造住宅が立ち並んでいる。

3 ビアリッツ
Biarritz

昔は捕鯨の盛んな漁村だったが、ナポレオン3世が王妃のために別荘ヴィラ・ウージェニー（Villa Ehgenie）、現在のオテル・デュ・パレ（Hôtel du Palais）を建てた1850年代から、フランス西海岸最大の高級避暑地として栄えた。J. イリアール（Joseph

■マルケーズ民俗村
開園日には、10:10–12:10と14:00–16:40にサブル（Sabre）から民俗村まで、40分ごとに列車が運行される。

Hiriart)らが設計した海洋博物館（Musée de la Mer, 1935年）も有名。ここと地続きのアングレ（Anglet）には、ボルドー生れでネオ・リージョナリズムの建築家H.ゴドバージュ（Henri Godbarge）が設計したイリンツィーナ館（Irrintzina, 1925年）をはじめ、19世紀末以降のさまざまな形を競った木造の別荘がある。

④ エスプレット
Espellete

ナバラ（Navarra）の宮廷に仕えた忠臣エスプレッタ侯の名を残した人口2,000の小村で、**⑥バスク地方の典型的な街並**を見事に留めている。ほとんどの家が2層の木造軸組造で、屋根は緩勾配の切妻で瓦葺。軸組、窓枠、板戸などはすべて赤や緑で塗られていて、白壁とのコントラストが鮮やかで美しい。妻壁の両端にある石の縁取りは、ここラブール（Labourd）地区よりもスペインの内陸寄りにあるナバラ（Navarra）地方の石積壁の伝統に由来する。海寄りのラブール地区が2階以上の軸組をすべて露わにするのに、エスプレットの町家が側壁を石積みとし、それに挟まれた妻壁を軸組にするのは、両地域の折衷型といえよう。村の鐘塔付きの教会は17世紀の創建。**⑦内部には、この地方独特の木造ギャラリー**が幾重にも巡らされている。（→p.220）

⑤ アイノア
Ainhoa

エスプレットから南西9kmの山裾にある宿場で、12世紀にナバラの修道士ユアン・ペレス・デ・バスタン（Juan Pérez de Baztan）によって開かれた、バスク地方で最も魅力的な村として知られている。

⑧村の中央を貫く街道筋の両側には、緩勾配屋根を持つ切妻の木造町家がぎっしり立ち並び、⑨軸組壁の間に規則正しく設けられた開口部が赤や緑で塗られていて、バスク地方以外ではめったにみられない、リズミカルで美しい街並を形成している。

⑥ サン=ジャン=ピエ=ド=ポル
Saint-Jean-Pied-de-Port

バイヨンヌへ注ぐニーヴ（Nive）川の上流にあり、フランスとスペインにまたがるナバラ王国の要衝として13世紀に建設されたが、サンティアゴ・デ・コンポステーラ（Saintiago de Compostela）へ向かう巡礼者がピレネー山脈を越える際の宿場町でもあった。旧市街には中世の古い教会建築や城塞跡が多いが、ポン・ヌフ（Pont-Neuf, 1900年）の橋に近いニーヴ川に沿った地域、とくにシタデル通（Rue de Citadelle）には2、3層の木造建築によるバスク様式の街並が見事に残されている。必見の建物は、アルカンゾア館（Maison Arcanzoa, 1510年）や司教の家として有名なメゾン・デ・ゼヴェク（Maison des Évêques, 1580年）など。馬具などの革製品や錠前製造職人、理髪師などが住んでいたスペイン通（Rue d'Espagne）にもぜひ立ち寄ってみたい。

サンティアゴ・デ・コンポステーラへの巡礼路

3 フランス、スペイン── France & Spain

⑦ **ゲタリー**
　Guethary
　海辺の小さな村だが、ここの村役場（La Mairie, 1925年）は、バスク地方に伝統的な木造建築の建物正面の形を基に、建築家F. ブラナ（Ferdinand Brana）が設計した建物。

⑧ **サン＝ジャン＝ド＝リュズ**
　Saint-Jean-de-Luz
　ニヴェル（Nivelle）河口に開けた比較的新しい町。17世紀にピレネー条約が締結され、ルイ14世がここでスペイン王女マリー・テレーズと結婚式を挙げてから名が知られるようになった。11世紀までは捕鯨の本拠地だったが、現在はマグロ漁船の港になっている。⑩海水浴場やカジノがある海辺にはリゾート建築が立ち並び、バスク地方特有の木造建築を模した形式が多い。建築家の作品としては、A. パヴロフスキー（André Pavlovsky）のヴィラ・ゾルツィコ（Villa Zortzico, 1926年）が住宅街にある。

⑨ **ベラ＝デ＝ビダソア**
　Vera-de-Bidasoa
　フランスのアイノア（Ainhoa）から西へ30km、リズニャーガ峠（Col de Lizuniaga）を越えてスペイン領ナバラ県最北部のビダソア（Bidasoa）渓谷に向かう入口にある村。妻壁の両脇に積まれた石組みは軒下にまで達し、⑪その仕切壁の間に2、3層の木造軸組を挟む形式の家屋が多い。

⑩ **レサカ**
　Lesaka
　ビダソア（Bidasoa）渓谷の情景を色濃く示す人口2,400の静かな村。⑫小川が流れる中心部には、妻入りで軒が深い木造の家々が立ち並び、500年以上に及ぶ町づくりの伝統をいまに伝えている。ここの家は、上階になるほど根太（ねだ）を延ばして床を張り出し、さらに木製のバルコニーを設けた形式が多いし、木組に地方色豊かな彫物を施した古い例もあるから、町歩きの際に見逃さないようにしたい。
　ここを拠点に、さらに南のイガンツィ（Igantzi）や谷の奥にあるアランツァ（Arantza）まで足を延ばし、素朴な家並を見て廻るのも楽しい試みだろう。

⑪ **ゴイズエタ**
　Goizueta
　ビダソア（Bidasoa）渓谷とは山一つ隔てた西側にある人口1,400の個性的な集落。ここの家々の1階はそれとわかる堅固な石積みで、妻面両脇の仕切壁も迫出しの化粧を施した厚い石壁である。⑬村の西側にあるヤンデネア家（Casa Yandenea）のように道路に面して間口の広い家屋を構え、そ

の棟を境に内部を等分に分割して2世帯で住む方式はこの地域独特のもの。1階正面に石造アーチの入口をそれぞれに備えたオラハンディネア家（Casa Olajandinea）のような例もある。こうした家々が軒を連ねると、妻面両脇の石壁も複数世帯を仕切る防火壁としてますます重要になり、それと**14 町全体の茶色の屋根と白い妻壁との対比**が、家並に心地よいリズムをもたらしている。（→p.192, 206）

12 フエンテラビア
Fuenterrabia

フランスとスペインの国境を流れるビダソア（Bidasoa）河口の小さな漁村だったが、すぐ西にあるギーブスコア（Guipúzcoa）県の県都サン・セバスティアン（San Sebastián、人口18万）に次ぐ第二のリゾート地として発展し、いまでは人口も1万4,000。旧市街は15世紀の城壁に囲まれ、色とりどりの木製や鉄製の手摺に囲まれたミラドール（Miradore,見晴らし窓）のある木造軸組3、4層の家が多く残っていて、マヨール通（Calle Mayor）辺りが見所。妻壁正面だけでなく側壁まで軸組を露わにしたバスク風の建物に加えて、ナバラ地方北部にあるような石積みの側壁を各戸が防火壁として立ち上げた建物群もあり、木造と石造が交じり合う不思議な街並の魅力が漂う港町として知られている。バスク名ではオンダリビア（Hondarribia）。

13 ビトリア／ガスティス
Vitoria/Gasteiz

バスク地方の古都ガスティス（Gasteiz）があった丘の上に築かれ、近代は鉄鉱業と織物業で栄えた人口21万の都市。旧市街にはいまだに中層の木造建築が多くみられ、中心街にあるビルヘン・ブランカ広場（Plaza de Virgen Blanca）周辺に、**15 建物前面をミラドールで飾った建物**が集中している。ゴシック様式のサンタ・マリア大聖堂（Catedral de Santa María）近くのコレリア通（Calle Correria）にある、**16 太い軸組壁の間を横長の煉瓦で埋め尽くした木造建築**は、15世紀に建てられた**商家エル・パルタロン**（El Partalón）。内部は現在レストランとして使われ、バスク地方の伝統的な家具や調度のよさが料理と共に味わえる。スペイン広場（Plaza de Espana）からロス・アルキロス（Los Arquillos）通へ通ずるアーケードのある街区も、建築としておもしろい。

3 フランス、スペイン── France & Spain

⑭ コバルビアス
Covarrubias

ブルゴス (Burgos) の南40km、アルランサ川 (Rio Arlanza) 沿いにある中世の城壁に囲まれた人口600の小さな村だが、カスティーリャ・レオン (Castilla y León) 地方に数少ない伝統的な木造軸組の街並を残すことで訪れる人が絶えない。村の北東側にある立派な城門を入ると、正面にマイヨール広場 (Plaza Mayor) と、その角にある木造3層の建物 (Casa Calin) や⑰**アルランサ・ホテル (Hotel Arlanza)** などが見えてくる。⑱**この地域では、道路に面した1階に木や石の柱で柱廊を造り、その上へ煉瓦を充填した木造軸組の壁を張り出して白漆喰で厚く仕上げるのが民家の特徴で、3階正面に日除けを兼ねてベランダ (Veranda) を設ける家も多い。**(→p.192, 206)

マイヨール広場から街並を西へ抜けると、聖トーマス教会 (Eglisias de Santo Tomas, 15世紀) や、その南の河岸に2つの古い長老派教会 (Colegiata de St. Cosme & St.Damian, 15世紀) があり、ここではその古い石壁がD.サンチャの家 (Casa de Dona Sancha, 15世紀) のような粗削りの木造軸組の建物と不思議に馴染んでいる。なお、この柱廊と木造軸組の上階が見事に組み合わされた街並は、カスティーリャ・レオン地方ではブルゴス南方70kmのペニャランダ・デ・ドゥエロ (Peñaranda de Duero) や、北西40kmのビジャディエゴ (Villadiego)、82kmのアギラル・デ・カンポー (Aquilar de Campoó) などでもみられるが、サラマンカ (Salamanca) の南西75kmにある⑲**ラ・アルベルカ (La Alberca) の街並**のほうが有名である。(→p.192, 206)

⑮ ビルバオ
Bilbao

バスク地方ビスカヤ (Vizcaya) 県の県都。14世紀頃から木材輸出で賑わう港町だったが、19世紀中葉から巨大な重工業地帯の中心として発展し、いまではバスク地方随一の経済・産業都市に成長した。人口は38万。現代建築では、ネルビオン (Nervión) 川沿いのアバンドイバラ通 (Abandoibarra Et.) に建てられたフランク O. ゲーリー (Frank O. Gehry) 設計のグッゲンハイム美術館 (Guggenheim Museum, 1999年) が有名で、その巨大な造形は世界の海に羽ばたいたかつてのバスク人の心意気を示している。

また、ビルバオから鉄道で北東50分の場所に、P.ピカソの絵で一躍名が知れたゲルニカ (Guernica) がある。⑳**スペイン戦争当時、バスク人がその下で会議を開いたナラの巨木はナチス・ドイツの爆撃で焼失し、現在の木はその2代目。**ここで樹陰を愛したバスク人の歴史を想うのも一興だろう。

⑯ アバディーニョ
Abadiño

ビルバオから東30kmにあるデュランゴ (Durango) は、中世以降の優れた石造建築が残る町だが、ここから南3kmにある人口3,000のアバディーニョは、ビスカヤ地方らしい木造住宅の伝統を留める村だ。石積みの1階に切妻屋根で木造の2階を載せたランダ家 (Caserio Landa) は、壁の黒い軸組と横長の化粧煉瓦、小口を露わにした床根太の上に開けた三角形の換気口などのバランスが絶妙で、ゴシック風の柱廊 (portico) を持つことで有名な塔付き住宅 (Casa de Torre) のムンハラズ家 (Torre de Muncharaz) と共に、この地域における民家の特性を見事に表している。(→p.192)

⑰ エチェバリア
Etxebarria

エチェバリアには、バスク地方よりも西寄りのアストゥリアス (Asturias) 地方やカンタブリア (Cantabria) 地方の伝統として有名な㉑**木造高床の穀倉 (Hórreo)** があり、その分布の東限として知られている。ただし、これらの穀倉はみな同様に独立柱4-8本で支えられてはいるものの、バスクでは太くて長い床桁を四周に巡らした正方形の平面で、屋根もかならず方形か切妻にしており、バスク以西に多い正方形の平面で長方形の細長い平面のものとは、だいぶ趣を異にしている。

街並を眺める

ヨーロッパでは、どんなに小さな町でも、以前はそこの地図が現地で手に入ったものである。絵入りで建物や名所とそれを見て廻る順番を説明したものもあって、街歩きの楽しさはそれを持ち歩くことにもあったのだが、最近はインターネットの地図や写真を利用する旅行者が多く、個性的な地図はめっきり数が少なくなった。そうした場合、限られた時間内で効率よく、しかもその町の優れた建物や街並の特徴をしっかり見届けるにはどうしたらよいのだろうか。その方法を小さな村と中規模の都市の例で探ってみよう。

ドイツの中央山地ヴェストファーレン地方のフロイデンブルクにある17世紀の木造街区は、その東にある公園の丘から見下ろした光景が圧巻である。そのためもあって、住民たちは協定を結び、この丘からだけは白い壁と黒い軸組、それにグレーの屋根しか見えないよう、400年間も外装材の質や色を制限してきた。しかし、いまでは誰でも丘に登れるので、ここからの写真だけが定番となり、この町のイメージを固定化してしまっている。そこで、それとは違う風景が欲しければ、逆に丘から早めに降り、それまで見られることのなかった街区の西側を探索してみたほうがよい。緩やかな階段で結ばれた路地裏に、意外と色彩豊かな家々の飾りや個性豊かな造形がひしめいている。あとは「廻り道の美学」に従おう。そうすれば、新しい風景が向こうから近づいてくるはずだ。（→p.92, 213）

表通りと廻り道

ラヴェナム、イギリス
Lavenham
United Kingdom

Ⓐ ハイ・ストリートの街並（❶の地点から見る）

Ⓑ ウォーター・ストリートの街並と建物（❷の地点から見る）

右上の図はイギリスのラヴェナムで発行された案内書のもので、点線はお薦めの巡回コースを示している。○は見応えのある建築のある場所で、その大部分がハーフティンバー様式の木造町屋。❶❷は写真ⒶⒷの撮影ポイントと方向を筆者が勝手に追加したものだが、もともと人口1,750のこの町は、南端の教会（36）から北に延びるハイ・ストリートが古くからの通商路だったため、それに沿ってⒶ木造の町屋が連なっていた。有名なⒹギルドホール（3）やスワン・ホテル（27）もこの道筋にある。そのため、多くの観光客はここを南北に歩いただけで帰るが、案内書に従いそこを東に折れてウォーター・ストリートに向かえば、別のⒷⒸなどすてきな建物にも出会える。それでもこの点線は、それらはあまり深入りせずに、その奥のシリング・ストリートに廻れば、普段は見る機会のない街並もありますよと、親切に教えてくれているのだ。（→ p.38, 192, 206, 214）

Ⓒ ウォーター・ストリートの建物（21）

Ⓓ ギルドホール（3）の軸組

63

ホホウフ、ポーランド
Chochołów
Poland

Ⓐ ❶ から見た東側の街並

「隠れた街並の発見は廻り道から」という街歩きの秘訣は、ポーランドのホホウフにも通用する。ここの地図は公刊されておらず、やむなく今回は手製の地図を載せるが、南北に走る街道筋に沿ってⒶⒷⒹ井楼組の民家が並ぶこの村は、地図が要らないぐらいに建物の配置が単純だ。その見事さには感嘆するものの、それでも違う発見をしたければ、賑やかな表通りを避け、そっとⒸ路地裏に入ってみるがよい。そこだけがこの村らしい日常の生活空間で満たされている。これを見過ごすとはもったいない。教会の裏から丘の上の墓地まで廻り道すれば、村の生業すべてを見渡すこともできる。ただし、こうした街村を上手に撮りたければ、道の方位を調べておこう。午前と午後との陽では、ⒶⒹ道路際の建物の外観がまったく変わるからである。（→ pp.142-3, p.192）

Ⓑ ❷ から見た祭り（8月下旬）で賑わう表通り

Ⓒ ❸ から見た路地裏の風景

Ⓓ ❹ から見た西側の街並

街並を眺める

水路と街並

コルマール、フランス
Colmar
France

Ⓐ クリュトノー地区の魚河岸に沿った街並（地図 1-2）

Ⓑ タヌール地区に並ぶ木造軸組壁の建物（地図 3）

広場と泉の存在が街歩きの起点となって、そこから放射状に探索路が延びていくことを考えると、街中にきれいな水路や川のあるなしは、街歩きの道筋に軸線を持ち込めるか、また、その歩きの向きを決められるか否かの鍵になる。もし、水路に沿って木造の古い街並があれば申し分なく、それによって生じる人や物の流れも同時に楽しめる。それに、急な流れが少ないヨーロッパでは、静かな水面に映る木の格子模様がまたとない被写体になる。それを追って歩けば、写真や絵の傑作も生まれよう。

幅広の運河に沿って美しい木造の街並が広がるのがフランスのコルマール。ラインの水運で栄えた町であるからには、中心街の南東にあるⒶクリュトノー地区の魚河岸から街歩きを始めてみたい。傍らのタヌール地区に連なるのは、Ⓑ壁が何色にも塗り分けられた木造軸組の建物。鎧戸が付いた窓が、ヨーロッパの南にいることを想わせる。やがて路を北に折れ、床が少しずつ迫り出した木造商家が密集するⒸマルシャン通を抜けて、この町随一の名建築フィステール館（地図 5）に至るコースはどうだろう。それだけでも、この町を訪ねた甲斐があったと、きっと思うはずである。（→ p.76）

Ⓒ マルシャン通（地図 4）

1-2. Quartier de la Krutenau
3. Quartier des Tanneurs
4. Maison Pfister
5. Rue des Marchands

ヴルコリーネツ、スロヴァキア
Vlkolinec
Slovakia

東ヨーロッパの農山村となると、水路の存在は前頁のような観光上の利点とは別の、より日常の生活に密着した役割を果している。この集落は近年世界遺産に登録されたスロヴァキアのヴルコリーネツ。住む45戸のほとんどが、Ⓐ村を2分する坂道の両側に妻壁を並べて家を建て、道の中央を流れる小川の水で生活してきた。最近はここにⒷ水道が併設されたようだが、Ⓒいくつかある水場を朝夕村人が順番に利用し、家畜までここに群がる慣習はいまでも変わっていない。この川筋と水場を中心とする生活が、この村独自の景観を形づくっている。そここそが、この村一番の見所なのだ。(→ p.24, pp.144-5, p193)

Ⓐ ❶から見た坂道に沿って妻壁をそろえた木造の街並

○ 村で特別な建物

Ⓑ ❷から見た村の中央にある18世紀の鐘塔とその前の水場

Ⓒ ❸から見たもうひとつの水場。これらいくつもの水場が村人の日常生活を支えている

目線の高さと街並

ツェレ、ドイツ
Celle
Germany

すてきな街並を歩いていると、これを歩行者の目からだけでなく、家々の上階の窓からどう見えるか、一度試してみたい気持ちに駆られてしまう。しかし、それはその町に知人がいない旅行者にとっく無埋な話。そこで、誰でも行けるような高みを探すことになる。はたして、そんな都合のよい所はあるだろうか。

木造の街並の見事さで知られるドイツ北部のツェレでは、3、4層の木造軸組で切妻屋根の商家が、東西に延びた数本の通りを挟んでびっしり並んでいる。Ⓑ柱や腰板、出桁を彫刻で飾った古い建物も多い。だが、こうした装飾は道行く人からの視線を意識して設けられたもの。見上げることでその華やかさが活きるのは当然だ。それを愛でるのは、道のレヴェルで歩いたときに任せよう。観光客の大半は市教会の鐘塔から町を俯瞰しただけの高みの見物で満足するが、それでは屋根の連なりしか見えないというのなら、賑やかなツェルナー通を東の突当りまで行ってみるがよい。幸いなことに2階建の百貨店がそこにある。その上階からなら、普通のガイド付きツアーでは味わえない、Ⓐ住む人の目から見たツェレの街並の素晴らしさが本当に味わえる。探検家気分も加わるので、これこそ望外の歓びといってよい。(→ p.95)

Ⓐ ❶の2階の高さから見たツェルナー通の街並

Ⓑ ❷から見たホッペナー・ハウスの彫刻

ネルトリンゲン、ドイツ
Nördlingen
Germany

こうした高みからの眺望がきく点では、イギリスのチェスターやドイツ・ロマンティック街道の諸都市のように、周囲が城壁でぐるりと囲まれている町こそそれにふさわしい。

ネルトリンゲンはその典型だ。1周2.8kmの城壁の上を巡る歩廊の高さは8-9m、町の中央に聳えるダニエルの塔（90m）の展望バルコニーの高さは70mだから、これらと路上からとを加えると、ここでは3種類の高さと360度の水平視野との組み合わせで町の眺めを存分に楽しむことができる。しかも、この小さな囲いの中に16世紀から19世紀にかけての⑩貴重な建物や噴水などが100以上も残されているのだから、カメラや街歩きの愛好者にとってはこたえられない魅力だ。これほど高さと方位の差が面白く味わえる町はほかにない。350段の階段を登ってⒶ塔から撮った遠望よりも、Ⓑ身を乗り出して撮った足許の建物や広場の写真のほうがよく見えるようになればしめたもの。それは自分らしい旅ができた証しでもある。城壁は7つの城門を繋いでいて、その上に設けられたⒸ歩廊は雨の日でも歩きやすい。歩廊に立つ位置によってⒺダニエルの塔は姿を変え、破風を露わにした木造の家々は、下から見上げたときより大きく見える。これも高さを得た者の利点か。ゆっくり一周すれば1時間。途中、好きな場所で乗り降りできるのも、先を急ぐ旅人には嬉しい仕組みである。（→ p.73）

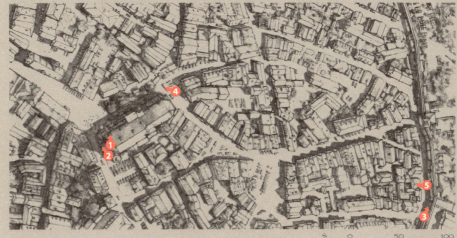

Ⓐ ❶のダニエルの塔から北方を望んだ街の風景

Ⓑ ❷の塔から見下ろした市庁舎とタンツハウスの風景

Ⓒ ❸から見たライムリンガー門と城壁の上に設けられた歩廊

Ⓓ ❹から見たマルクト広場の噴水

Ⓔ ❺の歩廊からの眺め

4

ドイツ、フランス
Germany & France

シュヴァーベン地方と
アルザス地方の街並

✈ 日本からのアプローチ

最も標準的なのは、フランクフルト経由でこのルートを南下し、またフランクフルトに戻る案であろう。ルフトハンザ航空を利用すると、その日のうちにフランクフルトから1、2時間の都市にも泊まれるので、それ以降の日程が楽になる。パリ経由で早朝のストラスブール便に乗り、このコースを逆にたどる案もある。また、チューリッヒ(Zürich)経由でコンスタンツ(Konstanz)かバーゼル(Basel)まで行き、そこからライン下りの旅程を組んで、ストラスブールからラインを渡ってドイツ南部の山間部を巡る計画も、変化があっておもしろかろう。

✐ 旅程の組み方 (→注)

ドイツのシュヴァーベン(Schwaben)地方とフランスのアルザス(Alsace)地方の旅は、川沿いの光景を楽しみながらするとよい。フランクフルト・アム・マイン(Frankfurt am Main)が起点なら、ライン(Rhein)川沿いに交通の拠点マンハイム(Mannheim)に至り、そこからネッカー(Neckar)川を遡る行程がお薦めである。また、ダルムシュタット(Darmstadt)に泊まり、分離派の建築家 J. M. オルブリヒ(Josef M. Olbrich)の傑作を見てから旅を始めてもよし、マンハイムからハイデルベルク(Heidelberg)を通ってネッカー川沿いのバート・ヴィンプフェン(Bad Wimpfen ①)に寄る案も捨てがたいが、いずれも日程がかさむ。

シュヴァーベン地方の旅は、ネッカー川の支流であるコッハー(Kocher)川の岸に聳えるシュヴェービッシュ・ハル(Schwäbisch Hall ②)から始めてみよう。ここから列車を乗り継げば、ロマンティック街道の町にもすぐ行ける。観光客が多いローテンブルク・オプ・デア・タウバー(Rothenburg ob der Tauber ④)やディンケルスビュール(Dinkelsbühl ③)は避け、ネルトリンゲン(Nördlingen ⑤)のような小都市に泊まって、切妻屋根が連なる木造の街並をゆ

っくり楽しんでみたい。都市だけでなく農村の木造建築も見たい場合は、シュヴェービッシュ・ハルの近くに格好の民家園がある。

ここからはアーレン(Aalen)経由の列車でシュツットガルト(Stuttgart)へ戻り、市内のヴァイセンホーフ(Weissenhof)にある近代建築の巨匠たちの名作に敬意を表した後、ネッカー川をさらに南下、学問の町で名高いテュービンゲン(Tübingen ⑥)の川辺や街並で心を休めるのも妙案だ。

次の日は、シュツットガルトからの列車かテュービンゲンからのバスでフロイデンシュタット(Freudenstadt)へ出て、そこからハウザッハ(Hausach)経由でシュヴァルツヴァルト(Schwarzwald)地方の面影を残す木造農家の旅に出よう。ハウザッハからバスで6分ほどのグータッハ(Gutach ⑦)の民家園はその中心施設。できれば半日を過ごしたい。時間が許せばハウザッハからシャフハウゼン(Schaffhausen)経由でスイスに至り、シュタイン・アム・ライン(Stein am Rhein ⑨)で文字どおり珠玉のような町の美しさを堪能したいところだ。ここで旅の前半は終了。

いよいよ旅はオッフェンブルク(Offenburg)経由のライン越えでフランスに渡る。アルザス(Alsace)地方の木造建築は、嬉しいことにワイン街道に沿っていて、コルマール(Colmar ⑪)からこの地方の主都ストラスブール(Strasbourg ⑭)まで、ワインを楽しみながら木造の街並をバスで見て廻れる。なかでも、観光客で賑わうリクヴィール(Riquewihr ⑬)、静かな雰囲気のケゼルスベール(Kaysersberg ⑫)は見逃せない。コルマールから日帰りできるエコミュゼ・ダルザスは、ヨーロッパで最も人気のある民家園のひとつ。ストラスブールでは、数々の都市型木造建築の名品や壮麗な大聖堂が、旅の終結を祝って歓迎してくれるにちがいない。なにせここからフランクフルト空港までは、列車でたった2時間半の距離でしかないのだ。

[注] 地名の後に挿入した丸数字は、右頁の地図や本文の地名タイトル、その頁下部の旅程図に掲載した地名冒頭の丸数字と整合している。

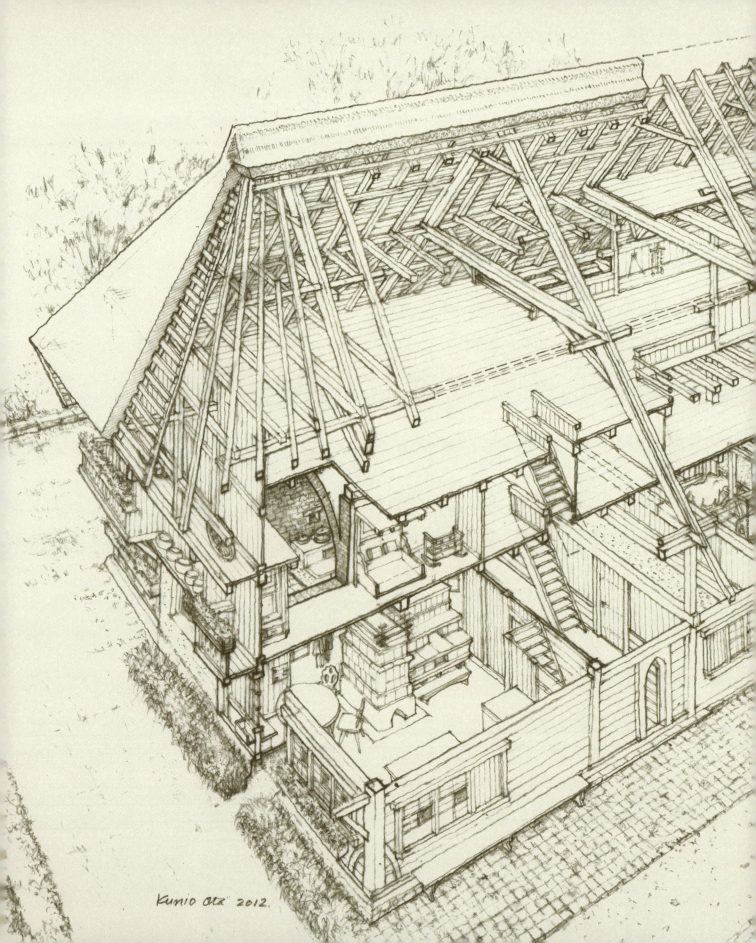

ドイツ南部とフランス・アルザス地方の木造建築

　ドイツ南部に源を発する大河ラインとドナウ、それらの上流とラインの支流ネッカー川の流域がシュヴァーベン地方、フランス風に言えばアレマン地方である。

　ライン上流左岸のフランス・アルザス地方と共に、ドイツ南部のシュヴァーベン地方はラテンとゲルマン両民族の文化が融け合い、じつに多様でしかも力強い木造建築の歴史を刻んできた。北西ドイツの建築からみれば装飾性にやや欠けるが、明るい陽射しに恵まれているためか、心躍る豪快な軸組と、陽気で人間臭い筋違のデザインとに、この地域ならではの特徴がある。

　とりわけ開口部上下の楣が太く横に延び、それで3分割される壁面はこの地域にしかない。18世紀頃まで、それら部材の継手には太い木栓が打ち込まれていて、その突き出た先が伝統的な軸組に微妙な影のアクセントを与えていた。また、屋根の架構に棟持柱を使う伝統は、4-5世紀にゲルマン人の大移動があった頃、北海沿岸に住んでいたアレマン人が南下して持ち込んだ技法とされている。それがライン川の上流地域にまだ色濃く残っていて、シュヴァルツヴァルト地方やアルザス地方の農村には、雄大な棟持柱や真束を持つ見事な小屋組がいまだに健在である。これより小規模だが、デンマークのフューン島で最近まで同じような棟持柱が農家の小屋組に使われていたことを考えると、ヨーロッパの民族や建築の歴史がより身近に感じられるだろう。

　屋根の形も北ドイツのように整然とした切妻屋根の繰り返しではなく、大きな寄棟屋根や兜屋根が南ドイツの深い森で、そしてちょっと小粋な半寄棟屋根がアルザス地方の川筋で好まれている。農村地帯のこうした個性的な家構えはやがて都市部に伝わり、街角に建つ建物のデザインに同じ趣向を凝らすことで、道路に面して平入りの屋根が優しく連なるラテン的なこの地域の街並に、心地よいアクセントを与えてきた。その実例は、ストラスブールやコルマールなど、ライン川上流の町々を歩いてみれば、すぐ確かめられるはずである。

シュヴァルツヴァルト地方の木造民家の特徴を色濃く伝えるグータッハのフォークトバウエルンホーフ（1570年）。畜舎は居住区の背後にあり、その上部に蓄えられる飼料は、建物の裏側斜面に設けた路地から直接車で運び込むのが通例だった。（→p.74）

4 ドイツ、フランス── Germany & France

② シュヴェービッシュ・ハル
Schwäbisch Hall

古くから製塩と銀貨造幣で栄えた人口3万2,000の町。コッハー（Kocher）川東岸の丘に沿って連なる大小さまざまな合掌組で切妻屋根の街並が素晴らしい。鉄道駅のすぐ下にある木造のズルファー橋（Sulfer Steg）や **❸ローター橋（Roter Steg）周辺から見た午後の眺めは絶景だ。** 東側の丘上にあるマルクト広場（Marktplatz）を挟んで聖ミハエル教会（St. Michael, 15世紀）と市庁舎（Rathaus, 1728年）が聳え、その脇には **❹13世紀に建てた石造を1598年に木造に改修したクラウスニッツァーハウス（Clausnitzerhaus）** がある。広場の北側にあるゴルデナー・アドラー（Goldener Adler）は16世紀の木造ホテルで、ぜひ泊まってみたい建物。教会の西側に築かれた53段の石段は、これを利用して野外劇などさまざまな催しが行われることで有名である。

その南のケッケンホーフ（Keckenhof）にあるヘーリッシュ・フレンキッシェ博物館（Hällisch-Fränkische Museum）は、5棟の木造民家群を道路下で繋いで改造した最高8層の建物で、その見事な内装と歴史性豊かな展示物は一見の価値がある。マルクト広場北のゾイマルクト（Säumarkt）には、昔は公立計量所だった建物（1681年）が、さらに北のゲルビンガー街には、この地域の伝統を受け継ぐエンゲルハルトバウ（Engelhardtbau, Gelbinger Gasse 25, 1705年）やNr.47のグレーターハウス（Gräterhaus, 1665年, 1688年）、**❺頂部に木造の軸組壁を載せたヨーゼン塔（Josenturm, 1680年）** など、かつての町の繁栄を偲ばせる個性的な建築が並んでいる。

また、この地方の伝統的な木造農家の歴史を知りたければ、シュヴェービッシュ・ハルから西北5kmのヴァッカースホーフェン（Wackershofen）に1983年に開設されたホーエンローエ野外博物館（Hohenloher Freilandmuseum）を訪ねるとよい。35haの敷地に、ヴュルテンブルク（Württenburg）州の北西部から16世紀

① バート・ヴィンプフェン
Bad Wimpfen

紀元前5世紀からあったケルト人の砦で、鉱泉に恵まれ、12世紀から皇帝の保養地として栄えた。**❶❷町の中心部クロステル街（Klostergasse）にはアレマン（Allemand）風の伝統的な木造軸組の建物が残っている。** ハウプト街（Hauptgasse）にある公立博物館（Reichs-städtisches Museum）は15世紀の木造の病院を展示用に修復したもので、内部が見事である。

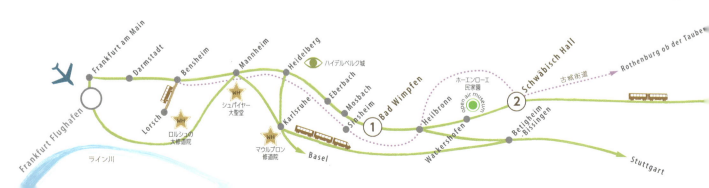

以降の木造農家とその付属屋が5グループにまとめて移築・復元され、往時の農耕生活と住環境との密接な関わりを、誰もが理解できるように展示していて、とても楽しい施設になっている。

③ ディンケルスビュール
Dinkelsbühl

ここは手工業や交易で栄えた自由都市で、ネルトリンゲン同様、城壁がほぼ完全に残っている。中央の聖ゲオルク教会（St. Georgkirche）の前に建つ⑥ドイチェス・ハウス（Deutsches Haus）は1600年頃の木造で、全ドイツを代表する名建築。ホテルとレストランになっているから内部も見ることができる。ただし、この6層で切妻屋根を頂く建物の正面は東に面しているので、できれば午前中に見るとよい。（→p.192）

1軒おいた隣は、町の祝祭ホールに使われているシュランネ（Schranne,穀物市場）。また、近くのゼクリンガー通にあるヘゼルホーフ（Hezelhof, Segringer Str. Nr.7）は、ギャラリー付きの建物が中庭に面していることで有名。Nr.3の木造建築もよい。さらに、町の西端コッペン街（Koppengasse）にある⑦⑧穀物庫（Kornhaus,1508年）は、壁面を「シュヴァーベンの野人」と呼ばれる筋違で固めていて、内部は現在ユースホステルに使われている。（→p.208, 224）

④ ローテンブルク・オプ・デア・タウバー
Rothenburg ob der Tauber

町の起源は9世紀。城壁に囲まれた中世自由都市の面影をほぼ完璧に残す町で、ロマンティック街道における観光の中心地である。木造建築としては、マルクト広場（Marktplatz）に、15世紀末の大火で焼け残った市庁舎の上に木造で建てられた⑨市営の食肉業会館（Fleisch und Gewerbehaus）やマリエーン薬局（Marien Apothke）がある。広場の東南から延びるシュミート街（Schmiedgasse）に面した⑩棟梁の家（Baumeisterhaus）は、16世紀末に市庁舎を建てたL.ヴァイトマン（Leonhard Waidmann）の家で、内部が木造3層＋小屋組3層の、この地方を代表する都市型の建築なので、見落さないようにしよう。

⑤ ネルトリンゲン
Nördlingen

隕石の落下で生じた丸いクレーター状のリース盆地（Ries crater）中央に、ローマ時代から栄えた交易の町で、人口は2万。周囲をほぼ円形の城壁が囲んでいることで知られている。5カ所の市門を繋ぐ城壁は木造屋根付きの歩廊で保護され、その1周は2.8km。ここからは、木造の家々をほぼ地上3階の高さで間近に眺められて楽しい。町の中央にある聖ゲオルグ（St. Georg）教会のダニエルの塔（Danielturm,高さ90m）から、⑪マルクト広場（Marktplatz）と市庁舎、町最大の木造建築タンツハウス（Tanzhaus）などが眼下に見える。パラディース街（Paradiesgasse）にある⑫旧穀物庫（Kornhaus）の2軒南隣にある建物（1352年）は、「シュヴァーベンの女」というこれまたこの地方独特の筋違が5層にわたって使われているのも興味深い。（→p.67, 208）

4 ドイツ、フランス — Germany & France

■ボーデン湖
ジンゲン (Singen) から列車でウールディンゲン=ミュールホーフェン (Uhldingen-Mühlhofen) 下車、駅から博物館までバスの便あり。

■アルザス・エコミュゼ
バーゼル (Basel) からミュールーズ (Mulhouse) を経由するか、またはストラスブール (Strasbourg) からコルマール (Colmar) 経由の列車でボルヴィラー (Bollwiller) 下車、駅から2km。タクシーは、ミュールーズからのほうが便利。

⑥ テュービンゲン
Tübingen

ドイツを代表する学園都市。著名な詩人や哲学者などが学んだこの町には、まだ多くの木造建築が健在である。代表的なのは、市庁舎がある⓭マルクト広場 (Marktplatz) を囲んだルネサンス期の木造商家で、ホルツマルクト (Holzmarkt) には、ヘルマン・ヘッセが働いていたヘッケンハウアー書店 (Buchhandlung Heckenhauer) がある。丘の上にあるホーエンテュービンゲン城 (Schloss Hohentübingen) からの俯瞰は圧巻。城から北西に下った所には学問とは無縁のブドウ栽培農家の古い木造集落がある。時間があれば、ネッカー (Neckar) 川沿いのプラタナスが見事な並木道 (Platanenallee) を散策してみたい。

⑦ グータッハ
Gutach

グータッハのシュヴァルツヴァルト民家野外博物館 (Schwarzwälder Freilichtmuseum Vogtbauernhof) は、南ドイツ、シュヴァルツヴァルト地方に伝わる木造農家を地域ごとに展示する民家園で、ドナウエッシンゲン (Donaueschingen) とストラスブール (Strasbourg) を結ぶ鉄道の沿線、ハウザッハ (Hausach) とホルンベルク (Hornberg) との間にある。敷地の南には、棟持柱で巨大な寄棟屋根を支えたこの地方最古のハイデンハウス (Heidenhaus) 型の農家が数棟あり、なかでも入口から3棟目にある⓮ヒッペンゼッペンホーフ (Hippenseppenhof, 1599年) の家畜と共に暮らす部屋割りや壮大な小屋組は見逃せない。また、1階居間の素朴なガラス窓には、横桟の間に小さな引違い窓があるのも珍しい。

⓯敷地中央にある巨大な建物フォークトバウエルンホーフ (Vogtbauernhof) は、この場所に以前からあった農家 (1570年) と付属屋をそのまま保存したもの。ライ麦の藁で葺かれた寄棟屋根の東面を採光のために削ぎ落した兜屋根の形式で、2階ヴェランダの造りにはアルザス地方の影響がうかがえる。小屋組は当時の先端をいく真束のない合掌組で、1階には塗壁の間仕切が多い。これら2つの構造形式は、敷地北方にあるローレンツェンホーフ (Lorenzenhof) のような、1階を組積造の畜舎、2階以上を木造軸組の居住部分にした農家に引き継がれ、ここより北方のキンツィッヒ川下流域にキンツィッヒテーラーハウス (Kinzigtälerhaus) という形で定着している。
(→pp.70-1, p.204, 215)

⑧ ボーデン湖
Bodensee

1856年からボーデン湖周辺で石器時代や青銅器時代の杭上住居跡の発見が相次ぎ、その発掘成果を基に、ボーデン湖の東北岸ウンターウールディンゲンに考古博物館 (Archäologisches Freilichtmuseum Pfahlbauten Unteruhldingen, Uhldingen-Mühlhofen) が1922年に建設された。それ以降、いくつかの学説が唱えられたが、1970年からは現状のように⓰紀元前2200年頃の石器時代と紀元前1100年頃の青銅器時代の建物を合わせて18棟、地域別に復原して湖上に配置する方式が採られ、古代の生活や住居と道具づくりの技法がわかりやすく展示されていて、世界文化遺産にも登録されている。

⑨ シュタイン・アム・ライン
Stein am Rhein

その名が示すように、ライン上流沿いに珠玉のような美しさを誇るスイスの小さな町。クロ

⓭

⓮

⓯

⓰

イツリンゲン (Kreuzlingen) とシャフハウゼン (Schaff-hausen) との間にある。当初穀物倉庫だった建物 (1539年) の上部を木造に改築 (1745年) した町役場が町の中心にあり、その西側の広場 (Rathauplatz) に面した4層以上の家は上階が木組みを露わにした木造で、**17 壁面には鮮やかな壁画が物語風に描かれている**。それらの脇にある豪華な多角錐の出窓 (Erker) には、それを斜めに支える通常の方杖がなく、取付け位置が低いため、道行く人には親しみやすい。

広場の東南端から戦士の像が載った噴水 (1601年) まで、フォルデレ・クローネ (Vordere Krone, 1338年から存続) やこの町最古のホテルであるローター・オクセン (Roter Ochsen, 1446年)、レストランのツム・シュタイネラー・トラウベン (Zum Steinerer Trauben, 1688年) やゾンネ (Sonne, 1659年) など、後期ゴシック時代の家並が続いている。壁画は18世紀前半のものと、20世紀初頭の地元の画家C. シュミット (C. Schmidt) による作品が多い。

さらに広場を西に進むと、正面に第二次世界大戦で破壊されたウンタートール (Untertor, 1367年) が創建当時の木造で復元されている。ここから城壁北側のオーバートール (Obertor) にかけては、素朴ながらその部材構成がよくわかる古い木造軸組の民家が、まだみられるはずだ。町の北側にあるホーエンクリンゲン城 (Schloss Hohenklingen, 11世紀) から見た町とライン川の眺めは絶景だが、周辺のブドウ栽培農家に引き継がれてきた2層1スパンの質素な木造ブドウ小屋も、この際に見ておきたい。

⑩ ミュールーズ
Mulhouse

南アルザス地方の工業都市ミュールーズから北20kmにあるウンガースハイム (Ungersheim) に、民家など28棟を移築・保存した**18 エコミュゼ・**

ダルザス (Ecomusee d'Alsace) が、1980年に開設された。2014年現在棟数は倍になり、さまざまの伝統的建築とそれを取り巻く環境の推移を併せて展示する方針が人気を集めている。とくに、後年増設された区画には、**19 木造部材をわざと露出して展示した建物**もあり、その構法の特色が具体的に見られて楽しい。**20 Nr.3 のシュヴィントラッツハイムの家 (Maison de Schwindratzheim, Kochersberg, 18世紀末)** は、塗壁と木造軸組との間に白線を入れて構造を強調した建物もある屋敷構え。居室は半寄棟屋根だが、作業室は寄棟屋根の端を葺き下ろした形で、この地方の農家の代表的な平面構成を示している。施設の食堂や事務所にいたるまで、ここは伝統的な木造建築とすべて同じ様式で新築するなど、全体的な環境の調和が巧みに図られており、来館者用の宿泊棟もあるので、できれば1泊したい。

川を挟んだ敷地東南の隅には、国際展示場 (Festival International de la Maison) も付属していて、その隣に**21 ハンガリーの建築家I.マコヴェッツ (Imre Makovec) が設計した塔**や、彼が子供たちと木片を積み上げて造った洞穴などがある。(→p.132)

4 ドイツ、フランス —— Germany & France

のばかりであり、これまでに壁を何度も塗り直したので、どの家屋も壁が軸組より盛り上がって見える。また、雨戸や鎧戸のユニークな形もおもしろい。ここアルザス地方では道路の角に名建築が多く、マルシャン通（Rue des Marchands）とメルシエール通（Rue des Mercière）との角にある **24 フィステール館**（Maison Pfister, 1537年）はその代表例。1971年にその有名な壁画ともども修復され、いまはその一部がレストランに使われている。また、この周辺には16世紀以降の、1階を石造、2階以上を木造軸組にした伝統的な町屋が多く、マルシャン通のNr.9と23（1358年）、30と34（1435年）、38b、42、43番地の建物などに注目したい。テット通（Rue des Têtes）にあるテット館（Maison des Têtes, 1609年）の外装は装飾を施した塗壁だが、内部は気品に溢れた木造である。（→p.64）

⑫ ケゼルスベール
Kaysersberg

ブドウ栽培で栄えた人口2,700の小さな村。A. シュヴァイツァー（Albert Schweitzer）の生誕地として知られるが、**25 アルザス地方の木造建築をひとり静かに味わえる絶好の場所**でもある。歩き始めは村の東側にある役場からがよい。サンタ・クロア教会（Ste.Croix, 13-19世紀）から西南に進むとコンスタンティン帝の噴水（Fontaine de l'empereur Constantin, 1521年）があり、そことヴァイス（Weis）川との間に、家の隅に美しい出窓（oriel）があるルワート館（Maison Loewert, 16-18世紀）や橋のすぐ向こうには食通のP. オッフィンガー（Paul Offinger）が建てた家（1594年）のような、16-18世紀の堂々とした木造建築が集中している。また、河畔には屋根が急勾配で小ぶりな木造民家が点在しており、花で飾られたそのバルコ

⑪ コルマール
Colmar

アルザス地方の商業中心地。ライン川とはロシェ（Loche）運河で結ばれ、その運河沿いに古い木造の街並が残っている。とくに **22 クリュトノー**（Krutenau）**地区**は、小ヴェニスと呼ばれる美しい魚河岸だ。その運河と旧税関とに挟まれた **23 タヌール**（Tanneurs）**地区の木造建物**は、全部修復されたも

ニーに着目したい。橋から西へ進むと、南側にシュヴァイツァー博物館がある。(→p.192, 207)

⑬ **リクヴィール**
Riquewihr

「ブドウ畑の真珠」としてワイン街道では有名な美しい村。何世紀にもわたってヴュルテンベルク大公の領地だった。現在の人口はわずか1,000。長方形の城壁の中に碁盤目状の道路が通じている。西側役場の塔 (Rathausturm) からドルデの門 (Dolder) を経てオーベルトール (Obertor) に至るド・ゴール将軍通 (Rue General de Gaule) がこの村の目抜通。道の両側には色とりどりの壁の伝統的な木造軸組の民家が立ち並び、いつも観光客で賑わっている。たとえばプライス・ツィンマー館 (Maison Preiss-Zimmer, 1686年) や隣のイリオン館 (Häuser Irion, 1606年)、アルザス地方の芸術家J. J. ヴァルツ (Jean-Jacques Waltz) の作品を展示するアンシ美術館 (Musée Hansi) があるリープリッヒ館 (Maison Lieblich, 1535年) などがその代表格だ。ドルデの門北側の小路に、㉖**分厚い壁を彩り豊かに塗り上げた町家群**があり、木組が見事なキーナー館 (Maison Kiener, 1574年) も見落せない建物。

⑭ **ストラスブール**
Strasbourg

アルザス地方の中心都市。イル (L'il) 川支流と運河に囲まれた古い街並には高層の木造建築がまだ多く残っている。その代表格は旧市街西側のプティット・フランス地区 (Petite France)。ここは第二次世界大戦前まで皮革職人などのユダヤ人が多く住む地区だったが、戦災後16世紀の街並に復元された。現在はアルザス料理のレストラン街として、ドイツからライン川を越えて訪れる客で賑わっている。ここでも1階は石造、2階以上は木造軸組が原則。中央に位置するタヌール館 (Maison Tanneurs) は1572年の建物。また、サン・ニコラス埠頭にあるアルザス地方博物館 (Musée Alsacien, Quai Saint Nicholas 23) は、3棟の古い木造民家 (16-17世紀) を改造し、アルザス地方の家具や衣装を展示することで、ユダヤ人をはじめ当時の人々の生活習慣を伝えている。

ノートルダム大聖堂 (Cathédral Notre-Dame) へ通ずるメルシエール通 (Rue des Merciére) には、昔から薬局 (Pharmacie du Cerf, 1268年) などの木造建築が軒を連ね、とくに有名なのは㉗**大聖堂前広場の角に聳えるカメルツェル館** (Maison Kammerzell)。石造の1階部分は1465年、2階以上の木造部分は1589年に完成し、アルザス地方で最も古い都市型建築の形式を伝えている。窓の方立や腰壁の間柱にまでさまざまな人物や動植物が彫り込まれ、とくに㉘**広場側の隅3層にわたって彫られた神々の像が素晴らしい**。円盤ガラスを鉛で縁取った当時最先端の窓が壁全面を覆い、豪華で気品に満ちたアルザス地方随一の木造名建築として、ホテルやレストランにも利用されている。(→p.226)

5 アルプス山地の木造建築とその集落

スイス、オーストリア
Switzerland & Austria

✈ 日本からのアプローチ

いち早くインスブルックに到着するには、フランクフルトやウィーン、アムステルダムなどを経由してその日のうちに乗り継ぐか、時刻によっては直行便でミュンヘンに到着後、列車を利用するとよい。土曜日の夜ならローマからの便もある。ただし、フランクフルト経由以外は帰国便の出発時刻が早いため、最終日の調整が苦しい。

ミュンヘンから列車に乗る場合は、バイエルンアルプスのガルミッシュ゠パルテンキルヒェン(Garmisch-Partenkirchen)やオーバーアマガウ(Oberammergau)、オーストリアのゼーフェルト(Seefelt in Tirol)などに立ち寄ってからインスブルック入りをすると、似たような木造建築の伝統を持つ地域だけに、より充実した旅になろう。

✐ 旅程の組み方 (→注)

アルプス山地の井楼組がその北西からもたらされたことにちなみ、木造の旅もその流れに沿ってティロル(Tirol)地方のインスブルック(Innsbruck ①)からイン(Inn)川を遡り、スイスの南部と中央部に入る線を軸とするコースを薦めたい。

初日は、インスブルック東のイェンバッハ(Jenbach)からツィラータール(Zillertal ④)を訪れよう。ただ、谷の終点マイヤーホーフェン(Mayrhofen)は観光化が進み、木造民家はその北側の農村にしかないので、イン川沿いのブリックレック(Brixlegg)へ行き、近くのクラムザッハ(Kramsach ③)の野外博物館でこの地域の伝統を存分に味わうのもよい。現存する村ではここから12km南東のアルプバッハ(Alpbach ②)がティロルの美しい環境を維持していて、バスの時間次第ではここにも行ける。

翌日は、インスブルック西のランデック(Landeck)からイン川を遡ろう。前の晩ここに泊まると朝から動きやすい。ここから西のドルンビルン(Dornbirn)へ行き、シュヴァルツェンベルク

(Schwarzenberg ⑥)などフォアアールベルク(Vorarlberg)地方の村を日帰りで訪ねることもできる。ランデックからのバスはスイスのシュクオル(Scuol)まで約2時間。途中のリート・イム・オーバーインタール(Ried im Oberinntal)から、別のバスで丘の上のフィス(Fiss ⑤)にも寄れる。シュクオルから1時間半の列車でサンモリッツ(St. Moritz)着。途中にあるグアルダ(Guarda ⑦)はウンターエンガディン(Unterengadin)地方随一の立体的な造形美で有名だ。

サンモリッツから氷河特急に乗れば、その日のうちにツェルマット(Zermatt ⑬)に着ける。だが、サンモリッツから西のオーバーエンガディン(Oberengadin)地方を通り、コモ湖の北岸からベッリンツォーナ(Bellinzona)に出れば、午後にはロカルノ(Locarno)まで行ける。マッジョーレ(Maggiore)湖の北のティチーノ(Ticino)地方には木石混合の素晴らしい集落があるので、それを見てからロカルノに泊まり、翌日ベッリンツォーナからゲシェネン(Göschenen)経由でアンデルマット(Andermatt)へ出て、そこで井楼組の穀倉を見てからツェルマットへ向かうのも、より充実した旅になりそうだ。

ツェルマットでヴァリス地方らしい集落を巡った後、その日はフィスプ(Visp)経由でベルナー・アルプスを横切り、トゥーン(Thun)かシュピーツ(Spiez)で宿をとろう。翌日西にあるジンメンタール(Simmental)へ行くのに便利だからだ。谷の奥のザーネン(Saanen)やグシュタード(Gstaad)にはベルナー・オーバーラント(Berner Oberland)風の豪壮な民家が残っているが、その特徴はシュピーツから列車で35分のボルティゲン(Boltigen)周辺でも充分見て取れる。その日はブリエンツ(Brienz ⑮)に泊まり、山と湖の風光を堪能したい。郊外にあるバレンベルク野外博物館はぜひ訪れたい施設。ここは文献資料が豊かで、それらをひもときながらチューリッヒ(Zürich)へ帰るのが、アルプスの木造の旅らしいコース取りである。

[注] 地名の後に挿入した丸数字は、右頁の地図や本文の地名タイトル、その頁下部の旅程図に掲載した地名冒頭の丸数字と整合している。

オーストリア西部とスイス南部の木造建築

　ヨーロッパの中央を東西に横切るアルプス山地は、昔ながらの民族文化を色濃く残す地域で、峠を越えて隣の谷あいに移るごとに、さまざまな形をした素晴らしい木造建築の伝統に触れることができる。

　これらの貴重な伝統のなかには、ケルト系の先住民が東方からもたらした金属の扱い方、北方から分け入ってきたゲルマン人の木組みの技、それに地中海の古代人がもたらした石積みの技までがすべて含まれている。そのため、アルプス山地の谷あいをまとめて訪ねる試みこそ、ヨーロッパにおける伝統的な建築文化の分水嶺を見極める旅になることは間違いないだろう。

　なかでもスイスでは、ユングフラウ山塊の北西に広がるベルナー・オーバーラント地方、マッターホルンやモンテ・ローザ山塊に南を囲まれたヴァリスの谷々、そしてオーストリアではエッツタールやツィラータールに代表されるティロル地方の谷々が、最も代表的な木造の文化圏である。骨太い角材の校木(あぜき)を積み上げた井楼組の壁に緩勾配の大きな切妻屋根を架けた、2、3層の大柄な農家が主流を占め、谷あいのどの家も南側に開けた斜面に建てられている。その陽光を浴びた幅広い妻壁が、伝統的な木彫の模様と窓辺の色鮮やかな花々で彩られる様は、背後の白い峰々や緑濃い針葉樹の森に溶け込むことで自然と一体化し、さすが観光立国の名に恥じないものがある。

　一方、アルプスの中央から南のイタリア寄りに横たわる山地では、森林限界を超えて集落が営まれてきたため、建物に石が多く使われていて、建築的には木造と石造の混合地帯になっている。太い木材の小屋組に支えられた急勾配の石葺屋根を、角張った石を積んだ壁の上に架ける素朴な建築の技法は、それら素材の色と影の重なりを生んで、じつに魅力的な山村の集落を形づくってきた。とくに、スイス南部のティチーノ地方、そしてその東のイン川上流を占めるエンガディン地方の谷筋にはそうした村が多く、それがわれわれの旅をいっそう印象深いものにしてくれる。

ローヌ川の最上流域に当たるスイス南部のフィエッシュ周辺には、低い井楼組か石造の納屋の上に校木を2層に組み上げた穀倉を鼠返しで支えた建物が群れを成し、その独特な架構形式はここから西のヴァリス地方全域にまで及んでいる。(→p.85, 192)

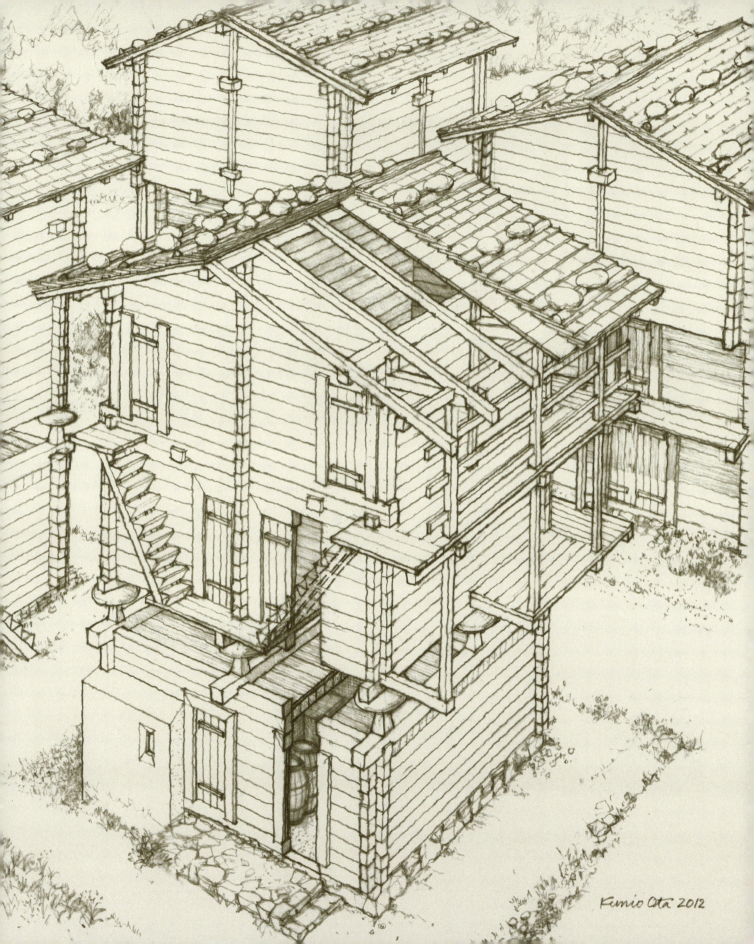

5 スイス、オーストリア── Switzerland & Austria

② アルプバッハ
Alpbach

1983年、「オーストリアでいちばん美しい村」に選ばれてから注目されはじめた人口2,500の小さな村。12世紀に鉱山が開かれてから集落が形成された。標高1,000mの山間部にあり、バスでしか行けないスキー中心のリゾート地だが、16世紀からの歴史を誇るボェークラーホーフ（Böglerhof）をはじめ、❷木造農家の伝統的な形をそのまま維持した宿々の窓辺すべてに花が飾られ、美しい環境づくりが進められている。村の中心から南へ徒歩で70分のインナーアルプバッハ（Inneralpbach）には、鉱夫の博物館（Bergbauernmuseum）として公開されている古い木造農家（1636-8年）がある。（→p.224）

③ クラムザッハ
Kramsach

ラッテンベルク（Rattenberg）の西北に、ティロル地方の古い木造民家を13組、付属屋を含めた家屋敷ごと1974年から1995年に蒐集・復元したクラムザッハの農家博物館（Museum Tiroler Bauernhöfe）がある。このクラムザッハからは東北に位置する❸クーフシュタイン（Kufstein）周辺の農家が多いが、東ティロル地方の建物もある。それ以外のティロル、南ティロルや南ドイツでは、広い切妻屋根の束や筋違などを華やかに組み合わせて建物正面の妻飾り（Bundwerk）とし、白い壁と対比させるのが伝統で、ここにあるインスブルック周辺の❹ハッティング（Hatting）の農家（1920–30年）もその一例であろう。

① インスブルック
Innsbruck

オーストリア西部の大半を占めるティロル地方の中心都市。ドイツからブレンナー（Brenner）峠を越えてイタリアへ至る道と、ウィーンからイン（Inn）川沿いにスイスへ通ずる道との十字路に位置している。中心街にある宮廷教会の隣のティロル民族博物館（Tiroler Volkskunstmuseum）には、この地方の農家（15-16世紀）の内部やその他の民家の資料が展示されていて興味深く、近くにあるインスブルックの象徴として有名な❶黄金の小屋根（Goldenes Dach, 1494-6年）を見るときの参考にもなるだろう。

④ ツィラータール
Zillertal

マイヤーホーフェン（Mayrhofen）からひとつ北側の村のホレンツェン（Hollenzen）やその北の❺シュヴェンダウ（Schwendau）などに、昔ながらの2、3層の木造農家がわずかに残っている。この辺りは平

地で、多くの家屋は妻側を南に面し、南北に広くて長い中廊下を介して1階は居間、食堂、客室、倉庫など、2階は寝室、納戸などが左右に並ぶ平面構成になっていて、ツェル・アム・ツィラー (Zell am Ziller) では1713年に建てられた農家が公開されている。山間部の例なら、マイヤーホーフェンから東のブラントベルク (Brandberg) を訪ねてみたい。(→p.210)

⑤ フィス
Fiss

フィスはランデック (Landeck) の南20km、オーバーインタール入口のリート・イム・オーバーインタール (Ried im Oberinntal) から北西3kmの高地にある人口900の村。近年は標高1,436mの地勢を利して北のラディス (Ladis) と南のザーファウス (Serfaus) とを結ぶスキーリゾート地として人気が高い。村の中心には、❻白くて厚い塗壁に頂部が半円形の扉を付けた民家が数多く残っていて、❼壁に掛けた乾草積みの芯棒や素朴な飾りもティロル地方の山村らしい雰囲気を漂わせている。村立博物館 (Dorfmuseum Palehaus) が14世紀の建物で最も古く、16-17世紀のコレース/カタライン・ハウス (Kores/Kathrein Haus) が旅行案内所として公開されている。

⑥ シュヴァルツェンベルク
Schwarzenberg

フォアアールベルク (Vorarlberg) 地方の中心都市ブレゲンツ (Bregenz) から南東に広がるブレゲンツァーヴァルト (Bregenzerwald) 地域にある人口1,700の小さな村。三位一体教会 (Pfarrkirche zur Dreifaltigkeit) がある村の広場 (Dorfplatz) 周辺には❽250年の歴史を誇るロマンティック・ホテル・ヒルシェン (Romantik Hotel Hirschen) や、板葺屋根の勾配がティロル地方よりややきつい3層の木造農家が大切に保存されてきた。息抜きのために田舎への旅をとくに好んだフランツ・シューベルトを記念する歌曲の祭典「シューベルティアーデ (Schubertiade)」が、教会脇に建てられた600人収容の木造ホール (Angelika Kaufmann Saal) で毎夏開催されることでも有名である。(→p.192)

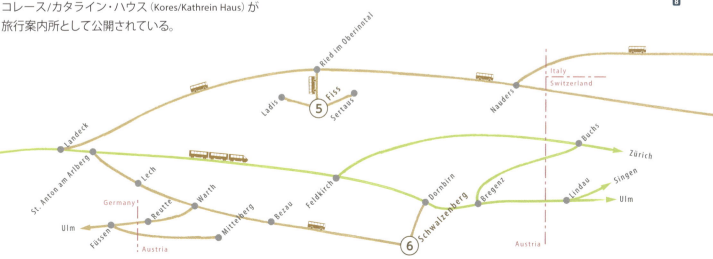

5 スイス、オーストリア —— Switzerland & Austria

⑦ グアルダ
Guarda

ウンターエンガディン (Unterengaden) の谷筋から一段高い標高1,650mの放牧地に開かれた非常に魅惑的な村。イン (Inn) 川上流に沿った街道が16世紀頃から賑わうにつれ、道筋の農家が安宿を兼ねるようになり、長さ200m余りの街村を成すようになった。約50戸の家々は、ほとんどが18世紀後半から19世紀に主屋だけを丸太の組積造から石積壁に改築したもので、❾その白い壁はこの地域独特のスグラッフィート (Sgraffitto) 技法で美しく飾られている。❿視界を広く得るために四周の厚い壁を深く削ぎ落した窓は、頂部が半円形の玄関扉の形と共にロマンシュ語 (Romansch) を話す人々が好んだ伝統様式。⓫中心の街路はいくつかの泉を巡るたびに曲折しているが、泉はどの家の居間からもさりげなく見えるように配置され、道は長さ6mもある手押し車が各戸の納屋に無理なく入れる幅になっている。(→p.218)

東端のNr.25 (1717年) や中央の泉の脇にあるNr.46、南側の別れ道に沿ったNr.49や50が宿として古く、Nr.51やNr.66 (1577年)、Nr.101 (16世紀)、西端のNr.103-8は1622年の大火以前からある建物。教会の西南にあるNr.86のスグラッフィート (1723年) は、この村随一の出来栄えだ。

⑧ ボスコ/グリン
Bosco/Gurin

13-14世紀頃、ドイツ系のヴァリス人が北方のヴァリス (Wallis) 地方から山を越えて南側のティチーノ (Ticino) 地方やエンガディン (Enqadin) 地方に移ってきて、丸太の井楼組に緩やかな切妻屋根を載せた、鼠返しのある穀倉の技法を伝えたとされている。ロカルノ (Locarno) の北西に広がるマッジアタール (Valle Maggia) の中で、⓬ボスコ/グリンは唯一そのヴァリス地方の生活慣習や建築などの、ドイツ語圏の文化を留める村。村の中央に、それらの歴史を示す博物館 (Walser museum) があるので立ち寄ってみよう。(→p.192, 224)

⑨ ブロンタルロ
Brontallo

マッジアタールをたどる道がカヴェルニョ (Cavergno) で二分されて東へ折れる地点にある14世紀からの古い村。谷筋とは別の道を上がった標高720mの南斜面に沿って家々が集落を成している。昔からの定住人口はわずか50人。⓭野面石を積み上げた壁の上に丸太を合掌組にして急勾配の石葺屋根を架けた建物は、その多くが2層の畜舎で、上階が乾草の貯蔵庫になっているため、切妻の三角破風に換気口を兼ねた丸太の横桟が入れられており、それが石で覆われた建物の外観に独特のアクセントを与えている。近年は観光地化し、住居の半数と⓮畜舎の多くは別荘に改造されているが、その地場産の木材と石とが生み出す群の造形には、他の地域ではみられない迫

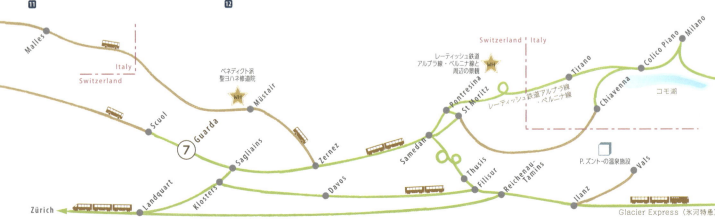

Glacier Express (氷河特急)

力がある。1997年から、この集落の下を流れる渓谷の崖（高さ24m）を使ってクリフ・ダイヴィング（Cliff diving）の大会が開かれるようになり、世界的にもその名が知られるようになった。（→p.224）

⑩ モーニョ/フシオ
Mogno/Fusio

ブロンタルロからさらに北へ13kmほど上がった、ラヴィッツアラ渓谷（Val Lavizzara）の終点にある標高1,180mの村。
1986年の雪崩で壊れた教会（La chiesa di Mogno）が、スイスの建築家M.ボッタ（Mario Botta）により、大理石を用いた斬新な建築に蘇ったことで有名だ。この辺りの集落の人口は併せて100人ほど。丸太による組積造の木造民家もまだよく残っている。（→p.192）

⑪ オーバーヴァルト
Oberwald

フルカ（Furka）峠から西へ下って、オーバーヴァルトからウルリヘン（Ulrichen）や次のゲシネン（Geschinen）、さらに西のフィエッシュ（Fiesch）周辺に至るローヌ（Rhône）川沿いの街道筋には、ヴァリス地方の伝統である角材を積み上げた木造家屋や鼠返しのある穀倉が、純粋な集落の形で残っている。ただ、ここの校木は長さ約6mが限度で、そのため西のジンメンタール（Simmental）のものにくらべると建物の規模が小さい。**⑮校木を積んだ妻壁の外側に、その崩れを阻止するための閂（かんぬき）を垂直に入れる**のも、この地域の特徴である。（→pp.80-1, p.192）

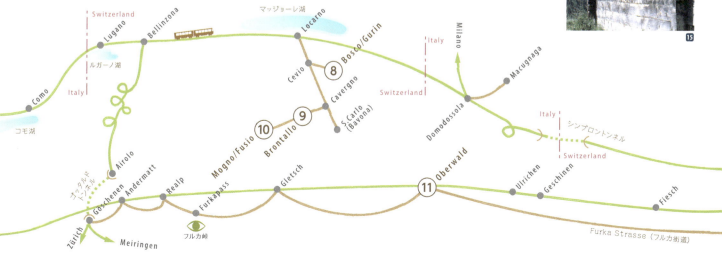

⑫ テルベル
Törbel

ツェルマット(Zermatt)に至るマッタータール(Mattertal)と、ザース・フェー(Saas-Fee)へ至るザースタール(Saastal)との分岐点にあるシュタルデン(Stalden)から西に上がった高台の村。他の村ほど観光地化されていないため、つづら折の坂道に沿った家々はヴァリス地方の伝統的な生活そのままを映し出しており、⓰**深い谷に向かって勇壮に迫り出した高床の建物**が随所にみられる。

⑬ ツェルマット
Zermatt

マッターホルンの登山口として有名な標高1,620mのこの村も、16世紀まではマット(Matt、牧場に囲まれた谷の意)と呼ばれる、農牧民の小さな集落だった。その面影は、駅からバーンホフ通(Bahnhofstr.)を抜けて中心街を左に折れた⓱**ヒンタードルフ通(Hinterdorfstr.)の倉庫群**に残っている。山羊や豚を飼う石室の上に土台と束を置き、その上に大きな鼠返しの石を挟んでカラマツ材による井楼組の倉を載せる構法で、ここでは燻製せずに乾肉やハムを作るので、それらを吊り下げるためにこうした高床の貯蔵庫が必要だったらしい。

この付近には、⓲**寝室や居間が木造で台所が石造の森林官の家(Waldhieterhüüs)**などの古い家(17世紀後半–18世紀前半)がある。階段が屋外にあるのは、階ごとに世帯が異なったため。ホテル・モンテ・ローザ(Hotel Monte Rosa)の傍のカプラナイハウス(Kaplaneihaus, 1730年)や教会へ曲がる角のタウクヴァルダーハウス(Taugwalderhaus)も古い農家だ。

マッターホルンの麓まで行く時間があれば、ケーブルでズンネッガ(Sunnegga, 標高2,293m)へ上がり、そこから少し下ってフィンデルン(Findeln)に行くとよい。⓳**放牧地の間に木造井楼組の小屋が群れを成して立ち並ぶ景観**が楽しめよう。

⑭ ジンメンタール
Simmenntal

シュピーツ(Spiez)から西に延びるジンメンタールには、ベルナー・オーバーラント(Berner Oberland)地方に特有な、校木を高く積み上げた間口の広い壁に切妻屋根を載せる木造の農家が数多く残っている。しかも、18世紀頃の民家は、その南側の妻面全体が素晴らしい木彫と彩色模様で飾

⑯

⑰

⑱

⑲

られていた。ここは校木による井楼組と太い柱・梁構造との混合地帯で、それだけ窓の数や床面積が増えてくる。また、大きな屋根の形もさまざまだが、それでも軒の出は一様に深い。**20とくに妻側に張り出した軒下を曲線状に仕上げる形はリュンディ(Rūndi)と呼ばれ、16世紀末にベルン(Bern)で流行した後、この地域だけに定着した珍しいデザインである。**こうした民家の例としては、エアレンバッハ(Erlenbach)のプラッツハウス(Platzhaus, 1980年)、ディームティゲン(Diemtigen)のカーレンハウス(Karlenhaus,1736年)やグロッセハウス(Grossehaus,1805年)、デルシュテッテン(Därstetten)のクヌッティ・ハウス(Knutti Haus,1756年)、ボルティゲン(Boltigen)のグロースハウス(Grosshaus,1820年頃)などが有名だ。(→p.192)

⑮ ブリエンツ
Brienz

ブリエンツ湖に沿った静かな都市。市内にはブルン街(Brunngasse)のように木造の美しい街並があるが、バスで20分の距離のバレンベルク野外博物館(Ballenberg Freilichtmuseum)はぜひ立ち寄りたい。

ベルナー・オーバーラント地方をはじめ、スイス中から15世紀以降の民家や農耕施設を移築したスイス唯一の野外博物館で、インターラーケン(Interlaken)近くの**21マッテン(Matten)の農家(17世紀)**や地元ブリエンツの民家(1787年)など、当時の代表的な木造民家とそこでの生活様式を細かく展示している。

なかでも圧巻なのは**22ベルン(Bern)近郊のマディスヴィル(Madiswil)から移築された寄棟屋根の2世代住宅(1709-11年)**。高さ12mほどの棟持柱が大きな屋根を支えていて、壁は太い柱と梁の間に厚板を落し込む構法である。ところが、**23チューリッヒを含むスイス東北部の民家は伝統的に塗壁で、間柱や楣を盛んに用いる軸組構法だった。**周囲の山々を背景にして、スイスの多様な木造建築の様式を対比させながら楽しく見せているところに、この博物館の素晴らしさがある。(→p.192, 204, 207, 215, 224)

6
ドイツ
Germany
ヘッセン、ニーダーザクセン、ハルツ、テューリンゲン地方の街並

✈ 日本からのアプローチ

　この旅は、フランクフルトに直行するのがいちばんの得策だろう。午後の早い便で着くと、ここから北のマールブルクやカッセルまで列車でその日のうちに移動できるから、後の日程が楽に組める。ヨーロッパの他の拠点からなら、パリ、ロンドン、アムステルダム、コペンハーゲン、ウィーン、ミュンヘンなどを経由してハノーファー(Hannover)に夜着き、そこから旅を始めてもよい。東京からエール・フランスの深夜便を使うと、パリ経由で翌朝9時半にハノーファーにも着ける。

✏ 旅程の組み方 (→注)

　旅の起点をフランクフルト(Frankfurt am Main)にするのなら、まずヘッセン(Hessen)地方に入るのがよい。ライン上流の素朴な柱・梁構造に板壁の伝統がヴェーザー(Weser)川流域に及んで高層化し、寒さに強い軸組の塗壁や煉瓦壁に変わりながら、色鮮やかな彫刻で木部が飾られていく過程がよくわかるからだ。しかも、ヘッセン地方のマールブルク・アン・デア・ラーン(Marburg an der Lahn ③)やアルスフェルト(Alsfeld ②)には、ヨーロッパで最も古い木造が多く残されている。歴史好きにはラテンとゲルマンの民族的な対峙が偲ばれるし、文学好きにはグリムの時代に遡るメルヘン街道の雰囲気がたまらない。時間が許せばギーセン(Gießen)からジーゲン(Siegen)まで行き、フロイデンベルク(Freudenberg ①)の街並に圧倒されるのもよいだろう。

　次は、交通の要衝カッセル(Kassel)とすぐそばの木造の街並で有名なハノーファーシュ・ミュンデン(Hann. Münden ⑦)。ここからメルズンゲン(Melsungen ⑥)やホムベルク(エフツェ)(Homberg/Efze ⑤)、フリッツラー(Fritzlar ④)へバスの旅ができる。大きな木

造が豊かに残るニーダーザクセン(Niedersachsen)地方はもうすぐ北だ。ビールの町アインベック(Einbeck ⑧)に寄りながら、木造の街並で知られるツェレ(Celle ⑨)を目指そう。こうしたすてきな町にこそ1泊し、朝の市街を散策したいもの。そこから、半世紀前の戦禍から見事に蘇った名建築を求めて、ハノーファー(Hannover)経由でヒルデスハイム(Hildesheim ⑪)やブラウンシュヴァイク(Braunschweig ⑫)を訪れたい。その日の宿は銀山で栄えた世界遺産の町ゴスラー(Goslar ⑬)。豪華な装飾で彩られた街並が歓迎してくれるだろう。

　ゴスラーはその東に広がるハルツ(Harz)の森への玄関口だ。ヴェルニゲローデ(Wernigerode ⑭)は昔からの観光地。有名な市庁舎や庶民の街並、おいしい水と空気、それにＳＬの旅が楽しめる。近くのクヴェトリンブルク(Quedlinburg ⑮)は中央ドイツを代表する古い歴史の町だ。その素晴らしい木造の街並は世界文化遺産で、いくら時間があっても見飽きることがなく、やむをえずここで1泊としよう。

　次の日は、南に広がるテューリンゲン(Thüringen)の森とそれに囲まれた町々。ヴェルニゲローデからエアフルト(Erfurt ⑯)までローカル線で山越えの旅をしたいが、ハレ(Halle)から東廻りに迂回したほうが早い。早朝クヴェトリンブルクを発つと、正午にアイゼナハ(Eisenach ⑰)まで行ける。ここからテューリンゲン随一の木造の町シュマルカルデン(Schmalkalden ⑱)を訪れると、かろうじて夕方エアフルトに戻れる。エアフルトや隣のワイマール(Weimar)はフランクフルトまでの列車の便がよく、帰りの航空便に合わせて時間調整がしやすいから、ここを旅の締めくくりにするのが便利だろう。ハノーファーから旅を始めた場合は、エアフルトからゲッティンゲン(Göttingen)まで列車で戻るとよい。

[注] 地名の後に挿入した丸数字は、右頁の地図や本文の地名タイトル、その頁下部の旅程図に掲載した地名冒頭の丸数字と整合している。

ドイツ中央部の木造建築

　ドイツ北西部でヴェーザー川流域を占めるニーダーザクセン地方、その上流のヴェラ川とフルダ川流域にまたがるヘッセン地方は、これら両域の東に位置するハルツ地方、テューリンゲン地方などの山岳地帯と共に、木造建築の伝統を色濃く残す地域として有名である。とくに4層以上の木造の古い街並を残す町の多さでは、ヨーロッパというより世界随一といってよい。しかも、そのいずれの町にも数百年の歴史を誇る豪壮な木造建築の傑作があり、つねにその地域独特の伝統美や郷土愛の象徴とされてきた。なかには、第二次世界大戦で灰燼に帰したそれらの名建築が、半世紀後に市民の力でそっくり蘇ったヒルデスハイムのような例もある。

　この地域の伝統的な木造建築の特徴は、骨太の柱と梁を組み合わせた多層の構造体を塗壁や板壁で固める軸組の構法、いわゆるファッハヴェルク（Fachwerk）であり、北に行くに従い街路側に上階が少しずつ3から5層も迫り出し、しかも居室部分の上に小屋裏を数層に使い分けた高い切妻屋根の建物が増えてくる。それも地域や時代ごとにこれらの建物を支える出桁、筋違、持送りなどの部材の組み方がすべて異なり、古くは中世末期からルネサンスやバロックにわたって、さまざまな建築様式で建物正面の細部が入念に化粧されてきた。それに気付くと、これらの木造建築が、変化に富んだ当時のドイツ社会の繁栄ぶりと市民たちの美意識とを、今日まで雄弁に伝えていることがわかるだろう。

　また、これら中世からの町には木造市庁舎の傑作が多く、その形や構造はどれも個性的で魅力に満ちている。しかも、それらはかならず町の広場に面しているから、広場に付きものの市場の雰囲気も同時に楽しめるはずだ。ヘッセン地方の田舎町には古い木造軸組の教会も多い。こうした公共建築が大切に保存されている広場や街並を起点に、すてきな街並を巡るコースをどう選ぶかが、この地方でしか味わえない贅沢な旅の成否の賭けであり、またその楽しみ方ともいえる。

アルスフェルトはドイツのヘッセン地方で最も古い木造建築の伝統を留める町。マルクト広場にあるこの市舎（1511, 1514-6年）はその象徴として有名である。左側の木造軸組3階地下1階の建物（1568年）は、現在は書店として使われている。（→p.92）

6 ドイツ── Germany

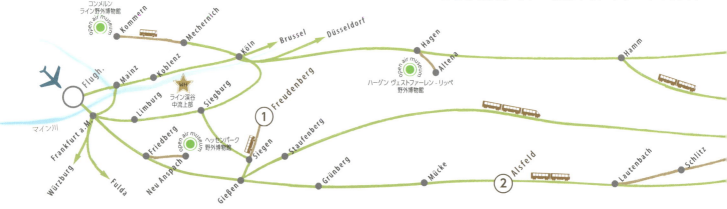

① フロイデンベルク
Freudenberg

マールブルク(Marburg)の西方約100kmにある、森や田畑に囲まれた休暇村として名高い人口1万6,000の町で、**①旧市街に素晴らしい木造の街並**がある。ここは中世末期から鍛冶や精錬などの産業で栄えたが、1540年に大火があり、農工業に従事する町民のため、城外の北東向きの斜面に48戸の団地が建設された。しかし、1666年に再び落雷で焼失、ナッソウ・ジーゲン伯J.モリッツ(Johan Moritz)が私財を投じて以前の町割りのままに再建した。それが「アルター・フレッケン(Alter Flecken)」と呼ばれる団地として350年間住みつづけられている。木造3層の家屋は、その多くが棟木(むなぎ)で二分された2世帯住宅で、各戸当りの床面積は約150m²(地下室、屋根裏は除く)。資材が乏しかったので、派手な装飾もない。元来ここヴェストファーレン(Westfalen)地方は森林に恵まれていなかったので、すべての家が灰色のスレート葺でみな同じ勾配の切妻屋根、黒い木造の軸組と白一色の塗壁以外の形や色が見当たらないという、ヨーロッパではきわめて稀な景観が生まれた。町の高台(Schloßberg)には城跡があり、福音派教会(Evangelishe Kirche Freudenberg, 1606年)が聳えているが、これも石造とはいえ同じグレーの屋根と白壁との淡い色調に整えられている。

旧市街の北東にある、ガルテン通(Gartenstr.)の上の公園(Kurpark)が最高の見晴台だろう。町民たちが、この丘から見える立面には決して違う形や色、材料などを使わないという協定を結び、美しい景観を守りつづけてきたからだ。なお、アルター・フレッケンのミッテル通(Mittelstr.)に木造2層の町立博物館(Stadt museum Freudenberg)があり、町の歴史や古い家屋の内部構成を知ることができる。(→p.61, 213)

② アルスフェルト
Alsfeld

ヘッセン(Hessen)地方の小都市特有の穏やかな雰囲気が楽しめる町。人口は約1万だが、見事な木造建築が多く残されていることで人気がある。とくにヘルスフェルダー通のシュテンダーハウス(Ständerhaus, Hersfelder Str. 10/12, 1375年)は現存するドイツ最古の木造建築。マールブルクのシェーファーシェス・ハウスと同様の通柱(とうしばしら)と方杖(ほうづえ)を用いた軸組構法で、その歴史的価値が高い。

②町の中央にある木造の市庁舎(Rathaus)もドイツを代表する名建築だ。1階の石造は1511年に築かれ、2、3階の木造は1514-6年に名工ヨハネス(Meister Johannes)が建てた。木造の軸組を横切る太い筋違と2基の尖塔が印象的だ。(→pp.90-1)

市庁舎脇のマルクト広場(Marktplatz)を結婚式の家(Hochzeithaus, 1564-71年)やワインハウス(Weinhaus, 1538年)が囲んでいるが、市庁舎東のヴィンホルト・ハウス(Winholt-Haus, 1561年)や南西側にあるストゥンプハウス(Stumpfhaus, 1609年)の素朴な木造軸組も見逃せない。(→p.192, 208)

街並では、マルクト広場から南西に延びるリター街(Rittergasse)、西北のオーバー街(Obergasse)、東南のフルダー街(Ober Fuldergasse, Unter Fuldergasse)などが見所。リター街3/4のノイラート=ハウス

■フロイデンベルクへの行き方
マールブルク(Marburg)からギーセン(Gießen)経由でジーゲン(Siegen)まで列車で1時間半、ジーゲン駅前からバス(1時間に約1本)でフロイデンベルク(Freudenberg)のバーンホーフ通(Bahnhofstr.)まで24-32分。

■フロイデンベルク町立博物館
(Stadtmuseum Freudenberg)
水・土・日曜14-17時開館

(Neurath-Haus, 1688年) や、オーバー街の11 (1420年頃) と26 (1480年頃) の建物がよい。ヴァルプルギス教会 (Walpurgiskirche, 13世紀) の北側にあるアムト・ホーフの角の家 (Amthof 8, 1400年頃) は、出桁の裏まで漆喰を塗り込んだ素朴な建築だ。

③ マールブルク・アン・デア・ラーン
Marburg an der Lahn

ヘッセンの州都マールブルクは、坂道が多い人口7万5,000の都市。かつてこの町には、急勾配の切妻屋根で3階まで通柱を通した軸組の建物が多くみられた。なかでも1875年に壊されたシェーファーシェス・ハウス (Schäfersches Haus, Neustadt 3/4, 1320年) は小さな2世帯住宅だが、図面が残されていたため、ドイツでは木造建築史研究の原典となっている。

それとよく似たヒルシュベルク街の住宅 (Haus Hirschberg, Nr.13, 1321年, 1477年改築) は立派に修復・保存されている。この時代、市街地住宅には上階の床桁を前方に張り出し、それらを方杖で支える形式が現れたが、16世紀になると方杖を用いずに上階の太い根太だけを張り出す床組になる。その代表は ③ マルクト広場のホテル・ツア・ゾンネ (Gasthof zur Sonne, Markt 14, 1600年頃) だ。その北側の建物 (Markt 17, 1600年頃, Markt 19-A, 1566年) は建物正面の両脇を少し丸く膨らませ、その傍の建物 (Markt 21, 1560年, 1976年修復) は両脇を四角に大きく張り出すなど、各自が個性的な外観を示している。

マルクト広場から西に延びるバルフュッサー通 (Barfüsserstr.) は、ケルンとライプツィッヒを結ぶ街道で、16-17世紀の商人たちの木造街並が残されている。M. ルター (Martin Luther) が1529年に住んだ家 (Haus Nr. 48) やグリム兄弟 (Jacob und Wilhelm Grimm) が1802-3年に住んだ家 (Haus Nr. 35) などで当時を偲んでみよう。

④ フリッツラー
Fritzlar

カッセル (Kassel) の西南約30kmにある、13世紀の城壁に囲まれた人口1万の町。ここには450戸の木造町屋が残されているが、マインツ大司教の支配下に永くあったため、カトリック教徒が約半数を占め、ヘッセン地方の他の町屋とは少し趣を異にする。窓の腰壁に円を4分割した筋違が多いのもそのためだ。

④この町随一の見所は、中央にあるマルクト広場 (Marktplatz)。大きな噴水 (1564年) を囲む個性豊かな木造建築の迫力は、ドイツを代表する広場の情景にふさわしい。尖塔を頂いた東側の商家 (Kaufhaus, Markt 4, 1460年) が印象的だ。⑤広場の西北にある4層のホテル・ツア・リリー (Gasthaus Zur Lilie, Markt 22, 1480年) は両側面が3階まで通柱で、その東隣の建物 (Markt 20, 1480年) と共に歴史的な建築である。

広場から一筋西の路地 (Zwischen Krämen 12) には腰壁にX字形筋違を持つ長い柱の建物 (1470年) があり、こうした堅牢な構造は、やがてその西の郷土博物館 (Rigionalmuseum Fritzlar, Am Hochzeithaus 8, 1526年) や、シルデラー通 (Schildererstr.) の結婚式の家 (Hochzeithaus, 1580-90年) のような、1階が石造、2-3階が木造の大架構へと受け継がれていった。

⑤ ホムベルク（エフツェ）
Homberg (Efze)

ヴァーベルン（Wabern）南方10kmのエフツェ（Efze）川の谷にある人口8,000の小さな町。ドイツ三十年戦争時代の戦火を免れた木造の家々で知られている。代表的なのは⑥ホッホツアイト街（Hochzeitgasse）にあるホテル・ツア・クローネ（Gasthaus zur Krone, 1480年）で、腰壁に施された多彩な軸組の装飾は一見の価値あり。その北西にある木造の市庁舎（Rathaus, 1582年）は二十年戦争で壊されたが、1767年に再建された。中央のマリア教会（Marienkirche）の南、マルクト広場（Marktplatz）周辺には、ヘッセン地方を代表する木造街並が広がっている。

⑥ メルズンゲン
Melsungen

カッセル（Kassel）から東南30kmのフルダ（Fulda）河岸にある、塩などの交易で栄えた人口1万5,000の町。周囲は深い森に囲まれ、市民はそこからの豊かな木材で1,000年前から木造の家を建ててきた。⑦町の南西フリッツラー通（Fritzlarstr.）から有名な市庁舎（Rathaus, 1556-7年）のある⑧アム・マルクト（Am Markt）までの街並がとくに素晴らしい。市庁舎は木造一部5層で今でも使われており、階高が大きい1階の空間と4階出隅が膨らんだ外観に特徴がある。屋根中央の塔には、町の象徴である「斧を磨く市民（Wartenwetzer）」の木彫が納められている。

⑦ ハン（ハノーファーシュ）・ミュンデン
Hann. (Hannoversch) Münden

ヴェラ（Werra）とフルダ（Fulda）が合流してヴェーザー（Weser）川になる地点に栄えた人口5万の都市。旧市街の内側すべてが16世紀以降の木造4層の商家560戸で、これだけまとまった街並がある町はドイツでも珍しい。聖ブラジウス教会（St. Blasius）と市庁舎（Rathaus, 14世紀, 北側側面は17世紀）の東を南北に走るランゲ通（Lange Str.）に主な建物が集中していて、それと直交する教会通（Kirchstr.）との角にあるキュスターハウス（Küsterhaus, Langestr. 61, Nr. 1, 1477年, 16世紀増改築）は、ヴェーザー川流域で最古の木造による都市型建築である。

16世紀に水運で栄えた町らしく、上階を倉庫にした豪壮な建物が多く、ランゲ通とマルクト通（Marktstr.）との角にある商家（Langestr. 29, Nr. 15, 1554年）や、その北のシデクム通で⑨当時の軸組を示すツーム・オクセンコップ（Zum Ochsenkopf, Sydekumstr. 8, Nr.44, 1528年, 1981年復元）などがその典型だ。

17世紀頃からは、木造軸組を豪華な彫刻で飾った建物が随所に建てられ、教会南の広場にあるパストーレンハウス（Pastorenhaus, Kirchplatz 7, Nr. 254, 1581年）やマルクト通のティリー・ハウス（Tilly Haus, Marktstr. 15, Nr.58, 1580年）はその華やかさが必見の建物。ランゲ通の東に立ち並ぶ4、5層の商家（Lange Str. 51, Nr.61, 1570年）などと共に、この町独特の街並を見事に引き立てている。

⑧ アインベック
Einbeck

ハルツ（Harz）地方の西端にある、ビール（Bockbier）の産地で有名なアインベックには、造形豊かな木造建築が多く残っていて、ティデクセル通（Tidexerstr.）の街並がとくに立派だが、その先のマルクト広場（Marktplatz）の手前を南へ折れたマルクト通

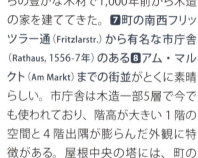

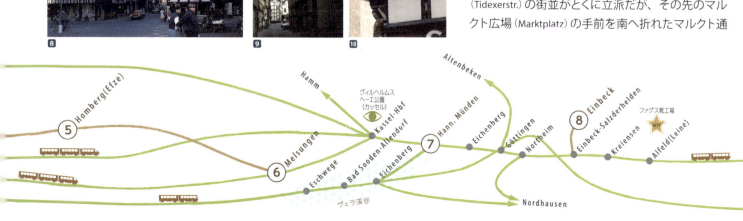

(Marktstr.) にも、**⓾すべての腰壁や出桁に人物像を彫り込んだ建物**(Eickesches Haus, Marktstr. 13, 1620年頃) や、ロゼット (バラの花柄) 模様を飾った建物 (Marktstr. 16, 1653年) などが立ち並んでいる。マルクト広場の南側にある木造の旧市庁舎 (Rathaus, 1550年) は、正面に3基の尖塔を配した珍しい形。広場の東北と西南の2ブロックは1976年以降に再開発され、旧い建物を撤去や増改築しながら、中庭や駐車場を巧みに取り込んだ新街区が誕生している。

⑨ ツェレ
Celle

ハノーファー (Hannover) の北30kmにあるツェレは、人口7万5,000の工業都市だが、木造家屋560戸を残す伝統の町としても知られている。ツェレ公爵家が1378年から1805年まで住んだ美しい城がアラー (Aller) 川沿いにあり、街並が形成されたのはその城の東わずか1km四方の狭い土地で、当時では珍しい碁盤目の街区が川や濠で丸く囲まれていた。

旧市街の西端にある市教会 (1678-98年) の塔から市内を俯瞰した後、街並を巡る旅をその足許のカラント街 (Kalandgasse) から始めてみよう。ルネサンス風の市庁舎 (1569年) から東のシュー通 (Schuhstr.) とその南を並行して走るノイエ通 (Neuestr.) には、急勾配の切妻屋根を連ねた木造が多い。

ノイエ通からラーベン街 (Rabengasse) を南に折れると、**⑪町の中心街ツェルナー通** (Zöllnerstr.) に出る。道の両脇に16-17世紀の木造町屋が、上階正面の床を下階より張り出しながらぎっしり立ち並んでいて、ニーダーザクセン (Niedersachsen) 地方を代表する街並の名に恥じない。だが、ヘッセン地方の街並より雰囲気が明るいのは、ほとんどの家が2層の建物に小屋組を載せているので棟高が低く、それで道の上の空間が広く感じられるからだろう。

広場の南、**⑫ポスト通にあるホッペナー・ハウス** (Hoppener-Haus, Poststr. 8, 1532年) は、ツェレだけでなく全ドイツを代表する名建築。軸組の間の壁すべてがタイル張りで、腰壁の三角の脚固めや出桁には、ブラウンシュヴァイクの名工S.シュタッペン (Simon Stappen) とその弟子によって、想像上の人物や動植物の彫刻が施されている。その南に並ぶ3棟の町屋は、年代順に1649、1701、1800年の建物だ。

ツェルナー通の突当りにあるアム・ハイリゲン・クロイツには、ツェレで最も古い木造建築 (Am.Heiligen Kreuz 26, 1526年) がある。そこから東南の道沿いのイム・クライゼ (Im Kreise) は18世紀にユダヤ人が住んだ地域で、ドイツで唯一戦禍を免れたユダヤ教の木造教会 (Die Synagoge, Im Kreise 24, 1740年) が保存されている。(→p.66)

⑩ クロッペンブルク
Cloppenburg

ブレーメン (Bremen) とオスナブリュック (Osnabrück) のほぼ中間点にある小さな町に、ニーダーザクセン (Niedersachsen) 地方の伝統的な木造建築の傑作を蒐集・保存したクロッペンブルク・ニーダーザクセン野外博物館 (Niedersächsische Freilichtmuseum Cloppenburg, Postfach, Cloppenburg) があり、緑に囲まれた敷地内に53棟の木造住宅、納屋や作業場、教会、風車などが整然と配置されている。なかでも、**⓭Nr.8のヴェールブルク家** (Hof Wehlburg, Wehdel, Osnabrück, 1750年) の主屋（おもや）(Erbwohnhaus) は、その豪壮な三廊式の平面構成と、3段の持送りを華やかに迫り出した切妻破風が魅力的で、ドイツで最も有名な木造建築のひとつに挙げられている。そのほか、敷地西端にあって、素朴ながらも端正な軸組の妻破風を誇るNr. 33の**⓮クヴァットマン家** (Hof Quatmann, Elsten, Cloppenburg, 1805年) などの農家や、ヒルデスハイム近郊にあった木造教会 (Fachwerkkirche von Klein Escherde, 1698年) など見所が多い。(→p.28, 192)

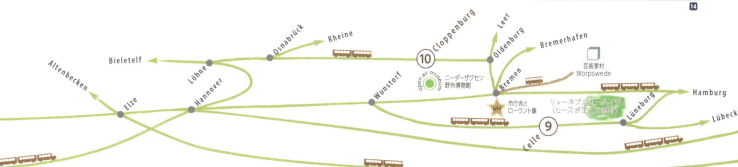

6 ドイツ——Germany

⑪ ヒルデスハイム
Hildesheim

この町は、中世末の繁栄を結実した数々の木造建築の傑作が残っていたため、建築芸術の都として知られてきたが、第二次世界大戦の終結1カ月前の戦火で、そのすべてを失ってしまった。しかし、ユネスコの援助で広場 (Markt) 西端の隅に再建された ⑮クノッヘンハウアー・アムトハウス (Knochenhauer-amthaus, Markt 7, 1529年, 1987-9年) は、食肉業組合がゴシック期からルネサンス期にかけて建てた、ヨーロッパを代表する名建築である。内部は建物の由来と再建の過程や歴史資料を展示する市立博物館になっているので、ゆっくり見学したい。

その隣の木造建築は、製パン組合の建物 (Bäkeramthaus, Markt 8, 1451年, 1825年)。また、広場の南東隅にある本屋の建物は14世紀の都市貴族住宅の面影を残すテンペルハウス (Tempelhaus, Rathausstr. 20, 14世紀) で、その道を隔てて西側の角に位置する建物は、窓下の腰壁や柱頭などに当時の典型的な装飾様式を残す木造建築の逸品ヴェデキントハウス (Wedekindhaus, 1598年) である。広場の北側3棟は、向かって左の木造建築が市営酒場だった建物 (Ehemalige Stadtschänke, 1666年)、中央がロココハウス (Rokokohaus, Markt 4, 1757年)、右側が毛織物組合の建物 (Wollenwebergildehaus, 1563年) で、これらも修復された後、ホテル (Le Méridien Hildesheim Hannover Hotel) として使われている。

この広場以外では、ここから南1kmのヒンター・ブリュール (Hinterer Brühl) 通の南端に、この町で唯一焼け残った建物で、ルネサンス期の細かい彫物の装飾を施した3層のヴェルナーハウス (Das Wernersches Haus, Godehardsplatz, 1606年) がある。

⑫ ブラウンシュヴァイク
Braunschweig

この町の建物もその90%は第二次世界大戦の戦火で失われたが、そのうち70棟ほどが復元・改修して保存されている。最大傑作は大聖堂 (Dom) 横のブルク広場 (Burgplatz) 西北隅にある2棟の建物で、⑯商工会議所 (Hof der Handwerkskammer, Burgplatz 2, 1573年) とギルドハウス (Gildehaus, Huneborstelsches Haus, Burgplatz 2A, 1535年)。とくに後者は、当時の小売商F．フネボルシュテルがすぐ西のザック街 (Sack 5) に建てた建物を1901年ここに移築したもので、彼とその妻アンナの紋章が、名工S.シュタッペン (Simon Stappen) が刻んだ彫刻と共に、3階腰壁両隅に残されている。格子窓の付いた3、4階と背の高い小屋裏は共に倉庫で、滑車を用いた商品搬入口を設けるなど、往年の大店らしい構えをいまに伝えている。これと似た当時の大型商店建築は、これより北西のヴォルマルクト (Wollmarkt) に復元された木造軸組・煉瓦充填壁の計量所兼倉庫の建物 (Alte Waage, 1534年) やアルトシュタットマルクト (Altstadtmarkt) のゲヴァントハウス (Gewandhaus) に見ることができる。

この町で唯一戦火を免れたマグニ教会 (St.Magni) 周

⑮

⑰

⑯

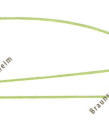

辺にも古い建物が多い。なかでも**⓱教会の裏にある建物**(Haus hinter der Magnikirche 1510, 1645年)は、1916年に近くの街区(Ölschlägern 29)から移設されたとはいえ、1、2階(1510年)の出桁は段状の彫り込みがあるゴシック様式、3、4階(1645年に増築)は連鎖型の彫物がある後期ルネサンス様式と、時代ごとの装飾の違いを明瞭に示している。

街並では、ブルク広場から西のフォア・ディア・ブルク通がよい。Nr.5の建物(Str. Vor der Burg 5, 16世紀中葉)の3階腰壁はルネサンス風のロゼット模様だが、その南西のアルテ・クノッヘンハウアー通にあるこの町最古の家(Alte Knochenhauerstr. 11, 1470年)や市参事の家(Knochenhauerstr. 13, 15世紀末)は、ゴシック風の彫物で飾られている。(→p.208, 226)

⑬ ゴスラー
Goslar

人口4万6,000にしては数多くの公共施設と800戸の伝統的な木造建築を維持・保存する美しい都市。その鉱山関連施設と共に世界文化遺産に登録されている。幅0.9km、長さ1.5kmの楕円形の城壁に囲まれていた旧市街の、中心から東南にかけては道路が複雑で、富裕層の古い建物が多いが、**⓲東北に向かって延びるブライテ通**(Breitestr.)やコルン通(Kornstr.)、ベッカース通(Bäckersstr.)などは、ブライテス塔(Breites Tor)周辺だけが17世紀後半の建設とはいえ、大部分が18世紀後半以降の都市型住宅で、鉱山関連の低所得者層が多く住んでいた。

ゴスラーの街並は、14世紀末から15世紀までツェレのような切妻屋根で妻入りの街並だったが、火災時の延焼を怖れ、それ以降は棟の向きを90度回転した平入りの屋根に変わった。ベッカース通の家々(Bäckersstr. 2, 1606年など)はその典型で、腰壁にロゼット模様、出桁下に横長の繰形模様を施したルネサンス風の飾りを連ねている。ここより西のケッテン通(Kettenstr.)やフォルスト通の街並はもっと素朴で、ブーデ(Bude)と呼ばれた木造平屋の鉱夫の家(Bergmannshaus, Forststr., 1600年頃)に往時が偲ばれ

る。(→p.208, 226)

その反面、16世紀後半から200年間ジーメンス(Siemens)家が住んでいた**⓳シュライバー通のジーメンスハウス**(Siemenshaus, Schreiberstr. 12, 1693年)は、ゴスラーにおける企業家の住宅を代表する建物で、赤煉瓦と黒い軸組の対比が素晴らしく、内部も見学できる。その南の、**⓴ロゼット模様の腰壁が美しいルネサンス様式のホテル・ツア・ベルゼ**(Hotel Zur Börse, Bergstr. 53, 1573年)は16世紀後半の建物だ。また、ベッカース通北のメンヒ通にあるメンヒハウス近代美術館(Das Mönchehaus Museum, Mönche str. 3, 1528年)は、元来庭付きの伝統的都市型農家の建物で、内外部ともその細部をよく見ることができる。

マルクト広場(Marktplatz)の北西にあるシューホーフ(Schuh-hof)は、靴屋組合などの17世紀の木造建築に囲まれたゴスラーで最も古い広場。そこから市庁舎(Rathaus, 1450年)を過ぎ南東に進むと、川沿いに12世紀からの水車がある建物(Johmühle, 1544年)やゴスラーの生活史などの資料を展示した市立博物館(Goslarer Museum, Königstr. 1)が並んでいる。

なお、ゴスラーから南8kmの避暑地ハーネンクレー(Hahnenklee)には、ノルウェーのボルグン(Borgund)の教会をそのまま模した木造の教会(Stabkirche)が1907年に建てられている。

⓲

⓳

⓴

15 クヴェトリンブルク
Quedlinburg

ザクセン人のドイツ国王ハインリッヒ1世の居城と大聖堂があった人口2万8,000のこの町は、近世以降ハルツ地方の商業や農業（とくに醸造と花卉栽培）の中心地として発展したが、1,200戸に及ぶ伝統的な木造民家を保存する世界遺産の町としても有名である。効率よく見て廻るには、まず市街の中心マルクト広場(Markt)からすぐ西南、ヴォルト街にある木造軸組博物館(Fachwerkmuseum, Wordgasse 3, 1310年頃)を訪れるとよい。この2階までの通柱を用いた柱・梁構造(Ständerbau)の住宅は、14世紀初頭から1965年まで使われていた貴重な建物で、この町と周辺の木造建築の変遷やその修復・保存の手法などが細かく展示されている。とくにニーダーザクセン州の影響下にあったこの町の軸組の装飾様式が後期ゴシックから近世古典主義の時代にわたって図解してあり、その資料を片手に町を巡ると旅の楽しさが倍加する。

ここから西南、この町生まれの地理学者の名を冠したカール=リッター通(Carl –Ritter Str.)と大聖堂のある丘へ達する**22**フィンケンヘルト(Finkenherd)の小さな16世紀の街並を過ぎると、丘の西側を占めるシュロスベルク(Schlossberg)地区に出る。ここの中央で、トスカナ風の2本柱で支えられた出窓付きの部屋がある瀟洒な建物は、詩人F. G.クロップシュトックの一族が18世紀に住んだ家(Das Klopstockhaus, Schlossberg 12, 1570年頃)だ。マルクト周辺にある旧製靴組合の建物(Das Schuhmachergildehàus, Breite Str. 51/52, 1554年)や、そのすぐ東、シュティーク街のアルター・クロップシュトック(Alter Klopstock, Stieg 28, 1580年)などの建物にはニーダーザクセン風に間柱の脚固めに赤いロゼット模様が刻まれ、ルネサンス期の華やかな雰囲気を伝えている。バロック時代に町は東に延び、当時から平入りの建物がシュタインヴェーク通(Steinweg Str.)に沿って整然と並んでいた。なかでも、**23**「マティルダの噴水(Mathildenbrunnen)」がある広

14 ヴェルニゲローデ
Wernigerode

13世紀からハルツ山塊北辺の鉱山町として栄えたこの町の建築は、旧市街(Altstadt)の**21**マルクト広場(Markplatz)にある市庁舎(Rathaus, 1492-7年, 1544年)に代表される。尖塔2基を持つ赤壁の均整のとれた外観は、アルスフェルトの例と共にドイツ木造市庁舎の双璧を成す傑作。古い街並は1847年の大火に焼け残った広場北側のヒンター通で、とりわけ最古の家(Alteste Haus, Hinterstr. 48, 1400年頃)周辺が往時の面影をよく伝えている。(→p.193)

広場南のオーバープファールキルヒホーフは雰囲気のある住宅街。その南側にあるガーデンシュテット家(Haus Gadenstedt, Oberpfarrkirchhof, 1582年)は、正面にあるルネサンス風の出窓が珍しい。

その東のクリント街は、昔から製粉業者が集まった庶民的な場所。ここにあるシーフェス・ハウス(Schiefes Haus, Klintgasse 5, 1680年)は水車小屋だったが、壁が傾いたので「斜めの家」といわれていた。近くの「極小の家」(Kleinste Haus, Klint 10, 18世紀中葉)は、間口3mに満たないバロック風の小さな建物。これより豪壮な家は広場から東北のブライテ通にあり、装飾豊かな穀物商クルンメルの家(Krummelsches Haus, Breite Str. 72, 1642年)や腰壁を菱形やアンドレア十字(Andreaskreuz)で飾ったクレリの鍛冶屋(Krellische Schmiede, 1678年)などがその代表である。

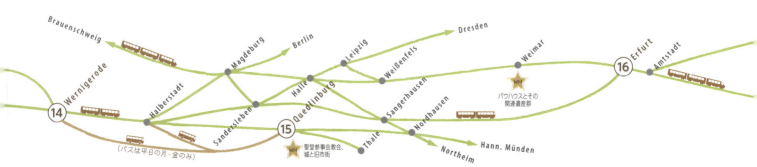

場北側のホテル・ツア・ゴールデネン・ゾンネ (Zur Goldenen Sonne, 1671年) はその代表で、菱形に刻まれた出桁の鼻は、この町でしか見られない装飾だろう。

⑯ エアフルト
Erfurt

テューリンゲン (Thüringen) 地方の中心にある人口22万の商業都市。駅の西北約1.5kmにあるドーム広場 (Domplatz) から東のマルクト通 (Marktstr.) を抜けてフィッシュマルクト (Fischmarkt)、さらに東のゲラ (Gera) 川に架かるクレーマー橋 (Krämerbrücke) までの旧市街が戦火を免れたため、16世紀以降のさまざまな木造都市型住宅が残されている。なかでも、長さ120m、幅18mの㉔ **クレーマー橋は、石造6スパンの橋桁 (1325年) の上に32戸の木造家屋が載る、中央ヨーロッパで唯一の例**として有名だ。その景観は、東端のエディエン教会 (Aedienkieche) から見下ろせるだろう。Nr. 20と21のユニットは博物館になっている。

フィッシュマルクト周辺には、ネオ・ゴシック様式の市役所 (Rathaus, 1870-4年) のほか、北側にはルネサンス風のツム・ブレーテン・ヘルト (Haus Zum Breten Herd, 1584年)、西側には端正なツム・ローテン・オクセン (Haus Zum Roten Ochsen, 1562年) などの名建築や復元した建物が集結している。

⑰ アイゼナハ
Eisenach

駅の西南3kmにあるヴァルトブルク (Wartburg) 城が観光の中心。その途中にあるM. ルターが1498-1501年にわたり学生時代を過ごした家 (Lutherhaus. Lutherplatz 8, 16-18世紀) やJ. S. バッハの家 (Bachhaus, Frauenplan 21, 17世紀頃) に、当時の家構えを偲ぶのもよかろう。㉕ **城の北側の塔屋は1150年頃の石造だが、中ほどの塔屋や城壁上の建物は15世紀後半の木造で、「歌合戦の間 (Sängersaal)」**などの架構が興味深い。1521-2年にルターが新約聖書をドイツ語に訳した部屋は、当時のテューリンゲン地方の素朴な木造軸組の雰囲気を伝えている。

⑱ シュマルカルデン
Schmalkalden

テューリンゲン地方の東部、ヴェラ (Werra) 川沿いの谷間にある人口1万8,000の町。宗教戦争の際シュマルカルデン同盟で名が知られたが、現在は民謡の祭典と木造建築が多く残る街並のほうが有名である。中心街のすぐ北に聖ゲオルグ教会 (Stadtkirche St. George, 1437-1509年) があり、その前に昔は市場だったアルトマルクト (Altmarkt) が広がっている。広場の西側に石造の市庁舎 (1419年)、その左右に木造建築が並ぶが、その代表例が教会の西にある福音教区公邸 (Evangelische Dekanat, 1549年) と改革派学校 (Reformierte Schule, 1658-9年)。㉖ **アルトマルクトから東のザルツブリュッケ広場 (Salzbrücke) までの一画はインゼル (Insel) と呼ばれ、この町で最も古い小柄な木造の建物が多くみられる。**(→p.193)

ここからシュタイン街 (Steingasse) を北東に抜けた㉗ **ルター広場 (Lutherplatz) には、1537年にM. ルターが滞在して同盟の条文を起草したといわれている家 (Lutherhaus, 1520年前) がある。こうしたテューリンゲン地方特有の半寄棟屋根は、さらに北西のクロスター街 (Klostergasse) にもあり、一部**がローマ時代の石造基礎の上に建てられたヘッセン公邸 (Hessenhof, 1551年) や、ノイマルクト (Neumarkt) 広場にあるリーバオク家 (Liebaugsches Haus, 16世紀) にも共通する形式だろう。なお、市の北6kmのヴァイデブルン (Weidebrunn) には、木炭で製鉄した木造軸組の工場跡ノイエ・ヒュッテ (Neue Hütte, Goethaer Str., 1835年) があり、内部が公開されている。

ノルウェー、ドイツ、デンマーク
Norway, Germany & Denmark

木造スターヴ教会と北海沿岸の街並

✈ 日本からのアプローチ

ベルゲンに深夜到着するには、コペンハーゲンを主要空港とする北欧系の航空便が便利。そのほか、アムステルダムやロンドン経由でも直接ベルゲンに飛べる。デンマークを先に廻るのなら、日本からコペンハーゲン経由でオーフスまでが当日の行動範囲だろう。オスロを起点にすると、ヘルシンキ、ウィーン、パリ経由などでも可能だが、日程と旅費が少々かさむ。フランクフルトからだと、コペンハーゲン経由でベルゲンにその日の深夜到着し、ハンブルクから帰国しやすい。

✎ 旅程の組み方（→注）

スカンジナビアへの旅は、まずコペンハーゲン(Copenhagen ⑲)からというのが常識だが、木造の旅は、ノルウェーのベルゲン(Bergen ①)から始めることを薦めたい。すぐ次の日から旅程が組めることと、スターヴ教会や街並に関する予備知識がここで一括して得られるからだ。ベルゲンからは、通常のフィヨルド観光ルートに従い東に向かうが、ソグンダール(Sogndal ④)やファーゲルネス(Fagernes ⑧)周辺でゆっくりした旅程を組むのが、旅を成功に導く秘訣だろう。

ソグネフィヨルド(Sognefjord)を対岸のカウパンゲル(Kaupanger ③)まで渡るには、列車でヴォス(Voss ②)まで行き、バスでグドヴァンゲン(Gudvangen)か列車でフロム(Flåm)に出てフェリーに乗るのが普通だが、ヴォスで時間をとり、ここの民俗博物館で古い民家を見るのもおもしろい。

ウルネス(Urnes)の教会は旅の前半のハイライト。ここを訪れるには程よい間合いで渡し舟に乗る必要があるので、前夜をソグンダール泊とし、民家園などを訪れながら時間調整したほう

がよい。ラルダールスェイリ(Lærdalsøyri ⑤)も旅の拠点にしてよい町だ。ここからバスでボルグン(Borgund)の教会に寄り、ゴール(Gol ⑥)から一気にオスロ(Oslo ⑩)まで南下するのが急ぎ旅のコース。木造の旅ではさらに東のファーゲルネスまで行き、途中で2、3の貴重なスターヴ教会やヴァルドレス(Valdres)地方の民家園を見てからそこに泊まりたい。次の日ゴールとヘーネフォス(Hønefoss)経由でノートオッデン(Notodden ⑨)に行き、ヘッダール(Heddal)の教会を見てからオスロに向かうか、あるいはバスでリレハンメル(Lillehammer ⑦)に出て、マイハウゲン民俗博物館を訪れてから列車でオスロに行くのが良策だ。ノルウェー最後の日は、オスロの民俗博物館などでこれまでの生々しい旅の記憶を確かめながら、ノルウェーの建築や街並を総括してみてはどうだろう。

オスロからは、ハンザ同盟の都市に興味があればハンブルク(Hamburg ⑪)へ飛び、そこから切妻屋根の街並を追ってエルベ河口やキール(Kiel ⑮)周辺の農村地帯、リューベック(Lübeck ⑭)の美しい市街などを見て廻りたい。また、ヴァイキングの系譜に興味が湧けばオスロからコペンハーゲンに戻り、そこからオーフス(Århus ⑰)やオーデンセ(Odense ⑱)などの都市を陸路廻るのがよい。この際、どの都市にも素晴らしい野外博物館があるので、そこで木造建築の知識や歴史を確かめてから、その伝統が世界に冠たる北欧のモダンデザインにどう息づいているかを、実感してみるのが得策だ。この後半2つのルートを併せる場合には、キールからユトランド半島を列車で北上、リーベ(Ribe ⑯)でヴァイキングと木造の歴史を振り返りながら、オーデンセなどを経由してコペンハーゲンから帰路につくという旅程が最も物語性に富み、しかも効率的である。

［注］地名の後に挿入した丸数字は、右頁の地図や本文の地名タイトル、その頁下部の旅程図に掲載した地名冒頭の丸数字と整合している。

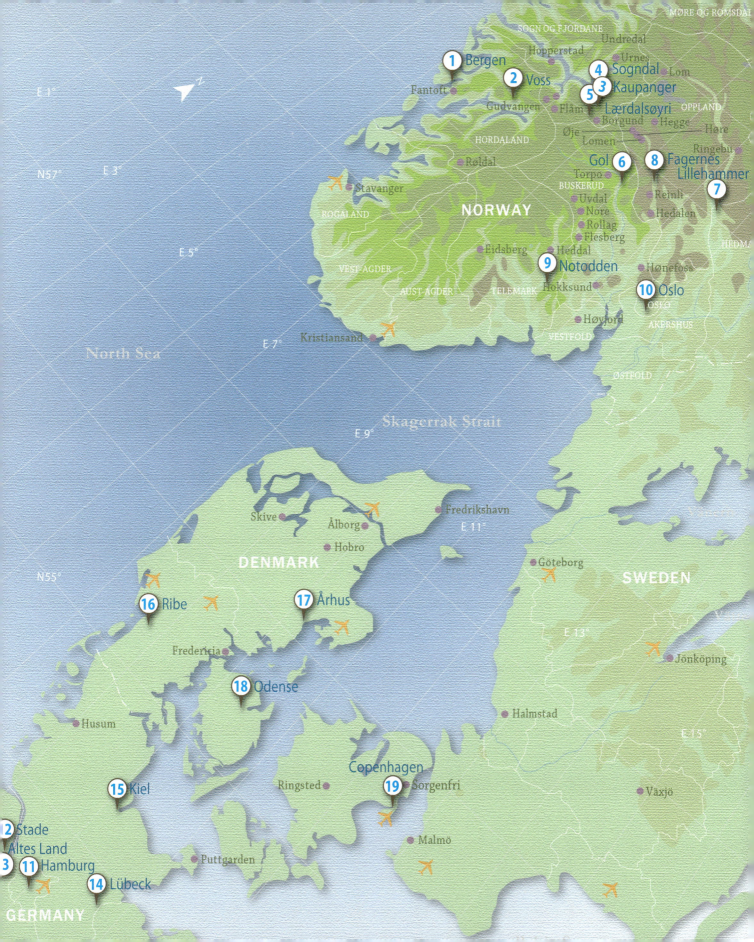

ノルウェー、ドイツ北西部、デンマークの木造建築

　森と峡谷に囲まれたノルウェー各地には、9世紀頃からここに根付いたヴァイキング(Viking)の伝統を残す木造のスターヴ教会(Stavkirke)や、装飾豊かな高床穀倉(Loft)といった個性豊かな建築遺産がいまだに大切に保護されている。現在、スターヴ教会は23棟を残すのみだが、柱と梁だけで組んだその豪壮な木造シェルターには、天からの恩寵を明るさに求めたゴシックの空間とは異なる、わずかな星だけが輝く北国の穏やかな闇が広がっている。また、貴重な生活の糧を納めるロフトは、太い束で支えられた床の四周から、彫刻に彩られた幅広の柱が空に向かって恵みを乞うように延びている見事な形だ。一般の農家もそうだが、北欧に一般的な丸太の井楼組と、この柱と梁の軸組に厚板を落し込んだ建築とが見事に共存している地域は、ヨーロッパ広しといえどもここしかない。

　こうしたノルマン(Normans)人の伝統的な建築文化は、ヴァイキングに特有な造船技術の助けもあって、古代にはその個性的な壁や屋根の技法が遠くアルプス山地にまで達していたともいわれ、中世に北海沿岸を中心に栄えたハンザ同盟の諸都市では、その雄大な切妻屋根を連ねた倉庫や事務所などの港湾施設に、また近世に初めて本格的な都市近郊での酪農を取り入れたデンマークや北ドイツでは、畜舎や穀倉などの大規模な農村施設に、その木造架構の技の蓄積が余すところなく活かされている。

　広い意味ではゲルマン系ともいえるこれら木造技術の推移を、北はフィヨルドに潜む静かな山村から、南は北海に面した沿岸都市やその近郊にまで追ってみようというのがこの旅の第一の趣旨だが、福祉国家づくりで世界の最先端をいくこれら諸国において、それが現代的な木造の家屋や街づくりにどう応用されているか、その実態に触れてみるのも、また違った旅の活かし方といえるだろう。

ノルウェーのボルグン教会(1150年頃)は、この国に遺されたスターヴ教会の典型として親しまれる木造建築の逸品。入口周辺は独特な組紐模様で飾られ、主室上部の独立柱は木造船にも用いられた半円形の厚板でしっかりと固められている。(→p.106, 192)

1 ベルゲン
Bergen

中世からハンザ同盟の港として中継貿易で栄えたベルゲンの伝統的な街並は、古い港の埠頭に面して❶切妻破風の建物が立ち並ぶブリッゲン (Bryggen) 地区の木造建築群に代表される。南側11棟の店舗ブロックは1702年の大火後に建てられたもの。その北7棟のブロックは1950年代にも焼失したが、13世紀の敷地割りどおりに復元されている。こうした火災から木造街区を守るため、近世以降は炊事場だけが細長い路地の奥にまとめられていた。1979年に世界文化遺産に登録された木造軸組の建物は58棟、他のハンザ同盟の港町と同様にドイツの影響が強く、リューベック市の紋章を破風に飾る煉瓦壁の商館も残っている。縦長の建物の小屋裏は合掌組で、建物正面の軸組は1、2スパン。窓の数は、税金逃れのためか1層当り3カ所以下の家が多い。商館内での生活の模様は、地区南端にあるハンザ博物館 (Hanseatisk Museum, 1704年) で偲ぶことができる。(→p.192)

また、市の中心から北4kmにあるガムレ・ベルゲン街区博物館 (Gamle Bergen, Elesro, Sandviken) は、18–19世紀の木造下見板張りの商家や住宅など40棟を野外博物館風に保存し、室内も公開している。市街から南8kmのトロールハウゲン (Troldhaugen) にある❷作曲家E. グリーグの家 (Edvard Grieg's House, 1885年) は木造の井楼組を下見板で覆った構造で、建築家S.ブル (Schak Bull) の設計。グリーグはここに22年間生活し、湖畔にある小さな木造の離れで名曲を生んだ。こことベルゲンとの間のファントフトにある木造教会 (Fantoft Stavkirke, Fantoftveien 46, Paradis, 1150年) はソグン地方のフォルタン (Fortun, Sogn) から1883年に移築されたものだが、柱列間の控壁などには原形と異なる形で復元された箇所が多い。

2 ヴォス
Voss

フィヨルド観光の中継地で、人口は6,000。町の中心に❸石造のヴォス教会 (Vangskyrkja, 1277年) が健在である。その形は伝統的な木造教会をそのまま石造に移し替えたものだ。駅から西へ徒歩約15分のフィネスロフテット (Finnesloftet, 1250年) は、傾斜地に建つ13世紀の古い木造2層の建物。市の北辺にあるヴォス民俗博物館 (Voss Folkemuseum, Mørster vegen 143) はモェルスター (Mølster) 地区の農家をそっくり保存したもので、ネスハイム (Nesheim) とオップハイム (Oppheim) の農家を移築した2つの分館でも、ヴォス地方の伝統的な民家を見ることができる。

3 カウパンゲル
Kaupanger

❹カウパンゲル木造教会 (Kaupanger Stavkirke, 1184年) は、ソグネフィヨルド (Sognefjord) 地域で最も大きなスターヴ (Stav) 教会。ボルグン (Borgund) 型と違い、桁行方向の高い柱の頂部に交叉筋違 (こうさすじかい) や繋ぎ梁がなく、ゴシック風の柱列配置と平らな天井が特徴である。1882年に不適切な改築がなされたが、1965-6年の改修で17世紀の素朴な形に戻された。

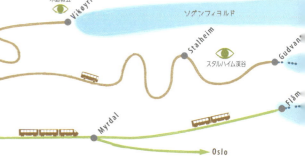

■ウルネス木造教会
ソグンダールから北16kmのソルヴォーン (Solvorn) までバス25分 (55号線の停留所から港まで約1km)、ソルヴォーンからフェリー (11:00から1時間おきに16:00まで。帰路は11:30から1時間おきに17:50まで) で対岸のウルネスに渡る。船着場から教会まで1km弱。

④ **ソグンダール**
Sogndal

⑤ **ウルネス木造教会**(Urnes Stavkirke, 1130-50年頃)はノルウェーに現存する最古の木造教会で、1979年その美しい周囲の環境と共に世界文化遺産に登録された。内部は筋違で補強されているが、石造に似た装飾豊かな柱頭を持つ16本の独立柱が、ロマネスク風バシリカの空間を創出している。切妻屋根を重ねた内陣は1600年頃拡張され、1704年に鐘塔が増設された。⑥**北側の外壁や隅柱にある蛇や獣の姿を絡めた躍動的な木彫**(11世紀)は、12世紀の教会創建の際、以前にあった建物から組み込まれたもので、ヴァイキング時代を代表するウルネス様式の傑作として、大切に保存されている。(→p.7, 226)

ソグンダールから東6kmにある⑦**ソグン民俗博物館**(Sogn Folkemuseum, Vestreim 6884 Kaupanger)には、この地方の伝統的な木造民家が40棟余り保存され、600年にわたる民俗資料の展示も充実している。

⑤ ラルダールスエイリ
Lærdalsøyri

ベルゲン（Bergen）からオスロへ通ずる観光ルートの拠点で、人口は2,200。町の西部、ガムレ・ラルダールスエイリ（Gamle Lærdalsøyri）のオエイラ通（Øyragaten）を中心に18世紀以降の木造建築が161戸保存されている。ブラッテイエルデ家（Brattegjerde-Huset, 1800年頃）など板張りの建物が多く、ヘンリック家（Henrikstova, 1848年）のような井楼組は少ない。リンドストロェーム・小テル（Lindstrøm hotelj, 1890年）など他の施設も、周囲に合わせてすてきな外装が施されている。

ここから東30kmにある⑧⑨⑩ボルグン木造教会（Borgund Stavkirke, 1150年頃）は、中世に東側の半円形の祭壇と頂塔や周囲の柱廊が付け加えられたとはいえ、ノルウェーにおける初期の教会建築様式をそのまま残すものとして必見の建物。主室の独立柱は12本で、桁行方向の柱のうち中央2本だけ柱の間隔が広いのは、伝統的な東西軸に直交して加えられた新たな南北の空間軸を強調したものだ。柱の頂部を繋ぐ側壁をアンドレア十字で固める架構は、ボルグン（Borgund）型としてこれ以後の教会建築に影響を与えた。主室入口枠まわりの見事な木彫はソグン（Sogn）地方に伝わる動植物の組紐模様を装飾化したもの。ヴァイキング船の船首を飾った竜頭の彫刻がやや抽象化された形で屋根破風の先端に取り付けられている。（→pp.102-3, p.192）

ボルグンからE 68号線を東へ52km行くと、⑪⑫ヴァングスムミョーセ（Vangsmjøse）湖の西端にオエイエ木造教会（Øye Stavkirke, 12世紀末）がある。1747年に一度壊されたが、残存資料をもとに1960-5年に再建された単廊式で、独立柱が4本の小さな教会だ。ここからさらに東南35kmのリュフォス（Ryfoss）には、⑬独立柱4本の頂部を木造アーチで固めた単廊式のローメン木造教会（Lomen Stavkirke, 1180-1250年頃）と鐘塔（1675年）がある。

⑥ ゴール
Gol

オスロ（Oslo）からベルゲン（Belgen）へ通ずる鉄道の中継点で、ウィンタースポーツと観光の町。ここにあった有名な⑭ゴール木造教会（Gol Stavkirke, 1170年頃）は1885年に国王の命令でオスロに移築されたが、ゴール市内にも1994年に原形どおり復元された。ボルグン型を基調とする、身廊が均整のとれた8本の独立柱から成る美しい建物だ。同じ市内のスカガ（Skaga）の北の斜面にも、ハリングダール（Hallingdal）の民家10棟から成る民家園が設けられている。（→p.222, 225）

ゴールの西21kmにあるトルポ木造教会（Torpo Stavkirke, 12世紀末）は、1880年の火災で内陣に大きな被害を受けたが、身廊の柱頭付きバシリカや彩色されたヴォールト状の天蓋が、13世紀当時の形をそのまま留めている。

⑦ リレハンメル
Lillehammer

ファーゲルネス（Fagernes）の東115kmにあるリレハンメルはスキーリゾート地として世界的に

⑧

⑨

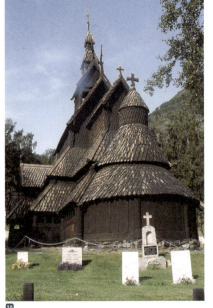

⑩

有名だが、駅から徒歩で20分の距離にあるマイハウゲン民俗博物館（Maihaugen Folkemuseum）もノルウェー最大の規模と質の高さを誇っている。ここの特徴は、ロスナ（Losna）川上流のロム（Lom）から1920年に移築したガルモ木造教会（Garmo Stavkirke, 1200年頃）をはじめ、グブランスダール（Gudbransdal）地方の伝統的な木造建築群や、リレハンメル市から移築した住宅で中庭を囲んだ近代都市型の街並、それに量産型住宅を含む20世紀中葉から1995年までの個人住宅など、歴史的に重要な建築120棟と3万点の生活資料を蒐集・保存していることで、1日ではとうてい全部を見て廻れない。また、市内のストルガタ（Storgata）は、古い街並を歩行者天国として見事に蘇らせたことで世界的に有名だ。（→p.192）

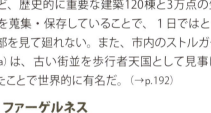

⑧ ファーゲルネス
Fagernes

ここヴァルドレス（Valdres）地方は南ノルウェーの東西が合体する地域として知られ、ファーゲルネスはその中心地。町から1km離れた湖畔にあるヴァルドレス民俗博物館（Valdres Folkemuseum, Tyinvegen 27）には、10平方kmの敷地に13-18世紀の伝統的な木造農家が95棟保存されている。建物は農家の主屋（おもや）と2層のロフト（loft）、高床の穀倉（stabbur, buret）に厩の4種類で、⑮ロフトの1階には食料や飲料と道具類を納め、外階段で通ずる2階には、衣装や家財のための納戸と、来客用の寝室が設けられるのが一般的だ。穀倉には、もっぱら穀物やハムなどの保存食を貯蔵し、18世紀頃からは⑯鼠返し用の深い切込みを付けた短柱で支えるようになった。

7 ノルウェー、ドイツ、デンマーク —— Norway, Germany & Denmark

⓱

⓲

⓳

⓴

⑨ ノートオッデン
Notodden

テレマーク(Telemark)地方南部にある工業の盛んな人口8,000の町。ここから西5kmの⓱ヘッダール木造教会(Heddal Stavkirke, 1242年)は、現存する30のノルウェー木造教会のなかで最も大きな建物だ。身廊はボルグン型のように交叉筋違で独立柱12本の頂部を固める構造だが、内陣は奥行が深く、楕円形の厚板アーチを多用しながら、それでいてカウパンゲル木造教会のように桁で柱を固めない構造だったので、1955年に以前あった天井などを取り外し、現在の内観へ改修・復元された。外周の回廊に差し掛けられた二重の裳階状の屋根も、ここでは入口上の三角破風によってリズミカルに整えられている。この教会の東隣にあるヘッダール民家園(Heddal bygdetan)には、テレマーク地方から17棟の富裕な農家や小作人の農園などの伝統的な木造民家が移築されている。(→p.192)

⑩ オスロ
Oslo

オスロ市郊外のビグドイ(Bygdøy)地区にあるノルウェー民俗博物館(Norsk Folkemuseum)はぜひとも訪れたい施設。敷地内には⓲ゴールから移築した木造教会をはじめ、全国から集められた17-18世紀の木造建築が約170棟展示されている。なかでも⓳セテスダールの主屋(Årestue from Åmlid, Setesdal, 17世紀)は必見の建物。切妻屋根の軒端を受ける軒桁は外周の土台に立ち上げた5枚の幅広の板柱で支えられ、壁は縦長の楕円形断面をした校木による井楼組であり、炉の上の天窓から光が射し込むノルウェーの初源的な空間が体験できる。東隣にあるのは3層のロフト(Loft fra Brottveit Gård, 1660年頃)。もうひとつは、装飾豊かなテレマーク地方のロフトと穀倉(Tveitoloftet fra Hovin & bur fra Nisi, Telemark, 1300年頃)などがあるブロックだ。⓴入口や窓の両脇の板柱に刻まれた装飾模様が素晴らしい。ここでは、この穀倉のように鼠返し付きの短柱と貫土台に支えられた高床の上に、上階床の張出しを下階壁の校木数段で支持した、幅広の2階を載せるロフトの形式があったことに、改めて気づかされるだろう。また、民俗博物館の敷地の北西に、18-19世紀のオスロ近郊の商家や陶芸などの工房を移築・保存した旧市街区(Gamlebyen)があるので、当時の庶民の生活ぶりも偲ぶことができる。(→p.31, 216, 221, 225)

このほかオスロでは、ビグドイ地区のヴァイキング船博物館(Vikingskipshuset)で往時の木造船の高度

な建造技術や造形的な感覚を、市の中心ではノルウェー建築博物館 (Norsk Arkitekturmuseum, Kongens gate 4, Kvadraturen) で、近代以降のノルウェーにおける建築デザインの流れを確かめてみたいものだ。

⑪ ハンブルク
Hamburg

市内に木造はほとんど残っていないが、コンサートホール (Musikhalle) のすぐ東南にあるベッカーブライター小路 (Bäckerbreitergang) の木造住宅 (Nr. 49-58, 18-19世紀) は、道路から直接入った1階居室に2階の居間に通ずる階段がある、17世紀以降の高密度な都市型住宅の面影を残す文化財として1980-4年に修復されたもので、一見の価値がある。

市街から南1kmのエーストルフ (Ehestorf) 地区にあるキーケベルク野外博物館 (Freilichtmuseum am Kiekeberg, 2107 Rosengarten 4) には、ハンブルク南方ハールブルク (Harburg) 地方の伝統的な木造民家が保存されている。中央にある大きな家が㉑カケンシュトルフ (Kakenstorf) から移築されたマイボーム家 (Meybohmsche Haus, 1797年) で、主屋と畜舎が一体化した中規模で三廊式の平面構成、壁は木舞下地の土壁仕上げである。北西端にある㉒シャルムベックから移築されたジルバーホーフ (Silberhof aus Scharmbeck, 1612年) は、煉瓦を充填した素木の軸組壁が特徴的で、三角形の柱の脚固め部分にある木彫が素晴らしい建物だ。

⑫ シュターデ
Stade

エルベ (Elbe) 河口に位置するこの町は、現在は人口4万6,000だが、ハンザ同盟時代にはハンブルクよりも栄えた港だった。その古い港 (Alter Hafen) の両岸には、美術品が展示されている木造のクンストハウス (Kunsthaus, Wasser West, 17世紀) や木材集積と製材技法の歴史を語るバオムハウス (Baumhaus, Wasser Ost 28, 1774年)、ルネサンス風の装飾豊

かな石壁を誇る市長の家ヒンツェ・ハウス (Senator Hinze Haus, 1621年) など、高層の町家や倉庫が残っている。農村周辺の生活を見たければ、市内の中の島にあるシュターデ野外博物館 (Freilichtmuseum Stade, Inselstr. 12) に復元されたアルテス・ラントの家 (Altländer Haus) と呼ばれる装飾模様の妻壁が見事な㉓低湿地の農家 (Marschbauernhaus aus Huttfleth, 1773年) や、島の家 (Inselhaus) と称した屋根窓付の㉔茅葺農家 (Bauernhaus aus Himmelpforten, 1641年) などを訪れるのもよいだろう。

7 ノルウェー、ドイツ、デンマーク —— Norway, Germany & Denmark

⑬ アルテス・ラント地方
Altes Land

アルテス・ラント地方と呼ばれるハンブルクの西からシュターデ（Stade）に至るエルベ川の左岸一帯は、沈下の激しい湿地帯だったため、中世初期まで人が住めなかったが、12世紀にブレーメンの大司教フリードリッヒ（Erzbischot Friedrich I.）らの努力でオランダ風の干拓が始まり、15世紀に川岸周辺の長大な堤防が完成してからは入植が盛んになり、それ以降リンゴの栽培地として発展した。

ここでは、㉕㉖正面妻壁の軸組にさまざまな模様の

煉瓦壁を埋め込んだ大きな茅葺で切妻屋根の農家が、その華麗さを誇示するように道に沿って立ち並んでいる。その景観はじつに見事で、観光客も多い。シュタインキルヒェン（Steinkirchen）、ミッテルンキルヒェン（Mittelnkirchen）、ヨーク（Jork）などの村には伝統的な木造農家が多く残り、ヨークにはその内部も見学できるアルテス・ラント博物館（Museum Altes Land, Westerjork 49）がある。（→p.192, 208, 211, 221）

⑭ リューベック
Lübeck

ハンザ同盟の中心都市として隆盛をきわめた13-14世紀、トラヴェ（Trave）川とトラヴェ運河に囲まれたここの中の島には、巨大な切妻破風の小屋組を架けた大規模な木造商家や倉庫が所狭しと立ち並んでいた。いま世界文化遺産に登録されているこの町の旧市街に、当時の面影を偲ばせる巨大な建物がまだ林立しているが、その大部分がホルステン橋（Holsten Bridge）の南にある3-5層の塩倉庫（Salzspeicher, 16-18世紀）のように、煉瓦積みの外壁に変わっている。㉗メンク通にある文豪トーマス・マンとハインリヒ・マン兄弟の祖父母の家で有名なブッデンブロークハウス（Buddenbrookhaus, Mengstr. 4, 13世紀末, 1758年改修）も、古い都市型建築がバロック風の外観に変えられた例だ。

そのなかで、旧市街南西の㉘アン・デア・オーバーシュトラーヴェ（An der Oberstrave）にある製粉所兼倉庫（1750年）のような、木造軸組の間に煉瓦を充填した建物が、運河沿いの街並の中でひときわ異彩を放っていることも、見落としてはならない。

⑮ キール
Kiel

かつて海軍基地として名を馳せたキールは、ドイツ北端に位置するシュレースヴィヒ゠ホルシュタイン（Schleswig-Holstein）州の主都でもある。この地域の伝統的な農家は、急勾配の大きな茅葺の寄棟か半寄棟屋根で、昔から軸組に白い塗壁だっ

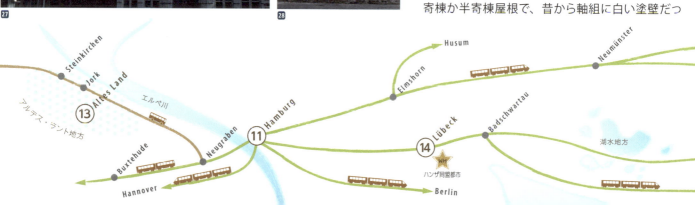

111

たが、18世紀末以降は煉瓦を充填した軸組壁に変わっていった。それらの代表的な事例が60棟ほど、市の南東6kmのモルフゼー(Molfsee)にある広大な野外博物館(Schleswig-Holsteinische Freilichtmuseum, Hamburger Landstr. 97)に保存されている。

そのうちNr.15の㉙グルーベの牧師館(Pfarrhaus aus Grube, 1569年)が最も古く、Nr.70の㉚寄棟屋根の納屋(Firstssäulenscheune aus Süderstapel, 17世紀)は、この地域では珍しい股木を用いた棟持柱(むなもちばしら)の架構である。そのほかNr.58の㉛シュヴァンゼン半島の農家(Schwansener Haus aus Kosel, 1680年)のように、人と家畜とが一つ屋根の下で暮らした昔を偲ばせる建物がいくつもあるので、内部の展示まで見ると半日以上を要する。風車も2基あり。(→p.192, 224)

⑯ リーベ
Ribe

7世紀中葉にヴァイキングが入植してから、デンマーク最古の交易港として栄えた町で、人口は8,000。リーベ・ヴァイキング博物館(Museet Ribes Vikinger)で当時の港や農村の事情が見て取れる。街並はこぢんまりしていて美しく、大聖堂(Ribe Domkirche)から東北のトルヴェット通にある㉜ヴァイス・ステュー(Weis Stue, Torvet 2, 1580年)や、その南のソェナポート通(Sønderportsgade)と㉝フネ(Hunde)通にある2層の建築群は、16世紀以降の黒い軸組に赤い煉瓦壁を配した木造建築の技法をよく伝えている。(→p.192, 209, 212)

■シュレースヴィヒ=ホルシュタイン野外博物館
キール駅からバス500/504で10分、Freilichitmuseum下車。

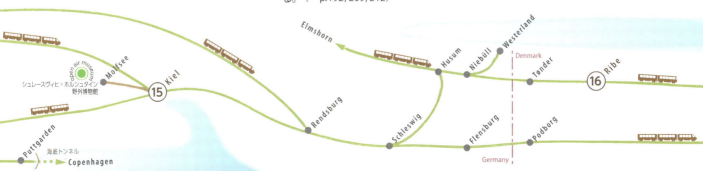

112　7 ノルウェー、ドイツ、デンマーク── Norway, Germany & Denmark

■ヴァイキングの砦
オーフス (Århus) からホブロー (Hobro) まで列車で約1時間、駅から「ヴァイキング・センター」までタクシーで10分。「ヴァイキングの砦」にはレストランがある。

■イェアル・ヒーゼ野外博物館
オーフスからランゴー (Langå) 経由ストロイアー (Struer) 行きの列車に乗り、スキーヴェ (Skive) の先のヴィンデラップ (Vinderup) で下車、野外博物館まで駅から6km。バスはなく、タクシーで10分 (この場合はスキーヴェからのほうが便利、15km)。

■ソーウンフリー野外博物館
コペンハーゲン中央駅からヒレレズ (Hillerød) 行の近郊線に乗ってSorgenfri駅下車。徒歩10分。または、バスの184系統ないし194系統でFrilandsmuseet前下車。手前のLyngbyからSorgenfri行のバスで行ける。

⑰ オーフス
Århus

デンマーク第二の都市で、市内の西にあるガムレ・ビュ (旧市街, Den Gamle By) は必見の施設。近世以降のデンマークに実在した75棟の代表的な町屋や家具、日常雑貨などをすべて集めたヨーロッパでも珍しい都市型の野外博物館で、現在も忠実な復元・修復作業が続行中。市民はその様子も見学できる。

敷地内東側の広場を囲む建物は、北側がオーフスでルネサンス期のハーフティンバー様式を代表する、㉞元来は商家だった市長の家 (No.24, 1597年, 写真左側)、東側がコペンハーゲンから移築された造幣局長の私邸 (No.28, 1683年, 写真右側) だ。池の東にあるオールボー (Aalborg) から移築された3層の赤い商家 (No.29, 1583年) は、その南隣で3層通柱の倉庫 (No.38, 1530-50年) とは対照的に上階が迫り出している。この高価な床の迫出しは18世紀初頭に廃れ、池の西にあるオーフス税関の建物 (1725-50年) のように、総2階の構造へ変わっていった。

このほか、㉟敷地入口付近にある職人の町屋 (No.4-11) は展示が雑然として慌ただしいが、No.32-35やNo.43-46のように、ゆったりした低層平入りの木造家屋で働く人々の生活が覗けるのも楽しい。(→p.133, 192)

オーフス北方のホブロ (Hobro) 郊外には、980年頃建設されたヴァイキングの砦 (Fyrkat Viking Fortress) がある。堡塁 (ほうるい) で囲まれた円形の敷地に㊱㊲舟形平面の長大な木造家屋が4棟単位で配置された跡が残っていて、そのうちの1棟が、ナラ材の斜柱で補強された板壁に柿葺 (こけらぶき) 屋根を載せた形式で復原されている。また、その1km手前にある施設 (Fyrkat Viking Center) には、その時代の住居などが9棟、土壁に茅葺屋根の形式で復元されていて、軍事的な砦とは異なる当時の生活文化が偲ばれる。

また、ユトランド半島西北部については、オーフスから西100kmにあるイェアル・ヒーゼ野外博物館 (Hjerl Hede Frilandsmuseet) を訪ねるとよい。ここには、ヒースとナラが生い茂るこの地域の伝統的な木造民家が50棟ほど保存され、その生活形態が展示されている。なかでも、㊳No.3のヴィンゲル農場 (Vinkelgarten, 1530年) は現存するデンマーク最古の農家で、その小屋組がおもしろい。No.32-35のような17世紀の典型的な木造牧師館 (Prastegarden) が多くみられるのもここの特徴で、いずれも幅広に組まれたナラ材の軸組に白壁と茅葺が映える、素朴で大胆な建物である。(→p.192, 225)

⑱ オーデンセ
Odense

H. C. アンデルセンの生家があることで有名なこの町では、市の南西にあるフューン村落博物館 (Den Fynske Landsby) を真っ先に訪れたい。オーデンセを首都とするフューン (Fyn) 地方は面積2,984平方kmの比較的平坦な島で、その80%が肥沃な土地であるため、早くから農耕が盛んだった。とくに南部は貴族の館や農場が多く設けられていたこともあって、伝統的な木造建築の水準が高く、そのうち26棟がこの博物館に保存されている。(→pp.130-1)

農家の配置は、中庭を囲んで調理場の付いた主屋、各種の穀倉、畜舎、それに作業場の4棟が並ぶのが基本で、屋根架構は古代からの伝統的な三廊式の合掌小屋組が大半だが、この島の西部だけに棟持柱 (Sule, Søjle) で支えた棟木に垂木を架ける小屋組が、中世以来使われてきた。㊴㊵No.6のフィエルステズ (Fjeldsted) の農家はその例で、棟持柱は16世紀末に伐採されたものだ。(→p.192, 209, 211, 225)

市内にはH. C. アンデルセン博物館 (H. C. Andersens fødested, Hans Jensens Stræde 43-5) やアンデルセン幼少時代の家 (H. C. Andersens Barndomshjem, Munkemøllestræde 3-5) を筆頭に、モェンターゴーデン博

㉞

㉟

物館（Møntergården, Obergade 48-50）やレストランのデン・ガムレ・クロ（Den Gamle Kro, Overgade 23）など、16-17世紀の木造軸組の建築があり、いずれも内部を見ることができる。

⑲ コペンハーゲン
Copenhagen

都心から北10kmにあるソーウンフリー野外博物館（Frilandsmuseet ved Sorgenfri）は1897年に開設された国立博物館分館の施設で、36haの広大な敷地にデンマーク中の代表的な民家80棟を保存している。敷地北端の荘園の家屋と庭園（Nr.25, Hovedgård fra Fjellerup, Djursland, 18世紀）や、中央にあるユトランド半島東部の民家群（Nr. 41-43）、それに敷地入口近くの池の周りにあるデンマーク東部の民家群（Nr. 60-73）などが見所。なかでも、㊶ Nr.42のトルーエの農家（Fæstegård fra True, 1800年頃）は、黒い木造軸組の間に赤くて分厚い煉瓦壁を充填したデンマークらしい建物だ。（→p.192, 209, 216）

また、デンマークに近いスウェーデンのスコーネ（Skåne）地方やドイツのシュレースヴィッヒ＝ホルシュタイン（Schleswig=Holstein）地方の例を展示しているのもここの特徴で、前者ではNr.55のイェーインゲの2戸建農家（Tvillingegård fra Göinge, 1688-1747年）や㊷㊸ Nr.54のハツランドの農家（Gård fra Halland）が、後者では㊹ Nr.37-40の北西シュレースヴィッヒ地方の民家群などが必見の建物。いずれも、付属屋の壁が2-3m間隔の柱間にナラ材の厚板を落し込む構法であるところに着目したい。

この博物館では、展示物に建物、家具、什器などの名称や、材料、年代、使用法などの説明が一切なく、見学者は伝統建築のありのままの姿を自ら想像を巡らして見て廻るようになっているから、展示内容の専門的な理解を深めるためには、あらかじめ入口売店で案内書を求めておくとよい。

フィンランド、エストニア、ロシア
Finland, Estonia & Russia

8 バルト海沿岸諸国とカレリア地方の村と町

✈ 日本からのアプローチ

ヨーロッパ中で日本から最短距離にあるヘルシンキには、直行便で入るのが最も近道。これならその日のうちに他都市へも移動できるが、それ以外はヨーロッパの主要空港で乗り継ぎ、深夜のヘルシンキ到着になる。モスクワ経由でサンクト゠ペテルブルグから旅程を始めると、タリンやヴェリーキー・ノヴゴロドには行きやすいが、キージ島に行く場合、その根拠地であるペトロザボーツクへの航空便はモスクワからに限られるので、サンクト゠ペテルブルグやモスクワからそこまでは、夜行の往復列車を利用するしかない。ヘルシンキやタリンには、スウェーデンまで空路で行き、ストックホルムからフェリーで翌朝入ることもできる。

✎ 旅程の組み方 (→注)

フィンランドとロシア北西部を併せて一気に旅するのなら、ヘルシンキ (Helsinki ①) のセウラサーリ野外博物館でこの地域の民族的背景や地理的な知識を得てから、まず歴史が古いトゥルク (Turku ③) やラウマ (Rauma ④) を中心に、フィンランド南西部の木造建築や街並の魅力を探るとよい。その後北上してユヴァスキュラ (Jyväskylä ⑨) を拠点に、世界文化遺産のペタヤヴェシ (Petäjävesi ⑧) の教会やアールト設計の町役場などを訪れると一気に旅が盛り上がる。日程に余裕がある場合、トゥルクで泊ってもよいし、タンペレ (Tampere) 経由でセイナヨキ (Seinäjoki) まで行き、ヴァーサ (Vaasa ⑤) まで往復してからユヴァスキュラへ抜けると、スウェーデン色の濃い近世の木造建築とアールトの公共建築をより多く見ることができる。セイナヨキから列車で北へオウル (Oulu ⑥) やロヴァニエミ (Rovaniemi) 方面まで行く時間があれば、ラーヘ (Raahe) のような港町もついでに訪ねてみたいものだ。

フィンランドの東端に当たるカルヤラ (Karjala, Карелия) 地方へは、ヘルシンキから東へラッペーンランタ (Lappeenranta ⑭) やイマトラ (Imatra ⑬) 経由で旅するのが普通だが、ユヴァスキュラからヨエンスー (Joensuu ⑩) まで行き、そこからリエクサ (Lieksa ⑫) などをゆっくり見て戻るのも楽しい。

しかし、ロシアのカレリア (Karelia, Карелия) 地方にある木造建築の最高傑作は、なんといってもオネガ湖 (Onega lake, Онежское озеро) に浮かぶキージ島 (Kizhi, Кижи) の建築群だ。ここへはヘルシンキからミニバスを使えばペトロザボーツク (Petrozavodsk, Петрозаводск ⑰) まで14時間ほどで行けるが便は少なく、サンクト゠ペテルブルグ (Sankt-Peterburg, Санкт-Петербург) から夜汽車でペトロザボーツクへ行き、そこから船でキージ島まで往復するのが通常の最短ルート。そのため、少なくともヘルシンキから2泊3日の日数を覚悟しなければならない。サンクト゠ペテルブルグへは、ヘルシンキからコウヴォラ (Kouvola) 経由でアールト設計の図書館があるヴィボルグ (Vyborg, Выборг) を列車か長距離バスで通ると、陸路で達することもできる。

また、フィンランドと同じ民族的背景を持つエストニアのタリン (Tallinn ⑮) には、ヘルシンキから船で簡単に行けるが、ここの野外博物館は広いので、世界文化遺産の市内観光を含めて1泊以上の日程を充分にとりたい。ここからもバスや列車で東のロシア領に入り、サンクト゠ペテルブルグまで行ける。欲を言えば、その南の古都ヴェリーキー・ノヴゴロド (Velikiy-Novgorod, Великий Новгород ⑯) に寄り、その郊外にある野外博物館でカレリア地方の木造建築の原型となった建物群を見ておきたいところである。

[注] 地名の後に挿入した丸数字は、右頁の地図や本文の地名タイトル、その頁下部の旅程図に掲載した地名冒頭の丸数字と整合している。

フィンランド、エストニアとロシア北西部の木造建築

ヨーロッパに木造の井楼組(せいろうぐみ)がどう伝えられたか、その過程を追いつつ起源を遠くアジアに探るには、バルト海から北西ロシアの湖沼地帯にかけての旅が、最も効果的で魅力に満ちている。旅の中心はフィンランドにしたい。いまから約2,500年以前、ウラル山脈の西側からバルト海沿岸に移住してきたアジア系のフィン・ウゴル語(Finno-Ugric)族が最も多く住み、独自の文化を育てた国だからである。

しかし、美しい森と湖とが一様に広がるフィンランドとはいえ、住居の民族的な背景は地域によってみな違う。南西の沿岸地域から中央の湖沼地帯までをフィンランドの主力、スオミ(Suomi)族が占めているが、彼らは約2,000年前にエストニアから集団で移動した部族でハメ(Häme)人ともいい、中央に炉がある円錐形の炊事小屋や、サウナを中心とする家屋の構成と、ヨーロッパ東部に発達した井楼組の技術をこの地にもたらした。一方、ロシアと接する東側には同じアジア系のカレリア(Karelia)人が住み着き、農家は馬を屋内で飼うため、幅広で2層の建物が多い。

ハメ人とカレリア人の居住地に挟まれた湖沼地帯には、両者の家屋の特徴を併せ持つサヴォ(Savo)人が住んでいる。

それに対し、西のバルト海沿岸には、対岸のスウェーデンと同じファールンレッド(Falunred, 赤茶色)の板壁に覆われた細長い平面の井楼組と、近代的な装飾を凝らした木造軸組の公共建築とが多くみられるはずだ。

それでも、その北には昔ハメ人たちによって北極圏まで追いやられたラップ(Lapp)人、いまの名はサーミ(Sami)人がいて、トナカイを放牧しながら、炉を囲んだ覆土住居や樹上の食品庫などの伝統を守りつづけている。

こうした多様な建築の土壌があるため、フィンランドはE.サーリネン(Eliel Saarinen)やA.アールト(Alvar Aalto)のような近代建築の巨匠を輩出した。現代の市民生活でも、その造形デザインの水準は非常に高い。周辺のエストニアやロシアのカレリア地方も含めて、それらの歴史や民族的背景をあらかじめ知っておけば、それだけ立体的で内容豊かな旅が楽しめる、魅力溢れる地域といえよう。

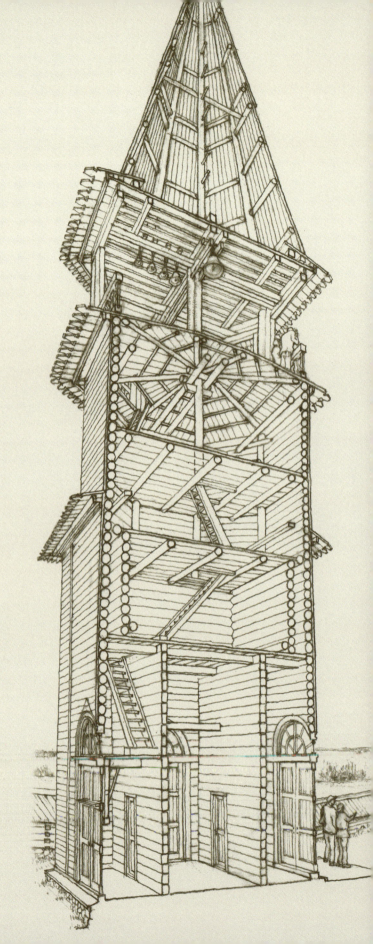

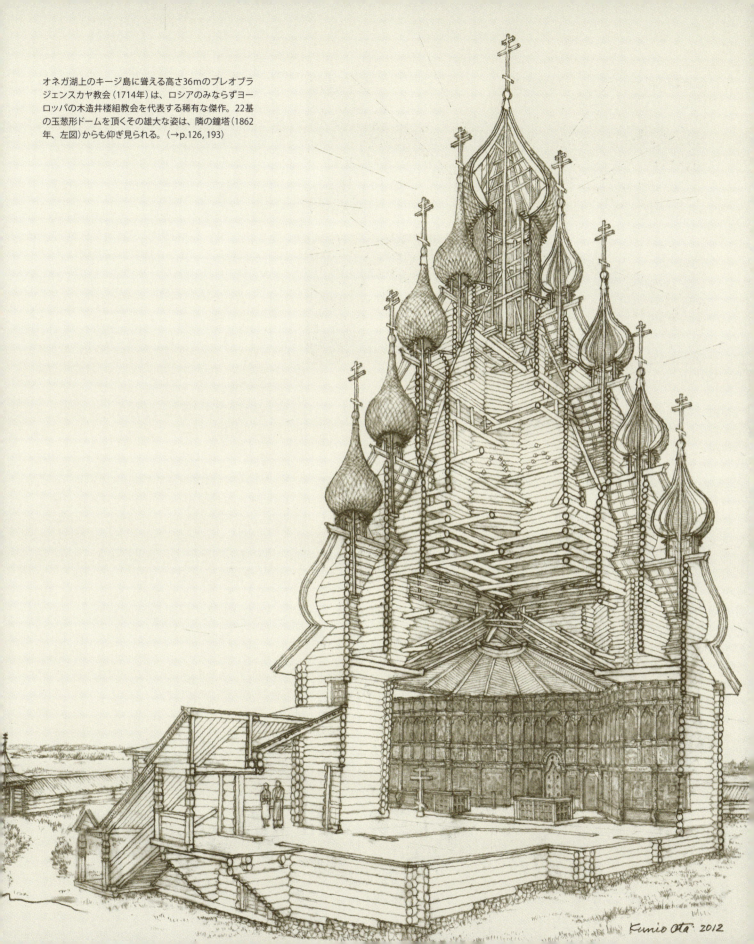

オネガ湖上のキージ島に聳える高さ36mのプレオブラジェンスカヤ教会（1714年）は、ロシアのみならずヨーロッパの木造井楼組教会を代表する稀有な傑作。22基の玉葱形ドームを頂くその雄大な姿は、隣の鐘塔（1862年、左図）からも仰ぎ見られる。（→p.126, 193）

118　8 フィンランド、エストニア、ロシア —— Finland, Estonia & Russia

① ヘルシンキ
Helsinki

中心街から西の内海に浮かぶセウラサーリ島に、1909年に開設されたフィンランド最大のセウラサーリ野外博物館 (Seurasaaren Ulkomuseo) がある。1912年にトゥルク (Turku) 近郊から移築されたカルナ教会 (Karunan kirkko, 1686年) をはじめ、全国から85棟の伝統的な木造建築が蒐集・保存されている。なかでも、**1** ハメ人のサウナ小屋を配置の中心にした中央フィンランドのニエメラの小作農家 (Niemelän torpa, 18世紀)、**2** スウェーデンの影響が強いフィンランド南西部の囲み庭を有するアンティ農場 (Anti, Säkylä, 19世紀)、**3** カレリア地方のスオヤルヴィ (現在はロシア領) にあった井楼組のペルティノッツァ (Pertinotsa, Suojärvi)、西海岸クオルタネにあったスウェーデン風のクルッシ家 (Kurssi, Kuortane) などが、地域差を示す重要な建物。また、ヌオルガム (Nuorgam) から移築したラップ人の前室付きの住居や、井桁状の柱に屋根を架けたルオヴェスィ (Ruovesi) の教会の送迎用ボート小屋なども興味深い。さらには、ヘルシンキ西方60kmのプスラ (Nummi-Pusula) に、国立文化財委員会が管理しているミュッリュマキ農場 (Myllymäen torppa) があり、1850年以降に建てられた南フィンランドの典型的な井楼組の主屋と農場に特有な付属屋がそのまま保存されている。なお、このプスラには、ドイツの建築家 C. L. エンゲル (Carl L. Engel) 設計の木造教会 (Pusulan puukirkko, 1837年) や古い鐘塔 (1930年) などもある。

近代建築では、A. アールト (Alvar Aalto) の作品が多いオタニエミ工科大学の構内、北東部の森の中に建つシレン夫妻 (Kajia & Heikki Siren) 設計の **4** 礼拝堂 (Otaniemen Kappeli, 1957年) が傑作で、片流れの屋根を支える独創的な木造トラスと、戸外に十字架を配したその清澄な空間構成が有名だ。(→p.193)

② ポルヴォー
Porvoo

14世紀中葉、スウェーデン王によって開かれた港町。市東端を流れる **5** ポルヴォー川 (Porvoonjoki) の左岸に並ぶ18-19世紀の木造倉庫群もスウェーデン風のファールンレッド (Falunred、赤茶色) に塗られ、その夕景の見事さで知られるが、右岸にもこの色を取り込んだ現代の木造住宅群が建てられている。川の北側に聳えるポルヴォー大聖堂 (Tuomiokirkko) の南に木造の古い街並が残り、独自に博物館やレストラン、土産物店などとして利用されている。当時の住宅を知るには、この南のアレクサンテル通 (Aleksanterinkatu) にある、国歌「わが祖国」を残した詩人 J. L. ルーネベリの家 (J. L. Runebergin koti) が最適だろう。(→p.193)

③ トゥルク
Turku

フィンランドで最も古いこの港町の中心街

には、質感豊かな木造低層の建物がまだ点在しており、この国の井楼組の技法がこの地域から広まったことを想わせる。トゥルク大聖堂の原形（12世紀後半）も既に木造井楼組だった。市の東南の高台にある❻ルオスタリンマキ手工芸博物館（Luostarinmäki）は、1827年の大火の際に焼失を免れた職人町の街並を保存したもの。細長い平面の井楼組に切妻屋根を載せた19世紀後半の庶民的な仕事場兼住宅がほとんどで、産業革命以前の多様な職人芸の伝統を忠実に展示した施設として見過ごせない。

また、市街から東に17km離れたトゥルクの古い外港ナーンタリ（Naantali）は、最近ムーミン・ワールド（Muumimaailma）などで急速に観光地化されたが、港に至る❼マンネルヘイム通（Mannerheiminkatu）などの狭い石畳の道筋には、井楼組で外装が板張りの木造の街並が残っていて、すぐ南にある同じ木造の博物館（Naantalin Museo, Katinhäntä 1, 18世紀）では、港や町の歴史を偲ぶことができる。（→p.193）

④ ラウマ
Rauma

バルト海に面して16世紀に開かれた人口3万8,000のラウマは、港に土砂が堆積したため、いまは運河の奥に旧市街（Vanha Rauma）が取り残されているが、広さ30haの区域に18-19世紀末のネオ・クラシック様式で飾られた600棟の木造住宅と180棟の木造商家が残り、その数の多さと古い敷地割りの独自性や街並の見事さによって、フィンランドでは最初に世界文化遺産に登録されている。

この旧市街には公共建築が意外と少ない。高い建物は、市で賑わう❽広場（Kauppatori）の木造町役場（Vanha Raathuone, 1776年）と、その北の木立の中に建つ石造の聖十字教会（Pyhän Ristin Kirkko, 1538年）くらいである。それゆえ、広場の南端から東西に延びるカウッパ通（Kauppakatu）と、その南を並行して走る❾ヴァンハンキルッコ通（Vanhankirkonkatu）に沿った低層の木造住宅や商家が、街並の主役になる。壁は下見板で覆われた井楼組。その出隅や継手部分の校木（あぜき）の出鼻を板で囲って柱形にするのが、スウェーデンや西フィンランドの伝統だが、19世紀後半に海運で栄えたラウマでは、軒端の組物や窓枠も古典的な彫刻で飾るようになった。それらと柱形とに目立つ色を塗り、板壁の街並に心地よいリズムとアクセントを与えたところに、この町らしい美しさがある。

また、深い雪のために家々の基礎は高く、いくつも部屋を連ねた細長い平面の棟を道沿いに置くのが慣習だったので、表通りから直接室内に入りにくく、ほとんどの家が中庭側に戸口を設けた。そのため、家々の道に面する側に窓が多いのもこの街並の特徴だ。いまは中心街の住宅の多くが商店になり、船乗りの男衆が編んだラウマ名産の繊細なレース（Rauma Lace）がウィンドウショッピングの主役になった。カウッパ通の博物館（Rauman Museum）はそのレースの伝統を、同じ道筋にあるマレーラ（Marela, 19世紀）は当時の船主層の豊かな生活を、その北ポーヤ通にあるキルスティ（Kirsti, Pohjankatu 3, 18世紀）は漁夫の住環境を伝える施設として、それぞれが見逃せない。（→p.193, 221）

この近くにある❿ホテル・ヴァンハ・ラウマ（Hotelli Vanha Rauma, Vanhankirkonkatu 26）は、倉庫を改修・保存した例として評価が高く、小規模ながら居心地よいサービスと、ラウマの建築や街並について詳しい情報も得られるホテルとしても人気が高い。

❻

❼

❽

❾

❿

⑤ ヴァーサ
Vaasa

フィンランドの東海岸、南オストロボスニア (S.Ostrobothnia) 地方の中心都市。市民の3分の1がスウェーデン語で話すほど、この地方はスウェーデンの影響が強く、伝統的な木造民家は板で囲った横長平面の井楼組だが、近代建築は木造軸組に下見板張りが多い。市の南方1kmにある公園 (Bragegården) 内の野外博物館 (Brages Friluftsmuseum i Vaasa) には、**11 12** ヴァーサ南方90kmのナルペスにあった農場 (Harf hemman i Böle by i Närpes) の建物9棟が、18世紀後半の配置のまま、ファールンレッド（赤茶色）に塗られて移築・保存されている。なかでもその農家の主屋 (1810年) は、寒暖2つの居室を対にして1棟にする伝統 (Twin Cabin) を継ぐもので、家畜小屋の上に納戸・食品庫を載せる屋敷門と共に興味深い建築である。(→p.193, 225)

また、ヴァーサから南西17kmのスルヴァ (Sulva) 地区にあるストゥンダルス博物館 (Stundarsin museo ja Kulttuurikeskus) には、ここコルスホルム (Korsholm) 郡に19世紀後半から建てられた60棟の農家や各種職人の仕事場、役所、学校などが移築・保存されていて、周辺には18世紀後半の木造教会やオストロボスニア地方の各地から意図的に移築していまも住まわれている農家の集落もあり、20世紀初頭の生活を体験学習できる環境が整えられている。ヴァーサ南方100kmのクリスティーナンカウプンキ (Kristiinankaupunki) は造船で栄えたスウェーデン色が強い港町で、伝統的な木造の街並と教会など30棟を保存したキーリ島の野外博物館 (Kiilin Kotiseutumuseo) で知られている。

ヴァーサの東約70kmにある**13** セイナヨキ (Seinäjoki) は、「平原の十字架」教会 (Lakeuden Ristin kirkko) やタウンホール、図書館、劇場などアールトの設計した公共建築が集約して見られることで有名だが、市街の南7kmには、ここに1809年から住み始めたワサスティエルナ (Wasastjerna) 家を中心に、この地域の伝統的な木造建築を集めた南オストロボスニア地域博物館 (Etelä-Pohjanmaan Maakuntamuseo, Törmäväntie 23) がある。

⑥ オウル
Oulu

セイナヨキから北335kmのオウルは、北オストロボスニア (N. Ostrobothnia) 地方最大の町で、先端技術を活かした産業が盛んだが、この地域の伝統的な木造建築を知るには、市街から南東のトゥルカンサーリにある野外博物館 (Turkansaaren ulkomuseo) が最適だろう。ここの木造教会 (Turkansaaren kirkko, 1694年) は、井楼組の壁に急勾配の切妻屋根を架けたもので、室内の間仕切がユニークな木彫で飾られている。40棟以上の移築民家のなかでは3寝室の古い牧師館 (Ylikärpän talo, 1683年) や、梁なしで母屋だけ重ねて架けた方形屋根を持つ牛小屋 (Kesänavetta) などが興味深い。(→p.193)

また、オウルの北40km、イリ・イー (Yli-Ii) から東1kmのイイ川 (Iijoki) 沿いに6,000年前の遺跡があり、石器時代の復元住居7棟のほか、現代の木造建築ではフィンランドで最も大きい井楼組で3層のキエリッキ・センター (Kierikkikeskus, 2001年) がR.ヤツリ

ノヤ（Reijo Jallinoja）の設計で建てられている。
オウルから南80kmにある人口2万の港町ラーヘ（Raahe）は、旧市街に木造平屋の主屋152棟と付属屋240棟が残り、1977年から本格的な保存が始まった。ラウマほど装飾的ではないが、ランタ通（Rantakatu）に代表されるようなネオ・クラシック様式の落ち着いた街並と、1810年の大火後に造られたルネサンス風のペッカトーリ（Pekkatori）広場などが見所だろう。

⑦ ケウルウ
Keuruu

フィンランドのルーテル派木造教会は、初め長方形の平面だったものが、やがて直交方向に拡張され、より収容人員の多い十字形平面へと変化する。⓮ケウルウの駅前に建つ古い教会（Keuruun vanha kirkko, 1758年）は、礼拝堂の平面が東西よりも南北への張出しが小さく、十字形平面ではまだ不完全な段階だが、工匠A.ハコラ（Antti Hakola）が建てたぜひひとも立ち寄ってみたい秀作。急勾配の屋根を持つ主屋の西に門棟を置き、東に内陣を付け足しているので、全体ではゴシック風に東西軸が強調されている。しかし、交叉梁で補強しながら⓯大小の筒型ヴォールトを巧みに組み合わせた手法は、当時の木造架構の先駆をなすもの。天井に小天使らを淡く流れるように描いた筆致は中央アジアの壁画を想わせ、説教壇や上階手摺まわりの聖人像も個性的だ。

⑧ ペタヤヴェシ
Petäjävesi

ケウルウから27km、ユヴァスキュラ（Jyväskylä）から35kmの小村⓰ペタヤヴェシの白樺林と湖に囲まれた古い教会（Petäjäveden vanha kirkko）は、フィンランドを代表する木造教会として世界文化遺産に登録された傑作である。礼拝堂は工匠J. K. レッパネン（Jaakko K. Leppänen）の作品。彼の図面は1761年にストックホルムで承認され、1763-5年に建てられた。建設工事は彼の子孫に受け継がれ、1821年に西側の鐘塔を建て、礼拝室東側の聖具室を増設、窓を大きく改修したのは彼の孫（Erkki Leppänen）である。内部造作はどれも素朴で個性的だが、説教壇だけは母教会であったヤムサ教会（Jämsän kirkko）の例に倣っている。

この教会の特徴は、石積み基礎の上に正十字形の平面で井楼組の壁を組み、そこへ底辺八角形のキューポラを中央に挟んだ交叉ヴォールトを載せ、それらを急勾配で柿葺（こけらぶき）の寄棟屋根で覆った点にある。ゴシック風の外観と構造、それにルネサンス風の求心的な平面を併せ求めたのが18世紀後半のルーテル派教会だからで、厚いマツ板を素地のまま張り上げた礼拝室の天井や、⓱上部だけ二重に張り出した壁から巧妙に引き出された水平の補強梁などに、当時の工匠たちの優れた構想力と技能の確かさがよく示されている。（→p.193, 222）

8 フィンランド、エストニア、ロシア —— Finland, Estonia & Russia

⑨ ユヴァスキュラ
Jyväskylä

ユヴァスキュラ市内では、アールト設計の建物がその初期から晩年の作品にいたるまで大切に保存され使われてきた。その案内図は市街南端のユヴァスキュラ教育大学(Jyväskylän Yliopisto)の近くにあるアルヴァー・アールト博物館(Alvar Aallon Museo, Alvar Aallonkatu 7)を訪ねると、無料で頒布してくれる。

なかでも必見の建物は、市の南端ユーリッカサーリ(Juurikkasaari)地区にある⑱セイナッツァロの町役場(Säynätsalon Kunnantalo, 1952年)。アールト最盛期「赤の時代」の代表作で、役場と図書館のほか、店舗5店、住宅7戸を土盛りした中庭の四周にまとめた複合建築だ。小規模ながらイタリアのトスカナ地方を想わせる巧みな建築群の構成と、煉瓦と木材の質感を融合させたデザインが評判を呼んだ。⑲**議場の屋根を大梁上の方杖16本で支えた扇状トラスと回廊の屋根やハイサイドトップライト**など、木を巧みに用いたディテールが随所に見られるはずである。

⑩ ヨエンスー
Joensuu

古くからアジア系のカレリア人が住むカルヤラ(カレリア)地方は、フィンランドとロシアにまたがるため、その領有をめぐって両国間に係争が絶えず、1939-40年の「冬戦争」にロシアが勝ち、国境を西に広げた際、50万人がフィンランド領に移った地域として知られている。ヨエンスーはそのフィンランド側、いまの北カルヤラ県の首都で、人口は5万2,000。民族の伝統と新しい時代への息吹とが感じられる近代的な都市である。まず、カルヤラ地方の歴史や伝統文化を学ぶには、マルクト広場(Kauppatori)の南にある北カルヤラ文化・観光センター＋北カルヤラ博物館(カレリクム, Carelicum, Koskikatu 5)を訪れたい。2階には伝統的な民族衣装のほか、民家の模型も展示されていて、建物の材料や構造の変遷などを知ることができる。

木造建築では、キルッコ通の北奥正面にある⑳**ロシア正教の聖ニコラス教会**(Joensuun Ortodoksinen Pyhän Nikolauksen Kirkko, Kirkkokatu 28, 1887年)が貴重な建物。また、ランタ通にある旧市庁舎(Joensuun Kaupungintalo, Rantakatu 20, 1914年)は建築家E.サーリネン(Eliel Saarinen)が設計した建物で、現在は劇場とレストランに改装されているが、そのナショナル・ロマンティズム的なデザインは健在だ。

⑪ ヌルメス
Nurmes

リエクサ(Lieksa)北方160kmでピエリネン(Pielinen)湖に面するヌルメスは、アレクサンドル2世が設けた交易地で、現在は人口1万1,000の観光地。駅から北の旧市街(Puu Nurmes, puuは木造の意)には、白樺並木が続くキルッコ通(Kirkkokatu)を挟んで19世紀末以降の都市的な木造住宅が点在し、街区全体が歴史地区として保護されている。それとは対照的に、駅から2.5km東南の湖畔には大小のカレリア風の木造建物から成る休暇村があり、その観光の目玉である井楼組の大きなレストランは、現在のロシア領カレリアのスオヤルヴィ(Suojärvi)に酪農家J.ボンビン(Jegor Bombin)が1855年に建てた自宅を模して造られ、㉑**ボンバ・ハウス**(Bomba House, 1978年)と呼ばれている。

⑫ リエクサ
Lieksa

ヨエンスーから北北東約100kmの同じピエリネン湖の畔にリエクサという小さな町がある。この町の南端リエクサ川(Lieksanjoki)左岸にある㉒**ピエリセン博物館**(Pielisen Museo)は、ヘルシンキのセ

ウラサーリに次ぐフィンランド第二の規模。カルヤラ地方の建物約70棟が修復・保存されているほか、多数の民具や民俗資料が調査・蒐集されており、その展示方法も充実している。蒐集地域はピエリネン湖からロシアとの国境に至る北カルヤラ地方の湖沼地帯。大きな教会や住宅は含まれていないが、18-19世紀に建てられた農場の主屋や穀倉・畜舎などの付属屋、水車小屋、樵小屋（きこり）、鍛冶屋、製材所や造船所など、小規模な家屋や職人関連の施設が多いのがここの特徴だ。（→p.193, 217, 225）

また、リエクサ川の対岸にはC. L. エンゲル（Johann Carl Ludwig Engel）の設計で木造のルーテル派教会（Pielisen kirkko）が建てられていたが、1979年に礼拝堂が焼失したため、**23ピエティラ夫妻（Reima & Raili Pietilä）**設計の新しい礼拝堂が、構内に残るエンゲルの古い鐘塔と対峙する形で1982年に建設された。正方形の天蓋の対角線から採光される礼拝室は音響効果がよいので国際音楽祭にも利用され、入口にはE.リュウーナネン（Eva Ryynänen）の木彫がある。リュウーナネンのスタジオと彼女手造りの木造教会（Paaterin Kirkko, 1991年）はリエクサ南方30kmのパーテリ（Paateri）にあり、見学が可能だ。

⑬ **イマトラ**
Imatra
ロシアとの国境に近いサイマア（Saimaa）湖畔に開かれた南カルヤラ地方の工業都市。湖から

ヴオクスィ（Vuoksi）川へ注ぐ急流（Imatra Rapids）がフィンランド一の高さの滝を成すことから、観光客も多い。建築では、市内北東にある**24アールト設計のヴオクセンニスカの教会**（Vuoksenniskan kirkko, Temppelikatu 1, Vuoksenniska, 1958年）があまりにも有名だ。また、市街の中央ヴオクスィ川沿いのカルヤラ民家博物館（Karjalainen kotitalo, ulkomuseo, Kotipolku 1）では、近郊から移築した19世紀初頭以降の農家など、その付属屋を含めて11棟を見ることができる。（→p.193）

木造の教会建築は、市街の北方20kmの位置にあるルオコラハティ（Ruokolahti）に行くとよい。町の南端の丘に**25地元の工匠T. R. スイッカネン（Tuomas R. Suikkanen）作の木造鐘塔**（1752年）と建築家E.ロールマンニン（Ernst Lohrmannin）設計の**26木造教会**（Ruokolahden kirkko, Ukonsalmentie 5, 1854年）がある。このネオ・ゴシック様式で座席数1,400の教会には違う鐘塔が付いていて、それは当地に教会が出来てから4代目のもの。スイッカネンによる3代目の古い鐘塔は、整然と組まれた八角形平面の井楼組の上に縞模様も鮮やかな柿葺の屋根を頂き、フィンランドを代表する鐘塔といっても過言ではない。

鐘塔の向かいには1810年建立の穀倉の内部を3層に改造した博物館（Ruokolahden Kotiseutumuseot）や19世紀の木造農家を模した建物（Esinemuseo ja Ruokalahti-talo）などがある。

8 フィンランド、エストニア、ロシア── Finland, Estonia & Russia

⑭ ラッペーンランタ
Lappeenranta

人口5万5,000のラッペーンランタは南カレリア地方の行政と観光の中心地だが、1940年までその中心は現ロシア領のヴィープリ／ヴィボルグ（Viipuri／Выборг）だった。そのため、ラッペーンランタの南カルヤラ博物館（Etelä-karjalan museo, Kristiinankatu 15）にはヴィープリの発展史が詳細に展示されており、この地域に木造井楼組の家屋・集落が進出してきた経緯も模型で示されているので立ち寄っておきたい。

博物館のすぐ南の教会は、1785年にロシア兵が建てたフィンランドで最古の正教会（Pokrovan Kirkko）だ。市街の中央にある㉗ラッペーン教会（Lappeen Marian kirkko, Valtakatu 35/Kirkkokatu 11, 1794年）は工匠J.サロネン（Juhana Salonen）作の木造教会で、二重十字形平面の内壁を長い交叉梁で支えた内部空間の壮大さや、明るいマツ板張りの外壁と暗色の急勾配屋根を見事に対比させた、当時のルーテル派教会を代表する建築である。

ラッペーンランタから西北30kmのサヴィタイパレ（Savitaipale）は、これら二重十字形平面の優れた教会を建てたサロネンやT. ラヒカイネン（Taavetti Rahikainen）らの故郷なので、その業績を記念する教会建設者博物館（Kirkonrakentajien museo）が1989年にこの町の教会脇の鐘塔（1779年）内に設けられ、当時の技術水準の高さを示す工匠たちの道具や教会の断面模型などが展示されている。

⑮ タリン
Tallinn

エストニアはフィンランドと同じ民族的背景を持つため、その建築や都市の伝統にも共通した要素が多い。ヘルシンキから海路わずか85kmの距離にある首都タリンは、その旧市街の見事な街並が有名で世界文化遺産にも登録されたが、その北6kmのロッカ・アル・マーレ（Rocca al Mare）にあるエストニア野外博物館（Eesti Vabaõhumuuseum）に行けば、エストニア中から移築・保存された72棟のなかに、フィンランドの典型的な井楼組のルーツを見ることができる。その反面、近世以降のエストニアの農家は棒で打つ脱穀を主屋の中でするため、居室の裏にある竈（かまど）を井楼組の二重壁で囲って乾燥室とし、その背後に広い室内の脱穀場を設けなければならなかった。それを急勾配の寄棟あるいは入母屋の茅葺屋根で覆うので、この国の農家はいずれも規模が大きくて見栄えがする。13ある農場のうち、とくに西エストニアの㉘サーレマー（Saaremaa）島から移された家屋敷（Roosta talu, 18世紀末）が素晴らしい。また、㉙この島に伝わる漁網小屋（Võrgukuurid）は、井楼組の壁の周囲に柱立ての小屋組を組み合わせた構造で、遠くエーゲ海の古典建築を想わせ

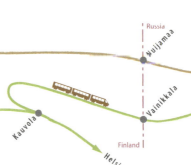

る。そのほか、ストレパの教会 (Sutlepa kabel, 1699年と1837年) や **30** 6基の風車 (Tuulik) など、興味深い建築や構築物が多い。(→p.193, 225)

16 ヴェリーキー・ノヴゴロド
Velikiy-Novgorod / Великий Новгород

ボルホフ (Волхов) 川左岸のヴェリーキー・ノヴゴロドは、9世紀後半に築かれたロシアでは最も古い町で、世界文化遺産のソフィア聖堂 (Софийский собор, 1050年) をはじめ数々の名建築を擁していることで有名である。やはり同じボルホフ川沿いで市街から南5kmのところにユリエフ修道院 (Юрьев монастырь, 1119年, 19世紀中葉) があるが、その手前1kmにあるヴィトスラヴィツイ木造建築博物館 (Музей Деревянного Зодчества Витославицы) は、ノヴゴロド州各地から70棟ほどの伝統的な木造建築を蒐集するため、1964年に計画された施設。ミャチーノ湖 (Озеро Мячино) を北に望む30haの敷地に、この地域の木造教会9棟をはじめ、住居や風車など22棟の建物が移築・保存されている。

敷地西北端にある教会群のうちで目立つのは **31** キリスト降誕教会 (Церковь Рождества Богородицы из д. Передки Боровического р., 1531年)。深い雪や春先の洪水を避けるため建物全体が高床になっており、建物西側には、ヴェリーキー・ノヴゴロドからラドガ湖 (Ладожское озеро) やオネガ湖 (Онежское озеро) 周辺地域の特徴である、切妻屋根を載せた左右対称の階段室 (クルィリツォ, крыльцо) が付き、そこから礼拝室に西だけでなく南や北からも入れるよう、3方に回廊が設けられている。平面が十字に交叉した礼拝室の切妻屋根中央に八角形の壁を組み、そこに先細りの高い八角錐の屋根を載せた木造教会として、この年代ではとても貴重な建物だ。

敷地の北にある **32** ニコライ教会 (Храм Николая Чудотворца из д. Тухоля Крестецкого р., 1688年) は3室直列型平面のままで、西側の前室だけが信者たちの休息や宿泊のために広くなっている17世紀後半の建物。その北東にある **33** ウスペニーヤ教会 (Церковь Успения Богородицы из д. Курицко Новгородского р., 1595年) は、正方形平面の礼拝室上部に八角形平面の壁とテント形屋根を載せた初期の例として重要な建物だ。

住居では、**34** エキーモフ家 (Изба Екимовой М. Д. из д. Ришево Новгородского р., 1882年) が、煙道なしの「煙たい居間」を持つ当時の農家の居住様式をよく示している。(→p.193)

31

32

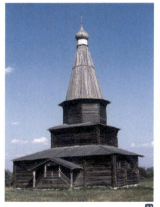
33

34

⑰ ペトロザヴォーツク
Petrozavodsk, Петрозаводск

オネガ湖（Онежское озеро）の畔に開かれた、カレリア共和国の首都でもある工業都市。木造建築の旅にとって、ここは世界文化遺産で有名なキージ島（Остров Кижи）訪問のために、どうしても経由しなければならない町である。

キージ島はオネガ湖に浮かぶ細長い島で、ペトロザボーツクから東へ60km。高速艇に1時間ほど乗ると、狭い海峡の右手に巨大な木造建築群が見えてくる。その中心が高さ約36mの㉟ プレオブラジェンスカヤ教会（Преображенская церковь, 1714年）で、ロシアの木造建築を代表する傑作。礼拝堂は正八角形の広間を中央に、その東側に内陣、それ以外の3方に礼拝空間を拡張した十字形平面で、その西側を囲む前室は、湖を渡って訪れる村人が悪天候の折に泊まれるように広く張り出している。

その構造は、マツ材の井楼組の壁を八角形に高く積み上げ、その内壁上部に架けた梁上へさらに内径の小さい同形の壁を繰り返し載せて建物全体の背を高くしながら、それら上下の壁同士の隙間に、上は玉葱形の断面で裾が切妻形に開いた特異な破風屋根（ボーチカ, бочка）を載せている。この教会を建てた地元の工匠ネストール（Нестор）は、その破風屋根の棟に化粧として下胴付きの小さな玉葱形ドーム（ルコヴィッツァ・クーポラ, луковица купола）を尖塔状に据え、それとその1段上にあるボーチカの破風板の線とを重ねて見せる案を考えた。

そのため、この教会には合計21基の小尖塔とボーチカとの組み合わせが出来、さながら炎が建物頂点に聳える22個目の大きな玉葱形ドームに向けて四方から燃え上がっていくような、きわめて壮大な造形美を生んでいる。柿葺の屋根の材は、乾くと白く輝くヤマナラシ。礼拝堂の天井は高さ約5mで、内部の聖障（イコノスタス, Иконостас）は細かい木彫で飾られた金色の木枠と16-18世紀の素晴らしいイコン103枚で構成されている。（→pp.116-7, p.193）

この教会は夏用の建物であるため、すぐ隣に暖房可能な冬用の教会として㊱ ポクロフスカヤ教会（Покровская церковь, 1764年）が半世紀後に再建された。前室、礼拝室、内陣の3室直列型だが、礼拝堂は縦長で幅7.5mと広く、前室が狭くなった分だけ小屋裏が使える仕組みだ。礼拝堂東半分の上に平面八角形の木壁が高く積まれ、その上を飾る9基の頂塔は既にあったプレオブラジェンスカヤ教会のものに形を合わせて造られた。聖障のイコンは17-18世紀の作品で、オネガ湖周辺における当時の素朴な文化の有様をよく伝えている。

2つの教会と並んで建つ㊲ 木造の鐘塔（Колокольня Кижского погоста, 1862年）は、16世紀以降この地域で盛んになった、正方形平面の壁に八角形の壁を重ねて載せ、その上に八角錐のテント形の尖塔（シャチョール, шатёр）を頂く形式の典型。低い木塀で囲まれた区画は教会の聖域を表し、周辺の村人たちが礼拝の後で歌や踊りに興ずるレクリエーション・センターに変貌する場所だ。

島の南東側にある㊳ ムーロム修道院のラザルス復活教会（Церковь Воскрешения Лазаря, 14-16世紀）は、かつて前室が柱廊だけだった時代の柱・梁架構に校木を落し込む構造で、この施設では最も古い建築の形である。その南にある教会風の建物はレリクオゼーロ村のアルハンゲル・ミハイル礼拝堂（Часовня Михаила Архангела из д. Леликозеро, 18-19世紀）。住居としては㊴ オシェヴネーヴォ村の家（Дом Ощевнева из д. Ощевнево, 1876年）が富農としての高い格式を示す建物で、急勾配の主屋の屋根に緩勾配の作業場の屋根を組み合わせた切妻破風の形がおもしろい。ペチカを中心とした居室の配置もぜひ見ておきたいところだ。（→p.217, 227）

その南隣にあるセレトカ村の家（Дом Елизарова из д. Середка, 1881年）は、これよりも少々貧しい中流の農家で、敷地南端にはログモルチェイ村から移築された貧農の家（Дом Сергеева из д. Логморучей, 1908-10年）もあり、生活程度によって住居の形や平面が違うことが体感できる。博物館の北側には、現在も人が住む井楼組の集落、ヤムカ（Ямка）村とヴァシリエヴォ（Васильево）村とがあり、18-19世紀の木造礼拝堂もあるので、ぜひ寄ってみたい。（→p.211）

民家園とはどんなところ？

ヨーロッパでは、19世紀末からの近代化によって、それまで伝統的な手法で建てられてきた木造の建築や町並が、先進的な地域から次々とその姿を消していった。そこで、これら貴重な文化財を建物ごと蒐集し、その保存と伝承をそれに適した環境で図ろうとして設けられたのが野外博物館(Open-air-museum)である。結果的には民家の保存が主体となったため、それは日本でいう民家園の概念に近い。ただし、単体や複数の民家を修復または移築して保存し、それを博物館として公開している例 (House Museum, Museum houses)も各地に多いので、一般には民家園はそれより構想や規模が大きいものと考えられてきた。民家園の発祥地はスウェーデンのストックホルム。ここに1891年開設された「スカンセン(Skansen)」は周辺諸国に強い影響力を及ぼし、それを手本に20世紀半ばから後半にかけて多くの民家園が各地に生まれた。とくに木造が豊かだったスラヴ語圏では、いまでも「スカンセン」という言葉が野外博物館の代名詞として使われている。

こうしたヨーロッパの民家園の大半は、単に一戸建て民家の主屋(おもや)だけでなく、穀倉や畜舎などの付帯施設をも残さず保存することで、往時の農村の家構え全部をそのまま展示するのが慣例だ。中規模以上となると、教会や共同施設、それに耕地や牧草地の一部を加え、それらを景観豊かに整えることで、かつての伝統的な農山村の暮らしぶりがそっくり味わえるよう工夫されている。それでは実際にどんな種類の建物があるのだろうか。(→pp.20-1, 237-9)

民家園に行こう！

扉写真：ソーウンフリー野外博物館(→pp.112-3)

大きい民家園

ヨーロッパでは大きくない国ほど、その地域ごとに代表的な民家などを集め、それらを比較しながら展示することで、その国の伝統文化の全体像を紹介している例が多い。その趣旨からして首都近郊にあるのが望ましく、初期の段階ではストックホルム以降、オスロ、コペンハーゲン、ヘルシンキ、ブカレストなどに面積30ha前後の民家園が競って造られた。しかし、この広さでは建物どうしが隣接してしまう。そこで、20世紀後半からは50ha以上の広大な敷地を選び、その地形や植生などを巧みに利用することで、できるだけそれらの建物があった時代の周辺環境を再現しながら建物群を保存・展示する傾向が強くなった。ブダペストをはじめ、タリンやリガ、ヴィリニウスなどがその好例だが、スイスのバレンベルク、ルーマニアのシビゥのように、首都から離れて設けられる場合もある。このシュテュービングの野外博物館もその類で、グラーツの北15kmの谷筋を利用した、面積約60haのヨーロッパでは最も人気の高い民家園のひとつである。

敷地の格好が東西に細長いオーストリアの国土と同じなので、地域ごとにまとめられた建物群は、実際の位置関係に近い順で展示されている。滞在時間に限りがあるときは、こうした奥が深くて往復路型の民家園こそ、建物配置図に従ってまずは概観がてらいちばん奥まで進み、そこから興味深い建物だけを見ながら戻るような心配りが必要だろう。（pp.20-1, 237-9）

㊳ シュタイアーマルク州の切妻柿葺屋根の学校

(80) この国最西端のフォアアールベルク州の緩勾配屋根の家々。この辺りになると見過ごして帰る人が多い

㊲ シュタイアーマルク州の教会

(61) 南ティロルから移築された井楼組で榑板葺き石置き屋根の農家

㉙ シュタイアーマルク州の井楼組で半寄棟藁葺の農家

④ ブルゲンラント州の鐘塔

③ この国の東端を占めるブルゲンラント州の白壁に寄棟藁葺屋根の農家

㊺ オーバーエスターライヒ州の煉瓦壁に茅葺屋根の家に至るころには、地域ごとにその特徴がよくわかるようになっている

シュテゥービングの野外博物館
グラーツ、オーストリア

Österreichisches Freilichtmuseum, Stübing, Graz, Österreich (→p.158)

㊼ 切妻榑板葺屋根の農家。この辺りは屋根の勾配がきつい

㊼ ケルンテン州からも半寄棟屋根の農家が屋敷ごと移築されている

民家園に行こう！

⑪ 最も質素な造りの農家で、音楽に興じている村人（人形）たち

⑨ 垂木構造の屋根と赤い軸組に黄色い壁の農家

⑦ 教区牧師館の室内。ここだけは二重窓で壁も厚い

小さな民家園

デンマークのオーデンセにある面積15ha足らずのこの民家園には、19世紀中葉のフューン島における農村の建物だけを保存・展示しているため、いたって心安い雰囲気がある。民家や学校、風車や工場などの建築様式のみならず、家具の形や人物（人形）の衣装、それに園内で栽培されている農作物や飼育されている家畜の品種まで、園内で見るものすべてが旧いものだけに限られていて、来園者は当時の農村の生活感を存分に楽しめるからだ。

豊かな緑と大小の池や小川といった自然の景観を加えながら、地域が育んだ文化の伝統を来園者が満喫し、それを現代に役立ててもらうのも、ヨーロッパに点在する中小規模の民家園の大切な役割なのである。（→pp.20-1, 237-9）

⑰ 鍛冶屋のそばにある⑯黒い軸組に白壁の農家

⑥ この地域特有の軸組塗壁の農家。立派な家具がよく似合う

⑥ 内庭に通ずる台所では村人(人形)が談笑している

⑥ 棟持柱を用いた納屋の小屋組

⑮ 屋根裏部屋のある木靴造りの職人の家

④ 風車が民家園のシンボルになる

④ 風車の構造を示す展示

① 水車小屋付きの農家。ここでこの島の歴史や風土の特徴を学ぶ

㉓ シンボルタワー

⑳ 木造軸組構造の管理棟。館内への入口もここだ

フューン島の村落博物館
オーデンセ、デンマーク

Den Fynske Landsby, Odense, Denmark (→pp.112-3)

楽しく遊べる民家園

20世紀末から21世紀にかけて、ヨーロッパの民家園では、開設当初の目的であった建築など有形文化財の保存や伝承だけでなく、その背後に潜んでいた無形文化財的な事柄、たとえば農耕・牧畜の技術や民族芸能、美術工芸の技能などの保存・普及活動を行うことで、民家園の啓蒙的な役割をより高めていこうという気運が起こってきた。民家園に「楽しく学べるところ」というイメージを付加すれば、より多くの来園者が期待できるし、今後の若い世代にも、その教育的な効果が倍増するはずである。そのためには、これまでよりも園内の施設や周辺の環境を整備し、そのデザインにも留意するとともに、創意に満ちたイヴェントを産み出し、それらの活動を継続させていかねばならない。

その先例となったのは、フランスを発祥地とする「エコミュゼ」である。伝統的な農家や畜舎だけでなく、彼らの生業を支えるに充分な耕地や牧草地、屋敷林などを園域に加え、そこで実際に農耕や牧畜を行うことで周辺環境を含めた総合的な展示を行おうとするその姿勢は、来園者にも伝承文化を体験したいという願望を与え、おのずから新しい参加型の企画と新たな施設を産み出すことになった。(→pp.20-1, 237-9)

エコミュゼ・ダルザスの場合、来園者は入場した途端に、巨大なパネルに目を奪われる。木造軸組の組立て現場に大工(人形)が立って仕事をしている原寸模型なのだが、それを垂直に起こしておけば、人が落ちないよう、誰もが思わず手を貸したくなる。それこそヨーロッパに特有な、地上で軸組を組み、それを立て起こす構法の逆を行く動作で、ここでもう来園者の心は伝統技法の世界に魅入られてしまうという、エスプリ豊かな仕掛けである〔アルザス〕(→p.75)

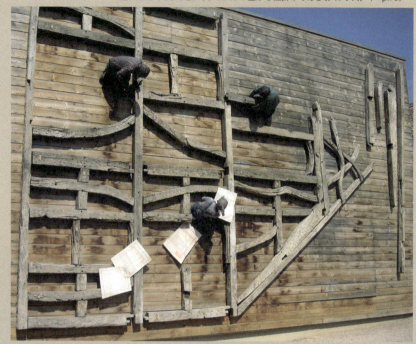

宿泊棟があって、ここに泊まれば木造の立派なレストランで三度の食事がとれる〔アルザス〕

近隣の住民が集う民謡のコーラスにも気軽に参加できる〔アルザス〕

地元の子供たちが樽板を積み重ねて造った洞窟もあるし、小さな劇場が完備している点も、高い人気を維持している一因だろう〔アルザス〕

東ヨーロッパでも、民家園に保存されている古い木造教会の多くが公開されており、日曜日ごとの礼拝や結婚式、葬式になると、地元の信者たちが着飾ってやってくる。それだけ民家園の存在が日常生活に溶け込んでいる証しといえよう〔リヴィウ〕(→p.177)

農業が盛んなスロヴァキアには、農家の主屋が1棟もないかわりに、さまざまな養蜂小屋や穀倉、蒸気機関付きのトラクター、蒸気機関車、はては農薬散布用の飛行機まで、農業用の施設や機材だけを保存・展示している施設がある。これも地域の産業に密着しながらその特色を活かした、楽しい民家園のひとつとして考えられる〔ニトラ〕(→p.145の旅程図)

デンマークの子供たちが真剣なまなざしで石彫職人の熟練技に見入る姿などを見ると、ヨーロッパでは民家園の教育面での活動が、確実に次世代へ浸透していることがよくわかる〔オーフス〕(→p.112)

若い世代の教育に力を入れている民家園も数多い。東ヨーロッパでは、小学生や中学生の教育科目に民家園の見学や体験学習を組み込むのが当然のこととされ、ポーランドでも常にそうした生徒たちのグループが園内を賑わせている。そのために、木材の種類とその木目の野外展示が行われている例〔トカルニャ〕(→p.138)

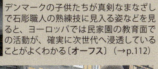

このデンマークの例のように、貴重な建物の修復・保存の技術を一般に公開し、製材作業まで体験してもらい、使用する材種やその扱い方を丁寧に教える現場関係者の姿勢そのものが、改めて成人市民層の伝統文化への興味や愛着を呼び起こし、その関心がまた彼らから次世代へと順次受け継がれていく〔オーフス〕

ポーランド、スロヴァキア
Poland & Slovakia

9 カルパチア山地の木造教会

✈ 日本からのアプローチ

クラクフにはフランクフルトから出発日の夜に直接入るのが便利。それ以外は当日のウィーンからプラハ経由、あるいは翌日のロンドン、パリ、コペンハーゲン、ミュンヘン、ウィーン、チューリッヒ、ローマからクラクフへの直行便か、モスクワ、ヘルシンキ、アムステルダム経由でワルシャワに1泊後の国内便となる。クラクフ行きがとれない場合、その西隣のカトヴィツェに飛んで1泊、翌日列車などでクラクフへ移る案もあろう。コシツェからの帰路は、ウィーンあるいはプラハ経由で他の空港へ行き、そこから日本への帰国となる。

旅程を逆に組んだ場合、ウィーンからは空路でコシツェへ出発日の夜着ける。また、ウィーン空港からブラティスラヴァまでバスで直行、そこから列車かバスでジリナへ深夜到着し、その周辺を見てからクラクフまで北上する案もある。陸路でコシツェに入るには、ブダペスト経由が最も早い。

✎ 旅程の組み方 (→注)

旅の起点はポーランドのクラクフ(Kraków ①)がよい。この一帯には世界文化遺産に登録されている素晴らしい木造教会が集中しているからだ。これらの教会を多く見るには、サノク(Sanok ⑥)まで1泊旅行をすると最高だが、日程を圧迫するのでその途中のノヴィ・ソンチ(Nowy Sącz ④)へ日帰りするか、そこからザコパネ(Zakopane ⑦)へ廻ると、古都クラクフやその周辺への旅に時間を多く割けるようになる。

ザコパネでは、独特なザコパネ様式の木造建築とホホウフ(Chochołów ⑧)の集落、デンブノ(Dębno ③)の教会、ズブジツァ・グルナ(Zubrzyca Górna ⑨)の民家園などを見てクラクフに戻ろう。ザコパネからは、国境をバスで越え、スロヴァキアのポプラド=タトリ(Poprad-Tatry)に出られるし、途中ジュディアル(Ždiar ⑯)にも寄れる。また、ノヴィ・タルク(Nowy Targ)で国際バスが捉まれば、木造集落が多く残るオラヴァ(Orava)川の流域を通って、ルジョンベロック(Ružomberok)へ列車より早く着けるだろう。

クラクフからスロヴァキアへ出るには、ジリナ(Žilina)へ行くか、コシツェ(Košice)に出るかの2つのルートがある。鉄道の場合は両者とも1日2、3便。もしシフィドニツァ(Świdnica ②)などに寄った場合はカトヴィツェ(Katowice)、ザコパネ経由の場合はズブジツァ・グルナ周辺で前夜泊まると、カトヴィツェかジヴィエツ(Żywiec)でこの列車に乗れる。ジリナはスロヴァキアの北部とチェコを結ぶ重要な都市で、ここからブルノ(Brno)やプラハ(Praha)へ列車やバスがたくさん出ているため、モラヴィア(Moravia)地方の古い町や村にも行きやすい。

ジリナへ到着後、壁模様で有名なチチマニ(Čičmany ⑩)へ往復してから、翌日マルティン(Martin ⑪)の民家園でこの地域の民家の特徴を見たあと、ルジョンベロックで下車、世界文化遺産のヴルコリーネツ(Vlkolínec ⑬)を訪れたい。伝統的な木造集落が多く残るオラヴァ川の流域には、ジリナからポドビエル(Podbiel ⑫)経由のバスでズベレッツ(Zuberec)まで行かれるが、ルジョンベロックから往復すると時間がうまく使える。できればその日のうちにコシツェかプレショフ(Prešov)まで足を伸ばし、翌日バルデヨフ(Bardejov ⑰)へ日帰り旅を試みるのが最良の案。ただし、途中のポプラド=タトリに泊まり、ケジュマロク(Kežmarok ⑮)経由でバルデヨフへ廻ることもできる。バルデヨフからスヴィドニーク(Svidník ⑲)にかけては、これまた世界文化遺産である木造教会の宝庫なので、ここでは旅の余韻をゆっくり楽しみたい。

旅の最後はコシツェ。ここからプラハやウィーンに空路で戻るのもよし、ミシュコルツ(Miskolc)経由で陸路ブダペストまで、あるいはウージュホロド(Užhorod)経由でリヴィウ(L'viv)まで行き、さらに旅をつづけるのもよいだろう。

［注］ 地名の後に挿入した丸数字は、右頁の地図や本文の地名タイトル、その頁下部の旅程図に掲載した地名冒頭の丸数字と整合している。

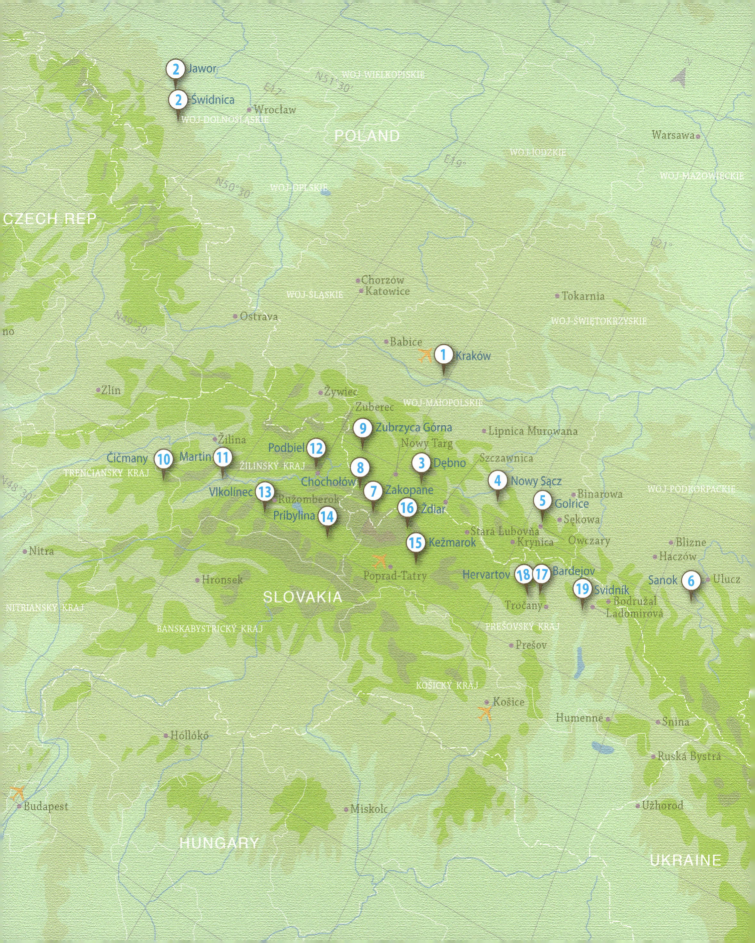

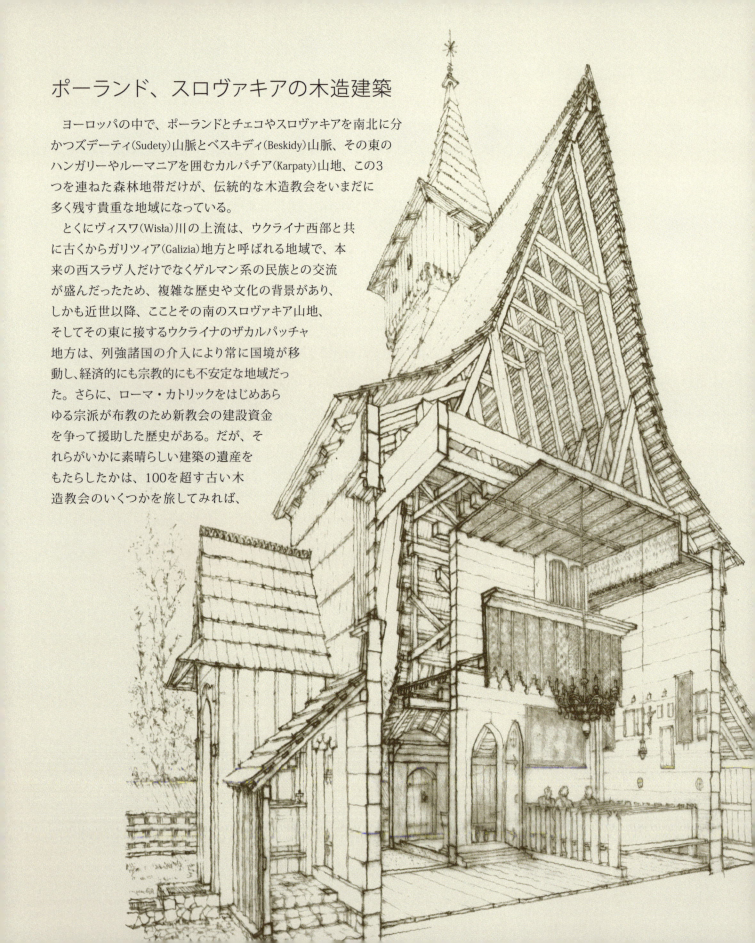

ポーランド、スロヴァキアの木造建築

　ヨーロッパの中で、ポーランドとチェコやスロヴァキアを南北に分かつズデーティ(Sudety)山脈とベスキディ(Beskidy)山脈、その東のハンガリーやルーマニアを囲むカルパチア(Karpaty)山地、この3つを連ねた森林地帯だけが、伝統的な木造教会をいまだに多く残す貴重な地域になっている。

　とくにヴィスワ(Wisła)川の上流は、ウクライナ西部と共に古くからガリツィア(Galizia)地方と呼ばれる地域で、本来の西スラヴ人だけでなくゲルマン系の民族との交流が盛んだったため、複雑な歴史や文化の背景があり、しかも近世以降、こことその南のスロヴァキア山地、そしてその東に接するウクライナのザカルパッチャ地方は、列強諸国の介入により常に国境が移動し、経済的にも宗教的にも不安定な地域だった。さらに、ローマ・カトリックをはじめあらゆる宗派が布教のため新教会の建設資金を争って援助した歴史がある。だが、それらがいかに素晴らしい建築の遺産をもたらしたかは、100を超す古い木造教会のいくつかを旅してみれば、

すぐにわかるだろう。
　これらの教会の大部分は、東西軸に沿って軸組造の鐘塔を載せた前室に井楼組の礼拝室と内陣とを並べた、レムキ(Lemky)型の平面構成だが、ウクライナに近づくにつれ、3室構成で礼拝室の背が高いボイキ(Bojky)型や、十字形に礼拝堂の平面を整えるハツール(Hutsul)型が増えてくる。また、ガリツィア地方の集落では、細長い平面の農家の主屋や作業小屋が狭い間隔で道に直角に並び、井楼組の壁に急勾配の柿葺屋根を載せるのが一般的な形だが、スロヴァキア側では入母屋屋根の妻壁上端に半円錐形の飾りが付くし、草葺屋根の数も多くなるのだ。
　このように、地域や民族の違いが建物の形にすぐ現れ、それでいて言葉は違っても似たような生活感を持つ間取りになるのが、ポーランドとスロヴァキアの特徴である。小さな町や村を綴り合わせながら、思いつくままに気楽な旅を計画してみよう。ここガリツィア地方からウクライナのザカルパッチャ地方にかけての地帯こそ、伝統的な木造建築を現代のヨーロッパに残す最後の秘境であることに間違いはないのだから。

ポトハレ地方のデンブノにあるローマ・カトリック系の聖ミカエル大天使教会(15世紀末)は、この国最古の木造建築。その内部の壁と天井の素晴らしい装飾は、この地域に数多く残る世界遺産の木造教会のなかでも最高の水準を誇っている。(→p.139, 193)

9 ポーランド、スロヴァキア──Poland & Slovakia

① クラクフ
Kraków

古都クラクフでは豪壮な建築遺産に目を奪われるが、残念ながらそのすべては石造である。そのなかで、王宮博物館として公開されているヴァヴェル城の旧王宮 (Zamek Królewski na Wawelu, 16世紀) では、大スパンの床を支える木の大梁を華麗な格天井に仕上げた上院室 (Senators' Chamber) や下院室 (Deputies' Chamber) を、ルネサンス期の素晴らしい木造の造作として記憶に留めたい。ヴィスワ (Wisła) 川を挟んだその対岸にあって、東欧では珍しい曲面の屋根が異彩を放つ低層の現代建築は、磯崎新設計の❶日本美術・技術センター"マンガ館"(Muzeum Sztuki Techniki Japońskiej "Manggha") で、屋根だけは木造である。

なお、クラクフから西50kmのバビツェ (Babice) の西隣にあるヴィギェウズフ (Wygiełzów) には、広い公園 (Tenczyński Parku) の中に、ヴィスワ河畔の木造民家約20棟と16世紀の木造教会 (Kościół z Ryczowa) を保存しているヴィスワ河畔民族公園 (Nadwiślański Park Etnograficzny) がある。

これよりさらに西50km、カトヴィツェ (Katowice) の近郊ホジュフ (Chorzów) にも、シロンスク (Śląsk) 県の伝統的な民家18棟と❷ニエボチョヴィの木造教会 (Kościół z Nieboczowy, 1791年) を保存した上シロンスク民族公園 (Górnośląski Park Etnograficzny) があり、ガリツィアと比較するのも楽しい。(→p.193, 221, 225)

一方、クラクフ以北については、クラクフ東北のキェルツェ (Kielce) から手前20kmのトカルニャに、ポーランドでは最大級の❸❹キェルツェ村落博物館 (Museum Wsi Kieleckiej Park Etnograficzny w Tokarni) が1989年に開設され、木造教会や民家など30棟が集められているので、できれば訪れたい。将来は他の集落に約50棟が増設される予定。(→p.193)

② シフィドニツァ、ヤヴォル
Świdnica, Jawor

ヴロツワフ (Wrocław) から西のオドラ (Odra) 川上流域は、昔からシロンスク (シレジア, Śląsk / Silesia) と呼ばれ、スラヴ人をはじめゲルマン人など多くの民族が混住しながら、ガリツィア地方とは違う、複雑ながらも高度な文化が築かれた地域である。木造でもガリツィアでは井楼組が優越するが、シレジア地方の伝統的な木造構法では軸組造が基本だった。

ヴロツワフから西南50kmのシフィドニツァと、そこから30km東北のヤヴォルには、巨大な木造軸組によるルーテル派の平和教会 (Ewangielickie Kościoły Pokoju) があり、世界文化遺産に登録されている。教会の設計は共にドイツ人のA. V. ゼビッシュ (Albrecht von Säbisch)、施工は地元出身の工匠A. ガンパー (Andreas Gamper)。(→p.193)

❺シフィドニツァの教会 (1656-7年) は三廊式で、長さ45m×幅21m、身廊の高さ14.5m。信者席は3層のギャラリーを含めて3,500人を収容できる。❻ヤヴォルの教会 (1654-5年) もほぼ同じ広さ、天井高は16.4mもある。政治的な圧力で石造は許可されず、建材は壊れやすい木と土だけに制限されたが、スウェーデン王はじめ諸国の有志の援助を受けて完成し、両者とも工期わずか1年にもかかわらず、奇

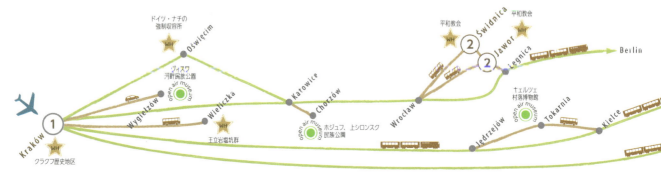

跡的ともいえる長い寿命と建物の完成度を誇る、シレジア地方の木造名建築である。

③ デンブノ・ポトハランスキェ
Dębno Podhalańskie

この村の⑦聖ミカエル大天使教会（Kościół parafialny pw. Św. Michała Archanioła, 15世紀末）は1335年に創建され、1400年に地区教会となったポーランド最古の木造建築。とくに天井と壁一面を覆う色鮮やかな壁画が、15世紀初頭にこの地方に興った後期ゴシック様式の装飾を見事に留めることで有名だ。井楼組の壁はカラマツ材。礼拝室と内陣の外周すべてを片流れ屋根の柱廊で囲い、礼拝堂西南側に通用口を設けている。小屋組は繋ぎ小梁を入れてA字形にした合掌組、急勾配の屋根と外壁は柿葺。敷地周囲は身の丈ほどの高さに丸太を積み上げた塀を巡らし、それを榑板（くれいた）の小屋根で覆う手法など、マウォポルスカ（Małopolska）地方の木造教会の特徴をすべて備えている。幅広の祭壇画（15世紀末）や⑧礼拝室と内陣を仕切る梁上の十字架像（1380年）など、以前の教会で使っていたものが多い。

この村はノヴィ・タルク（Nowy Targ）から東13kmにあり、クラクフ（Kraków）の東60km、タルヌフ（Tarnów）の手前にあるデンブノ・ブジェスキ（Dębno Brzeski）とは別の村なので要注意。クラクフからザコパネ（Zakopane）へ向かう途中にぜひ立ち寄りたい、世界文化遺産のなかの傑作である。（→pp.136-7, p.193）

④ ノヴィ・ソンチ
Nowy Sącz

ガリツィア地方西部の中心都市ノヴィ・ソンチの中央部から東南3.5kmに、マウォポルスカ県の伝統的民家など約50棟を保存・展示するノヴィ・ソンチ民族公園（Sądecki Park Etnograficzny）がある。敷地入口のすぐ北にある⑨井楼組で藁葺屋根の農園（Zagroda z Gostwicy, 1850年）は、ノヴィ・ソンチから西のゴストヴィツァ（Gostwica）に定着し、後ほどポーランドの上流階層を形成するようになったラフ（Lachy）人の豊かな農家の生活を伝えている。他の区画には、ノヴィ・ソンチから東のムシャルニツァ（Mszalnica）に住む高地人（Pogórzanie）の農園（1837年）や、リプニツァ・ヴィエルカ（Lipnica Wielka）の木造教会（17世紀）、南部山麓地帯のオビヅァ（Obidza）にあった山地農牧民（Górale）の素朴な建物などがあり、東南のレムキ（Lemky）人の区画では、チャルネ（Czarne）から移築された正統派教会（Cerkiew pw. św Dymitr, 1789年）が貴重な文化財として保存されている。

また、クラクフ（Kraków）からノヴィ・ソンチへの途中、ボフニャ（Bochnia）から南へ20kmの小村リプニツァ・ムロヴァナ（Lipnica Murowana）には、聖レオナルド教会（Kościół pw. św. Leonarda, 15世紀末）がある。世界文化遺産に登録されたマウォポルスカの木造教会のうち、唯一礼拝室と内陣だけで鐘塔がない単純な2室構成の教会で、周囲を完全に柱廊で囲んだ外観には、ほかにはない一体感がみなぎっている。

これとは反対側で、ノヴィ・ソンチの南、ベスキディ山脈沿いのリゾート地クリュニツァ（Krynica）や、シュチャヴニツァ（Szczawnica）周辺には、豊かな森林の恵みを受け、いまでも木造建築が多い町や村が点在している。ここでは、1850年代から観光地化されるにしたがい、屋根窓や柱付きのバルコニーで建物の正面を飾るスイス様式が流行し、それが木造3、4層の軸組造のホテルや低層井楼組の宿屋などに色濃く残されていて、クリュニツァでは⑩地元出身の画家K. ニキフォルの博物館（Museum Nikifora, Bulwary Dietla 19）になったヴィラ・ロマヌフカ（Wilia Romanówka, 19世紀中葉）や、シュチャヴニツァにある⑪旧法律事務所の建物（Budynek Starej kancelariiI, 1864-5年）などにその典型を見ることができる。

⑤ ゴルリツェ
Golrice

ノヴィ・ソンチから東へ40kmにあるゴルリツェは、鉄道の便が悪い人口3万の工業都市だが、バスやタクシーを利用しさえすれば、ここを拠点にいくつもの優れた木造建築を見て廻れる。

まず、東南6kmにある世界文化遺産、センコヴァ (Sękowa) の ⑫ 聖ピリポ・聖ヤコブ使徒教会 (Kościół parafialny pw. św Filipa i Jakuba, 1520年) を訪れたい。礼拝室を囲む広い柱廊は、日曜のミサのため土曜の夜更けに到着する信者用のもので、「土曜の部屋 (soboty)」と呼ばれていた。18世紀に増設された鐘塔は礼拝室と一体化し、背が高くて壮大な南ポーランドの木造架構の特徴をよく示している。天井と内壁は19世紀末にネオ・ゴシック様式で彩色されたが、バロック風の木の祭壇に聖ニコラスの肖像があるように、内部はカトリックと正教との両方の雰囲気が漂っている。

ここから南8kmの谷の奥にあるオフチャリ (Owczary) の ⑬ 聖マリア教会 (Cerkiew parafialna greckokatolicka pw. Opieki Bogarodzicy, 1653年) は、礼拝室と内陣が別個に方形の屋根を持つレムキ型で、鐘塔を含めた3棟がバロック風の頂塔で飾られている世界文化遺産。⑭ 内部にあるバロック様式の聖障 (イコノスタシス、iconostasis) と祭壇を含め、その建築の修復・保存の技術がヨーロッパ中で高く評価された、この周辺では数少ないレムキ型様式を代表する、ギリシア・カトリックの木造教会である。

さらに、ゴルリツェ東北12kmのビエチ (Biecz) から西北へ6km行ったビナロヴァ (Binarowa) に、世界文化遺産の ⑮ 聖ミカエル大天使教会 (Kościół parafialny pw. św. Michała Archanioła, 1500年頃) がある。この教会は、14世紀の貴重なゴシック彫刻と15世紀後半の聖マリア母子像、16–17世紀の彩色画などで知られ、とくに1641–50年の大改修の後に施された美しい内部造作が見物だ。

ゴルリツェ北西15kmにあるシャロヴァ (Szalowa) の聖ミカエル大天使教会 (Kościół parafialny pw. św. Michała Archanioła, 1756年) は、井楼組で三廊式の特異な平面に基づき、両方の側廊の西正面に身廊の切妻破風と同じ高さの頂塔を並べ、内部も後期バロックとロココの様式で整えた、個性豊かな木造建築である。

⑥ サノク
Sanok

ポーランドの東南、ウクライナとスロヴァキアに国境を接するポトカルパチェ (Podkarpacie) 地方は、モミとカバの森に恵まれたガリツィア (Galizia) 地方の伝統をよく残している非常に魅惑的な地域だ。その中央に位置するサノクは古くから交通の要衝で、人口は3万。この町の中心から北1.5kmにポーランド随一の規模と実績を誇るサノクの民俗建築博物館 (右頁のコラム) があり、ここはぜひ訪れてみたい。

そのほか、サノク周辺で必見の建物としては、サン (San) 川沿いに北へ22km行ったウルチ (Ulucz) の救主昇天教会 (Cerkiew Wniebowstąpienia Pańskiego, 1510年) が挙げられよう。礼拝堂の上に八角形のドラムと下膨れのボイキ (Bojky) 型ドームを載せた1442年創建の由緒ある建物で、礼拝室を横切る井楼組のアーチが17世紀の聖障とよいコントラストを成すギリシア・カトリック教会の秀作である。

⑬

⑭

141

また、サノクの西北40km、クロスノ（Krosno）から東北55kmの位置にある⓰ブリズネ（Blizne）の諸聖人教会（kościół parafialny pw. Wszystkich Świętych, w Bliznem, 15世紀中葉）、さらにクロスノから東10kmの⓱⓲ハチュフ（Haczów）にある聖処女マリア被昇天教会（kościół parafialny Wniebowzięcia Najświętszej Maryi Bożej）は、ここヴィスワ川上流における数少ないローマ・カトリック教会の世界文化遺産だ。ブリズネの教会の内部は16世紀の見事な彩色画で飾られ、鐘塔は17世紀後半に設けられたもの。ハチュフの教会はヨーロッパでも最大級の木造建築で、彩色画で彩られた礼拝室の天井高が8m、部屋幅が12mあるため、壁上端の校木を延ばして重ねた繋ぎ梁を6本の独立柱で支え、それで身廊と側廊とを区分している。その規模と形の見事さだけでも訪れてみる価値があろう。

●サノク民俗建築博物館（Museum Budownictwa Ludowego w Sanoku）
現在、保存・展示されている建物は約100棟。敷地内は民族別に分割され、敷地の高台にはベスキディ（Beskidy）山脈の西寄りに散居して農牧を営む「レムキ人（Lemky / Łemkowie）」と東寄りに住む「ボイキ人（Bojky / Bojkowie）」、平地にはサノク以西の丘陵地で農業を営む「高地人（Pogórzanie）」、中央の広場にはサノク川沿いの谷あいで農業と通商を営む「低地人（Dolinianie）」などの建物がまとめて展示されている。

ボイキ人地区では、サノク東方50kmのグロンジョヴァから移されたギリシア・カトリック教会（Cerkiew z Grąziowej, 1731年）が、前室の上に婦人席を設け、東側の壁の間からミサを覗けるようにした、ボイキ型としては珍しい量感豊かな建物。内部の聖障はポジュヂャチ（Pozdziacz）から19世紀のものを別途移設している。⓳ビエシュチャディ（Bieszczady）山地のロソリンから移したギリシア・カトリック教会（Cerkiew z Rosolina, 1750年）は、内部だけがローマ・カトリック風で、モミ材の校木を張り出して軒を支える手法は、ボイキ人が得意とする技だ。レムキ人地区では、サノクから南30kmの⓴コマンチャにあった井楼組の農家（Kurna chata z Komańczy, 1885年）の構造と平面構成が、この地区の特徴を最もよく示している。居間には大きな窓が3カ所開けられ、ペチカに煙突がなくとも天井から排煙できるシステムで、内部は明るい。茶色に塗られた厚い校木の隙間を白漆喰で埋めるデザインは、東のウクライナや西のボヘミア北部にも共通する伝統。藁葺で破風の大きい入母屋屋根の棟や螻羽を樽板で押えるレムキ人らしい手法にも着目したい。

高地人地区では、㉑ボンチャル・ドルニにあったローマ・カトリック教会（Kościół z Bączal Dolnego, 1667年）の外観が目立つ。礼拝室と内陣との境の校木をアーチ状に欠くことで、内部空間もうまく整えられた建物だ。この地区にも、屋根が寄棟の藁葺で壁は白目地の井楼組にした農家が多い。しかし、低地人が住むサノクから西のクロスノにかけての土地が豊かな地帯では、19世紀末頃から壁全面を白く塗った農家が多く登場してくる。㉒ドンブルフカの農家（Chałupa z Dąbrówki, 1681年頃）は、棒で穂を打つ脱穀作業が屋内でしやすいよう、建物の側面中央を凹ませてアーケードを造り、そこから作業場と妻側の居室に入れるよう、工夫していた。（→p.193）

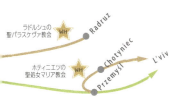

⑦ ザコパネ
Zakopane

スロヴァキアとの国境にまたがるタトラ（Tatra）山塊の麓で、ポドハレ（Podhale）地方の中心地ザコパネは、ウィンタースポーツのメッカであると共に、ポーランド随一のリゾート地としても発展した町だ。そのため、19世紀後半からここに居を構えた芸術家たちによって新しい芸術運動がいくつも芽生えた。「ザコパネ様式（styl zakopiański）」もそのひとつで、提唱者は建築家、画家、評論家として活躍したS. ヴィトキェヴィチ（Stanisław Witkiewicz, 1851-1915）。この様式の特徴は、①ポドハレ地方の民家の伝統である井楼組の壁に妻破風が極端に大きい入母屋の柿葺屋根を載せる。ただし、部分的には柱や梁などの軸組を使ってもよい。②2層以上の場合、1階と軸が直交する方向に上階を張り出す。③家の正面側に軒庇の深い開放的なヴェランダを設ける。④ヴェランダの手摺などの木部に山地民特有の伝統的な装飾模様を彫り込むこと、などにあった。

この町の西北にある登山鉄道駅近くに建つ 23 24 ヴィラ・コリバ（Willa Koliba ul. Kościeliska, 1892年）は、ヴィトキェヴィチ設計によるザコパネ様式の代表例として有名。現在はザコパネ様式の博物館（Museum Stylu Zakopiańskiego）になっているから、ここを訪れるとこの様式の内容がよくわかるだろう。

町の中心から東1.5kmの森の中にある 25 イエズス聖心教会（Kaplica pw. Najświętszego Serca Pana Jezusa, Jaszczurówka, 1908年）は、ヴィトキェヴィチの設計。ステンドグラスは息子の作家・画家であるヴィトカツィ（Witkacy）が描き、すべてがポドハレ地方の装飾様式で飾られた重要な作品である。

町の南東では、ヴィトキェヴィチの設計による、見事な木彫で飾られたザコパネ様式では最大級の 26 27 ヴィラ・ポト・イェドラミ（Willa Pod Jedlami, 1896-97年）、町の西側では作曲家K. シマノフスキ（Karol Szymanowski）が住んだヴィラ・アトマ（Willa Atma, ul. Kasprusie 19, 1926-35年）や、詩人J. カスプロヴィチ（Jan Kasprowicz）の博物館があるヴィラ・ハレンダ（Willa Harenda na Harendzie, 1920年）など、典型的なザコパネ様式の建物を見ることができる。

⑧ ホホウフ
Chochołów

ザコパネから西へ20km、985号線に沿う 28 人口わずか900の集落ホホウフは、井楼組でしか生み出せない東欧随一の街並の見事さで知られている。道を挟んでぎっしり等間隔に並んだ家々の壁は、どれも同じモミの校木による井楼組。毎年復活祭の前に磨かれるその木肌の色は、急勾配の黒ずんだ柿葺屋根の色と心地よいコントラストをみせながら、村の端から端まで続いている。

校木の長さに限りがあるから、どの家も同じ間口の幅。小屋組は伝統的なA字形合掌組の勾配なので、妻破風を大きくとったこの村の入母屋屋根は高さが揃いやすい。しかも、

伝統構法以外の建て方は前もって敬遠されているから、19世紀に造られたこの街並の、木を使う頻度の高さと形の均一性は崩れようがなく、その美しさがヴィトキェヴィチをしてザコパネ様式を生ませる源になったといわれている。

街並の中ほどにあるNo.24は、モミの木1本から出来た家で、太い校木が衝撃的だ。No.28は工房と私的な博物館。No.75も個人（Jana Bafia）が所有している博物館（Muzeum Powstania Chochołowskiego, 1798年）で、各戸4室にポーチが付いたこの地方の暮しぶりが体感できることだろう。（→p.63, 193）

⑨ ズブジツァ・グルナ
Zubrzyca Górna

ホホウフのすぐ西のオラヴァ（Orawa）盆地に降る雨は、北海へ向かうヴィスワ川水系とは逆に、オラヴァ川を下ってスロヴァキアに入り、黒海に注ぐ。そのため、この盆地の民家は、他と違ってスロヴァキアのオラヴァ地方と同じ伝統が混在し、その民族的な背景は複雑きわまりない。こうした民家を大切に保存・展示しているのが、ホホウフから北30kmのズブジツァ・グルナ・オラヴァ民家公園（Orawski Park Etnograficzny w Zubrzycy Górnej）である。

この地方の民家は、それが長方形平面の場合、まず長軸を東西に向け、それから間取りや屋根の形を決めている。1階は複数の居室と出入口兼前室、2階は納屋や物置に使い、2つの居室の間にペチカを置いて、焚口があるために煙がこもる「黒い居間（izba czarna）」を1階中央に、煙が来ない「白い居間（izba biała）」をその奥の建物妻側に配するのが一般的だった。ここにある㉙モニアク家（Zagoda Moniaków, 1784年）はその典型だ。また、㉚ヤブウォンカから移築した農家（Chłopska chałupa z wyżką z Jabłonki, 1869年）は、2階の採光のために寄棟屋根の正面を大きく削いで兜屋根風にした大胆な形の建物で、陽がよく射すよう扉に朝日の印を彫る慣習が興味深い。そのほかにも、ポドヴィルクの宿屋（Karczma z Podwilka, 19世紀）や、いくつかの農家が大切に保存されている。（→p.217, 221）

また、この村の東にあるオラフカ（Orawka）の教会（Kościoł św. Jona Chrzciciela）や西北のラホヴィツェ（Lachowice）にある教会（Kościoł Świętych Apostołów Piotra i Pawła）も素晴らしい建築として有名である。

⑩ チチマニ
Čičmany

㉛ポーランドの南やスロヴァキアの西の僻地には、井楼組の壁に白い点や印を描いた建物が残っている。15世紀頃、ワラキアの牧夫がもたらした模様との説があるが、その起源はいまだ明らかでない。それでもジリナ（Žilina）から南40kmの谷あいに住むチチマニの村人は、いまでも壁全体をこの模様で埋め尽す慣習を守っている。1921年の大火で、その2世紀も前から模様があった家はほとんど焼失したが、再建後はかえって増加したというこの装飾模様の不思議な魅力は、19世紀末から民族学者の興味を引きはじめ、観光的にも知られるようになった。㉜村の中央にあるヴァーフ（Váh）川流域博物館（Považské museum）は数少ない2層の井楼組の建物で、第二次世界大戦時に激戦があった村の歴史などが展示されている。（→p.193）

9 ポーランド、スロヴァキア —— Poland & Slovakia

⑪ マルティン
Martin

ヴァーフ (Váh) 川とトゥリエッツ (Turiec) 川との合流点に位置する人口6万のマルティンは文化都市で、ここの国立博物館 (Slovenské národné museum) が有名だ。市街地の東南にある村落博物館 (Múzeum slovenskej dediny Martin) には、**㉝オラヴァ地方の井楼組を白く塗った自作農の家 (1787年)** や、マルティンから東のリプトフ (Liptov) 地方に普通な入母屋屋根の家屋を並べた家並、南のトゥリエッツ地方のルドノ (Rudno) から移築した井楼組の教会 (1792年) などが、地域別にまとめて保存・展示されているので、それぞれの特徴が比較しやすく、ポーランドから南に移るにつれて校木の製材技術が進歩し、壁の出隅の校木が正確に納まっていく過程がよくわかる。

⑫ ポドビエル
Podbiel

モラヴィアからスロヴァキアにかけて、入母屋屋根の妻側にある三角破風上部に、半円錐形の屋根飾りククラ (Kukla, kabřnec, halka) を付けた村が多くみられるようになる。しかし、ククラのない素朴な入母屋屋根のままか、その破風のごく上部だけを斜めに削いで屋根を架ける半入母屋屋根が18世紀頃に多くなったため、この妻破風が一様に揃った街並はスロヴァキアでも稀になった。だが、ポーランドに源を発するオラヴァ (Orava) 川上流域、なかでもドルニュイ・クビーン (Dolný Kubín) から北東に谷を27km遡った**㉞ポドビエルには、250年前の伝統的な木造家屋などが村の中心にいまでも残っていて、E77号線沿いに見事な街並を見せている**。ポドビエルの東13kmのズベレッツ (Zuberec) よりもさらに東3.5kmにあるオラヴァ村落博物館 (Muzeum oravskej dediny Zuberec) には、オラヴァ川流域の民家43棟とザーブレジュ (Zábrež) から移築した15世紀初頭の木造教会が保存されているので、時間があれば寄ってみたい。(→p.227)

なお、ドルニュイ・クビーンの東南5kmにあるレシュティニ (Leštiny) の福音派教会 (Evanjellcký drevený artikulárny Kostol v Leštinach, 1678年) と、同じく北東25kmにあるトゥヴルドシーン (Tvrdošin) のロシア・カトリック派諸聖人教会 (Rimskokatolicky drevený Kostol v Tvrdošine, 1654年) は2008年、共に世界文化遺産に登録された逸品である。

⑬ ヴルコリーネツ
Vlkolínec

マルティンから東へ40kmのルジョンベロッ

㉝

㉞

㉟

㊱

㊲

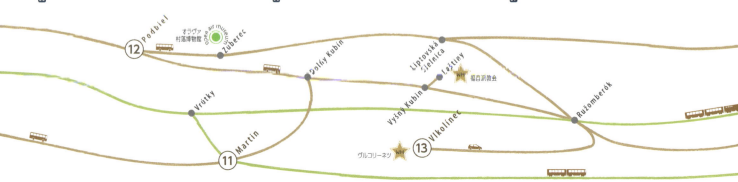

ク (Ružomberok) までヴァー (Váh) 川を遡り、そこから南へ折れて10km、シドロヴォ (Sidorovo) の丘の南麓を登ると、やがて世界文化遺産としては世界で最も小さな村ヴルコリーネツが見えてくる。戸数わずかに45戸、海抜約700mの高原に農業と放牧や伐採の手伝いなどで生きる村だ。1336年に記録があるほどその歴史は古く、伝統的な民族文化とそれにふさわしい集落形態をスロヴァキアで唯一留める村として大切に保護されてきた。**35 家々は井楼組の壁に急勾配の柿葺屋根**。村の中心を貫く坂道の左右に妻壁を向き合わせて並んでいて、村人や家畜のための貴重な水源である小川が道の中央を流れ、水場が設けられている。だが、年間を通しての居住者は3分の1で、**36 室内を改造**しながら夏だけ来て滞在するよその人が多い。**37 水場の脇にある木造の鐘塔は1770年の建築**。その東に村の教会があり、若干の資料なら得られよう。さらに50m下った道の西側の家 (No.17) が、**38 1910年頃の調度品で飾られた博物館** (Múseum-Rol'nicky dom) とカフェになっている。
(→p.24, 65, 193)

⑭ **プリビリナ**
Pribylina
ルジョンベロックの東にあるリプトフ湖 (Liptovská Mara) は、ヴァーフ (Váh) 川を堰き止めて造られた人造湖だが、その際湖底に沈むことになったリプトフ (Liptov) 地方の民家のうちの20棟を保存・展示した村落博物館 (Museum liptovskej dediny Pribylina) が、リプトフスキー・フラードック (Liptovský Hrádok) から

東北へ10kmのプリビリナに設けられ、パリジョフツェ (Parižovce) の大きな領主の城 (1848年) とパルージャ (Paludza) にあった木造の領主の城 (1858年) や農家、学校、13世紀末の教会などが集められている。また、ルジョンベロックの南にあるバンスカー・ビストリツァ (Banská Bystrica) から南10kmのフロンセク (Hronsek) には、世界文化遺産の**39 40 福音派教会** (Evanjelcký drevený artikulárny Kostol v Hronseku, 1726年) がある。当時ここはハプスブルク家の支配下にあり、ローマ・カトリック以外の教会は石造でなく、鉄釘を使わない木造で1年以内に竣工する建物なら許可されたため、こうした筋違で壁面を補強した軸組構法にせざるをえなかった。収容人員は約1,000名。内部はヴォールト天井で覆われている。

38

40

39

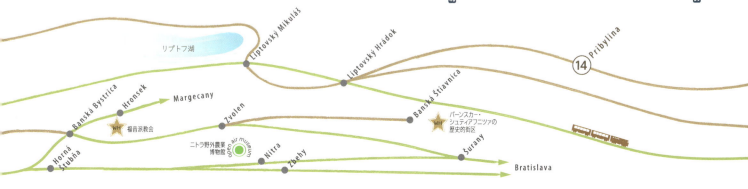

⑮ ケジュマロク
Kežmarok

13世紀にドイツからの植民によって開かれた町ケジュマロクは人口が1万8,000、タトラ山塊への観光基地というだけでなく、その東南にあるレヴォチャ（Levoča）と共に、東スロヴァキアのスピシュ（Spiš）地方では最もドイツ色が強い建築と街並を残す町でもある。

なかでも、**㊶中心街の南側にあるルーテル派の木造十字教会**（Drevený artikulárny kostol, 1714–17年）は、プロテスタントの木造福音派教会として、ズヴォレン（Zvolen）の北にある前述のフロンセクの教会と共に、スロヴァキアでは最も貴重な世界文化遺産の建築だ。1,500人を収容するために礼拝室の平面を十字形に配置したこの教会は、中央部の広さが20×20mあり、四隅の壁から4m離して立てたイチイ材の捩り柱4本と、外部を土塗り、内部を板張りにした井楼組の壁とで、樽型交叉ヴォールトの形をした幅12mの天井を支えている。創建の際、スウェーデンとデンマークから金銭援助を受け、スウェーデンの水夫が建設を手伝った関係から、フィンランドの十字形平面の教会に似た構造や、**㊷青く塗られた天井、入口正面の丸く穿たれた窓**のように、当時の北欧の建築や造船の技術的影響が強くみられる点に注目したい。

また、ケジュマロクからプレショフ（Prešov）へ至る途中のスタラー・リュボフニャ（Stará Ľubovňa）に、辺境の砦として知られるリュボフニャ城（Lubovniansky hrad）があったが、その西北斜面に小さなザマグリー村落博物館（Múseum Zamagurskej dediny）が設けられていて、屋根と外壁が柿葺の素朴なマテウソヴァーの木造教会（Drevený kostol z Matysovej, 18世紀後半）や、井楼組の壁に白い漆喰目地が鮮やかなヴェルキー・リプニーク（Velký Lipník, 20世紀）の民家などが10棟ほど展示されている。

⑯ ジュディアル
Ždiar

ザコパネから国境を越え、スロヴァキアのポプラド＝タトリ（Poprad-Tatry）へ向かう67号線沿いにあるジュディアルは、山地の民ゴラール（Goral）人の民族文化を色濃く残す村である。ここの井楼組農家の配置は、主屋と納屋などの作業棟とが羊小屋を挟んで対峙する3室構成の囲み庭型がほとんどだが、**㊸㊹その建物の幅10-15mの壁いっぱいに描かれた彩色模様**は、西のチチマニ（Čičmany）と共にスロヴァキアでは最も有名だ。ここの模様は、窓枠の上と校木の出鼻の小口上に描かれるのが特徴で、青く塗られた井楼組の太い目地と相まって見事に壁面を飾っている。冬はスキーで賑わい、古い民家以外はそれを模したロッジが多い。村にはジュディアル民家博物館（Ždiar izba museum）があり、民族衣装や民具などを展示している。（→p.30, 219）

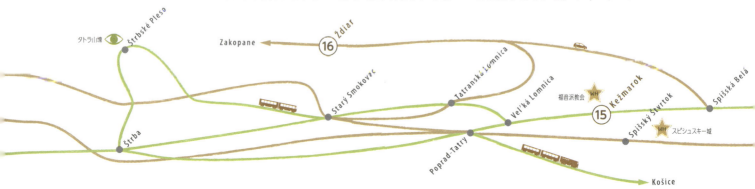

⑰ バルデヨフ
Bardejov

　ベスキディ山脈の南麓を占める高地シャリシュ（Šariš）地方の中心都市バルデヨフは、人口が2.4万。13世紀から交易と麻織物で栄えた東スロヴァキアでは最も魅力的な城塞都市で、ローマ・カトリックの聖エギディウス教会（Rímskokatolícky farský kostol sv. Egídia, 15世紀）やルネサンス様式の旧市庁舎（Bývalá nestska, radnica, 16世紀）のあるラドニチュネー広場（Radničné námestie）とその周辺が、世界文化遺産に登録されている。

　ここから北6kmのバルデヨフ温泉（Bardejovské Kúpele）は、13世紀に発見されてからその薬効で知られていたが、19世紀前半から近隣諸国の王侯貴族が訪れるようになり、古典、新古典、折衷主義などの建物が立ち並ぶ保養地として、隆盛をきわめた。その広くて細長い敷地の中央に、バルデヨフ東北30kmにある㊺ミクラーショヴァー（Mikulášová）からバロック様式の鐘塔を持つレムキ型のギリシア・カトリック系木造教会（Drevený kostol Ochrany Bohorodičky v Mikulášovej, 1730）が1927-32年に移築され、その関連で、1965年にはそのすぐ西北に、高地シャリシュ地方と北ゼンプリン（Zemplin）地方の代表的な木造建築を集めた、スロヴァキアでは最初のバルデヨフ温泉野外民家博物館（Skanzen-Múzeum ľudovej architektúry v Bardejovských Kúpeloch）が開設された。

　ここでの必見の建物は、バルデヨフより東150km、ウクライナとの国境近くの㊻㊼ズボイ（Zboj）から移築されたボイキ型の木造教会（Zrubový kostol výchoného obradu zo Zboja, 1706年）で、内部を隔てる見事なロココ様式の聖障や独特な門構えと共に、ベスキディ山脈東端に住みついたルテニア人（Ruteni, Rusíni）の建築技法をいまに伝える貴重な遺構として知られている。（→p.27）

　この地域には、入口土間の左右に煙突なしの竈がある居間と竈もない寝室や倉庫を配した3、4室構成で直列型平面の農家が圧倒的に多い。㊽井楼組の壁に土を被せ、白と青に塗り分けてから藁で段葺した寄棟屋根を載せたクラチューノフツェの家（Zrubový Obytný dom-Kračunovce, 19世紀）は、シャリシュ地方トプラ（Topľa）川沿いの盆地に住むスロヴァキア人の農家の典型だが、川の最上流にあるフリチュカの家（Obytný dom z Fričky, 1887年）は、居間と寝室の裏に横長の倉庫を各々設けている。こうした柿葺で急勾配の屋根を軒深にし、壁を井楼組のまま仕上げる形は、ルテニア人の伝統であった。

㊺

㊻

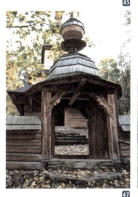
㊼

㊽

49

50

51

52

53

18 ヘルヴァルトフ
Hervartov

バルデヨフの南西10kmにある49**ヘルヴァルトフの聖フランシス教会**（Drevený Kostol rímsko-katolícky sv. Františka Asisského, 1500年頃）は、スロヴァキア最古の、そしてこの国では数少ないローマ・カトリック系木造教会の世界文化遺産。小川に沿った石積みの高い擁壁と緑の木立に囲まれて建つその姿には独特の雰囲気がある。平面が正方形の鐘塔と礼拝室、聖具室と多角形に張り出した内陣から成り、ポーランド側のローマ・カトリック教会と同様、それらの部屋の周りを柱廊で囲み、鐘塔以外は急勾配の柿葺屋根でゴシック風に一体化している。
50**聖障が必要でない室内**は、天井が同じ高さで礼拝堂から内陣へ延びていて、赤身のトウヒで組まれた礼拝室の壁に、1665年頃から「アダムとイヴ」など旧約聖書の物語が描かれるようになり、19世紀には後期バロックの彩色画も描き加えられた。聖母マリアなどの像がある主祭壇（1460–70年頃）やアッシジの聖フランシスコの祭壇画など、内部の装飾にも見るべきものが多い。壁以外の用材はイチイが主体。周辺の村には壁を青く塗った木造家屋や壁に井楼組のヴォールト天井を架けた穀倉が多い。（→p.193, 223）
ヘルヴァルトフ東南16kmのトロチャニ（Tročany）には、この教会より前の1338年に創建され、51**1739年に建て直された、レムキ型建築様式の典型といわれるギリシア・カトリックの木造教会**（Drevený kostol sv. Lukaša evanjelistu v Tročanoch）がある。ここの聖障は、まだイコンをいくつも上に重ねる段階ではなく、布地に描いた聖像を校木のままの間仕切壁に掲げただけだが、それがかえって素朴な趣を増している。
これらレムキ型の教会の礼拝室部分を細長くしたのが、バルデヨフから西15kmのルコフ=ヴェネツィア（Lukov-Venécia）にある同じ52**ギリシア・カトリックの木造教会**（Drevený kostol sv. Kozmu a Damiána, 1708–17年）である。鐘塔が目立つその外観と、イコンと木彫を美しく組み合わせた聖障が印象深い。
53**バルデヨフから東南20kmのコジャニ**（Kožany）**の木造教会**（Drevený kostol Panny Márie Ochrankyne v Kožnanoch, 17世紀末）は、礼拝室と同じ幅まで鐘塔の基部が婦人席用に広げられたため、井楼組を羽目板で保護した外観からは2室に見えるが、内部は1室である。それは新旧の聖書を題材とした精緻な彩色画と2段に組んだイコンとを巧みに構成し直した聖障（1793年）で区切られており、それらの見事さ

Bardejowská Zábava
Tročany
Kožany
Svidník
19
Ladomirová
Krainá Poľana
Nižný Komárnik
Poland
Slovakia
Barwinek
Krosno
open air museum
スヴィドニーク
野外博物館
大天使
ミカエル教会
Okrúhle
Lipníky
Zodružal
Príkra
聖ニコラオス
教会
18
Hervartov
聖フランシス教会
Prešov
Košice
コシツェ空港
Slovakia
Hungary
Miskolc
フメンネー
民家博物館
Humenné
Michalovce
ゼンプリンスカ湖
Stakčin
Ulič
Uličské Krivé
Slovakia
Ubľa
Ruský Hrabovec
Trebišov
Slovenske N. Mesto
Čierna nad Tisou
Trbava
Hungary
Ukrai
Miskolc
聖ニコラオス教会

は、スロヴァキア木造教会の絵画芸術を代表するものとして有名である。

⑲ スヴィドニーク
Svidník

オンダヴァ（Ondava）川上流に位置する人口8,000のこの町は、推定10万といわれる小ロシア・ウクライナ系のルテニア人が住むベスキディ山脈東部の中心地で、ここからポーランドとの国境に至る東スロヴァキア観光の拠点としても利用しやすい。町の西端にある円形劇場の脇に、ウクライナ・ルテニア文化博物館の分館であるスヴィドニーク野外博物館（Múzeum ukrajinsko-rusínskej kultúry vo Svidniku, Skanzen）があり、ノヴァー・ポリアンカ（Nová Polianka）にあったレムキ型の木造教会（1766年）や、白壁に藁葺屋根を載せたケチュコフツェ（Kečkovce）の農家（1904年）などが展示されている。（→p.225）

この地域で特筆すべきは、東スロヴァキアにある27のギリシア・カトリック系木造教会（cerkev）のうち、その約半数がスヴィドニーク周辺に現在も残っていることだ。その多くはレムキ型の3室（内陣、礼拝室、鐘塔）直列型の平面構成で、校木か石で築いた塀とボダイジュ（lípa）の木立に囲まれている。木材は強くて耐水性のあるイチイが古くから好まれたが、やがてそれが高価になると、トウヒやモミが用いられるようになった。

これら教会の多くはスヴィドニークから東北21kmのドゥクラ峠（Dukliansky priesmyk）へ至る73号線の東西に残っている。なかでも❺❹**ラドミロヴァーの木造教会**（Drevený Kostol archanjela pochádza v. Ladomirovej, 1742年）は、スヴィドニークから6kmの距離にあることと、小規模ながら18世紀後半のレムキ型教会の構造的な特徴と聖障画の美しさを兼ね備えた世界文化遺産として、観光客の人気が高い。これより北3kmの道沿いにある❺❺**フンコフツェの木造教会**（Drevený Kostol Ochrany Bohorodičky v Hunkovcej）は、バロック様式の頂塔で垂直性を強調したその外観と墓地や木立に囲まれた雰囲気が素晴らしいが、現在は使われておらず、聖障もない。

フンコフツェから約3km先のクライナー・ポリャナ（Krajná Poľana）で73号線を東に折れた先に、世界文化遺産である❺❻❺❼**ボドゥルジャル**（Bodružal）**の教会**（Drevený kostol sv. Mikulasa, 1777年）、さらにその3km奥にはプリクラ（Prikra）の教会（Drevený Kostol sv. archanjela Michala, 1658年）といった、2つの素晴らしいレムキ型の木造教会がある。

クライナー・ポリャナからさらに3kmほど登った❺❽**ニジュニー・コマールニク**（Nižný Komárnik）**にある木造教会**（Drevený kostol Ochrany Bohorodičky, 1938年）は、ウクライナの建築家V. シチンスキ（V. Sičynsky）の設計。各棟の屋根が方形でなくて下膨れした八角形の、ウクライナのリヴィウ（L'viv）地方に多いボイキ型の教会だ。また、スヴィドニークから南東50kmのフメンネー（Humenné）にも小さな民家博物館（Expozícia ľudovej architektúry a bývania v Humennom）があり、ここから北東のスニナ（Snina）を拠点とすると、世界文化遺産であるルスカー・ビュストラーの教会（drevený kostol sv. Mikuláša Biskupa v Ruskej Bystrej、18世紀）や❺❾**ウリッチスケー・クリヴェー**（Uličské Krivé）**の教会**（Drevený Kostol sv. Michala Archanjela、v Uličskom Krivom, 1718年）などの素朴な建築を見て廻ることができる。（→p.193）

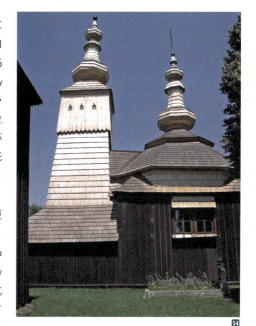

10

ハンガリー、オーストリア、ドイツ
Hungary , Austria & Germany

オーストリア中央部と
パンノニア平原の村と町

✈ 日本からのアプローチ

　ウィーンやフランクフルト、ミュンヘン、アムステルダムなどの空港を利用すれば、日本を発ったその日のうちにブダペストやザルツブルクに着けるが、それ以外の空港を使うとザルツブルクへ直接結ぶ便がない。ウィーンからの場合、陸路ブダペストに行くことも、旅程を途中で切り上げることも、またインスブックから帰途につくこともできて便利だ。

　ミュンヘンを起点にすると、もう少し空路の選択肢が広がるとともに、ザルツブルクだけでなく、インスブルックと列車で往復しやすい。ヴェネツィアから特急列車で北上してケルンテン州のフィラッハ(Villach)に入るのも意外性がある。ブダペストに周辺諸国から陸路で入るには、ウィーンやブラティスラヴァ(Bratislava)からのほか、スロヴァキアのコシツェ(Košice)、ルーマニアのクルジュ(Cluj)からの列車が利用しやすい。

✐ 旅程の組み方 (→注)

　旅の出発点は、まずハンガリーの首都ブダペスト(Budapest)。時差の調整をしながら、センテンドレ(Szentendre ①)にあるこの国最大の野外博物館で、ハンガリーにどのような民家があるのか、その概況を把握しておこう。「ドナウの真珠」ブダペストの観光で英気を養った後、翌日は世界文化遺産ホッローケー(Hollókö ②)村の見学だ。最近はブダペストから観光バスが出ているが、朝早くの列車でハトヴァン(Hatvan)経由シャルゴータルヤーン(Salgôtarjôn)まで行き、そこからバスでホッローケーまで往復すると、午後ブダペストからバラトン(Balaton)湖方面にも行きやすいし、できればハトヴァンからエゲル(Eger)やミシュコルツ(Miskolc ③)まで足を伸ばし、次の日にニーレジュハーザ(Nyíregyháza ④)などでルーマニアのトランシルヴァニア(Transylvania)地方を想わ

せる木造遺産を見た後、デブレツェン(Debrecen)経由でブダペストへ戻ってもよい。

　バラトン湖の宿はシオーフォク(Siófok ⑥)が便利。ここから列車なら2、3時間で、優れた野外博物館のあるザラエゲルセグ(Zalaegerszeg ⑨)やソンバトヘイ(Szombathely ⑩)に行けるからだ。ソンバトヘイはオーストリアに近いので、情報は豊かだし、物価も安く、かつホテルも多いから、できればここで1泊。

　翌日はハンガリーを後にして、オーストリア第二の都市グラーツ(Graz ⑫)へ向かう。ここの近郊シュテゥービング(Stübing)にある野外博物館は木造の旅で必見の、オーストリアでは最も充実した施設。ここを見て廻るのに半日かかるが、できればその日の晩にはザルツブルク(Salzburg ⑯)に着いておきたい。ここにあるグロースグマイン野外博物館も、グラーツと並ぶ規模と内容を誇っているため、早めに出かけてゆっくり見てみたいからだ。ザルツブルクからミュンヘンまでは特急列車で1時間半の距離。日帰りで南ドイツ側の民家園を訪れ、オーストリアの伝統木造と比較してみるのも楽しいが、時間的にきつい場所もあるから、計画だけは慎重にしておきたい。

　ケルンテン地方やティロル地方の木造民家を訪ねる場合は、日程を延ばしてグラーツからクラーゲンフルト(Klagenfurt)へ廻り、マリア・ザール(Maria Saal ⑬)の民家園を見た後、東ティロル地方(Osttirol ⑭)の主都リエンツ(Lienz)に泊まり、その周辺の小さな村や町で実際の木造民家や街並に触れるのも興味深い。リエンツからイタリア領の南ティロル地方(Südtirol ⑮)を廻ってインスブルックまで、列車を選べば3時間。この際、思い切ってブルニコ(Brunico)からバスでアールンタールの谷筋などを詰めてみてはどうだろう。天候さえよければ、谷あいに点在する純朴な木造民家に心安まる、すてきな旅が期待できるはずだ。

[注] 地名の後に挿入した丸数字は、右頁の地図や本文の地名タイトル、その頁下部の旅程図に掲載した地名冒頭の丸数字と整合している。

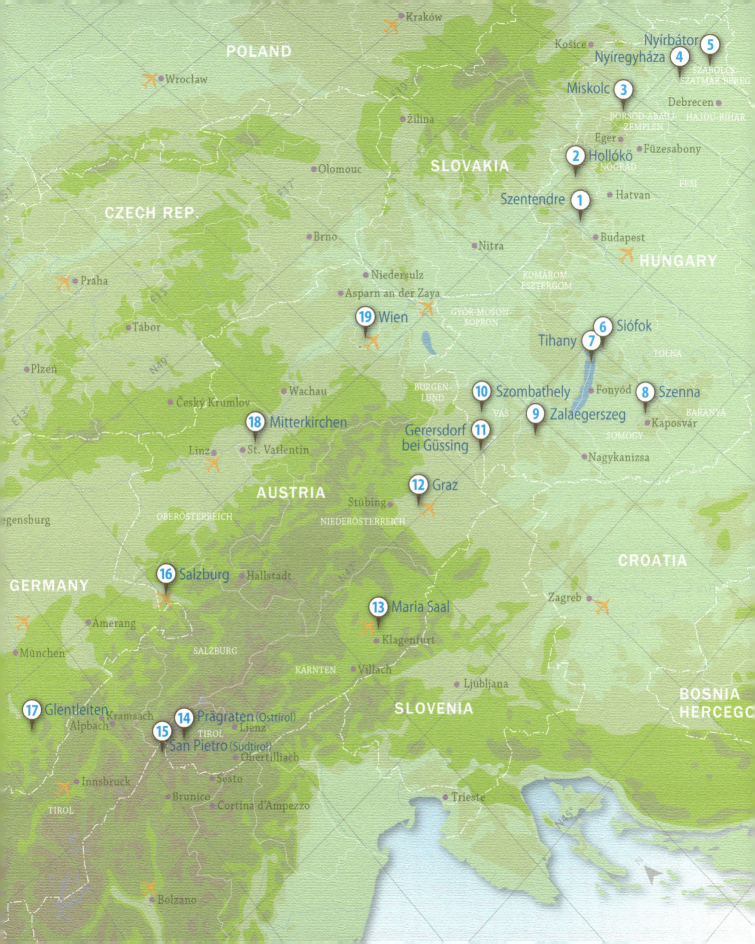

オーストリアとハンガリーの木造建築

アルプス北辺に沿って長く延びる山の国オーストリアと、ドナウ川やその支流ティサ(Tisza)川に沿って広がる平原の国ハンガリーとは、政治・経済や文化・芸術面のつながりが非常に強いが、木造民家に限ると、その形や構造が地方ごとに少しずつ異なり、とくに東と西とでは自然環境や農耕形式の違いが家屋敷の構え方の差に大きく現れてくる。

たとえば、西オーストリアのティロル州やその東のザルツブルク州は、スイスと同じアルプス型の酪農が中心であるため、緩勾配で樽板葺に石置きの切妻屋根を井楼組(せいろうぐみ)の壁で支える、間口の広い2層の家屋が基本となる。だが、その東のケルンテン州やシュタイアーマルク州では、農耕が盛んなため納屋や穀倉が多くなり、やや急勾配で柿葺(こけらぶき)の半寄棟屋根が登場する。ただし、ケルンテン州の西に位置する東ティロル地方では、峠を挟んだイタリア領の南ティロル地方と同様に、1階が煉瓦で、2階は井楼組の壁に緩い切妻屋根を架ける伝統を、変えようとしていない。

オーバーエスターライヒ州から東は森が少なく、早くから煉瓦壁や土壁が木造と併用され、横長の建物をコの字形やL字形に連ねる、中央ヨーロッパ型の住居になった。なかでもニーダーエスターライヒ州、ブルゲンラント州やその東のハンガリー西北部では、ブドウ栽培と家畜飼育が盛んなため、小さな付属屋も多いが、土壁や煉瓦壁の農家ばかりで、その柿葺や藁(わら)葺の屋根だけが、木造の伝統を偲ばせている。

バラトン湖以東のパンノニア平原では17世紀まで森が残り、昔ながらの木造の農家があったが、現在ほとんどが土壁や煉瓦壁になり、農耕規模が拡大して作業量が増えたため、居室南側に独立柱を並べた柱廊が加わるようになった。この形式はさらにバルカン諸国の農村地帯へと続くが、ハンガリー北部の山村は、スロヴァキアと同じ3室直列型の平面構成だし、カルパチア山地と地続きのハンガリー北東部には、ルーマニアのマラムレシュ地方と同じ寄棟の農家や木造教会の伝統が、まだ強く残っている。

ハンガリー人は、10世紀にここパンノニアに移住した彼らの祖先のマジャール人(Magyarok)が、木造建築を含め、アジア系の民族にふさわしい伝統的な生活文化を持ち込んだことを、大きな誇りにしている。そのため、それらの貴重な民族遺産を保存・展示する施設が多い。これらを東から西、またはその逆に巡りながら、豊かなワインや楽しい音楽と共に、オーストリアとハンガリーの建築の違いを確かめたり、遠いアジアとの関係を偲ぶ旅ができるのも、このコースならではの歓びといえよう。

ザルツブルク近郊のゼルハイムの農家(1906年)。四角の硬い校木を2層に組んだ井楼組の上にバルコニーを張出し、そこに2列の束柱で支えた半寄棟屋根を架けたこの家は、ここフラッハガウの民家の架構形式を余すところなく伝えている。(→p.161)

① センテンドレ
Szentendre

1974年にブダペストの北、ドナウ河畔の町センテンドレから北西5kmの丘陵に開設されたセンテンドレ野外民族博物館 (Szentendrei Szabadtéri Néprajzi Múzeum) は、ヨーロッパを代表する野外博物館だが、46haの広大な敷地をハンガリーとその周辺の10地域に分け、民族学や建築学的な調査・研究を進めながら、予定している約320棟の建物配置に各地域の集落形態の特徴を活かそうという壮大な構想だったため、2014年現在、まだ全部は完成していない。しかし、先に完成した5地域の建物群は、ハンガリーの伝統的な民家や集落の特徴を明快に示していて、展示物の内容も充実している。

とくに、敷地入口近くの、ここで最初に完成したティサ川上流 (Felső Tiszavidék) 地域の区画には、❶木造軸組・木舞下地に土壁塗りで、家屋の外側に柱廊を加えたボトパラード (Botpalád) の中流農家 (lakóház) をはじめ、❷ネメシュボルゾヴァ (Nemesborzova) の鐘塔 (harangtorony, 18世紀)、木造軸組に土壁塗りのマーンド (Mánd) のカルヴィン派教会 (református templom, 18世紀)、馬に臼を挽かせるヴァーモシュオロシ (Vámosoroszi) の製粉所 (szárazmalom, 1846年)、❸柱に沿って屋根が上下するティサベチュ (Tiszabecs) の乾草小屋 (abora) など、個性的な形や機能を持った建物が多い。家の間取りは、ハンガリー北辺に共通の「居間＋戸口・台所＋寝室・食品庫」の3室直列型平面構成か、その発展型と思えば理解しやすい。(→p.193, 225)

敷地の西端にあるIXのドナウ川西方 (Nyugati Dunántúl) 地域の区画には、19世紀初頭まで豊かなナラやブナの森があったので、レーディチュ (Rédics) の3室直列型平面の民家 (19世紀後半) からサラフォェ (Szalafő) のL形平面の民家 (20世紀前半) まで、約20棟の井楼組の建物が保存されている。

合掌材をA字形に組んだ小屋組が多いハンガリーの大平原地域にくらべると、この地域には昔から棟木を1本の真束、あるいは2本の鋏軛梁(はさみくびきばり)で支える小屋組が根強く残っているので、屋根を支える棟木や垂木の構法を見ておきたい。IIの高地商業地区 (Felföldi mezőváros) の北にあるマーンドク (Mándok) のギリシア・カトリック教会 (görög katolikus templom, 1670年) は、ナラ材の井楼組にモミ材の柿葺屋根を架けた、この国最古の木造教会である。

② ホッローコェ
Hollókő

ブダペストの北東約100kmにあるホッローコェは、ハンガリー西北部のノーグラード (Nógrád) 県にあって、パローツ (Palóc) 族の伝統を唯一色濃く留める人口460の村。中央ヨーロッパではスロヴァキアのヴルコリーネツと並ぶ貴重な村として、民家67棟と❹木造教会とがある古い集落 (Ófalu) 全体が、世界文化遺産に登録されている。

パローツ族の先祖は、10世紀末この地に到達した

アジア系のセーケイ（Székely）人で、隣国であるスロヴァキアの影響を少し受けているが、ハンガリー人の原文化をいまに伝える小数民族だ。現在、村の西の丘に聳えている13世紀の遺跡がホッローコェ（烏の石の意）城で、モンゴル人来襲後の北辺守備にあたっていた。ここはあまり肥えた土壌でなかったが、18世紀から農耕が興り、18世紀末に1本の道（Kossuth Lajos u.）を挟んで造られた集落が19世紀半ばにもう1本北の道（Petőfis Sándor u.）まで拡張され、現在はブドウ栽培と観光事業を含めた、多角経営型の村に変わっている。

家々の軸は道路と直角で、平側中央の戸口兼台所（pitvar）から、道路側の客室兼寝室（tiszta ház）と奥の食品庫兼老人室（kamra）とに分かれて入る、3室直列型平面の木軸架構に、木舞下地・塗壁の形式。敷地は斜面が多いだけに、階下にワイン造りの作業場を兼ねた石積壁の物置を設け、その上にある客室周辺のヴェランダや食品庫の奥からでも、中庭の家畜小屋などに出られる造りが圧倒的に多い。こうした大家族用の間取りと白壁の室内は、村立博物館（Falumúzeum, Kossuth Lajos u. 82）でも見ることができる。屋根は当初急勾配の藁葺だったが、後に柿葺の入母屋屋根に変わり、1909年の大火からは緩勾配の瓦葺になった。（→p.193）

5 村の中央、分かれ道の脇にある木造教会は、16世紀に建てた穀倉に柿葺屋根の塔を加え、1889年にカトリック教会としたもの。パロ―ツ族の華やかな衣装をまとった村人の伝統行事には、その背景として欠かせないこの村のランドマークである。

③ ミシュコルツ
Miskolc

ペテェフィ・シャーンドル広場（Petöfi Sándor tér）北側の墓地にある木造教会（Deszka templom, 18世紀）は、1938年にトランシルヴァニア地方の木材と伝統構法で、現在のゴシック風尖塔を持つ形に建て替えられた。設計はB. セグハルミ（Bálint Szeghalmi）。1997年に放火で焼失したが、1999年に復元された。また、中心街の南西アヴァシュ（Avas）の丘に建つカルヴィン派教会（Református templom, Kossuth u.3, 1414年）は、1560年代にヴォールト天井が木造に直され、石壁の上にゴシック風の柿葺屋根と木造の回廊とを頂く鐘塔（1557年）が、その脇に建てられている。

④ ニーレジュハーザ
Nyíregyháza

ティサ（Tisza）川上流に広がるハンガリー北東部は、ポプラやカバの林が続く緩やかな丘陵地帯で、リンゴ産地としても有名だ。周囲をスロヴァキアとウクライナ、ルーマニアに囲まれているだけに、ユダヤ人やロマ人をはじめ、さまざまな民族文化が集積していて、民家の歴史的背景は複雑である。ニーレジュハーザ（カバの教会の意）は人口12万で、この地方（Szabolc-Szatmár-Bereg）の中心都市。市街地から北5kmのショーシュトーフュルドェ（Sóstófürdő）にあるショーシュトー博物館村（Sóstói Múzeumfalu）には、**6 伝統的な3室直列型の平面で土壁・寄棟屋根の民家**、木造の学校や工房などが26棟ほど整然と保存・展示されている。なかでも **7 木造の鐘楼**（harangtorony, 1757年）と教会（templom, 1784年）とが、架構として興味深い。（→p.193）

10 ハンガリー、オーストリア、ドイツ —— Hungary, Austria & Germany

⑤ ニールバートル
Nyírbátor

ニーレジハーザの東38kmにある人口1万4,000の小さな町。町の東にあるカルヴィン派のゴシック教会（Református gótikus templom, Báthori István u., 1484, 1511年）は、フランシスコ派修道士ヤーノシュ（János）の設計で、内部にリブ・ヴォールトの天井を持つ石造の建築だが、その脇に建つ❽鐘塔（harangtorony, 1640年）も、トランシルヴァニア地方のナラ材と伝統様式で建てられた、ハンガリーで現存する最大の木造の鐘塔として有名だ。（→p.221）

⑥ シオーフォク
Siófok

駅から東200mのオウル公園（Oulu Park）にある❾❿福音教会（Evangélikus templom, 1987年）は、ハンガリーの鬼才 I. マコヴェッツ（Imre Makovec）設計の現代建築だが、インドネシアの怪鳥ガルーダ（Garuda）を想わせる入口や肩をいからせた外観、表現豊かな内部の木造架構などを備え、ぜひ立ち寄ってみたくなる作品。建築と家具共にその木材は、フィンランド北部の町オウルのルーテル派教会から寄進されている。家具の設計はG. メゼイ（Gábor Mezei）、これもフィンランドで製作された。

⑦ ティハニ
Tihany

シオーフォク（Siófok）からはバラトン（Balaton）湖を挟んだ対岸に当たるティハニは、ローマ時代からのさまざまな遺跡や史跡があることで知られる村。ここにある野外博物館（Szabadtéri Néprajzi Múzeum）には、この地方の白い塗壁に茅葺の切妻屋根を架けた農夫の家（18世紀）と、バラトン湖では唯一となった漁師組合の家とが、19世紀まで使われた小船と共に保存されている。

⑧ センナ
Szenna

ハンガリーの西南部、ショモジュ（Somogy）県の県都カポシュヴァール（Kaposvár）から南西9kmのセンナへ丘を越えて行く道は、ハンガリーの農村風景そのものだ。この人口650の村にあるセンナ野外民族資料館（Szennai Szabadtéri Néprajzi Gyűjtemény, Rákóczi u.2）は、小規模ながら伝統的な建築の保存に貢献した業績で、ヨーロッパ・ノストラ賞を受賞している優れた民家園。ショモジュ地方に伝統的な、木造軸組の木舞壁に藁葺の寄棟屋根を載せたキシュバヨム（Kisbajom）の農家など、5つの家屋敷が敷地内にあった民俗バロック様式のカルヴィン派教会（népi barokk stílusban épült református templom, 1785年）の傍に配置され、当時の住居や農耕の様子がわかるよう、こまかく工夫されている。（→p.193）

⑨ ザラエゲルセグ
Zalaegerszeg

ハンガリー南西部の国境からバラトン湖にそそぐザラ（Zala）川右岸に発達した人口6万2,000の都市。この流域西部のハンノキが繁るゲチェイ（Göcsej）丘陵にあった伝統的な民家を保存・展示するため、ハンガリーで最初のザラエゲルセグ・ゲチェイ村落博物館（Göcseji Falumúzeum, Zalaegerszeg）として、市街北西部のザラ川沿いに1968年開設された。

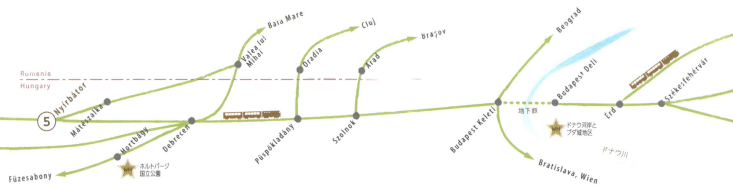

この地域では、⓫主屋(lakóház)と厩(istálló)、豚小屋(ól)や納屋(pajta)などから成るコの字形平面で庭の3方を囲む独特な家構え(kerített udvar)があり、その代表が中州にあるツォエデの農家(Czöde kerített ház, 19世紀初頭)だ。壁はモミ材の井楼組だが、主屋だけはその表面が白漆喰で保護されている。⓬3室直列型平面の民家としては、敷地入口近くにあるカーヴァーシュ(Kávás)の農家(1871年)が最も典型的で、その室内装飾や家具は当時の中規模農家での暮しを如実に伝えるものとして貴重である。このほか敷地西端には、この地方の木造民家からその妻破風の構法と19世紀中葉に流行した装飾模様だけ5例を部分的に移設・保存し、互いに比較しながらおもしろく展示している区画もある。

⓬

⓫

⓭

⑩ ソンバトヘイ
Szombathely

ハンガリー西部ヴァシュ(Vas)県の交易の中心で、人口8万5,000の県都。中世以降、土曜日に市が立つことから「土曜の場所」と呼ばれてきた。市街地西の池畔にあるヴァシュ博物館村(Vasi Múzeumfalu)には、18–19世紀の木造民家36棟が、ここ国境周辺地域の集落の伝統に従い、通路に沿った形式でていねいに保存・展示されている。

なかでも、順路の最初にある木造軸組・木舞壁でL字形平面のシャールフィーミズドー(Sárfímizdó)の農家(porta)、次のクロアチア(Croatia)人が住んでいたセントペーテルファ(Szentpéterfa)の5室直列型平面の家、それに⓭A形の鋏軛梁で棟木を支えた小屋組を持つヴォエノエク(Vönöck)の貧農の家などが興味深い。中央にはオーストリアとの国境に近いサラフォエ(Szalafő)から移した井楼組の3方囲み庭型民家(kerített ház)やファルカシュファ(Farkasfa)のL字形平面の民家(hajlított ház)がある。(→p.193, 225)

⑪ ゲーラースドルフ・バイ・ギュッシング
Gerersdorf bei Güssing

グラーツ(Graz)から東へ60km行ったギュッシングの近くにあるゲーラースドルフ野外博物館(Freilichtmuseum Ensemble Gerersdorf, Gerersdorf bei Güssing)は、白く塗った井楼組の壁に藁葺屋根を載せたブルゲンラント州(Burgenland)の伝統的な木造建物32棟など、パンノニア(Pannonia)平原西部に伝わる民族文化を保存・展示している。

12世紀初頭からこの地方で発達していた、各戸の前面にある「表の居間(Vorderstube)」の背後に「煙たい台所(Rauchküche)」を配する間取りの家(18世紀末–19世紀後半)が3戸あるのが特徴だろう。ソンバトヘイからでも遠くなく、グラーツへ行く途中のイェンナースドルフ(Jenersdorf)の北20kmにある。

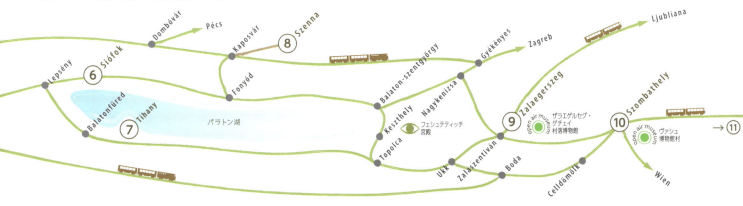

⑫ グラーツ
Graz

シュタイアーマルク (Steiermark) 州の主都グラーツから北15kmのシュテゥービング (Stübing) に設けられたオーストリア野外博物館 (Österreichisches Freilichtmuseum Stübing) には、オーストリア各地の典型的な伝統民家や付属施設約90棟が、国土と同じ形の細長い40haの敷地に国の東部から西部にかけて順に展示されているが、やはりシュタイアーマルク州の部分が最も充実している。(→pp.128-9)

なかでも、グラーツのすぐ西側にあるフォイツベルク (Voitsberg) から移築した ⓮ No.21の切妻屋根が交叉したグロース・シュロッター (Groß-Schrotter, 16世紀) と、同じく西へ約100kmのザンクト・ニコライ (St. Nikolai) にあったNo.43の2層で半寄棟屋根のレーラー家 (Lärerhof, 1576年) とが、この地域を代表する建物。両者とも梁間方向に陸梁がなく、叉首材と水平の繋ぎ小梁をA字形に組んだ締梁叉首組 (Sperrhaxen) の小屋組で、竈の煙がこもる「煙たい居間 (Rauchstube)」を主体にした間取りだ。見過ごしがちなのが、No.4の木造鐘塔 (Glockenturm, 1776年) の背後にある ⓯ No.11のミックスニッツ (Mixnitz) の樵小屋 (Holzknechthütte)。桁行方向の校木の丸太組がそのまま天井になって居室を囲み、そこに急勾配の屋根を浮かして差し掛けた架構や、丸太の目地押さえがおもしろい。

また、⓰ ケルンテン州のザウレッゲン (Saureggen, Kärnten) から移築されたNo.50-52の建物 (Rauchstubenhaus "Paule", 18世紀初頭) は、「煙たい居間」と「煙道付き暖炉を備えた小居間 (Stubel)」とを南面妻側1階に並べた主屋と、柱と梁を用いた3層の畜舎と納屋 (Stadel) とを環状に配置したケルンテン州特有の堂々たる屋敷構え (Ringhof) だ。ここがちょうど敷地の中間点。ここから西がオーストリア西部山岳地帯の建物の展示になっている。

まず、イン川の流域に残存していたNo.56の木造納屋 (Bundwerkstadel, 1812年) は、柱と梁との軸組架構 (Skelettbau) を何層にもわたる筋違で巧みに補強した木造の逸品だ。(→p.224) 次のティロル地方では、⓱ 傾斜地を活用しながら主屋と農作業場を「山の家 (Berghaus)」として一体化したNo.66のハンスラー家 (Hanslerhof, 1660年) が、インスブルックの東、アルプバッハ (Alpbach) から移築されているので、ここはぜひ訪れておきたい。1階山側の半分は石壁で囲われた畜舎で、飼料を蓄えておくその2階には、斜路

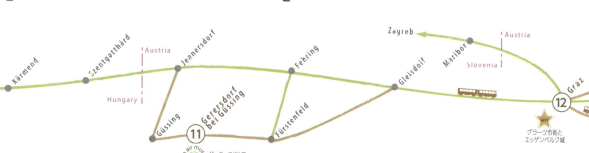

159

を使って建物山側の妻面から入る。No.65の、鼠返しを刻んだ柱（Stutzel）で高床を支えた穀倉（Pfostenscheune）もこの地方独特のもの。これらの建物は柿葺や榑板葺の切妻屋根で覆われ、その螻羽板（けらばいた）と葺板（ふきいた）の押え木との仕口（しくち）が日本とまったく同じなのが興味深い。（→p.224）

敷地最西端の一画には、フォアアールベルク（Vorarlberg）州の木造建築が数棟ある。頑丈な井楼組の壁に緩勾配の切妻屋根が載る妻入りの職住一体型の家屋が主体だが、⓲No.79のシュヴァルツェンベルク（Schwarzenberg）に建っていたブレゲンツァーヴァルトの家（Bregenzerwalderhaus, 18世紀初頭）のように、建物正面の居間（Stube）の隣に朝食や家族団欒（らん）のためのショップ（Schopf）が設けられるよう、間口を広くするのがこの地域の特徴だ。（→p.83）

⑬ **マリア・ザール** *Maria Saal*

クラーゲンフルト（Klagenfurt）の北7km、マリア・ザールの町北辺にあるマリア・ザール・ケルンテン野外博物館（Kärntner Freilichtmuseum Maria Saal）は、1952年に創立され、20年後の1972年に開館したオーストリアで最初の野外博物館だ。42棟の建物のうち、⓳ケルンテン州東部のラヴァントタールから移築したコゲルニク家（Kogelnik Haus, St.Georgen im Lavanttal, 1631年）が最も古く、小屋組は締梁叉首組で屋根勾配はきつい。⓴㉑ケルンテン州中央部のクラマー家（Haus von Kramer, Sonnleiten bei Gnesau, 18世紀中葉）は堂々たる構えで、これより北の山奥にあったザルツァー家（Salzerhaus, Schlaipf bei Rennweg, 1767年）と共に、竈まわりの煙の処理に特徴がある。小屋組に束柱が2本ある母屋組束立（もやぐみつかだて）（Pfettensthul）構法がこの地域で登場してから屋根勾配が緩くなることや、この地域特有の精巧な校木の仕口（Kugelschrot）が、スロヴェニアとの国境に近い㉒㉓ロブニク（Lobnig）村から移築した、2層井楼組の穀倉などの壁隅にみられる点に、ここでは注目したい。（→p.193, 216）

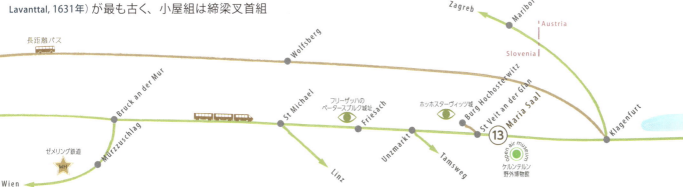

10 ハンガリー、オーストリア、ドイツ —— Hungary, Austria & Germany

24

25

27

28

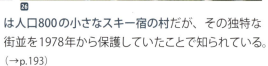
26

⑭ 東ティロル地方 (Prägraten)
Osttirol

ケルンテン州から西の東ティロル (Osttirol) 地方のうち、イタリア領の南ティロル (Südtirol) 地方へ向かうドラウ (Drau) 川沿いには、リエンツ (Lienz) から南3kmのアムラッハ (Amlach)、西10kmのアスリンク (Assling)、さらにその10km西のアプファルタースバッハ (Abfaltersbach) など、伝統的な木造集落という点で興味深い村々が多い。また、イゼル (Isel) 川を遡ったヴィルゲンタール (Virgental) の谷筋にあるオーバーマオエルン (Obermauern) や **24 プレーグラーテン** (Prägraten) にも、緩勾配の切妻屋根を載せた古い農家がまだ残っている。また、アプファルタースバッハから東南に山を迂回して20km、ガイル (Gail) 川上流の **25 26 オーバーティリアッハ** (Obertilliach) は人口800の小さなスキー宿の村だが、その独特な街並を1978年から保護していたことで知られている。（→p.193）

⑮ 南ティロル地方 (San Pietro)
Südtirol

ドラウ (Drau) 川沿いの道でイタリア領に入ってすぐ南にある人口1,900のセスト (Sesto / Sexten) は、木造町屋や農家の多い町として興味深い。しかし、より伝統的な木造民家は、ブルニコ (Brunico) 北方のアールンタールの谷 (Valle Aurina / Ahrntal) に色濃く残っている。この谷の農家は、**27 南斜面に木造2層の主屋**とそれに似た形の納屋を2棟並べて建てることと、**28 サン・ピエトロ** (San Pietro / St. Peter) 周辺に多くみられるように、1階を石造の白壁、2階を黒々とした井楼組にしてそのコントラストを強調するのが特徴だ。また、石が載るような緩勾配の切妻屋根の形が北側のティロル地方と同じなのは、昔バイエ

161

ルン人がツィラータールなどから山を越えてこの地に入植したからで、いまでもティロル地方の南北にわたる木造建築の伝統には共通点が多い。

⑯ ザルツブルク
Salzburg

ザルツブルクのグロースグマインにあるグロースグマイン・ザルツブルク野外博物館（Salzburger Freilichtmuseum Großgmain）は、1984年オーストリアで8番目に開館したが、40haの敷地にザルツブルク地方の木造建築だけを、2009年の段階で75棟、将来は100棟保存する計画で、その展示密度の高さは迫力満点である。

敷地内はザルツブルク州の5つの地区ごとに分かれており、地区によって農家の間取りが違うことを確かめながら順に廻ると、地理的な関連を含めて、この州の建築の全貌を理解しやすい。北のフラッハガウ（Flachgau）地区では、No.5のローナー農園の家（Lohnergütl, 1666年）や、㉙㉚No.31の引退した農夫の家（Zischkhäusl, Perwang, 18世紀）のように、井楼組2層の主屋と石造や軸組造の畜舎とが、脱穀場を挟みひとつの屋根で繋がるが、その南のテンネンガウ（Tennengau）地区では、井楼組2層の主屋の背後に、1階が畜舎で2階が脱穀場と乾草置場になった、別構造の建物が合体されている。（→pp.152-3）

しかし、さらに南東のルンガウ（Lungau）地区では、No.2のノイマン家（Neumannhaus, Göriach, 16-17世紀）のように、家全体が奥行の深い井楼組になっている。同じ例は、ザルツブルクから南西のピンツガウ（Pinzgau）地区で㉛No.1のクラルラー家（Krallerhof, Mayerhofen, Saalfelden, 17世紀）などにもみられるが、このピンツガウの大部分と、その東のポンガウ（Pongau）地区では、㉜㉝No.1-2の税額査定農民の家（Taxbauernhaus, Buchberg, Bischofshofen, 1533-5年）のように、主屋と畜舎・納屋とを2棟並べて建てるティロル型が多い。（→p.193, 224）

これらの家々は、陽当りのよい南面の1階に居間と食堂、2階に複数の寝室を設け、2階や3階はバルコニーを張り出して、屋根のほとんどが樺板葺に石置きの緩い勾配である。㉞㉟フラッハガウNo.26の「煙たい居間」があるケステンドルフの家（Rauchhaus Ederbauer, Helming, Köstendorf, 16世紀）では、この地域の木材事情や木造民家の歴史を展示しているから、ぜひ立ち寄ってみたい。

㉙

㉚

㉛

㉜

㉝

㉞

㉟

162　10 ハンガリー、オーストリア、ドイツ —— Hungary, Austria & Germany

■ミッターキルヘン・ケルト野外博物館
リンツ (Linz) 方面からだと、ザンクト・ヴァレンティーン (St. Valentin) でR6169に乗り換え、39分後にバオムガルテンベルク (Baumgartenberg) で下車、バスで5～10分。

■ニーダーズルツ・ヴァインフィールテル博物館村
ウィーンの東北フローリスドルフ (Florisdorf) からS2でオーベルスドルフ (Obersdorf N.O.) まで行き (所要45分)、2時間に1本の割合で出るR7218に乗り換え、終点のズルツ野外博物館前 (Sulz im Weinviertel Museumsdorf)（所要45分）で下車、徒歩10分。バスの便あり。

17 グレントライテン
Glentleiten

ドイツ側、ミュンヘン南方60kmのムルナウ (Murnau) とコッヘル (Kochel) との中間の、グロースヴァイル (Großweil) に設けられたグレントライテン野外博物館 (Freilichtmuseum des Bezirks Oberbayern Großweil) は、30haの敷地に南バイエルン地方の木造建築約70棟を保存・展示するドイツ有数の野外博物館である。ここではNo.41の、36 トゥラウンシュタインのジークスドルフ (Siegsdorf, Traunstein) から移築したビッフル家 (Bichlhof, 1507年) のように、初めは切妻屋根の妻入りで1階の正面左右に居間と個室 (Kammer) を配し、その背後に脱穀場を挟んで畜舎を置く形式であったのが、やがて経営規模が増すにつれ、37 No.18のミュンヘン南東15kmから移築したジーゲルツブルンの農家 (Wohnhaus aus Siegertsbrunn/M, 1796年) のように、後には2階正面をバルコニー付きの個室群が占め、背後の畜舎2階が軸組造の脱穀場と乾草置場に変わっていく過程がわかるよう、うまく展示している。38 敷地内の川沿いに、製材所や鍛冶屋など、建設関連職の家屋を保存しているのもここの特徴だろう。

18 ミッターキルヘン・イム・マラント
Mitterkirchen im Machland

リンツ (Linz) 東方35kmのミッターキルヘンで、1980年に畑で働く農夫の鋤が偶然青銅器の腕輪などを掘り当てた。発掘調査の結果、ここは新石器時代中期 (紀元前5世紀頃) の集落跡だったことがわかり、当時のケルト (Kelt) 文化を偲ぶ施設として、ミッターキルヘン・ケルト野外博物館 (Freilichtmuseum Keltendorf Mitterkirchen) が1991年に開設された。敷地内には 39 40 井楼組・茅葺屋根で竪穴式の夏の家 (Sommerhaus) や、主屋と畜舎が一体になった冬の家 (Wohn-und Stallgebäude, Winterhaus)、L字形平面で軸組・木舞壁の主長の家 (Herenhaus) などがある。家の内部にはケルト人の生活文化を伝える家具・什器が展示されているが、建築部位については、その建設技法がいつの時代のものか明示されていない箇所が多い。このほか、美しい馬車が発掘された墳墓の様子や、陶器を焼いた窯など15棟の諸施設が、古代ケルト人の集落形態そのままに再現されている。

19 ウィーン
Wien

ウィーンから北東35kmのニーダーズルツにあるニーダーズルツ・ヴァインフィールテル博物館村 (Weinviertler Museumsdorf Niedersulz) には、ニー

163

ダーエスターライヒ (Niederösterreich) 州東部の伝統的なワイン農家など44戸が保存・展示されている。主屋の大部分は煉瓦造の白い塗壁仕上げだが、納屋や車庫は木の軸組造が多い。建物配置は、道の片側に細長い家々が直角に並ぶ、ここからスロヴァキアにかけての普通の形式を伝えている。家の間取りは、直列型と片側だけ少し折れた鉤型(かぎ)(Hakenhof) のほか、両端共に鉤型のコの字形やL字形の家もあり、❹No.4のヴィルデンドゥルンバッハの家 (Doppelhakenhof aus Wildendurnbach, 1837年頃) はコの字形の代表例。屋内にはこの地域特有の木造屋根架構の模型や大工道具、用材の見本などが展示されているので、見過ごさないようにしたい。

また、同じウィーンの北方アスパルンには、古代史博物館 (Museum für Urgeshichte, Asparn an der Zaya) があり、木造建築の古代史的な発展を描いた本館の展示をはじめ、❷棟持柱(むなもちばしら)をもつ四廊式のロングハウス(紀元前4000年期)や、❸柱の間に校木を積んだ新石器時代後期の大型住居(紀元前2000年期)とその後に出現した竪穴住居など、学術的に貴重な復原住居を10棟ほど見ることができる。

11

ルーマニア、ウクライナ
Rumania & Ukraine

トランシルヴァニア地方と
ワラキア地方の木造教会と街並

✈ 日本からのアプローチ

日本から、空路でその日のうちにブクレシュティ（ブカレスト）まで着くには、ウィーンかパリ経由がいちばん早い。ルーマニアはラテン系の国だから、フランスやイタリアからのほうが行きやすいように思えるが、ミラノ経由はなぜか時間がかかる。ゲルマン系ではアムステルダムかミュンヘン経由になり、フランクフルトやロンドンからだと翌日午前の到着になってしまうだろう。

陸路だと、ブダペストからクルジュ゠ナポカ経由で入るのが通常の手段。鉄道のほか空路もあり、共に1日2便。デブレツェン（Debrecen）経由でマラムレシュ地方に列車で入ることもできる。ただし、ブダペストからティミショアラ（Timişoara）経由で入る場合は夜行になるから、先にワラキア地方かシビウ方面へ廻っておいたほうが時間の節約になる。ソフィア方面からルーセ（Ruse）経由で入る場合は、まずはブクレシュティまで直行したい。

✎ 旅程の組み方 （→注）

首都ブクレシュティ（Bucureşti／ブカレスト, Bucharest ①）では、伝統的な建築や集落の詳しい情報を仕入れるため、まずルーマニア村落・民芸博物館を訪れておこう。ただし、展示をすべて見ると時間を忘れるから、半日だけの見学にとどめ、初日はブクレシュティを午後に出て、トランシルヴァニア地方の玄関口であるブラショフ（Braşov ⑤）でまず1泊。ブラン城への往復は、意外に時間がかかるから注意すること。

次の日、早めにシビウ（Sibiu ④）に向かえば、旧市街の素晴らしい広場や建築を充分堪能できる。ここのドゥムブラヴァ伝統民俗文化博物館は非常に大きく、内容も充実しているので、シビウを旅の前半のハイライトにし、ゆっくり過ごしたいところだ。初日に直接トゥルク・ジウ（Târgu Jiu ③）まで行き、クルティショアラ（Curtişoara）の民家園などでワラキア地方の建築を先に見てから、少し辛いがクルジュ゠ナポカ（Cluj-Napoca ⑥）経由の夜行でバヤ・マレ（Baia Mare ⑦）へ直行し、クルジュ゠ナポカ市内やシビ

ウは帰路に寄る案もある。

シビウからクルジュ゠ナポカまでは、接続が悪い列車より本数が多い遠距離バスのほうが便利。所要時間は3時間前後で、早朝発の便もある。この旅では、マラムレシュ地方の木造建築を見ることが後半のハイライトになるから、それにはクルジュ゠ナポカを旅の中継点として活用することが重要である。ここにある野外博物館も立派だが、場合によっては割愛しよう。次の目的地はバヤ・マレ。ここもクルジュ゠ナポカ同様旅の基地になる町で、ここまでは週に1回ブクレシュティから空の便がある。

4日目はここで泊まり、5日目はまずバヤ・マレからシュルデシュティ（Surdesty）の教会を見学、18号線沿いにベルベシュティ（Berbeşti ⑨）を通ってシゲット・マルマツィエィ（Sighetu Marmaţiei ⑩）に至るのが普通のコースで、路線バスも使える。だが、デセシュティ（Desesti）からカリネシュティ（Calinesti）を経てブルサナ（Bârsana ⑧）に至る別の道を選ぶと、イザ（Iza）川上流の村々も早めに見て廻れる。シゲット・マルマツィエィから別便でボグダン・ヴォダ（Bogdan Voda）まで行き、そこからイェウッド（Ieud）やロザヴレア（Rozavlea）などを見ながらシゲット・マルマツィエィに戻るのもよいだろう。

時間の余裕があれば、ここからウクライナの西部を訪れたり、シゲット・マルマツィエィからサルヴァ（Salva）経由の夜行でスチャヴァ（Suceava ⑪）に廻り、ブコヴィナ（Bucovina）地方の美しい修道院を見てからブラショフ経由、あるいは直接ブクレシュティに戻ることも可能である。さらに日程が許せば、この際「木造建築の秘境」といわれるウクライナ西部のリヴィウ（L'viv）とその周辺にも寄ってみたい。ルーマニアからはシゲット・マルマツィエィからが最短距離だが、越境できる公の交通手段がないため、バヤ・マレからハンガリーのニーレジュハーザを経由するか、スチャバから北のチェルニウツィー（Chernivtsi, Чернівці）に入り、イヴァーノ゠フランキーウシク（Ivano-Frankivsk, Івано-Франківськ）を経由すれば、訪問が可能になる。

［注］地名の後に挿入した丸数字は、右頁の地図や本文の地名タイトル、その頁下部の旅程図に掲載した地名冒頭の丸数字と整合している。

ルーマニアの木造建築

バルカン半島の西端に位置するルーマニアは、アジアとヨーロッパの中間にあることで絶えず東方から異民族が流入し、その大陸的な生活文化の影響を受けてきた。その反面、ダキア(Dacia)人の時代からローマ帝国の属領だったために、東ヨーロッパでは珍しくラテン系の言語や因習が保たれ、中世以降はゲルマン系の、そして西隣ハンガリー系の政略的な移民の影響も重なって、現在のルーマニアには、その複雑な自然が生み出す閉鎖的な地域性の中に、多様な民族文化が層を成して蓄積されている。

この地域と民族の特性が端的に現れるのが、その伝統的な木造民家である。ドナウ河口のドブロジャ地方に多い、塗壁の細長い平面に草葺屋根を載せた家、ワラキア地方の平原にみられる四角い平面の井楼組(せいろうぐみ)に板葺屋根を載せた2層の家、そして険しい山々に囲まれたトランシルヴァニア地方の、長方形の平面に柿葺(こけらぶき)の大きな寄棟屋根の家というように、

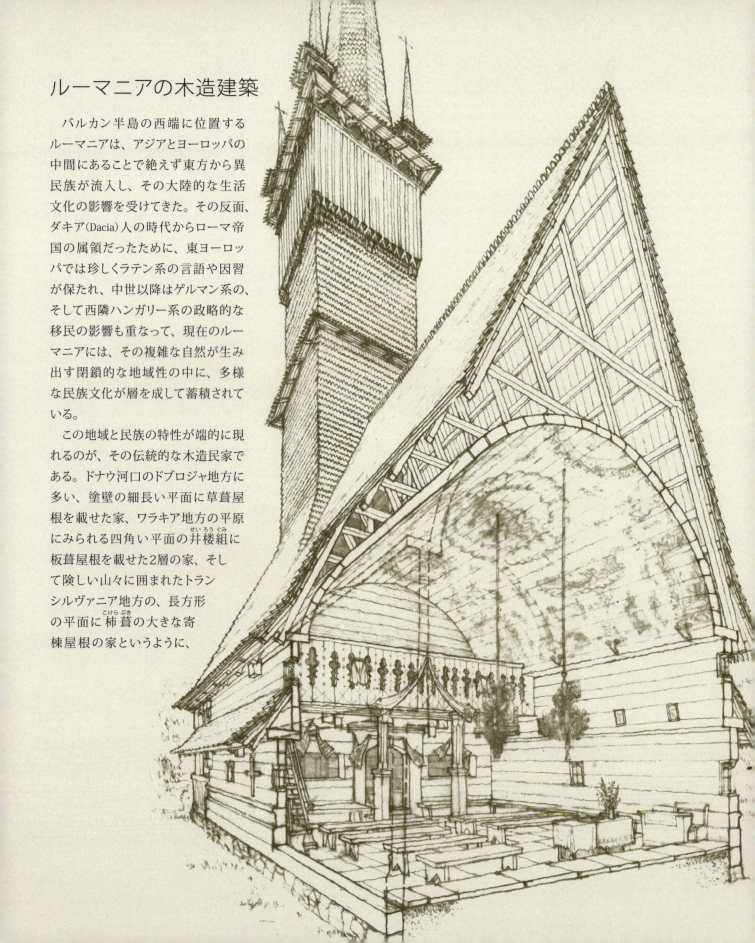

地域によってその形態がまったく違う。まして、トランシルヴァニアの村人は、敷地周辺を延々と木塀や木柵で囲い、そこに思い思いのデザインで立派な門を構え、それを木彫で飾る。したがって、いくつ村を巡っても、さまざまな民家や集落の形態への興味は尽きない。

加えて、北部ルーマニア観光の主体をなすのが、いまや全世界に有名になったマラムレシュ地方の木造教会群の素晴らしさ。ドナウ流域最深部の小さな谷あいや丘陵を旅すれば、ゴシック風の鋭く高い鐘塔を頂く井楼組の教会が、村ごとに旅人を迎えてくれるのだ。その建築の由来を尋ねれば、過酷な宗派争いと国外からの干渉があったがゆえと知るのだが、その意匠や構法の源をたどるだけで、国境を越えたハンガリー、スロヴァキア、ポーランド、そしていまだ行き来ままならぬウクライナのザカルパッチャ地方へと、さらなる旅への想いがつのる。だが、これまで知られていない木造の建築や、自然の環境に順応した村人の智恵を探ろうとする旅人にとって、ルーマニアほど交通が不便で時間がかかる国はない。だからこそ、町の人にも村のことがわかる野外博物館が整備されているともいえる。しかし、我慢すればするだけ悦びを与えてくれるのもルーマニア。この国は、数少ない列車とバスの時刻表を操ることで、誰も知らない村を訪ねる旅ができる無限の可能性を秘めているのだ。

マラムレシュ地方の数多い木造教会のなかでも最も有名なシュルデシュティの聖ミハイル・ガヴリエル大天使教会（1767年）。ゴシック様式の鐘塔は高さ54m。華麗な障壁画と厚板のヴォールト天井いっぱいに描かれた素朴な彩色画との対比が素晴らしい。（→p.173）

11 ルーマニア、ウクライナ —— Rumania & Ukraine

い。とくに黒海沿岸やトランシルヴァニア西部、モルドヴァ（Moldova）東部などの建築は、他の民家園で展示されていないから、ここでよく見ておくのも貴重な経験となろう。

木造教会では、**1**鐘塔が高いレムキ（Lemky）型のマラムレシュ県ドラゴミレシュティの教会（No.9, Biserica din Dragomirești, jud. Maramureș, 1772年）やクルジュ県トゥレアの教会（No.7, Biserica din Turea, jud.Cluj, 18世紀）のほか、モルドヴァやワラキア（Valahia）地方に特有な、3室直列型の平面構成で寄棟屋根に低い鐘塔を頂くネアムツ県ラプチウニツァの教会（No.62, Biserica din Răpciuniţa, jud. Neamţ, 1773年）がある。

農家の家構えでは、同じトランシルヴァニア地方でも急勾配で柿葺の大きな寄棟屋根を載せたサトゥ・マーレ県モイシェニの家（No.2, Casă din Moișeni, jud. Satu Mare, 1780年）と、**2**屋根は小さいが向拝を付けたゴルジュ県チェアウルの家（No.40, Casă din Ceauru, jud.Gorj, 1875年）がよい対照を成し、モルドヴァ地方のスチャヴァ県では**3**柿葺の寄棟屋根に入口の柱廊が突き出たヴォイティネルの家（No.70, Casa din Voitinel, jud. Suceava, 18世紀）や塗壁の周囲に柱廊があるドゥンブラヴェニの家（No.64, Casă din Dumbrăveni, jud. Suceava, 19世紀）なども見落とせない。ワラキア地方では**4**半地下式のドルジュ県カストラノヴァの家（No.48, Casă din Castranova, jud. Dolj, 19世紀）が珍しく、**5**コンスタンツァ県オストロフの家（No.52, Casă din Ostrov, din Constanţa, 19世紀）のような肘木を載せた柱列は、黒海周辺にアジア的な伝統技法を留める架構として、とくに重要である。（→p.193, 221）

ブクレシュティ市内には、統一広場（Piaţa Unirij）脇のフランチェズ通（Str. Franceză 62-64）にある**6**ハヌル・ルイ・マヌク（Hanul lui Manuc, 1808年）が最も有名で、市街地では唯一の木造建築。ここはルーマニア最古の木造ホテルで、宿泊しなくても伝統的な料理と共に民芸風の内装が充分楽しめる。

① ブクレシュティ（ブカレスト）
București (Bucharest)

市街の北辺、ヘラストラウ湖（Lacul Herăstrău）の畔にあるルーマニア村落・民芸博物館（Muzeul Satului şi de artă Populară Romănia）は、当初5haの敷地にルーマニア各地から27棟の民家や教会などを集めて1936年に開設されたが、1986年に敷地が15haに拡張され、265棟の建物を展示するヨーロッパ有数の野外博物館となった。開設時にはトランシルヴァニア（Transilvania）地方の建物が多かったので、敷地南の入口周辺にはマラムレシュ（Maramureș）県などの木造民家が多く展示されている。

しかし、湖に沿った北側の敷地では、ルーマニアの中央からドナウ（Dunăra）川河口にかけての東部地域、その北端では北東地域の建物が見られるから、こうした配置を参考にして効率よく園内を巡るとよ

② ゴレスシュティ（アルジェシュ）
Goleşti (Argeş)

ブクレシュティの西北西約100kmのピテシュティ（Piteşti）から東南へ10kmほどのゴレシュティ（Goleşti）にあるゴレスシュティ＝アルジェシュ、ブドウ・果実栽培博物館（Goleşti- Argeş, Muzeul Viticulturii si Pomiculturii）は、ブドウと果実の栽培が盛んなワラキア地方の土地柄を活かすため、ブクレシュティとシビウ（Sibiu）に次ぐ第3の公共施設として1966年に開設された。園内のゴレシュティ博物館（Muzeul Goleşti, 1640年）には歴史・民族的資料が展示されていて、野外博物館の部門には、アルジェシュ（Argeş）、ブザウ（Buzău）、ゴルジュ（Gorj）などの県にある果樹栽培農園（Gospodărie pomicolă）やブドウ栽培農園（Gospodărie viticolă）から、18-19世紀の木造建物が約140棟移築され、伝統的な栽培種に必要な施設や道具類なども、楽しく見て廻ることができる。

③ トゥルグ・ジウ
Târgu Jiu

ワラキア地方ゴルジュ県の中心都市トゥルグ・ジウは、彫刻家C. ブランクーシ（Constantin Brâncuşi, 1876-1957年）の生誕地で、そこの英雄通（Calea Eroilor）には、彼の「沈黙の円卓（Masa tăcerii）」「小椅子の道（Aleea scaunelor）」「**7** 接吻の門（Poarta Sărutului）」「無限柱（Coloana fără sfârşit）」が展示されている。

また、トゥルグ・ジウから北10kmのクルティショアラ（Curtişoara）にあるクルティショアラ・ゴルジュ民家博物館（Muzeul Arhitecturii Populare din Gorj, Curtişoara）は、ゴルジュ県を中心にしたワラキア地方の伝統的な木造民家の蒐集・保存で知られ、井楼組の納屋の上にバルコニー付きの居室を構えた**8** ドブリツァの家（Casă din Dobriţa, Runcu, jud.Gorj）や、上階の幅を拡張し、さらに厠を渡り廊下でつなげた**9** トゥルグ・カルブネシュティの家（Casă din Târgu Cărbuneşti Vechi, jud. Gorj）など、30棟余りの個性的な形をした建物が展示されている。

なお、柿葺の寄棟屋根と南側全面に柱廊を持つ木造平屋建ての典型は、トゥルグ・ジウ西方20kmのペシュティシャニ（Peştişani）から南3kmのホビツァ（Hobiţa）にある**10** C. ブランクーシの生家（Casa Memorială a sculptorului Constantin Brâncuşi）でも、詳しく見ることができるだろう。

ゴルジュ地方に現存する木造教会は、みな極端に高い鐘塔がなく、低いかそれもない形式で、クルティショアラから東北16kmにある**11** クラスナ（Crasna）の木造教会（Biserica de lemn din Ungureni "Izvorul Tămăduirii", 1768年）、トゥルグ・ジウから西4kmにあるバレシュティ（Băleşti）の木造教会（Biserica de lemn din Ceauru, 1672年）、同じく西20kmの**12** ペシュティシャニ（Peştişani）の木造教会（Biserica de lemn din Frânceşti-Boaşca, 1823年）などが有名である。

11 ルーマニア、ウクライナ —— Rumania & Ukraine

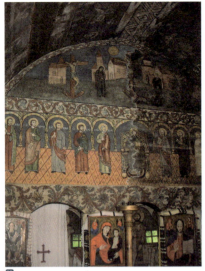

■ドゥムブラヴァ伝統民俗文化博物館
市の中心から博物館前まで1時間に約1本の直通バスの便あり。

 シビウ
Sibiu

ローマ人の集落跡に築かれたシビウは、12世紀からトランシルヴァニア地方におけるザクセン（Sach-sen）人の商業・経済の中心地として栄え、同時に多くの職人のギルドも集中し、独自の生産技術や文化・芸術が育った町だ。現在の人口は15万。古い城壁跡に囲まれた丘の上の旧市街は世界文化遺産で、入り組んだ坂道や風情ある広場の脇に赤瓦屋根の豪壮な家が立ち並び、ドイツの都市と似た独特の雰囲気を漂わせている。市街の南西にあるドゥムブラヴァ（Dumbrava）の森には、ルーマニア随一の規模を誇るドゥムブラヴァ伝統民俗文化博物館（Muzeul Civilzaţiei Populare Traditionale "ASTRA" Dumbrava Sibiului）があり、40haの広大な敷地に約300棟の建物が、115群に分けて展示されている。製材所や製粉所など、水車を動力源とする農山村の生産施設を敷地中央の池や川周辺に集

めて動態保存していることと、トランシルヴァニア各地の伝統的な職種を受け継ぐ職人たちの家の多いことが、この博物館の特色だろう。
敷地北端にある**サラージュ県ベゼドの木造教会**（Beserică de lemn cu troita sculptata, Bezded, jud.Sǎraj, 18世紀）は、内部の壁画が素晴らしいレムキ型の建築だ。その手前には、マラムレシュ県やゴルジュ県の立派な門構えがある農家が屋敷ごと移築されていて、**フネドアラ県ルシュクリッツァの葦笛作家の家兼アトリエ**（No.87 Gospodărie –atelier de spata, Râsculiţa, jud.Hunedoara）のような農村における職人層の住まいとのよい対照をみせながら、すてきな集落の景色を創り出している。この展示法は敷地の西方にある民家群にもみられ、ここにはハルギタ県コルンドの陶芸家の家（No.121, Gospodărie –atelier de olar, Corund, jud. Harghita, 1832年）や**シビウ県ポイアナの羊毛家の家**（No.128, Gospodărie pastorala pentru ilustrarea prelucrarii lanai, Poiana Sibiului, Sibiu, 1854年）のように、シビウ周辺の伝統的な生業を支える人たちの建物が多い。（→p.225）
一方、湖の南西に広がる森の中には、トランシルヴァニア地方西部で牧畜を営む人々の素朴な建築などが集められていて、**フネドアラ県クンプ・ルイ・ネアグの囲み庭のある牧夫の小屋**（No.16, Gospodărie pastorala cu "colna", Câmpu lui Neag, jud. Hunedoara）のように、複数の建物や柵で多角形の囲み庭を巧みにつ

くる技法を見られるのが楽しい。(→p.225)
順路の最後にある南東のブロックには、比較的農地が広くて平坦な農村の家屋敷と、幾種もの穀倉や作業場、風車などが展示されている。ここには、柿葺や藁葺と瓦葺の主屋、円錐形や寄棟の屋根の大きな脱穀場や納屋などがあり、その構造や材料の違いをゆっくり確かめられるので、立ち寄ってみたい。

⑤ ブラショフ
Brașov

ブラショフの南西30km、ワラキア地方からトランシルヴァニア地方に通ずる重要な街道筋にある⓲ブラン城(Castelui Bran, 1377年)は、吸血鬼ドラキュラ(Dracula)のモデルとなったV. ツェペシュ(Vrad Țepeș)の祖父ヴラド1世が築いた中世の城塞として観光的にも有名だが、当時の木造建築の技法もさまざまな形で建物の内外に活かされていて、見ていても飽きない。入口脇にあるブラン村落博物館(Muzeul Satului Brănean)では、⓳⓴丸太組の壁を白い漆喰壁で仕上げたペシュテラの「囲み庭のある家(Casa cu ocol din Peștera, Moeciu, jud.Brașov, 1843年)」が、ブラショフ県に特有な中庭の周辺に主屋や畜舎など4棟を配置する例として重要である。そのほか、柱廊の柱頭に木彫の飾りを施したハンガリー風のモエチウの家(Casa musceleană, Moeciu de Sus, Moeciu)などもあり、城の見学後に訪れてみるのも楽しかろう。(→p.193)

また、ブラショフから西北125kmのシギショアラ(Sighișoara)への道沿い、あるいはその西の丘陵地には、12世紀からドイツ系のザクセン人(Saxony)がハンガリーを通って多く入植しており、彼らが15世紀にオスマン帝国の襲撃に備えるため、教会を中心にして周囲を城塞で囲んだ町が数多く残っている。なかでも世界文化遺産に登録されたビエルタン(Biertan)をはじめ、プレジュメル(Prejmer)、ヴィスクリ(Viscri)、クルニク(Câlnic)、ドゥルジウ(Dârjiu)、サスキズ(Saschiz)、ヴァレア・ヴィイロル(Valea Viilor)

の7カ所が有名である。現在、この地域に住んでいるドイツ系農民は、薄い青か緑による寒色系の塗壁、ハンガリー系の移民であるけセーケイ人(Székely, Secuj)の農民は、白あるいは黄、または赤の暖色系の塗壁の家に好んで住むことが多い。ブラショフからE60号線沿いに北へ23km㉑㉒ロトボフ(Rotbav)は、こうした異なる民族的背景を持つ両者の家々が道を挟んで対面する、この地方の城塞都市としては珍しい一例である。

⑥ クルジュ＝ナポカ
Cluj-Napoca

紀元前2世紀にローマ帝国の植民都市として登場したナポカは、東西交通の要衝として栄え、11世紀にザクセン人が入植してからは、ハンガリー王の援助もあって、トランシルヴァニア地方の中心地クルージュとして隆盛をきわめた。そのため、ここではルーマニア古来の住まいづくりの手法と、ハンガリー人やドイツ人がもたらしたさまざまな建築の技術とが混ざり合い、それが多様な建築の伝統を形づくっている。こうした状況を一望するには、市の北西、ホイア（Hoia）にあるトランシルヴァニア民族博物館（Muzeul Etnografic al Transilvaniei）の野外展示部門（secția în aer liber, Str. Taietura Turcului）を訪れるとよい。

木造教会は3棟あり、㉓**サラージュ県チゼルの聖ニコライ教会**（Biserica din Cizer, jud. Sălaj, 1773年）は内部の壁画が素晴らしく、敷地の奥にある㉔**ペトゥリンドゥの教会**（Biserica din Petrindu, jud.Sălaj, 1612年）はこの地域で最も古いレムキ型の建築だ。そのほかに、ビストリツァ＝ナサウド県キラレシュの小さな木造教会（Biserica din Chirareș, jud.Bistrița-Năsăud, 18世紀）もある。農村の建物配置では、主屋と畜舎とが別々に中庭を持つマラムレシュ県ベルベシュティの農家（Gospodărie din Berbești, jud. Maramureș, 1795年）や、果樹を栽培するアラド県アルマシュの農家（Gospodărie din Almaș, jud. Arad, 1882年）、㉕**ブドウ栽培のための諸施設が整っているアルバ県ガルダ・デ・ススの農家**（Gospodărie din Galda de Sus, jud.Alba, 18世紀後半）が、その独特な門構えと共に、ルーマニア北西部の豪壮な民家の伝統を示している。（→p.211, 225）

また、門塀で囲まれていない㉖**クルジュ県ジャカの農家**（Gospodărie din Geaca, jud.Cluj,19世紀後半）やマリシェルの農家（Gospodărie din Marisel, jud. Cluj, 20世紀初頭）などがトランシルヴァニア地方中央部のルーマニア人の堅実な木造の構法を、また同じ県で㉗**ベデチウの農家**（Gospodărie din Bedeciu, jud.Cluj, 19世紀初頭）がハンガリー的な藁葺屋根の技法を伝え、さらにビストリツァ＝ナサウド県テルナの農家（Gospodărie din Telna, jud.Bistrița-Năsăud, 1789年）がザクセン人の屋根と井楼組の技法を、㉘**ハルギタ県カシン・イムペルの農家**（Gospodărie din Imper, jud. Hargita, 1678年）がセーケイ人の古典的な居住様式を示している。蒐集範囲はトランシルヴァニア全域に及ぶが、それらの民族的背景の複雑さと地域の多様性を対比させながら、狭い敷地でも建物をうまく展示している例といえよう。（→p.205）

㉓

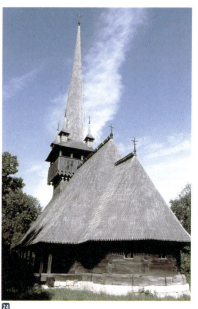
㉔

㉕

㉖

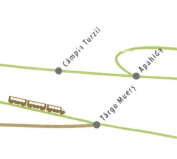

⑦ バヤ・マレ
Baia Mare

昔から金銀などの鉱山の町として繁栄したバヤ・マレはマラムレシュ県の県都で、ルーマニア北西部の観光基地でもある。時間が許せば、市街のすぐ北にあるバヤ・マレ民族・民芸博物館（Muzeul de Etnografie și Artă Populară - Baia mare）で、この地域の伝統的な木造建築について知識を蓄えておこう。

ここには、ベルベシュティの農家（Gospodărie din Giulești, Belbești, 1806年）をはじめ、ラプシュの農家（Gospodărie din Lăpuș, 1825-75年）や、プレルカ・ヌーアの農家（Gospodăria din Preluca Nouă, 1780-1900年）など、約60棟の井楼組による木造家屋とケキシュの木造教会（Biserica de lemn din satul Chechiș, 1630年）とが、マラムレシュとサトゥ・マーレの両県から蒐集・展示されている。

ここバヤ・マレから東北のイザ（Iza, ティサTisza）川の上流域にかけては、この地域に特有な鐘塔だけが高いレムキ型の木造教会が多く残されていて、そのなかから、ブルサナの聖母奉献教会（Biserica Intrarea Maicii Domnului în Biserică din Bârsana, 1720年）、ブデシュティの聖ニコライ教会（Biserica "Sf. Nicolae" din Budești, 1643年）、㉙デシュティの聖パラスキヴァ教会（Biserica "Sf. Paraschiva" din Desești, 1770年）、㉚イェウッドの聖処女降誕教会（Biserica "Nașterea Maicii Domnului" din Ieud, 1364年）、プロピシュの聖大天使教会（Biserica "Sf. Arhangheli" din Șișești, Plopiș, 1796-8年）、ポイェニレ・イゼイの聖パラスキヴァ教会（Biserica "Sf. Paraschiva" din Poienile Izei, 1604年）、ロゴスの聖大天使教会（Biserica "Sf. Arhangheli" din Târgu Lapus, Rogoz, 1663年）、㉛シュルデシュティの聖ミハイル・ガヴリエル大天使教会（Biserica "Sf. Arhangheli Mihail și Gavril" din Șișești, Șurdești, 1767年）の8教会が、世界文化遺産に登録された。その多くは、トルコの攻撃が終った1717年以後に再建されたものだ。

このなかでは、シュルデシュティの教会がレムキ型の鋭い鐘塔の高さ54mを誇り、かつバヤ・マレから18号線を東へ10kmという近さもあってか、観光的には最も人気が高い。礼拝堂は厚板のヴォールト天井、内壁は美しい壁画（1810年）で飾られている。そのほか、同じ地区にあるプロピシュ（Plopiș）の教会も、鐘塔の尖塔の裾に4つの小尖塔を頂くゴシック様式の素晴らしい形の建築。通常の観光ルートでは行かないので、この際ぜひ立ち寄ってみたい。（→pp.166-7, p.193）

18号線をさらに東北へたどると、左にデシュティ（Desești）の教会が見えてくる。シュルデシュティやプロピシュの教会の西側の妻にあった、スロヴァキアに多い半円錐形の屋根飾り（ククラ）が、西側の2段になった妻屋根にもあるから、判別しやすいだろう。18号線から東への間道にあるブデシュティ（Budești）の教会も小尖塔を4つ持ち、鐘塔はそう高くなくやや太めだが、ここではこの形だけが、後にレムキ型の教会を建てるとき、そのモデルとして普及している。

11 ルーマニア、ウクライナ —— Rumania & Ukraine

⑧ ブルサナ
Bârsana

ブデシュティからイザ川上流域のブルサナ（Bârsana, Bîrsana）に抜ける途中のカリネシュティには、低地にある聖処女降誕教会（Biserica de lemn Naşterea Maicii Domnului Călinesti-Josani（Căieni）, 1663年, 1784年）と、高台のキリスト生誕教会（Biserica de lemn Naşterea Preacuratei Călinesti-Susani, 1758年）とがあり、前者はこの地方で唯一L字形の平面を持つ独特な外観と、内部の壁画（1754年）で知られている。世界文化遺産であるブルサナの古い木造教会は村が元の場所に保存しているが、ここの修道院（Mănăstirea Bârsana）の敷地内にも再現されている。鐘塔の高さは54m。その隣地に同じ技法で建てられた女子修道院の新教会（1993年）の鐘塔は57mで、それらが互いに高さを競う様は壮観といえよう。

ブルサナから東南25kmのボグダン・ヴォダ（Bogdan Voda、Cuheaは古称）に至る手前3kmを西南に折れた谷間にある ③②**イェウッド（Ieud）は、この地方の農村の伝統的な生活様式を色濃く残す貴重な集落である。**高台にある聖処女降誕教会は、1364年に創建されたマラムレシュ県で最も古い教会で、西側に柱廊がない素朴で古い教会の形式と、15–16世紀の壁画とを伝える名建築。もうひとつの木造教会（1718年）はゴシック様式である。ボグダン・ヴォダの教会（1722年）も素晴らしい建築だが、ここではブルサナの教会と同様、西の入口側にイェウッドの祖形にはなかった3スパンの柱廊がすでに加えられている。

これらとブルサナとの中間にある

③③ロザヴレアの教会（Biserica Sf. Arhangheli Mihail si Gavril din Rozavlea, 1720年）は、柿葺屋根の曲線が非常に美しい建物。内部の壁画（1770年）も見事なので訪れる人が絶えない。ロザヴレアから南西10kmのボティザ（Botiza）には新旧2つの教会（1694年, 1974年）があり、その北の谷を詰めれば、太いナラ材の井楼組と地獄を描いたフレスコ画（1783年）が印象に残る、ポイェニレ・イゼイ（Poienile Izei）のすてきな木造教会が見られるはずだ。

⑨ ベルベシュティ
Berbeşti

バヤ・マレから18号線沿いにシゲット・マルマツィエィへ向かう途中、ベルベシュティ付近にさしかかると、道の両側に③④**立派な門構えを持つ農家の垣根や塀**が連なって見えてくる。門（Poartă）には大きい両開き戸に小さい潜り戸が付くのが常で、片開き戸だけが付く門（Vraniţas）は比較的少ない。木彫を施した門柱を寄棟・柿葺の小屋根で繋いだこの門は、ダキア人（Dacii）の時代からルーマニア北西部に伝わっていて、マラムレシュをはじめゴルジュ、ブザウ、ヴルチャ（Vâlcea）、スチャヴァ（Suceava）などの県に広くみられる。③⑤**門柱が5本という立派な構えもあり**、屋根の棟飾に家畜や鳥をかたどる風習は、アジアの鳥居を想わせて興味深い。（→p.217）

⑩ シゲット・マルマツィエィ
Sighetu Marmaţiei

昔はティサ（Tisza）川上流の両岸も占めていたマラムレシュ地方。その中心地シゲット・マルマツィエィの人口は4万である。この町の北側が1941年からロシア領になったため、いまではウクライナのザカルパッチャ州までが2kmの国境の町になってしまった。しかし、ここを拠点にすれば、イザ（Iza）川上流域の木造建築や村々を充分探索できるし、近い将来ウクライナ側にも足を伸ばしてティサ川最上流に残るドナウ文化の残影と、手付かず

の自然を楽しむことができるだろう。そのためにも、市の東5kmにあるマラムレシュ村落博物館（Muzeul Satului Maramureșan, Sighetu Marmației）を訪ねるとよい。ここには、イザ川流域の木造建築が50棟ほど蒐集・保存され、現地でなければ見られない素朴な家屋の様式や古い木造の架構法が展示されているからだ。館内の丘の上にある木造教会は、ブルサナの近郊オンセシュティから移築した大天使教会（Biserica Sf. Arhangheli din Oncești, 1795年）。民家ではカリネシュティから移築したベルチュ家（Casa Berciu din Călinești, 17世紀）がよい。居間と前室、食品庫から成る3室住居で、構造材はモミ、扉と窓はトネリコを用いている。できれば小屋裏も覗き、急勾配の寄棟屋根が、この地域特有の 鋏 合掌で支えられているのを確認してみよう。そのほか、カリネシュティのイレア家（Casa Ilea din Călinești）、イェウッドのゴルゾ家（Casa Gorzo din Ieud）のような、壮大な4室の大型住居も見逃せない。㊱ブルサナ近郊のストルムトゥラから移築した家と門（Poartă din Strămtura, 1887年）は目立つ存在で、その門柱には、捩れた縄目の太い線とロゼット（バラの花形模様）で力強く「生命の樹（pomul vieții）」が刻まれ、両開きの門扉の縁は「狼の歯（dinți de lup）」模様で飾られている。また、この家の両面にある柱廊の柱に施された彫刻も、昔からの大工の技法を伝える傑作である。（→p.217, 221, 227）

⑪ スチャヴァ
Suceava

ルーマニア北部の文化・行政の中心地スチャヴァとその周辺のブコヴィナ（Bucovina）地方では、美しい壁画で飾られたルーマニア正教の修道院や教会が、古くから歴代の大公らによって手厚く保護されてきた。そのなかでも優れた建築が9件も世界文化遺産に登録されており、スチャヴァの西30kmにあるグラ・フモルルイ（Gura Humorului）から西へ広がる丘陵地に㊲㊳ヴォロネッツ修道院（Mănăstirea Voroneț, 1488年）、モルドヴィツア修道院（Mănăstirea Moldovița, 1532年）、アルボーレ修道院（Mănăstirea Arbore, 1503年）、フモール修道院（Mănăstirea Humorului, 1530年）、プトナ修道院（Mănăstirea Putna, 1466年）、スチェヴィツア修道院（Mănăstirea Sucevița, 1585年）の6つがあり、スチャヴァの近郊にはパトラウツィ修道院（Mănăstirea Pătrăuți, 1487年）などが残されている。これらの修道院では、外壁を彩る貴重なフレスコ画を激しい風雨から護るため、上部の木造屋根や庇の構造を工夫し、ヴォロネッツ修道院のように庇を大きく壁面線の外に張り出している。壁画の主題は聖人像をはじめ、オスマン朝との戦いや聖書の一場面を描いたものが多いが、これらを賞でながら軒下に繰り広げられた木造架構の見事さを確かめてみるのも、木造の旅だけに許される、ひとつの楽しみ方であろう。

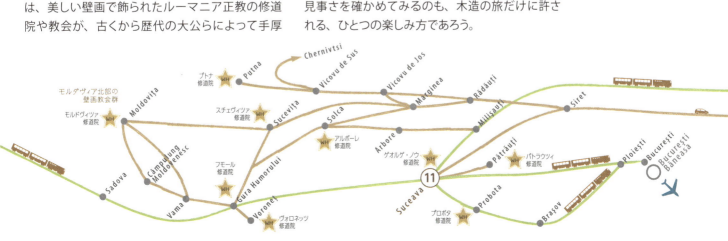

176　11 ルーマニア、ウクライナ──Rumania & Ukraine

39

40

41

42

43

44

⑬ ウージュホロド
Uzhhorod（Ужгород）

ウクライナ最西端に位置し、西4kmでスロヴァキア、南25kmでハンガリーに接する国境の町。市の中心を流れるウージュ（Уж）川の北岸に広がる高台に設けられたザカルパッチャ民族建築・生活博物館（Закарпатський Музей Народный Архтектурита Побуту）には、ザカルパッチャ地方の西方地域に伝統的な木造建築28棟が蒐集・保存されていて、なかでも㊶㊷ムカチェヴォの聖ミハエル教会（Церква св. арх. Михаила з с. Шелестово Мукачівський р-н, 1777年）を見に訪れる人が多い。この教会は、最初ラトリツィア（Латориця）川上流のシェレストーヴェ（Шелестове）村にあったが、1924年にムカチェヴォ（Мукачево）に移され、それが1974年に再度この地へと移築されたレムキ（Lemky）型教会の傑作で、とくに創建当時の木彫がある聖障が素晴らしい。このほか、ミジュヒル地方レキティの農家（Хата з с. Рекіти Міжгірський р-н, 19世紀初頭）やウージュホロド地方オリホヴィッツァの農家（Хата з с. Оріховиця Ужгородськкий р-н, 18世紀）など、柿葺や藁葺で急勾配の寄棟屋根を頂く、頑丈な井楼組の民家を見ることができる。

⑫ ヤシーニャ
Yasynia（Ясіня）

ザカルパッチャ地方（Закарптська область）ではごく稀とされる十字形平面のハツール（Hatsul）型教会（グツリシュチーナ教会：Церква Гуцульщина,ザカルパッチャ地方東部のウクライナ人教会」との意）が、ラヒヴ（Рахів）からティサ（Тиса）川を30km遡ったヤシーニャの村はずれに残っている。この㊴救主昇天教会（Церква Вознесіння Господнього（Струківська）з с. Ясіня Рахівський р-н , 1824年）は世界文化遺産で、前室の西側に「入口の間」が増設されたが、1階の深い庇は左右対称の出桁で均等に支えられ、内部も創建当時の素朴な室内装飾をよく留めている。㊵背後にある鐘塔（Колокольня）は1813年の建物。（→p.223）

⑭ フスト
Khust（Хуст）

町の東20ｋm圏内に、㊸ダニロヴォの聖ニコライ教会（Церква св. Николи Чудотворца з с. Данилово, Хустський р-н, 1779年）をはじめ、ソクルニッツァ（Сокирниця, 1709年）とノヴォセリッツァ（Новселиця, 17世紀）の教会、さらにフストからティサ（Тиса）川を東へ60-70km遡ったラヒヴ（Рахів）の手前の丘陵地帯には、セレドニェ・ヴォドゥアネの聖ニコライ教会（Церква св. Николи Чудотворца з с . Середнє Водяне, Рахівський р-н, 17世紀中葉）や、ディブロヴァの教会（Диброва, 18世紀）がある。フストから東北90kmにある㊹コロチャヴァの聖霊教会（Церква св. Духа з смт.

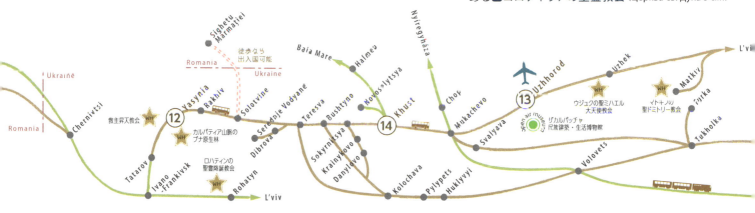

177

Колочава, Міжгірський р-н, 1795年) は、鐘塔をトランシルヴァニアのゴシック様式の高さに保ちながら、その形にレムキ型の地方色をより闊達に示した秀作。ここから西へ山を越え、リカ（Рика）川沿いの道をたどると、ピリペッツィ（Пилипець, 1752年）のマリア生誕教会や ㊺ フクリヴィイの聖霊教会（Церква св. Духа з с. Гукливий, Воловецький р-н, 18世紀）などを見ながら、ヴォロヴェッツ（Воловець）へ達することができる。

⑮ ドゥロホビーチ
Drohobych（Дрогобичі）

ウージュホロドからリヴィウ（Львів）へ通ずるE50号線沿いの村々には、㊻ トホルカの教会（Церква Успіння Богородиці з с. Тухолька Турківський р-н, 1846年）のように、純粋素朴なボイキ（Bojky）型（Бойківщина）の教会が数多く残っている。なかでもドゥロホビーチの聖ゲオルグ教会（Церква св. Юра в Дрогобичі Дрогобицький р-н, 1656年）は、八角錐の塔の最上部が下膨れして玉葱形になる形式では最も均整がとれた世界文化遺産。アメリカ合衆国でも再現されたほど有名である。ここまで迂回してもリヴィウに行かれるので、できれば訪れてみたい。（→p.193）

⑯ リヴィウ
L'viv（Львів）

西ウクライナにおける政治・経済の中心地であるリヴィウは、13世紀以降のロシアと他の東欧諸国とを結ぶ交通の要衝として発展した町である。中心街から東2.5kmのシェフチェンキフスキー・ハイ公園（Парк Шевченківський Гай）にあるリヴィウ・民族建築・生活博物館（Музей народної архітектури і побуту у Львові）は、リヴィウ地方とその周辺から5棟の教会を含む120棟以上の伝統的な木造建築を重点的に蒐集・保存し、その生活環境を忠実に展示していることで有名である。（→p.193）
まず訪れたいのは、敷地中央にある ㊼ クリフカの聖ニコライ教会（Николаївська Церква з с. Кривка Турківський р-н, 1763年）。前室の上に礼拝室とほぼ同じ高さで井楼組の副礼拝室と木造軸組の鐘塔を頂くボイキ型教会の典型で、八角錐の塔が5段階に幅が絞られながら3基林立する姿は見る者を圧倒する。前室の1階部分は木彫豊かな柱廊で支えられており、その立派な境内入口の門構えと共に、見所が多い名建築である。（→p.221）
ボイキ型教会の祖形を示す建物としては、敷地入口近くにあるティソヴェッツの ㊽ 聖ニコライ（ミハエル）教会（Церква св. Михайла з с. Тисовець Сколівський р-н, 1863年）が、また西側の鐘塔を軸組造で最も高くするレムキ型（Лемківщина）の教会の例としてはポーランドから移築した ㊾ コテニの聖ウラディミール教会（Церква св. Володимира і Ольги з с. Котень Кроснянського Воєводства/Республіка Польща, 1831年）が重要である。住居としては、南側に腰高の手摺がある柱廊を備え、寄棟形式の藁屋根が段葺された ㊿ オリヤフチクの農家（Хата з с. Орявчик Сколівський р-н, 1792年）などが、リヴィウ周辺部の特徴をよく示している。50haもある敷地はとても広く、建物ごとに細かく見ていると時間が足りなくなるので、地域ごとにその特徴をつかみながら、順路に従って要領よく廻ることが肝要だろう。（→p.193）

㊺

㊻

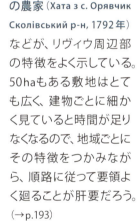
㊼

㊽

㊾

㊿

12

ブルガリア
Bulgaria

バルカン山地と
黒海沿岸の村と町

✈ 日本からのアプローチ

空路ソフィアへ入るには、ゲルマン系の便のほうがラテン系よりもやや便利。出発日中に着くにはウィーンかフランクフルト経由がよいが、曜日を限ればロンドンやミュンヘン、あるいはモスクワ経由でも可能だ。陸路ブルガリアに入るには、ルーマニアからが最も近い。それでもブクレシュティ(Bucureşti, Bucharest)からヴェリコ・トゥルノヴォまで列車で5時間半はかかる。また、昔からブルガリアの建築はトルコとの関係が深いので、イスタンブールから列車やバスを利用して、ソフィアやプロヴディフ、またはブルガスに直接入るのも興味深い。ギリシアからは、アテネからソフィアやプロヴディフ行のバスがある。テッサロニキ(Thessaloniki, Θεσσαλονίκη)経由の夜行でソフィアやブラゴェヴグラトに入る案もあり、ブルガリア南部を先に見て廻る際には便利だろう。

✎ 旅程の組み方 (→注)

ブルガリアの国土は東西に長いので、短期間でここをくまなく周遊するには、横長のループを描くように廻るがよい。プロヴディフ(Plovdiv, Пловдив ④)とコプリフシュティツァ(Koprivshtitsa, Копривщица ⑯)は、共に印象がとても強い町だが、古代からの歴史を重視するのなら、プロヴディフから旅を始めるのが得策だ。その前に、ソフィア(Sofia, София)南方にあるリラ(Rila, Рила ①)の僧院への日帰り旅をしておくのが普通だが、最近はブラゴェヴグラト(Blagoevgrad, Благоевград)から車やバスでさらに南下し、バンスコ(Bansko, Банско ②)周辺やゴツェ・デルチェフ(Gotse Delchev, Гоце Делцев)に1泊の後、ロドピ山脈の鄙びた村や町を縫うようにしてプロヴディフへ出るツアーが多くなっている。しかし、列車を利用する急ぎ旅の場合には、初日の夜までにプロヴディフへ着いておきたい。なにしろここは見所満載。半日以上は滞在したくなる町だからである。

2日目の夕方にブルガス(Burgas, Бургас)へ廻り、次の日に黒海沿岸のネセバル(Nesebâr, Несебър ⑤)やソゾポル(Sozopol, Созопол ⑥)を見るか、それともヴェリコ・トゥルノヴォ(Veliko Târnovo, Велико Търново ⑪)へ直行し、その周辺を重点的に探索するか否かは、旅程全体の日数による。列車だと、ブルガスの次はシュメン(Shumen, Шумен ⑦)泊りが適当で、ここの木造建築は見るべき価値が大いにある。ブルガスやプロヴディフからスリヴェン(Sliven, Сливен)経由のバスでコテル(Kotel, Котел ⑨)を訪ね、次の日にエレナ(Elena, Елена ⑧)経由でヴェリコ・トゥルノヴォに至るコースは、意外性に満ちていて興味深い。

ヴェリコ・トゥルノヴォはバルカン山地東部の観光拠点。普通のツアーでは市内と近郊アルバナシ(Arbanasi, Арбанаси ⑫)の観光だけで終ることが多いが、木造建築の旅では少々時間を割いてトリャヴナ(Tryavna, Трявна ⑮)かボジェンツィ(Bozhentsi, Боженци ⑭)のどちらかを見ておこう。エトゥール(Etâr, Етър)にも泊まれるが、列車だとトリャヴナ経由のほうが移動しやすい。その晩は「バラの谷」で有名なカザンラク(Kazanlak, Казанлък)やガブロヴォ(Gabrovo, Габрово ⑬)に泊まる案もあるが、できればコプリフシュティツァの宿を予約しておき、そこまで行き着くのが望ましい。ソフィアから大勢の観光客が押し寄せるこの町では、午前の早い時間しか静かな街並の雰囲気に浸れないからだ。ここで半日以上過ごしてから、列車かバスでソフィアに戻るのが標準的なコース取り。だが、同じ3時間たらずでこの町と建築的に関係が深いプロヴディフまで行けるので、最初ソフィアに到着後、次の日の夜行(7-8時間)でブルガスに直行する場合は、コプリフシュティツァとプロヴディフの両方を後半のハイライトにわざと残す、ダイナミックなプランも可能だ。また、最後のソフィア滞在に余裕を残しておき、ここにリラの僧院を組み込む案もよくあることで、参考にしてもよいだろう。

[注] 地名の後に挿入した丸数字は、右頁の地図や本文の地名タイトル、その頁下部の旅程図に掲載した地名冒頭の丸数字と整合している。

ブルガリアの木造建築

　日本人が他のヨーロッパの国からブルガリアに入った途端、誰もがこの国の建築に親しみを覚えるのは、それが柱・梁を露わに見せた木造で、しかも家のどこかにかならずヴェランダのような吹放ちがあり、それを緩勾配の瓦屋根が覆う様が、どことなくアジアを想起させるからにちがいない。それでいて、2階の一部を石積みの築地壁の上に張り出すここに固有な家屋の形式が、じつは外敵の侵入に備えた村人たちの知恵だと知れば、また日本とは異なる木造の歴史とその魅力に取り付かれてしまうのも、ブルガリアの持ち味といえるだろう。

　だが、ブルガリアにはオスマン朝の支配から脱した19世紀以前の建築がほとんど残っていない。近世までの町は、トルコ軍の手で破壊し尽くされてしまったからだ。そのため、ブルガリア独立の動きは町からでなく、山あいの修道院に潜む指導者か農村で商業も兼ねる知的な農民たちから興らざるをえなかった。この地方からの声に応じて姿を現したのが、いわゆる民族復興期の素晴らしい建築と、それによって生まれる個性的な街並だ。とくに独立運動時の英雄たちの名を冠することで大切に保存されてきたその見事な木造家屋の数々は、この国の近代史を象徴する貴重な文化遺産として、どの町、どの村でも地域観光の主役であり、外国人でも訪れやすい環境が整えられている。

　しかし、同じ民族復興期の建築とはいえ、訪ねてみると地域ごとの微妙な差異が見えてくる。バルカン山地から北の家は横長の平面で軸組の間に板を嵌め込む形が多いが、南下すればするほど軸組を塗り込めた壁が多くなる。平面も四角に変わり、屋根は寄棟となる。道路沿いの家は少しずつ上階が張り出し、下から方杖で支えるまでになるが、なかでも古都プロヴディフと関係が深く、かつ裕福な町であればあるほど、左右対称の平面を持つ邸宅が増えてくる。山間部では庇の出が大きいが、黒海沿岸ではそうでもない。ロドピ山脈の北側だと、家屋は再び細長い平面になって木部が減り、石壁が多い、といった具合だ。

　こうした差異は、隣国のルーマニア、トルコ、ギリシアの影響か、地域ごとの自然環境の違いによるのか、それとも元来はアジア系民族であるブルガール人の資質によるのか、これには諸説がありそうだ。この問いに答えるには、再訪してみるしかない。ヨーロッパの東端なのに、なにゆえここが洋の東西を結ぶ建築文化の交叉路になったのか。ヨーロッパ木造建築の次なる旅を企てるとき、ここから始めなければ、という気にさせる国が、ここブルガリアなのである。

現在は地域史博物館になっているD.ゲオルギアディ家（1848年）は、ブルガリアの古都プロヴディフに花開いた民族復興様式を代表する建築。平面形式にはトルコの影響が強いが、波打つような屋根や楕円形の天井の木彫などに、この国独自の伝統美がうかがえる。（→p.183, 193）

12 ブルガリア —— Bulgaria

を確かめてみよう。2階に歴史博物館、その階下に民族博物館がある。

② バンスコ
Bansko (Банско)

ブラゴェヴグラト（Благоевград）から東62kmのバンスコは、18世紀中葉から栄えた人口1万2,000の町。ピリン（Пирин）山系の観光地としても人気が高い。革命家N. ヴァプツァロフの生家（Къща-музей „Никола Вапцаров"）や地元バンスコ派の木彫や絵画を展示するヴェリャノフ家（Велянова къща）、教育者N. リルスキの家（Къща-музей „Неофит Рилски"）などが民族復興期を代表する木造建築。バンスコ南方50kmのゴツェ・デルチェフ（Гоце Делчев）からだと東北へ23km奥の ②コヴァチェヴィツァ（Ковачевица）は、人口わずか500ながら、有史以前からの歴史を誇る村。近世に優秀な石工を輩出したことから、村の聖ニコラ教会（Църква „Св.Никола", 1848年）やカプスゾフ家（Капсъзова къща, 19世紀）のように、石壁の多い木造家屋が大半を占める景観は秀逸で、映画のロケに使われることで有名だ。また、そのすぐ南にあるレシュテン（Leshten, Лещен）は広いテラスをもつ木造民家約30戸を残し、それらの大半を民宿に利用することで、村人たちはその素朴な景観をいまでも保っている。

① リラ
Rila (Рила)

ソフィアから南120kmの山中にあるリラの僧院（Рилски манастир）はブルガリア正教の総本山。オスマン・トルコの支配下にあった500年の間も、この僧院だけはキリスト教の教義とキリル文字の伝統を守り、この国の宗教・文化の精神的な中核でありつづけた。現在は世界文化遺産に登録されている。

外壁すべてを敵の攻撃に備えるよう、厚い石積みで要塞化した4層の建物が僧院で、往時は360の僧坊があった。最上階内側の壁と屋根とが木造軸組だ。四周を僧院で囲まれた中庭に聳えるブルガリア最大の聖母誕生教会（Църква „Света Богородица", 1833-7年）では、祭壇脇のイコンや柱廊に描かれた色彩豊かなフレスコ画が素晴らしい。また、**①僧院の中庭側には立派な木造バルコニーが何層にも巡らされているから、登ってそのディテールとそこからの俯瞰**

③ スモリャン
Smolyan (Смолян)

ギリシアとの国境に沿って広がるロドピ（Родопи）山脈には地中海性気候の森が多く、紀元前9世紀のトラキア人（Траки）をはじめ多くの民族が住み着き、石壁と木造軸組を組み合わせる独自の技を伝承してきた。プロヴディフ（Plovdiv, Пловдив）南方110kmのスモリャンはこの地方の中心地。ライコヴォ（Райково）、ウストヴォ（Устово）、エゼロヴォ（Езерово）など3村を併合した町で、ライコヴォのパンガロフ家（Пангалова къща, 1860年）やミリオン・チェシテフ家（Мильон Чешитева къща, 19世紀後半）、2戸建のギオロジェフ兄弟の家（Къщата на братя

Гьорджеви, 19世紀中葉)、ウストヴォのシェレメテフ家(Шереметева къща, 1886年)など、素朴ながらも力強い民族復興様式の建物が村ごとにみられる。また、スモリャン西方30kmのシロカ・ルカ(Shiroka Lǎka, Широка лъка)には、❸ズグロフとカライジースクの家(Згурова и Калайджийска къщи, 19世紀)などのように、板を横に挟み込んだ石壁の上に、木造塗壁の居室を部分的に張り出した家々が連なる、すてきな街並が健在である。(→p.193)

④ プロヴディフ
Plovdiv(Пловдив)

ソフィア東南125kmのプロヴディフは、ブルガリア第二の都市であると同時に、紀元前5000年紀から人が住んだ古い歴史の町。いまでもローマ時代の遺跡や、オスマン朝の支配後に民族復興様式で建てられた素晴らしい木造建築が多く残されている。

なかでも、市街地北東のスボルナ通(ул.Съборна)からネベト・テペ(Небет тепе)遺跡に上がる道筋の東西にその傑作が集中していて、とりわけヒサル・カピヤ(要塞門, Хисар капия, 紀元前4世紀)の脇にある❹地域史博物館(D. ゲオルギアディ家, Къща-музей, Д. Георгиади, 1848年)と、❺民族誌博物館(クユムジオグル家, Регионален етнографски музей, Къща Куюмджиоглу, 1847年)は見逃せない。両者とも建物四隅には暖炉付きの居間と寝室、2階中央には天井に華麗な木彫装飾を施した楕円形ホールを配した左右対称の平面構成で、前者は南入口上部、後者は北西入口の正面全体に波打った屋根を頂くその外観と共に、19世紀中葉に興ったブルガリア民族復興様式を代表する都市型木造の住宅として、世界的にも有名だ。この地域史博物館から北の❻ネベト・テペ遺跡に至るドクトル・チョマコフ通(ул. Д-р Чомаков)、南の円形劇場跡に至るキリル・ネクタリエフ通(ул. Кирил Нектариев)やプルディン通(ул.Пълдин)周辺には、縁取り模様のある彩色壁の上階を築地壁から石畳の路地に張り出した、この町ならではのバロック風の

木造住宅(19世紀)が軒を連ねている。それらの内部をよく見たければ、この通りからすぐ西にある❼大富豪の邸宅Р.バラバノフ家(П.Балабанова къща, ул. К.Стоилов 57, 19世紀初頭)や、アルメニア商人が建てたヒンドリヤノフ家(Хиндлиянова къща, ул. А.Гидиков 4,1835年)、民族誌博物館の隣の内装が見事なネトコヴィッチ家(Къща Недкович, ул. Ц.Лавренов 3, 1862–4年)などを訪ねてみたい。円形劇場跡のすぐ東に、❽フランスの詩人ラマルティーヌが住んだラマルティーヌ博物館(Къща - музей Ламартин, ул. Княз Церетелев 19, 1830年)があり、いくつもの方杖で上階の張出しを支える、ブルガリアやトルコによくある構法が使われている。(→pp.180-1, p.193)

184　12 ブルガリア── Bulgaria

❾

❿

⓫

⓬

⓭

⓮

⑤ ネセバル
Nesebâr (Несебър)

ブルガス (Burgas, Бургас) 東北35kmのネセバルは、紀元前2000年にトラキア人が住み着いた港町。紀元前5世紀頃にギリシア人が入植してから、ブルガリア人、ユダヤ人、イタリア人が共存する国際色豊かな町になった。黒海沿岸の建築は、オスマン朝の支配によってトルコ・アナトリア地方の木造の影響を強く受け、**❾1階は石造だが、2階すべてが間柱の間隔が狭い木造軸組板張りの家へと変わっていった**。ネセバルは、こうした街並と、ビザンティン帝国以降の遺跡や教会を多く残す美しい町として有名で、世界文化遺産にも登録されている。

古い木造建築があるのは、港近くの聖ステファン教会 (ノヴァタ・ミトロポリヤ, Църква „Св. Стефан" - Новата Митрополия, 11-12世紀) から東に延びるイヴァン・アレクサンドル王通 (ул. Цар Иван Александър) で、港に面したカピタン・パヴェル家 (Къщата на капитан Павел, 19世紀) は、2階木造部分の白い塗壁が印象的な建物。その東のメサンブリヤ通 (ул. Месембрия) 南東側には、**❿2階四隅に居室を配して左右対称の外観にしたモスコヤニ家** (Къща Москояни, 1840年) があり、民族博物館 (Етнографски музей) として使われている。(→p.193, 213)

⑥ ソゾポル
Sozopol (Созопол)

紀元前12世紀にギリシア人の手で開かれたソゾポルは、ブルガスから南東へ31kmの地にあり、アポロニヤ (Аполония) の名で発展したが、ブルガリアがオスマン朝の支配を脱してからは貿易の拠点がブルガスに移り、現在は漁業と観光だけが頼りの人口5,000の港町である。

旧市街のほうに1階は石造、2階は木造の民家が100戸余り残っていて、黒海沿岸らしい民族復興期の建築様式を色濃く留めている。ここの街並は、石

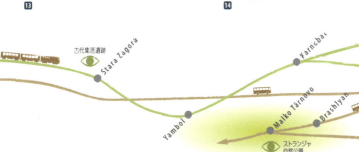

畳の坂道が続く起伏の多い地形に沿って、海を見下ろすように家々が緩やかに立ち並び、その開放的で人に優しい雰囲気が特徴になっている。家屋は、ネセバルとは違い、⓫**上階の張出し部分を曲線状に反った方杖で支える形式が多い**。

なかでも、東側の海岸に沿ったキリル・メトディ通（ул. Кирил и Методий）には、⓬**いまアート・ギャラリー（Художествена галерия）に使われている魚商のD.ラスカリディス家**（Къща Д. Ласкаридис, 17世紀）や太陽を象徴した三角破風があるA.トレンダフィロフ家（Къщата на А. Трендафилова）などがあり、歴史的建造物を保存しながら新しい街並を造ろうとする、この町の意気込みが見て取れよう。

⑦ シュメン
Shumen (Шумен)

ヴァルナ（Varna, Варна）の西90kmにあるシュメンは、南北を丘に囲まれるがゆえに、オスマン朝の支配下になると、ロシアの進出を阻む城塞都市へと発展した。現在はユダヤ人や、アルメニア人、トルコ人などが多く住む国際的な商業都市、または交通の要衝として知られている。

ここでは、中心街スラヴャンスキ通（ул. Славянски）よりも、一筋北側のツァーリ・オスヴォボディテル通（解放王通、ул. Цар Освободител）が最も古い街区で、19世紀中葉の民族復興期に活躍した革命家や芸術家の住宅が、貴重な建築遺産として保存・公開されている。そのほとんどが2層の木造で質素な外観だが、⓭**2階に吹放ちのキオシュク（Кьошк）と呼ばれる「涼み台」に似たスペースを設けたり、色とりどりの建材を巧みに使い分けているところ**が、個性的でおもしろい。

⓮**最も人気が高いのが、通の西寄り136番地にある作曲家P.ヴラディゲロフの家**（Къща-музей „Панчо Владигеров"）。庭を囲んで80席のホールと資料館とが併設されている。そのさらに西の156番地には⓯**D.スレブロフ家**（Къща на Д. Сребров）とその一部を改造したレストラン・スレブロフ家、その反対側には劇作家のD.ヴォイニコフ家（Къща-музей „Добри Войников"）、通の中ほど115番地には地元の商人（Д. Хаджипанев）の所有で、ハンガリーの革命家コシュート・ラヨシュたちが寄寓した広い家（Къща-музей „Лайош Кошут"）が、また東端の16番地には地元の革命家P.ヴォロフの平屋の生家（Къща-музей „Панайот Волов"）がある。（→p.193, 205, 219, 221）

⑧ エレナ
Elena (Елена)

ヴェリコ・トゥルノヴォ（Велико Търново）の東南40kmのエレナは、現在の人口が7,000だが、民族復興期の木造建築を130戸以上も残し、その歴史的な環境を誇る観光の町として知られている。

代表的な建築は、聖ニコラ教会（Църква „Св. Никола", 1805年）がある町の東南部に集中し、ブルガリアで初めて建てられた木造の師範学校（Даскалоливница, 1843年）や、川の近くに堂々とした家構えを示す啓蒙家イラリオン・マカリオポルスキの家（Къща - музей „Иларион Макариополски", 1710–15年）がある。また、塗壁を使わないで全部の木造軸組を露出した3層の司祭ニコロフの家（Поп Николовата къща, 1830年）やトリャヴナの工匠たちが腕を振るったラディヴォエフの家（Радивоева къща, 19世紀後半）などがおもしろい。川向かいにあるハジ・ラズカノフが息子たちのために建てたハジ・ディミトロフの家（„Петте Разсукановн къщи", ул. Сава Катрафилов, 18世紀末–19世紀後半）は、曲がった路に沿って息子たちの家を5軒連続させた長屋である。

⓯

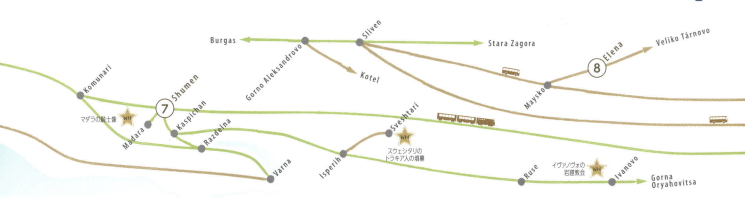

⑨ コテル
Kotel (Котел)

スリヴェン (Сливен) 北東49kmのコテルは、ブルガリア東部を南北に結ぶ幹線上にあり、織物 (キリム, Килим) と木産品で栄えた、人口7,500の小さな盆地の町。S. ボゴリディ (Стефан Богориди) やP. ベロン (Петър Берон) など、19世紀の優れた政治家や革命家たちを輩出した文化・教育の町としても有名だ。町の西はずれにあったため、1894年の大火を免れた⓰ガラタ (Галата) 地区には、伝統的な木造住宅が110棟近く残り、その街並と特産品を目当てに訪れる観光客も最近は多くなった。

カムチヤ川(река Камчия)の最上流にあるこの町の古い建物は、⓱1階は石壁で、2階は板壁の上に深い軒を「出桁造」で張り出すカムチヤ型の形式に属している。いまは民族博物館 (Етнографски музей) になっているクォルペエフ家 (Кьорпеева къща、ул. Алтънлъ Стоян 5, 1872年) はその典型だ。かつて⓲地元の俊英が学んだガラタンスコ学校 (Галатанското училище, ул.Изворска 17, 1869年) は、典型的な民族復興様式による寄棟屋根の

木造建築で、現在は特産のキリムや木彫の展示場になっている。

⑩ ジェラヴナ
Zheravna (Жеравна)

コテルから南14kmの山襞にあるジェラヴナは、人口550の酪農中心の村だったが、17世紀の貴重な建物を含む200戸以上の木造家屋が集落としてよく残っているため、村全体が伝統建造物保存地区に指定されている。ここの民家の特徴は軒庇の出が深いことで、村の中央にある300年前の⓳R.チョルバジ家 (Къща - музей „Руси Чорбаджи") や⓴S.フィラレトフ家 (Къща - музей „Сава Филаретов") のように、柱廊と方杖を用いて庇の幅を3mほどにし、その下に外階段やチャルダク (чардак) と呼ばれるヴェランダを設けた例も少なくない。ここでは古い家屋ほど1、2階共に木造軸組・板壁の構法を用いており、1階が石積壁のものは民族復興期以降の建物に多い。有名な作家I.ヨヴコフの家 (Къща-музей „Йордан Йовков") は木造の平屋で博物館に、㉑聖ニコライ教会 (Църква Св.Николай) の傍にある古い木造2層で白塗壁の学校は、民族博物館とアート・ギャラリー (Етнографски музей и Художествена галерея) になっている。ここには本格的なプロヴディフ様式は少ないが、民宿のN.チョルバジ家 (Къща за гости „Чорбаджи Никола") だけが150年前の姿を残しているので、できれば泊まってみたい。（→p.193）

⑪ ヴェリコ・トゥルノヴォ
Veliko Târnovo (Велико Търново)

ヤントラ川（река Янтра）が川沿いの緑豊かな台地を削って出来た険しい崖。この町はその岸の上に築かれた丘陵都市で、現在の人口は約7万5,000。寄棟屋根・赤瓦葺の家々が崖に接して溢れんばかりに立ち並ぶ景観は、ブルガリア随一といわれるだけの迫力に満ちている。

1187年から1397年にかけて第二次ブルガリア帝国の首都だった頃の要塞跡が、町の東の川に囲まれたツァレヴェツ（Царевец）の丘に残っていて、その北を馬の背に乗る形で旧市街が西へ延びている。

1393年にトルコ人に征服され、要塞などの主要施設が破壊されてしまったので、現在の市内観光は19世紀後半の民族復興期以降に建設された建物や街並がその中心になる。当時の上層階級の街並の雰囲気がよく残るのは、旧市街のステファン・スタムボロフ通（ул. Стефан Н. Стамболов）の南側に沿ったゲネラル・グルコ通（ул. Генерал Гурко）で、崖下を鉄道がトンネルで抜ける辺りにある5層の㉒金融業サラフキナの家（Музей „Сарафкина къща" 1861年）が代表的な建物だ。このグルコ通をさらに東に行った㉓イヴァン・ヴァゾフ通（ул. Иван Вазов）の民族復興および国民議会設立博物館（Музей „Възраждане и Учредително събрание", 1872年）は、К.フィチェト（Колю Фичето）が建てた木造3層（道路側から見ると2層）の警察署（Конак）の転用で、入口ポーチの美しい曲線がその時代の勢いを端的に示している。

また、庶民的な街並としては、㉔サモヴォドスカ・チャルシヤ（Самоводска чаршия）街を最初に訪れたい。ステファン・スタムボロフ通の北側を東西に走るこの路地で、19世紀後半にこの近くのサモヴォデネ（Самоводене）村の主婦が野菜を売り始めてから市が立つようになり、さまざまな職人の店や食堂、小さな旅館などが集まっている。この市場の通に近接して、К.フィチェト設計の、㉕現在は民族博物館になっているハジ・ニコリ・イン（Ханът на Хаджи Николи, 1858年）や、1階に猿の紋章がある「㉖猿の家（Къщата с маймунката, 1858年）」などもあるので、どれも見逃さないようにしたい。

ヴェリコ・トゥルノヴォ周辺には、中世以降のブルガリアを代表する立派な修道院がいくつも残されている。建築として教会堂全体は石造だが、僧坊自体は防御のため外周壁を石造にしているものの、その内側は、リラの僧院のように木造軸組の構造にするのがこの地方の慣例だった。ここから南14kmの山裾にある聖ニコラ・カピノフスキ修道院（Капиновски манастир „Св.Никола", 1272年）には、肘木を頂いた独立柱が2層にわたって連なる木造の大回廊がある。また、市街の北7km、ヤントラ川沿いの崖に囲まれた谷あいにあるプレオブラジェンスキ修道院（Преображенски манастир, 1360年）は、この地方で最大の、ブルガリアでは4番目の規模で、トルコが支配した時代に焼失したが、1834年に工匠D.ソフィアリヤータ（Димитър Софиялията）の案で主教会の再建が始まり、彼の死後、К.フィチェトがブルガリア・バロック風の建築に仕上げている。

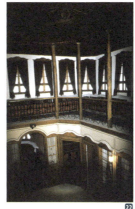
㉒

㉓

㉔

㉕

㉖

⑫ アルバナシ
Arbanasi (Арбанаси)

ヴェリコ・トゥルノヴォの東北4kmにあるアルバナシは、144戸の民家と2カ所の水汲み場を残すのみの集落だが、19世紀の住宅36戸が国の文化財に指定されているほど、伝統的な建築遺産を保存する村として有名だ。1538年にスルタンのスレイマン2世が義理の息子にこのアルバナシを与えた折、アルバニア系が多かった村人に税制上の特権と国外交易の自由を約束したため、ここでは17世紀後半から18世紀末にかけて、地場産品をイタリア、ロシア、中近東などで絹、織物、香料と交換し、それを国内で売り捌く商いが盛んになった。

しかし、村人の富が増すにつれて外敵から襲われることも多くなる。アルバナシの商家も、外敵の侵入に備えて外壁を厚くし、窓などの開口部も必要以上に小さくして、鉄格子を嵌めていた。とくにハジ・パニョト司祭の家（Къща на Хаджи Поп Панайот）のような初期の住宅は、1、2階共に石造の要塞のような外観で、16世紀のヴェリコ・トゥルノヴォにあった貴族（ボリャル, боляри）の家の様式に近い。

17世紀になると、1階石造、2階木造の組合せになり、壁を白漆喰で塗る家が多くなる。2階の床は固めた土の上に絨毯敷き、天井には左官仕事で太陽や植物模様が描かれ、建具は寄木細工で飾られた。だが、1階の入口扉は角鋲で補強し、非常階段や隠し部屋を2階に設けるなど、防御にも細心の注意を払っている。後に民族復興様式へ改装されたが、この村で㉗ ㉘最も美しくて有名なコンスタンツァリエフ家（Константцалиева къща, 17世紀）がその代表例で、その隣にあるカンディラロフ家（Кандиларова къща, 17世紀, 1785年一部増築）や、少し離れてあるリチェフ家（Лечева къща）、ニコルチョコストフ

家 (Николчокостова къща)、いまは 29 30 歴史博物館になっているハジリエフ家 (Музей „Хаджиилиева къща", 1677年頃)、それと大天使ミハエル・ガブリエル教会 (Църква „Св. Архангели Михаил и Гавраил") の隣にあるハジ・コストフ家 (Николчо Хаджи Костова къща, 17世紀) などもこの形式だ。(→p.217)

18世紀以降になると、2階の応接室 (hayet) は建具や窓格子をはずして開放的なヴェランダになり、軒庇の出は方杖を使ってより広くなった。いま残っている家屋はこの形式が最も多い。31 1階を石造でなく、2階と同じ木造にした質素な庶民の家が、もはや外敵から略奪される心配のない、独立後の貧しくとも平和な時代を象徴している。

13 ガブロヴォ
Gabrovo (Габрово)

ガブロヴォから南8kmの小さな村に、地元の美術蒐集家L.ドンコフ (Лазар Донков) が1964年に開設した 32 33 34 エトゥール民家村 (Архитектурно-етнографски комплекс „Етър") がある。ヤントラ川上流の谷あいに、ガブロヴォ周辺の、主として民族復興期の職人たちの木造民家や作業小屋50棟ほどを水力発電の施設と共に復原した民家園で、そこで毛織物・皮革・製パン・金銀細工・木彫・製陶など、この地域に伝わる貴重な工芸技能を実演すると同時に、その成果を土産物として販売するシステムをバルカン半島で初めて導入した施設として人気がある。

小規模な2層の家々の構造や仕口など、19世紀の優れた伝統技能が細部にわたって巧みに示され、職人の街区南端にあるバトシェヴォ (Батошево) 村の毛皮職の家や、同じ並びのノヴァ・マハラ (Нова Махала) 村のカウ・ベル屋の家、トゥムバロヴォ (Тумбалово) 村の楽器職の家などには、蔀戸や折畳み戸、ガラス框戸など、ブルガリアのここ以外ではめったに見られない多様で高級な木製建具が使われている。敷地北辺には博物館所有の木造ホテル、ストラノプリエムニツァ (Страноприемница, 巡礼宿泊施設) があり、ガブロヴォの伝統を活かした建築の内装や郷土料理が楽しめる。(→p.219)

14 ボジェンツィ
Bozhentsi (Боженците)

ガブロヴォ東方16kmの山あいにあるボジェンツィは、35 100年から250年前に遡る木造民家を、約100戸も残す静かな集落である。14世紀末にヴェリコ・トゥルノヴォがオスマン朝の支配下に置かれた際、その圧政を逃れた人々が住み着き、鍛冶・製蝋・皮革・織物などの職業に手広く従事していた。新しい技術と情報の収集力に優れ、19世紀の民族復興期には、この地方で指導的役割を果たした人材が、ここから多く育っている。

村の中心に広場があり、羊毛商人がその周りに建てた1850年代のドンチョ・ポパの家 (Къща–музей „Дончо Попа") が公開されている。近くのババ・ライナ家 (Къща–музей „Баба Райна") がこの村では最も古く、ほかに1750年代の民家ツァナ・ミホフ家 (Цана Михова къща) などが3戸ある。

ほとんどが2層で、1階を仕事場や倉庫に使う。古い家ほど間取りや外観が個性的で、白壁と板壁との対比を強調するほかは同じデザインがまったくなく、それがこの村の魅力だ。屋根が薄い石版葺であるため、ほかの赤瓦葺の集落より軒先の線が鋭く、建物が軽快に感じられる。(→p.221, 225)

12 ブルガリア── Bulgaria

⑮ トリャヴナ
Tryavna (Трявна)

ヴェリコ・トゥルノヴォの南西40kmにあるトリャヴナは、民族復興期の木造建築と美術工芸品、とくに木彫の高度な技法で有名な人口1万4,000の町である。ヤントラ川支流に沿った㊱旧市街のP. R. スラヴェイコフ通(ул. П. Р. Славейков)とその周辺の家並が素晴らしく、27番地にあるダスカロフ家(Музей „Даскаловата къща", 1804–9年)はその代表的な建物。これを建てた工匠D. オシャネッツァ(Д. Ошанеца)と助手のI. ボチュコヴェッツァ(И. Бочуковеца)が競作した旭日模様の木彫が天井を飾っている。名工G. マランゴザ(Г. Марангоза)らトリャヴナ派の彫刻やイコンの作品を展示する美術館も付属しているから、ぜひ訪れてみたい。また50番地には、民族復興期の詩人スラヴェイコフ父子(Петко и Пенчо Славейкови)が住んだ家("Славейковата къща", 1853–76年)が、45番地には工匠D. セルゲフ(Д. Сергев)が建てたカリン

チェフ家(Музей „Калинчева къща", 1830年)と庭園が保存されている。ここでは、戸外から階段で2階のバルコニー(чардак)を経て直接、または前室(пруст)を介して主人室(в'къщи)や寝室(соба)に入る形が多い。

この辺りから東へ川を越えると、時計台(Часовникова кула, 1814年)脇のカピタン・デャド・ニコラ("Капитан Дядо Никола")広場(площад)に面して、聖ミハエル大天使教会(Църква „Св. Архангел Михаил", 1819年)と、㊲民族復興期にブルガリアで最初の非宗教的施設として建てられた木造2層のトリャヴナ美術学校(Тревненско школо, 1836–9年)がある。また、この広場の東端には㊳アンゲル・クンチェフ家(Къща-музей „Ангел Кънчев", 1805年)、西北にはライコフ家(Къща-музей „Райкова къща", 1846年)があり、共に19世紀前半の木造軸組に壁板横張りの形式をよく伝えている。(→p.193)

⑯ コプリフシュティツァ
Koprivshtitsa (Копривщица)

ソフィアから東へ113km、トポルニッツァ川(река Тополница)沿いの町コプリフシュティツァは標高1,060mの避暑地で、19世紀民族復興期の由緒ある400戸の木造建築をブルガリアで最も多く残し、その魅力的な街並と共に、建物を博物館や文化財として大切に保存していることから、「生きた博物館」の町としても有名だ。現在の人口は2,900。しかし、19世紀中葉には、当時のソフィアとほぼ同数の1万2,000人が住む、牧畜と織物で栄えた町だった。クリミア戦争後の1850年代後半には、プロヴディフのバロック的なデザインの影響を受けながら、堅固な石壁に豪壮な門を構えた敷地、広いヴェランダと深い軒、大きな窓と2階の張出し床、豪華な装飾を施した居室といった、ここ特有の木造大住宅が次々と建設されるようになった。また、ブルガリア

初の中学校を創立するなど、子女の教育に熱意をそそいだ結果、1876年の独立運動の際に、この町から優れた指導者やジャーナリストが輩出し、現在はそれらの人物が関係した家の6カ所が博物館として公開されている。

なかでも、カラヴェロフ家(Къща-музей „Любен Каравелов", 1810-1835年)は、独立運動時のジャーナリストで革命家のD.カラヴェロフの両親の家で、その建設時期が当地では最も古い。この1830年代までの家屋は **39**叙情詩人D.デベリャノフ家(Къща-музей „Димчо Дебелянов", 1830年)のように、階段で2階のバルコニーに直接入る質素な造りが大多数を占めていた。反乱軍の騎兵を率いたG.ベンコフスキの家(Къща-музей „Георги Бенковски", 1831年)もこの時代の建物で、町から東南に少し離れた丘陵地に保存されている。

1850年代になると、建物正面中央に半階上がりの階段を設け、そこからサロンを通って四隅の居間や寝室に入る、左右対称形の家が登場する。そのうち、正面の入口上部に優雅な曲線状の張出し屋根を備えたリュトヴァ家(Музей „Лютова къща", 1854年)は、プロヴディフの工匠が建てたもの。外観は素朴だが、2階居室の折上げ天井など、その内部装飾の見事さは一見に値する。この形式はやがて入口上部にキオシュク(Кьошк)、2階の側面中央にサロンを持つ、奥行の深い平面に発展し、地元の工匠G.ムラディノフ(Генчо Младенов)は、プロヴディフの建築様式を学びながら、**40**独立運動時に若くして散った革命家T.カブレシュコフの生家として名高いT.カブレシュコフ家(Къща-музей „Тодор Каблешков", 1854年)を建てた。大きな方形屋根に曲線屋根や出窓を巧みに組み込んだ外観と、2階サロン天井の円い木彫装飾は、ここでしか見られない傑作である。また、豪商T.オスレコフが建てた家(Къща-музей „Ослековата къща" 1853, 1856年)は、2階正面のキオシュクを3対の柱廊が支える印象的な建物で、柱廊のアーチ上部に描かれたフレスコ画や、2階にある婦人用居室の天井の木彫が素晴らしく、この時期の建築的な特質をよく示している。カブレシュコフ家の手前西にある、壁が青く塗られた**41**カンタルジェヴァ家(Кантарджиевата къща)も、これとほぼ同じ平面構成の建物だ。(→p.193)

また、町中の曲がりくねった道をたどれば、**42**装飾模様の赤壁で一部が3層のG.ストイコフ家(Генчо Стойковата къща, 1866年)や、張出し床を曲がった方杖で支えるP.ドガノフの家(Къща-музей „Петко Доганов", 19世紀前半, ул. Доганска)など、赤や青の塗壁で飾られた建物や門扉が、石積みの築地壁に支えられている光景が、町の角々に開けてくるはずである。

旅の参考資料編

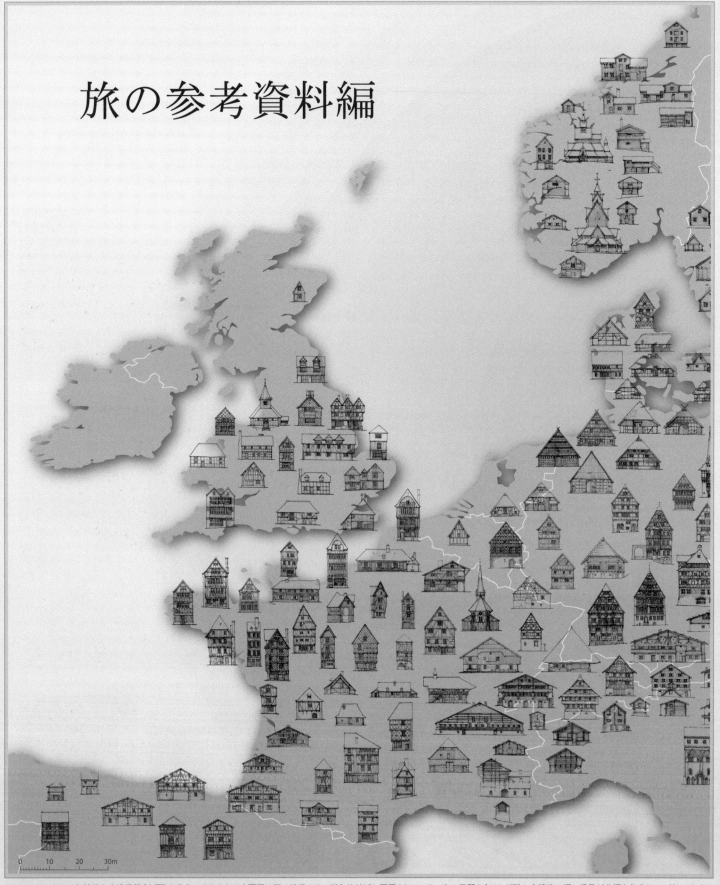

ヨーロッパにおける伝統的な木造建築（立面）の分布　それぞれの立面図は同一縮尺でその所在地付近に配置されている。次の見開き（194-5頁）に各建物の通し番号が分類を色分けして付してあるの

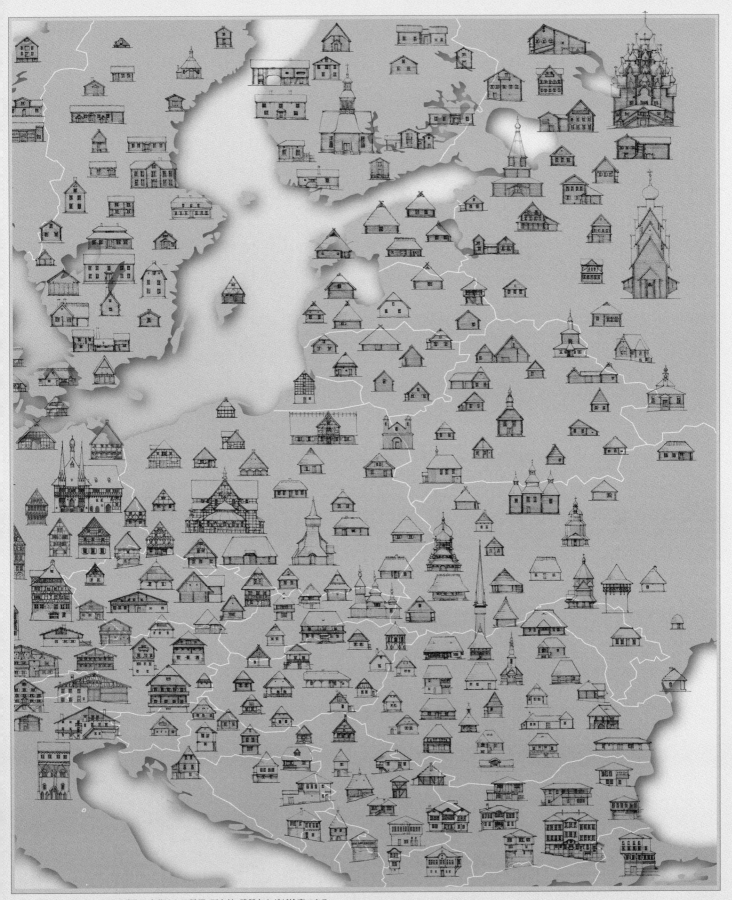

で、196-7頁のリストによってその建物の名称または種類、所在地、建設年などが検索できる。

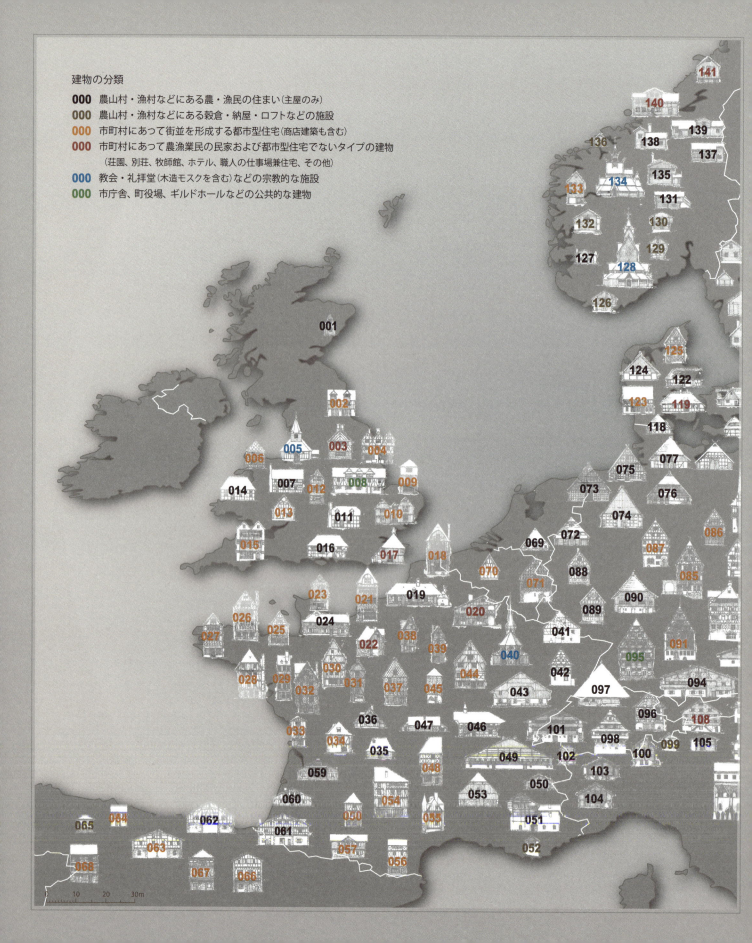

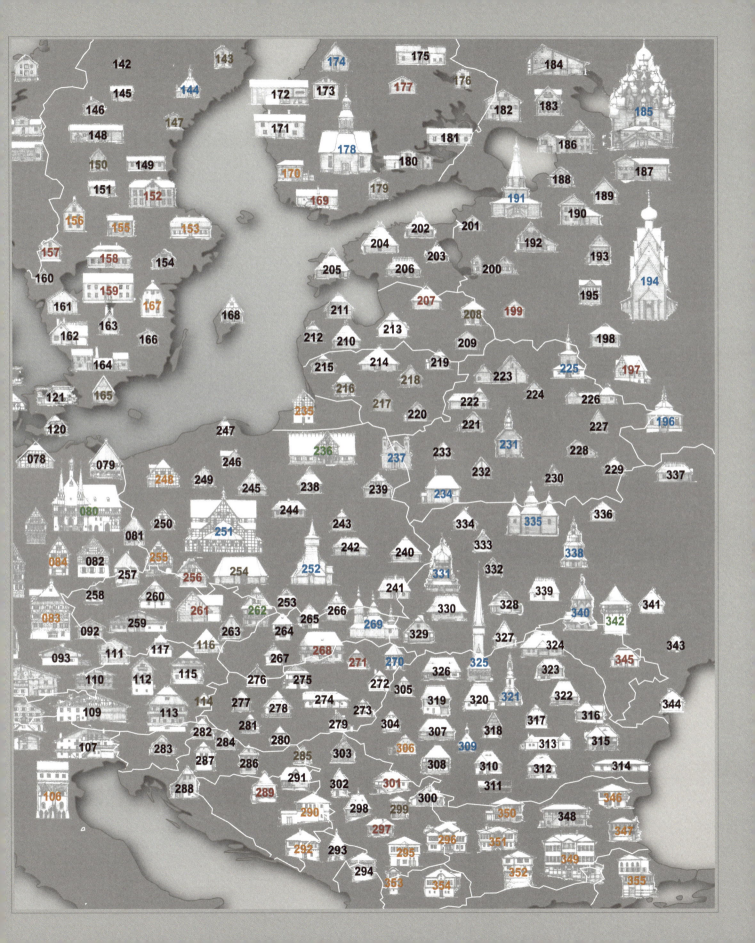

ヨーロッパにおける伝統的な木造建築（立面）の分布：建物リスト（pp.192-3）

各立面図につき「通し番号、建物の名称または種類、所在地、国名（略称）、建設年または年代」を順に示す。数字の色はp.194参照。さらに詳しい検索ができるよう現地語表記を優先し、キリル文字のローマ字表記などは避け、https://translate.google.com/に依った。行末カッコ内の記号は、その建物を移築・保存している野外民家園などの符号（→pp.20-1、237-9）を示す。

001 Fisherman's Shed：Footdee, Aberdeen, UK, 19世紀
002 Golden Ball：Newcastle upon Tyne, UK, 1600年頃
003 Bishop's House：Sheffield, UK, 1500年頃
004 Leigh-Pemberton House：Lincoln, UK, 1453年
005 Church of St James and St Paul：Marton, Cheshire, UK, 1343年
006 Village house：Cheshire, UK, 16世紀
007 Farmhouse：Clifton-upon-Teme, Worcestershire, UK, 16世紀
008 The Guild Hall：Leicester, UK, 1390年
009 The Merchant's House：Norwich, Norfolk, UK
010 De Vere House：Lavenham, Suffolk, UK, 14世紀
011 Oakhurst Cottage：Hambledon, Hampshire, UK, 16世紀
012 Harvard House：Stratford-upon-Avon, UK, 1596年
013 Cottage：Weobley, Herefordshire, UK, 15世紀末
014 Farmhouse：Llangadfan, Powys, Wales, UK, 16世紀
015 The Merchant's House：Plymouth, UK, 16-17世紀
016 Wealden House：Chiddingstone, Kent, UK, 16世紀前半 (UK-1)
017 E. Terry' House：Smallhythe, Kent, UK, 1514年
018 La Maison du Pèlerin：Amiens, FR, 16世紀中葉
019 Maison rurale：Campeaux, Normandie, FR, 19世紀
020 Maison seigneuriale：Champagne-Ceffonds, FR,
021 Maison urbaine：Rouen, FR, 15世紀末
022 Manoir：St-Christophe à Firfol, FR, 16世紀
023 Maison urbaine：Bayeux, FR, 15世紀
024 Maison rurale：La Losière, Normandie, FR
025 Maison urbaine：Dinan, FR, 15世紀
026 La Maison Anne：Morlaix, FR, 1530年頃
027 Maison urbaine：Quimper, FR, 17世紀
028 Maison urbaine：Vannes, FR, 15世紀
029 Maison urbaine：Renne, FR, 17世紀
030 La Maison de Pilier Rouge：Le Mans, FR, 15世紀
031 Maison urbaine：Tours, FR, 15世紀
032 La Maison d'Adam：Angers, FR, 1491年
033 Maison urbaine：Saint-Jean-d'Angley, FR, 16世紀
034 Maison de village：Carennac, Mid-Pirénée, FR, 15世紀
035 Maison rurale：Le Jouandis, Dordogne, FR, 17世紀
036 Maison rurale：Clément, Le Pays fort, Berry, FR,
037 La Maison des Trois Flûtes：Bourges, FR, 1512年
038 La Maison de l'Obrador：Nogent-le-Roi, FR, 15世紀
039 La Maison urbaine：Rue Emile Zora, Troyes, FR, 15世紀
040 Église Saint-Jacques et Saint-Philippe：Lentilles(Aube), FR, 15世紀末
041 Maison rurale：Loudrefing, Lorraine, FR
042 Maison rurale：Kaysersberg, Alsace, FR, 16世紀末
043 Maison rurale：Le Russey, Franche-Conté, FR
044 Maison urbaine：Place François Rude, Dijon, FR,16世紀
045 La Maison du Tisserand：Clamecy(Nièvre), FR, 15世紀
046 Ferme de la Forêt：Saint-Trivier-de-Courtes, FR, 1581年
047 Maison rurale：Isle-et-Bardais, Bourbonnais, FR, 19世紀
048 Maison urbaine：Riom, Aubergne, FR, 15世紀
049 Maison rurale：Abondance, Savoie, FR, 1821年
050 Maison rurale：Hauteluce, Savoie, FR
051 Maison rurale：Saint-Veran, Queyras, FR
052 Grenier：Roure, Comte de Nice, FR
053 Maison rurale：Chartreuse, Dauphine, FR
054 Maison urbaine：Aurrilac, Aubergne, FR
055 Maison de village：Conques, Midi-Pyrénées, FR
056 Maison urbaine：Alet-le-Bain, Languedoc-Roussillon, FR
057 Maison de Village：Ciadoux, Midi-Pyrénées, FR
058 Maison de Village：Sait-Cirq-Lapopie, Midi-Pyrénées, FR
059 Maison rurale：Sabres(Landes), Aquitaine, FR, 1838年(FR-1)
060 Maison rurale：Soustons, Landes, Aquitaine, FR, 1833年

061 Maison rurale：Sare, Labourd, Aquitaine, FR, 1839年以前
062 Casa rural：Abadiño, Vizcaya, ES
063 Casa rural：Orozco, Vizcaya, ES
064 Casa de pueblo：Santillana del Mar, ES
065 Hórreo：Pedrobeya, Asturias, ES
066 Casa de pueblo：Goizueta, Navarre, ES
067 Casa de pueblo：Covarbias, Burgos, ES
068 Casa de pueblo：La Arberca, Salamanka, ES
069 Boerenwoning：Harreveld, Gelderland, NL, 1773年(NL-1)
070 Maison de village：Erwetegem, Vlandeeren, BE
071 Korenhalle：Durbuy, LU, 1530年
072 Der Kirschhof：Süchteln, Viersen, DE, 1638年
073 Hof Wehlburg：Wehdel, Osnabrück, DE, 1750年(DE-4)
074 Bauernhaus：Lipperland, DE, 1615年(DE-5)
075 Bauernhaus：Altesland, DE, 1800年頃
076 Bauernhaus：Vierland, DE, 1800年頃
077 Bauernhaus：Grube, Schleswig-Holstein, DE, 1569年(DE-1)
078 Bauernhaus：Strassen, Ludwigslust, DE, 1671年(DE-20)
079 Bauernhaus：Parsteinsee-Lüdersdorf, DE, 1816年
080 Rathaus：Wernigerode, DE, 1492-8, 1539-44年
081 Bauernhaus：Oberseifersdorf, Zittau, DE, 18世紀
082 Bauernhaus：Niederlamitz, Bayern, DE, 1742年
083 Albrecht-Dürer-Haus：Nürnberg, DE, 1420年頃
084 Trauminsel：Schmalkalden, DE, 15世紀前半
085 Hohes Haus：Miltenberg, DE, 1505年
086 Bürgerhaus：Niedersachsen, DE
087 Apotheke am Rathaus：Alsfeld, DE, 1561年
088 Bürgerhaus：Limbach (Westerwald), DE, 1668年
089 Bauernhaus：Bodenbach, DE, 17世紀中葉(DE-7)
090 Bauernhaus：Ippichen, Wolfach, DE, 1550年
091 Deutsches Haus：Dinkelsbuhl, DE, 1543年
092 Bauernhaus：Oblfing, Schöllnach, DE, 1748年(DE-15)
093 Bauernhaus：Altenmarkt, Oberpfalz, DE
094 Bauernhaus：Farchant, Garmisch-Partenkirchen, DE, 18世紀
095 Altes Rathaus：Esslingen, DE, 1420年頃
096 Weinbauernhaus：Richterswil, CH, 1780年(CH-1)
097 Bauernhaus：Altishofen-Dorf, CH, 1650年
098 Bauernhaus：Aesch, Luzern, CH, 1807年
099 Stadel：Mogno, Ticino, CH
100 Bauernhaus：Bosco/Grin, Ticino, CH
101 Bauernhaus：Erlenbach im Simmental, CH, 1809年
102 Stadel：Ernen, Wallis, CH
103 Casa rurale：Macugnaga, IT
104 Abitazione con ballatoio：Alagna, Valsesia, IT
105 Casa rurale：Pillà, Val Passiria, IT
106 Casa Isolani：Bologna, IT, 13世紀中葉
107 Casa rurale：Lacedel, Cortina d'Ampezzo, IT
108 Gasthof Adler：Schwarzenberg, AT, 18世紀前半
109 Bauernhaus：Rinn, Inntal, Tirol, AT
110 Bauernhaus：Oberndorf bei Salzburg, AT, 1666年(AT-5)
111 Bauernhaus：Bishofshofen, AT, 1533年(AT-5)
112 Bauernhaus：Prägraten am Großvenediger, AT
113 Bauernhaus：Sonnleiten bei Saalbach, 18世紀中葉(AT-4)
114 Bauernhaus：Gerersdorf bei Güssing, AT, 18世紀(AT-3)
115 Bauernhaus：Breitenau bei Mixnitz, AT
116 Scheune：Neudegg, Niederösterreich, AT
117 Bauernhaus：Großstroheim, Öberösterreich, AT
118 Bondehus：Als, Sønderborg, DK, 1632年(DK-4)
119 Smedien：Ørbæk, Fyn, DK, 1847年(DK-2)
120 Gården：Dannemare, Loland, DK (DK-1)
121 Gården：Pebringe, Siælland, DK, 1800年頃(DK-1)

122 Gården：True, Århus, DK, 1800年頃(DK-1)
123 Borgerhus：Ribe, Syddanmark, DK
124 Gården：Vinkel, Viborg, DK, 1530年(DK-4)
125 Borgerhus：Aalborg, Nordjylland, DK, 1571年(DK-3)
126 Loft：Ose, Setesdal, NO, 1700年頃
127 Årestue：Vinje, Telemark, NO, 1704年頃
128 Heddal Stavkirke：Notodden, NO, 1248年
129 Loft：Rollag, Numedal, NO, 1719年
130 Loft：Ål, Hallingdal, NO, 1250年頃
131 Loftstue：Hol, Buskerud, NO, 1775年頃
132 Loft：Voss, Sogn, NO, 1250年頃
133 Borger hus：Bergen, NO, 18世紀初頭
134 Borgund Stavkirke：Lærdal, NO, 1150年頃
135 Gårdshus：Heidal, Gudbrandsdal, NO, 1882年頃
136 Fisker hytte：Brosundet, Ålesund, NO
137 Eldhus：Melby, Nord-Fron, Oppland, NO (NO-9)
138 Gårdshus：Nervika, Oppdal, NO, 1800年頃
139 Gårdshus：Trønnes, Meråker, NO, 18世紀
140 Miner hus：Røros, Trondheim, NO, 18世紀(NO-2)
141 Fisker hus：Rørvik, Nord-Trønderlag, NO
142 Samer hus：Frostviken, Jämtland, SE, 19世紀後半(SE-1)
143 Loft：Hägnan, Gammerstad, SE, 18世紀
144 Helena Elisabeth-kyrkan：Umeå, Västerbotten, SE, 1802年
145 Stugan：Strömsund, Jömtland, SE, 18世紀
146 Tingshuset：Östersund, Jämtland, SE, 1824年
147 Loft：Bjärtrå, Västernorrlands, SE,1691年
148 Bondgård：Remmet, Härejedalen, SE, 17世紀
149 Bondgård：Delsbo, Hälsingland, SE, 17世紀
150 Loft：Älvros, Härjedalen, SE, 17世紀
151 Bondgård：Orsa, Dalarnas, SE, 19世紀
152 Erik-Anders Bondgård：Söderala, Hälsingland, SE, 1810年頃.
153 Hazeliushuset：Stockholm, SE, 1720年代(SE-1)
154 Bondgård：Julita, Södermanland, SE, 1907年
155 Cajsa Wargs Borgarhuset：Örebro, SE, 17世紀後半
156 Borgarhuset：Ekshärad, Värmland, SE
157 Herrgård：Långelanda, Eda, SE
158 Skogaholms：Svennevad, Närke, SE, 18世紀前半(SE-1)
159 Herrgård：Arbika, Värmland, SE, 18世紀
160 Ladugård：Sundals-Ryr, Västergötland, SE
161 Ladugård：Asklanda, Västergötland, SE
162 Bondgård：Slöinge, Halland, SE, 18世紀(SE-1)
163 Bondgård：Jönköping, Småland, SE, 17世紀
164 Bondgård：Kyrhult, Bleking, SE, 18世紀前半(SE-1)
165 Bullade：Øsby, Skåne, SE, 1620年
166 Bondgård：Eksjö, Småland, SE
167 Borgarhuset：Linköping, Östergötland, SE
168 Bondgård：Fleringe, Gotland, SE, 17世紀
169 Käsityöläinen talo：Klosterbacken, Turku, FI, 19世紀初頭(FI-2)
170 Kaupunkitalo：Rauma, Satakunta, FI, 1909年
171 Maalaistalo：Närpiö, Pohjanmaa, FI, 1747年
172 Tallirivi：Vaasa, Pohjanmaa, FI, 19世紀(FI-3)
173 Väinöntalo：Ilmajoki, Etelä-Pohjanmaa, FI, 1854年
174 Kirkko：Turkansaari, Ouluu, FI, 1694年(FI-5)
175 Maalaistalo Ikäpirtti：Murtovaara, FI, 1794年
176 Aitta：Lieksa, Pohjois-Karjala, FI, 19世紀(FI-6)
177 Pappila：Pielavesi, Pohjois-Savo, FI, 18世紀
178 Vanha kirkko：Petäjävesi, Keski-Suomi, FI, 1763-5年
179 Ranta-aitta：Porvoo, Uusimaa, FI, 18世紀
180 Maalaistalo：Someenjärvi, Etelä-Savo, FI, 18世紀
181 Maalaistalo：Taipalsaari, Etelä-Karjala, FI, 19世紀(FI-7)
182 Pertinostza dom：Suojarvi, Karelia, RU, 1884年(FI-1)

183 Sel'skiy dom：Verkhovye, Karelia, RU, 1871年
184 Sel'skiy dom：Velikaya Guba, Karelia, RU, 19世紀
185 Preobrazhenskaya Tserkov'：Kizhi, Karelia, RU, 1714年 (RU-1)
186 Sel'skiy dom：Podporozhye, Leningrad obl., RU, 19世紀
187 Sel'skiy dom：Troitskaya sloboda, Vologodskaya obl., RU, 19世紀
188 Sel'skiy dom：Kharchevnya, Leningrad obl., RU
189 Sel'skiy dom：Ustye-Kirovskoye, Novgorodskaya obl., RU
190 Sel'skiy dom：Vasilyevo, Novgorodskaya obl., RU
191 Tserkov' Uspeniya：Kurisko, Novgorodskaya obl., RU, 1595年
192 Sel'skiy dom：Ryshevo, Novgorodskaya obl., RU, 1882年 (RU-2)
193 Sel'skiy dom：Sytinka, Valday, Novgorodskaya obl., RU
194 Tserkov' Rozhdestva Ioanna Predtechi：Shirkovo, Tverskaya obl., RU, 1694年 (RU-2)
195 Sel'skiy dom：Oshtashkov, Tverskaya obl., RU
196 Tserkov' Rozhdestva Presvyatoy Bogoroditsy：Stechna, Pogar, RU, 1861年
197 Usad'ba：Flyonovo, Smolensk obl., RU, 19世紀末
198 Sel'skiy dom：Vasilevo, Smolensk obl., RU
199 Krest'yanina dom：Nevel, Pskovskaya obl., RU
200 Sel'skiy dom：Pechory, Pskovskaya obl., RU
201 Sel'skiy dom：Zimititsy, Leningrad obl., RU
202 Talumaja：Viru-Nigula, Lääne-Viru, EE, 1891年
203 Talumaja：Sassi, Tartu, EE, 19世紀
204 Talumaja：Lagedi, Harju, EE, 19世紀初頭
205 Talumaja：Mustjala, Saaremaa, EE, 18世紀末 (EE-1)
206 Talumaja：Tinnikuru, Viljandimaa, EE, 1860年
207 Audēju māja：Jaunpiebalga, Vidzeme, LV, 19世紀中葉 (LV-1)
208 Muižas klēts：Zvirgzdene, Latgale, LV, 1757年 (LV-1)
209 Lauku mājas：Krāslava, Latgale, LV, 1860年代 (LV-1)
210 Lauku mājas：Kurzeme, LV, 1884年
211 Lauku mājas：Lubezere, Kurzeme, LV, 1840年代 (LV-1)
212 Zvejnieka māja.：Rucava, Kurzeme, LV, 1880年代
213 Lauku mājas：Piebalgas, Vidzeme, LV, 19世紀
214 Numas：Narvaišiai, Plungė, LT, 1856年 (LT-1)
215 Troba：Erlėnai, Kretinga, LT, 18世紀末 (LT-1)
216 Klėtis：Judrėnai, Klaipėda, LT, 19世紀 (LT-1)
217 Klėtis：Balsupių Marijampolė, LT, 20世紀初頭
218 Klėtis：Arimaičiai, Radviliškis, LT, 19世紀
219 Gryčia：Mičiūnai, Kupiškis, LT, 20世紀 (LT-1)
220 Pirkia：Musteika, Varėna, LT, 1895年 (LT-1)
221 Sielski dom：Astravyets, Hrodzienskaja vob., BY (BY-1)
222 Sielski dom：Pastavy, Víciebskaja vob., BY (BY-1)
223 Sielski dom：Komaje, Víciebskaja vob., BY
224 Sielski dom：Skoroda, Víciebskaja vob., BY
225 Preobrazhenskaya carkva：Barań, Orsha, BY, 1704年 (BY-1)
226 Sielski dom：Mstsislaw, Mahilioŭskaja vob., BY, 19世紀末 (BY-1)
227 Sielski dom：Shkloŭ, Mahilioŭskaja vob., BY
228 Sielski dom：Dubrovka, Mahilioŭskaja vob., BY
229 Sielski dom：Chechersk, Hómieľskaja vob., BY
230 Sielski dom：Jeľsk, Hómieľskaja vob., BY
231 Pokrovskaya carkva：Kletsk, Minsk, BY, 18世紀末 (BY-1)
232 Sielski dom：Lyakhavichi, Brest, BY, 19世紀末
233 Sielski dom：Baranowicze, Brest, BY
234 Mikickaja carkva：Zdzitava, Brest, BY, 1502年
235 Gorodskoy dom：Kaliningrad, RU, 19世紀
236 Karczma：Burdajny, Warmińsko-mazurskie, PO, 19世紀 (PO-3)
237 Meczet：Krusziany, Podlaskie, PO, 18世紀後半頃
238 Wiejskim domu：Rębów, Świętokrzyskie, PO, 1875年
239 Wiejskim domu：Ciechanowiec, Podlaskie, PO, 19世紀後半 (PO-6)
240 Wiejskim domu：Teodorówka, Lubelskie, PO, 19世紀末 (PO-7)
241 Wiejskim domu：Ustrobna, Podkarpackie, PO, 19世紀末 (PO-9)

242 Wiejskim domu：Bronkowic, Świętokrzyskie, PO, 18世紀末 (PO-8)
243 Wiejskim domu：Jastrzębie, Mazowieckie, PO, 19世紀末
244 Wiejskim domu：Skowroda Południowa, Łódzkie, PO, 19世紀
245 Wiejskim domu：Wielkie Pułkowo, Kuyavian-Pomeranian, PO, 1780年頃
246 Wiejskim domu：Dworek, Pomorskie, PO, 18世紀後半 (PO-2)
247 Wiejskim domu：Kulki, Łokciowe, Pomorskie, PO, 19世紀後半 (PO-1)
248 Magazyn soli：Drawsko, Pomorskie, PO, 1700年頃
249 Wiejskim domu：Głubczyn, Wielkopolskie, PO, 18世紀
250 Wiejskim domu：Jurzyn, Lubuskie, PO, 18世紀末 (PO-5)
251 Kościół Pokoju：Świdnica, Dolnośląskie, PO, 1657年
252 Kościół parafialny：Dębno Podhalańskie, Małopolskie, PO, 15世紀末
253 Wiejskim domu：Chochołów, Małopolskie, PO, 19世紀
254 Stodoła：Grzawa, Śląskie, PO, 1876年 (PO-13)
255 Starobylý dům：Liberec, Liberecký kraj, CZ, 1668年
256 Rychta(krčem)：Bradlecká Lhota, Liberecký kraj, CZ, 18世紀頃 (CZ-4)
257 Stylový dům：Radovesice, Ústecký kraj, CZ
258 Stylový dům：Lipná, Karlovarský kraj, CZ
259 Stylový dům：Volary, Jihočeský kraj, CZ, 19世紀
260 Staročeská Chalupa：Přerov nad Labem, CZ, 18世紀前半 (CZ-2)
261 Rodný dům：Hořiněves, Královéhradecký kraj, CZ, 1720年頃 (CZ-1)
262 Radnice：Rožnov pod Radhoštem, Zlínský kraj, CZ, 1770年 (CZ-1)
263 Stylový dům：Čejkovice, Středočeský kraj, CZ
264 Štýlový dom：Čičmany, Žilinský kraj, SK
265 Farma：Malé Borové, Žilinský kraj, SK
266 Štýlový dom：Riečinica, Žilinský kraj, SK
267 Štýlový dom：Vlkolínec, Žilinský kraj, SK, 19世紀
268 Banícky dom：Kremnické Bane, Banskobystrický kraj, SK, 1740年
269 Kostol sv. Mikulasa：Bodružal, Prešovský kraj, SK, 1777年
270 Templom：Nyíregyháza, (Kisdobrony,UA), HU, 1784年 (HU-5)
271 Alkotóház：Mezőkövösd, Borsod-Abaúj-Zemplén, HU, 19世紀
272 Parasztház：Bihartorda, Hajdú-Bihar, HU, 20世紀初頭
273 Parasztház：Szarvas, Békés, HU
274 Parasztház：Kállósemjén, Hajdú-Bihar, HU, 20世紀初頭
275 Parasztház：Hollókő, Nógrád, HU, 18世紀末
276 Parasztház：Vashosszúfalu, Vas, HU (HU-2)
277 Parasztház：Szentgyörgyvölgy, Zala, HU, 19世紀
278 Parasztház：Belső-szőlő, Somogy, HU, 1861年 (HU-4)
279 Halászház：Ópusztaszer, Csongrád, HU, 20世紀初頭
280 Parasztház：Zádor, Baranya, HU (HU-1)
281 Parasztház：Muraszemenye, Zala, HU (HU-1)
282 Kmečka hiša：Tlake, Rogatec, SI, 19世紀初頭 (SI-1)
283 Podeželska hiša：Puštal, Škofja Loka,SI, 18世紀
284 Seljačka kuća：Kumrovec, Krapinsko-zagorska župa.,HR, 19世紀初頭
285 Ambar：Vučedol, Vukovarsko-srijemska župa., HR, 19世紀末
286 Ruralna kuća：Sunja, Sisačko-moslavačka župa.,, HR
287 Seljačka kuća：Ozalj, Karlovačka župa.,HR
288 Seoska kuća：Slunj, Karlovačka župa., HR
289 Rodna kuća Ive Andrića：Travnik, Srednjobosanski kant., BA,
290 Kuća Alije Đerzeleza：Sarajevo, BA, 17世紀末
291 Ruralnog kuća：Šikule, Vareš, Srpka, BA, 20世紀 (BA-1)
292 Gradske kuće：Mostar, Hercegovačko-neretvanski kant., BA
293 Seljačka kuća：Šćepan Polje, Plužine, ME
294 Shtëpi fshatar：Kostur, Kukës, AL
295 Grad kuća：Prizren, Republika Kosovo
296 Kuća Porodice Hristić：Pirot, RS, 1848年

297 Seoski kuća：Kokin Brod, Nova Varoš, RS
298 Seljačka kuća：Alin Potok, Zlatibor, RS, 1882年 (RS-1)
299 Majdan：Milanovac, Moravica, RS, 1771年
300 Seljačka kuća：Trska, Šumadija, RS
301 Kuća porodice Žujović：Nemenikuće, Belgrade, RS, 1873年
302 Seljačka kuća：Tršić, Mačvanski okr., RS
303 Seljačka kuća：Sremski okr., RS
304 Casă fermă：Chereluș, Arad, RO, 18世紀 (RO-1)
305 Casă fermă：Cîmpanii-de-Sus, Bihor, RO, 1900年頃 (RO-1)
306 Casă Borlova：Turnu Ruieni, Caraş-Severin, RO, 19世紀 (RO-1)
307 Casă fermă：Paroş, Hunedoara, RO, 19世紀 (RO-1)
308 Casă fermă：Bărbăteşti, Gorj, RO, 19世紀
309 Biserica：Schela-Cornet, Gorj, RO, 1829年
310 Casă fermă：Măldăreşti, Vilcea, RO, 1812年 (RO-1)
311 Casă fermă：Draghiceni, Olt, RO, 19世紀 (RO-1)
312 Casă fermă：Stăneşti, Argeş RO, 19世紀 (RO-1)
313 Casă fermă：Moeciu de Sus, Braşov, RO, 19世紀 (RO-5)
314 Casă fermă：Ostrov, Constanța, RO, 19世紀 (RO-1)
315 Casă fermă：Chiojdul Mic, Bužau, RO 　 (RO-1)
316 Casă fermă：Năruja, Vrancea, RO, 19世紀 (RO-1)
317 Casă fermă：Drăguş, Braşov, RO, 19世紀 (RO-1)
318 Casă fermă：Titişa, Sibiu, RO, 1847年 (RO-1)
319 Casă fermă：Stăneşti, Alba, RO, 19世紀 (RO-6)
320 Casă fermă：Dumitra, Alba, RO, 19世紀 (RO-1)
321 Biserica Sf.Arhangheli：Târgu Mureş, Mureş, RO, 1794年
322 Casă fermă：Bancu, Hargita, RO, 1862年 (RO-1)
323 Casă fermă：Audia, Neamţ, RO, 19世紀 (RO-1)
324 Casă fermă：Voitinel, Suceava, RO, 18世紀 (RO-1)
325 Biserica Sf.Arhangheli：Plopiş, Maramureş, RO, 1798年
326 Casă fermă：Maramureş, RO, 19世紀
327 Khata：Roztoky, Zakarpats'ka obl. (UA-1)
328 Khata：Shepit, Ivano-Frankivs'ka obl., UA, 1843年 (UA-3)
329 Khata：Tukhoľka, L'vivs'ka obl., UA, 1910年 (UA-3)
330 Khata：Oryavchyk, L'vivs'ka obl., UA, 1792年 (UA-3)
331 Tserkva svyatoho Yura：Drohobych, L'vivs'ka obl., UA,1500年頃
332 Khata：Hoshcha, Rivnens'ka obl.,UA
333 Khata：Kozyrshchyna, Rivnens'ka obl., UA
334 Khata：Polytsi, Khata, Volyns'ka obl., UA (UA-1)
335 Tserkva Voskresennya Khrystova：Kisorychi, Rivnens'ka obl., UA, 1784年 (UA-1)
336 Khata：Bekhy, Zhytomyrs'ka obl., UA, 19世紀 (UA-1)
337 Khata：Mamekyne, Chernihivs'ka obl., UA, 19世紀 (UA-1)
338 Tserkva Sv. Nykoláya：Vynnytsia, Vynnyts'ka obl., UA, 1746年
339 Khata：Kadyvtsi, Khmeľnyts'ka obl., UA, 19世紀 (UA-2)
340 Tserkva Krestovozdvizhenska：Kamenets-Podilskyi, Khmeľnyts'ka obl.,UA, 1801年
341 Khata：Kryshchyntsi, Vinnyts'ka obl.,UA (UA-1)
342 Bashta zamku：Busha, Vinnyts'ka obl., UA
343 Khata：Puzhaikove, Odessa obl., UA
344 Khata：Zhovtnivka, Odessa obl., UA
345 Dom muzey Pushkina：Chişinău, MD
346 Kashtata：Shumen, BG, 18世紀末
347 Kashtata：Nessebar, Burgas, BG, 19世紀
348 Kashtata：Zheravna, Kotel, BG, 18世紀初頭
349 Kashtata Georgiadi：Plovdiv, BG, 1848年
350 Kashtata Angel Künchev：Tryavna, BG, 1805年
351 Kashtata Todor Kableshkov：Koprivshtitsa, BG, 1854年
352 Kashtata：Chiroka laka, Smoljan, BG, 19世紀
353 Kuḱata na Kanevčevi：Ohrid, MK, 19世紀後半
354 Kuḱata：Kratovo, MK, 19世紀
355 Rakoczi Müzesi：Tekirdağ, TR, 18世紀

屋根の形

- **A** 屋根勾配45°以上が優越
  （北西ヨーロッパ低地型）
- **B** 屋根勾配30°〜45°以上が優越
  （中央ヨーロッパ高地型）
- **C** 屋根勾配30°〜45°以上が優越
  （東ヨーロッパ低地型）
- **D** 屋根勾配30°〜45°以上が優越
  （ヨーロッパ中央高地型）
- **E** 屋根勾配30°〜45°以上が優越
  （ドナウ沿岸・ウクライナ型）
- **F** 屋根勾配30°以下が優越
  （地中海・黒海沿岸、ロシア・北ヨーロッパ型）

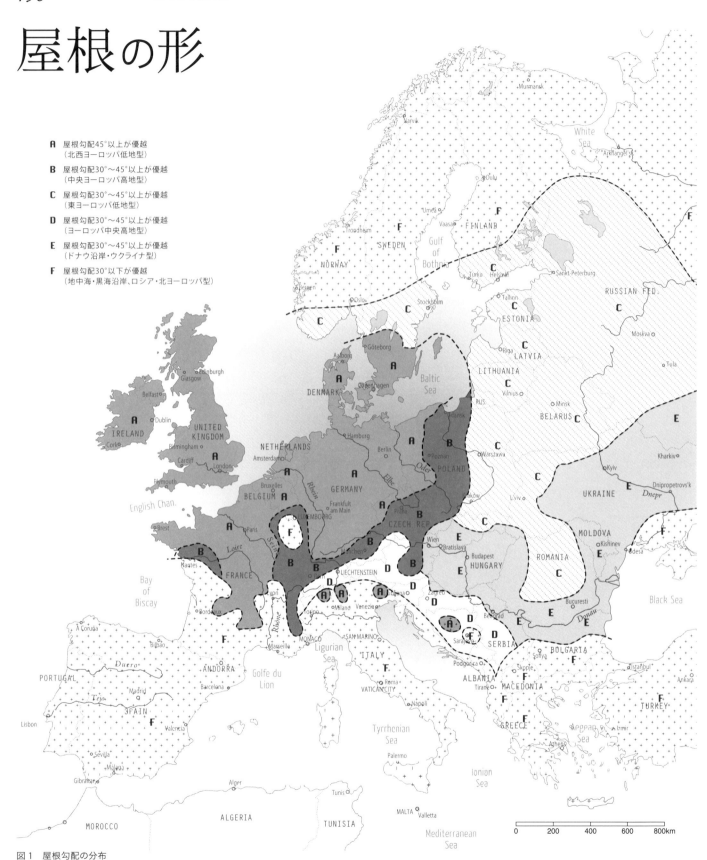

図1　屋根勾配の分布

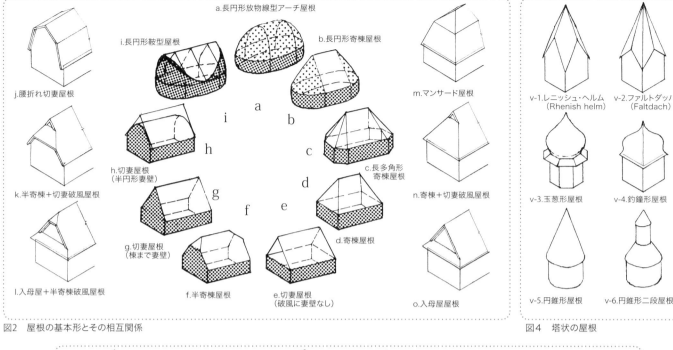

図2 屋根の基本形とその相互関係

図3 片流れ状の屋根

図4 塔状の屋根

ヨーロッパ木造建築の最大の特徴は、地域によってその屋根の形が異なり、それぞれがその自然環境とそこに住む人の民族的な背景とを鮮明に表していることにある。

屋根の形は、世界のどこでも切妻とか寄棟とかいうように、建物の四角い平面を何枚の傾斜した屋根版で覆うかによって、その種類や呼称が変わってくる。ヨーロッパの屋根が多様に見えるのは、その大半が急勾配なため、建物の用途によって屋根の形やそれを支える小屋組を物理的に変えやすかったことと、屋根や破風の丈が高いのでそうした工夫が人の目につきやすく、地域ごとにその差を示すことが伝統になったからだろう。

ところで、日本では湿潤多雨の地域のほうが乾燥寡雨の地域より屋根勾配は急だと一般的に考えられているから、ヨーロッパにおける屋根勾配の分布を示した図1を一見すると、冬に雨の多いアルプス以北の地域のほうが、年間を通じて雨の少ないその南側にくらべ屋根勾配が急なのは当然だろうと思われる。ところが、その緩急を分かつ境界線は、年間降水量の多寡を示す線と厳密には一致していない。フランスには雨が多くても緩勾配の屋根の地方があるし、地中海性気候でも急勾配の屋根の村々が点在しているのだ。

実をいうと、図1の中央を分かつ線は、9世紀頃までに急勾配の合掌屋根を伝承していたゲルマン系 **A** の民族と緩勾配の垂木屋根を用いるラテン系 **F** や東スラヴ系 **C** の民族が優越していた地域とを区分した線。その境が複雑なのは、アルプス以南にゲルマン人が以前から進出していたことと、後にラテン系や緩急の中間値的な屋根勾配を持つ西スラヴ系が西や南に勢力を拡大した地域 **B**, **D** があるからだ。こうした民族史的背景もあるが、ゲルマン系が好むビールの産地が急勾配、ラテン系が広めたワインやスラヴ系のウォッカの産地がほぼ緩勾配と考えるほうが旅する者にはわかりやすく、かつ楽しい区分となるにちがいない。前述したように、ヨーロッパでも屋根は切妻屋根と寄棟屋根とが基本となる。寄棟のほうが古く、楕円形平面の家を覆っていた古代以前の草葺屋根にその端を発していた。それが建物規模や用途によって曲面状から多角形の屋根になり、それに従い妻壁の形が順に変わっていく様子が図2で示されている。この変化は現代でも生じるもので、隣り合っているものほど互いに変わりやすい。中世以降になると、これらの基本形の屋根に庇が付いたり、腰や棟が折れたりする形がその周辺に芽生えた。こうした屋根の縁戚関係を示すものも図2で、国や地域ごとにその名が違い、そこには長い歴史が読み取れる。

寄棟屋根は大規模な農家の作業場や畜舎に最適だが、ヨーロッパの北西部や中央山地の寒冷地では、切妻屋根にして小屋裏に乾草を蓄え、下の畜舎に落す。また、小屋裏に人が住むには切妻のほうがよい。そのため北西部の都市に多い中層の木造はほとんどが切妻で、それらが独特な街並を形成している。少しだけ小屋裏を利用する東ヨーロッパでは、寄棟を入母屋の屋根に変えて上下階を共に利用する例のほうが多い。

こうした棟から軒まで両方に屋根を葺き下ろす形でなく、図3の片方にだけ葺き下ろす屋根は、その機能や用途に従って建物の増築部分や倉庫・作業場などに多く使われる。その反面、図4の木造教会や公共建築にある塔の屋根は装飾的な役割が大きく、その形を著名な石造建築に求めた例が多いので、その由来を現地で問うてみるのも一興だろう。

屋根と壁の仕上げ

世界のどの地域でも、屋根の葺材はその地域の植生や地質、そしてそこの気候に合わせた屋根勾配の値によって選択されている。ヨーロッパでも比較的雨が多い北西部や中央山地の北側には昔から急勾配の板葺屋根が多かったが、杮板などの原料になる針葉樹が多い山村ではその伝統を守れても、森が消滅した平野の都市部では板葺がスレート葺、そして瓦葺に変わらざるをえなくなり、農村でも萱や藁を用いた急勾配の草葺屋根の時代があったにせよ、いまや瓦葺が主流を占めるようになった。それにくらべるとヨーロッパの西部や中央高地の西南側では、針葉樹は少ないが粘板岩系の石が採れるので、石葺やスレート葺が多い。中央山地の南側から地中海沿岸にかけての雨量が少ない地域は、もともと緩勾配の屋根が優越していて、古代からその勾配に似合った丸瓦が多く使われている。

こうした屋根葺材を屋根に取り付けるには、図1で緩勾配の場合、まず防水層となる樹皮や槫板、杮板を釘などを使わずに下地材の上へ重ね敷きし、

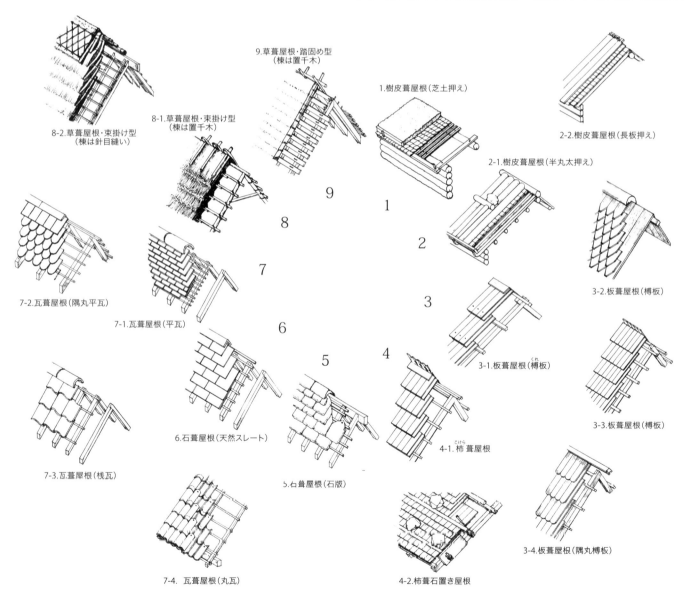

図1　屋根の仕上げ

それを芝土(1)や木(2)、または石(4-2)で押える。急勾配の場合、丁寧な仕事では野地板(3-2)の上に葺材を敷くが、普通は野地板を張らない。自重が大きい石版(5)か、藁などを踏み固める場合(9)には、屋中のような横架材を太くするが、それ以外は細い屋中に板(3,4)やスレート(6)、瓦(7)、萱(8)などを引っ掛け、それを紐や釘、木釘などで留めるのが普通で、どんな葺き方でもその層理を伝わって水が逆流し、それが葺材を留めた箇所から漏れないよう、葺材の重ね方の数や形に細心の工夫が凝らされている。図1は、中央にあるそれらの葺き方の基本形(1〜9)がその周辺の形に発展しながら、地方色豊かな屋根仕上げを形成してきた様を示している。

これと同様に、ヨーロッパの伝統的な壁構法にも、その仕上げ方に図2のような基本形があり、そこに他の手法で軸組の間の壁を充填した例や、その表面にさまざまな仕上げを施した例がそれを取り囲んでいて、近くにあるものほど互いに影響を与えながら今の形に発展してきたものと思われる。

有史以前からある枝や蔓を編んだ壁(10)のうち、縦の部材が独立して太くなったのが柱・梁構造(1)で、現在のヨーロッパでは少数派だが、そこに壁を効果的に組み込むことで部材が細くてもすむ軸組の壁(2)が後に主流を占めたことや、木材を横にして使う井楼組の壁(4,5)が石積壁(6,7)と同じ組積造的な構法であり、その井楼組と軸組がこれまた古い丸太や厚板落し込み構法(3)を原点として双方向に発展したこと、さらに同じ組積造の煉瓦壁(8)は粘土を焼いて壁に使う伝統的な発想が元にあり、こうした粘土と木舞を合わせて使う土壁(9)の技が他の構造様式の塗仕上げに応用されていることなどをこの図から知れば、近代建築の礎となった鉄骨や鉄筋コンクリート製の柱・梁(ラーメン)構造や、いま話題になっているハイブリッド(混)構造の発想の源も、これらヨーロッパの伝統的な木造建築の壁仕上げの関連性と、その歴史的な背景の中に隠されていたことを、旅をしながら楽しく理解できるはずである。

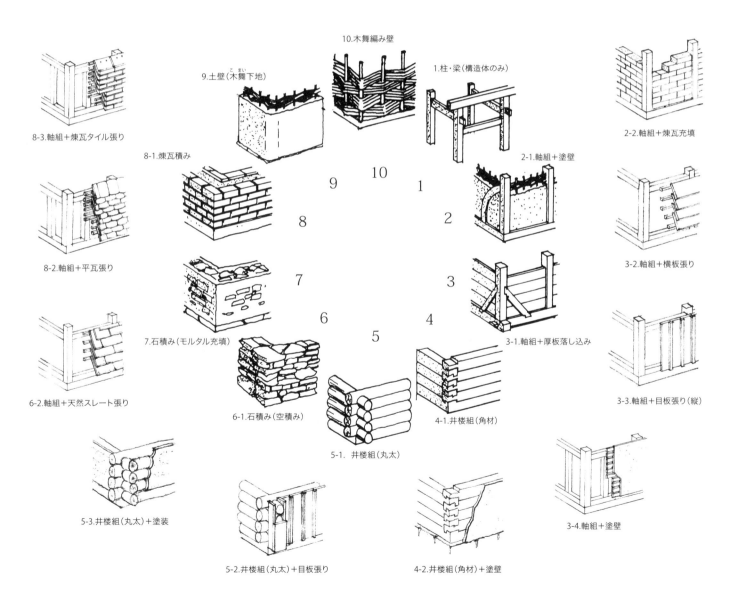

図2　壁の仕上げ

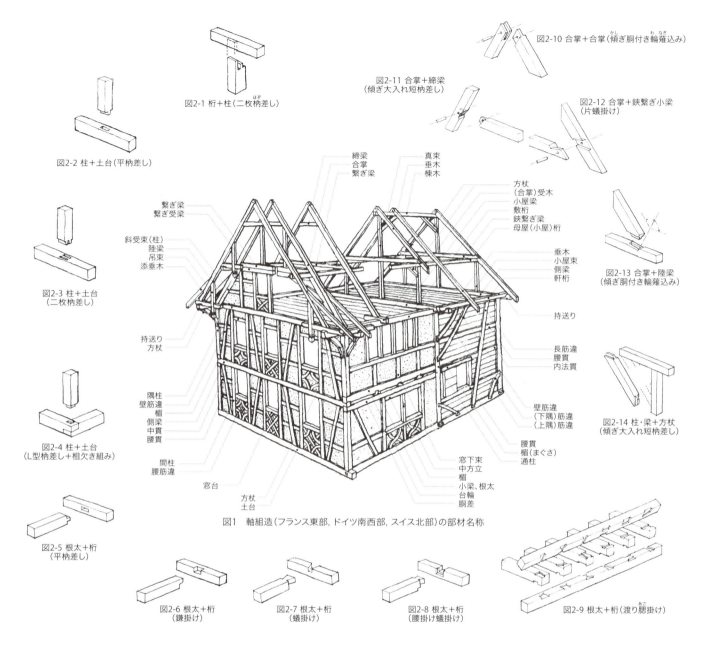

図1 軸組造(フランス東部,ドイツ南西部,スイス北部)の部材名称

図2-1〜5 垂直材の仕口　　図2-6〜9 水平材の仕口　　図2-10〜14 斜材の仕口

構造部材の名称

どの国でも木造建築の構造部材やその継手・仕口には、それぞれその機能や形に応じて伝統的な名前が付いている。柱や梁を多く用いる軸組造の場合、それらの構造部材が果す役割については、ヨーロッパでもその区分の仕方が日本とほぼ同じように明確である。しかし、井楼組の場合、同じサイズの校木を壁として何段も組み上げるとなると、最上段の校木は桁や梁にも用いられ、その下の数段もそれを補助する役割を果し、最下段は土台としても用いられるため、構造材としての校木の呼称は曖昧で、あっても地方ごとに異なるため、ヨーロッパ全体に共通する呼称は存在しにくい。

屋根の荷重を支える構造材では、棟持柱や小屋梁の上にある束で棟木を支え、その上に掛け渡した斜材を

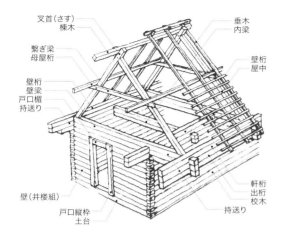

図3 井楼組-I オーストリア中央部の部材名称

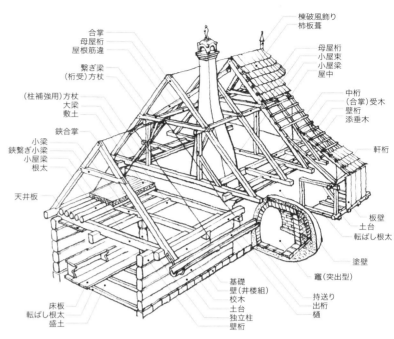

図4 井楼組-II チェコ北部、ポーランド南部の部材名称

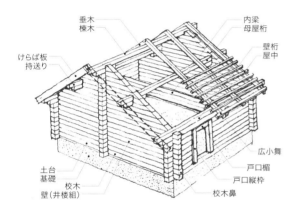

図5 井楼組-III オーストリア西部、北欧諸国、ロシアの部材名称

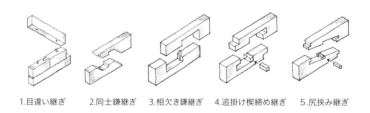

1.目違い継ぎ　2.同士鎌継ぎ　3.相欠き鎌継ぎ　4.追掛け楔締め継ぎ　5.尻挟み継ぎ

図6 井楼組校木、単材の継ぎ手

1.丸太渡り腮　2.下欠き丸太渡り腮　3.上下欠き丸太渡り腮　4.面取り丸太渡り腮　5.角丸太渡り腮　6.角丸太傾ぎ蟻鼻付き　7.角丸太傾ぎ蟻鼻欠き　8.角丸太略鎌

図7 井楼組の校木と壁隅の仕口

垂木、陸梁の両端から急角度で斜めに立ち上げ、それを棟の位置で合わせたトラス材を合掌とし、それを言葉で区別している。しかし、イギリスだけは「主たる垂木」と「普通の垂木」とで両者を区分し、「合掌」という言葉がないことに注意しておく必要があろう。チェコやロシアなどでは、緩い勾配でも棟木さえなければそれも「合掌」と呼び、それらを屋根の構造材に用いている。

建物が細長い平面の場合、日本ではその長軸を桁行方向、短軸を梁間方向と呼び、桁と梁をその向きで区別するが、ヨーロッパでそれを言葉で分ける習慣は極めて少ない。それよりも、胴差で支えられた床根太や小梁の上端に台輪を載せ、それを土台にして間柱を再度立ち上げていく例が軸組造に多いので、胴差や台輪といった特殊な表現でなく、「（下の間柱の）頭繋ぎ」、「（上の壁の）土台」という言葉を、その高さに応じて繰り返し使うのが、ヨーロッパにおける部材名称の特徴である。

部材の接合方法も、日本の蟻継ぎや追掛け継ぎなどの継手や、各種の胴差と鎌掛け・蟻掛けのような仕口がヨーロッパでも使われている。とくに渡り腮掛けは中世後半から都市部で軸組の床構法に多用され、農村部では井楼組の基本型として発達した。尻挟み継ぎのような複雑な技法が校木の継手に使われていたのも興味深い。中世末期までは桁や梁の幅より柱の厚みが勝る剛直な軸組の事例が多く、そのため柱を鬢太欠きにして納める仕口（図2-1）が古い建物に多いのも、ヨーロッパならではのディテールといえよう。

小屋組の種類

UK	roof truss, roof construsion	FI	kattorakenne
FR	ferme de toit, construsion de toit	PO	konstrukcja dachu
DE	Dachstuhl, Dachkonstruktion	CZ	střešní konstrukce
CH	Dachstuhl, Dachkonstruktion	SK	strešnej konštrukcie
AT	Dachstuhl, Dachkonstruktion	HU	tetö rácsos, tetöszerkezet
DK	spaerfag, tagkonstruction	RO	construcţia acoperişului
NO	tak reisverk, takkonstruktjon	RU	konstruktsiya kryshi, Конструкция крыши
SE	tak fackverk, takkonstruksion	BG	konstruktsiya na pokriv, Конструкция покрив (крыши)

どのような建築でも壁と柱の配置によってその平面や屋根の形が決まる。柱・梁構造や軸組造が多いヨーロッパで大きな建物を造ろうとすると、外壁だけでは弱くて屋根全体を支えることができず、内側に独立柱を立て、それに棟木や母屋桁を載せることで屋根の中央を支えねばならない。平面が細長い場合、棟持柱で支えた棟木をその長軸に通し、そこへ太い垂木を架ける型がヨーロッパでは最も古く、それが中央山地（DE-3、CH-1）やその東（CZ-1）と北海沿岸の一部（DK-3）

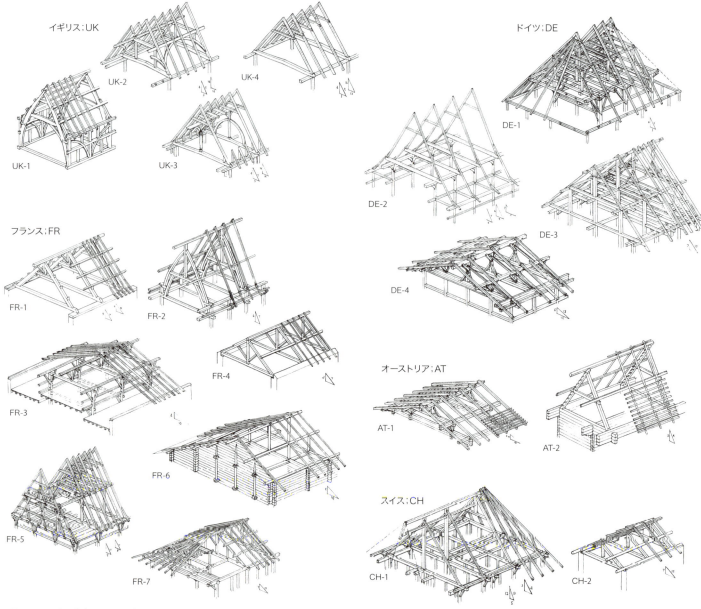

西ヨーロッパ・中央ヨーロッパ

に近世まで残っていた。だが、居室にあると邪魔なため、棟持柱はやがて小屋裏の真束 (UK-3、FR-4) だけになり、さらに少数の地域ではそれが叉首で棟木を支える型 (AT-2、CZ-3) に変わる。次に古いのが最初から棟木がない、棟と平行な母屋桁を2列の高い柱で支える型 (DK-1、SE-2) で、中央山地より北側の地域に多かった。小さな建物でその柱列が邪魔になるとそれが小屋裏に2本の束を持つ型 (UK-2、FR-5、DE-1、CZ-2、PO-2) に変わる。ここまでの型の屋根勾配は、斜材と垂直材との長さの比が整数比の値になるのが大半である。

しかし、大陸北辺の大きな農家では、それまで母屋桁の下で柱列を固めていた繋ぎ梁として母屋桁の上に載せ、そこに2本の合掌材を組むことで小屋裏が広く使える型 (DE-2) のほうが好まれた。この三廊式の架構は、ゴシック様式における石造教会の原型として、またヨーロッパに特徴的な急勾配の合掌組 (UK-4、PO-1) を生み出した点でとりわけ重要だ。ただし、同じ北方起源の合掌組でも小規模の石造壁構造や井楼組に使われた例 (FR-1、SE-1) もあり、ここでは陸梁がない型 (DK-2、NO-1、SE-3、SK-1) が多い。RO-1, 2は中世にドイツ系移民が持ち込んだもの。また、ドーヴァー海峡周辺には、湾曲したクラックトラスを地表から立ち上げる古い型 (UK-1) や、それを小屋組に留めた例 (FR-2) がわずかに残っている。当然ながら合掌組の勾配は斜材と陸梁との長さの比だ。

これら急勾配の屋根にくらべると、外壁が井楼組や石積壁の建物には緩勾配の小屋組が昔から使われてきた。フランス南西部 (FR-3) を除くとほとんどが間仕切壁や小屋梁の上に小屋束を立てて母屋を支え、そこに細い垂木を架ける小屋組 (FR-6, 7、DE-4、AT-1) である。北東部には母屋だけの小屋組 (FI-1) もあった。小屋束を用いた屋根架構はバルカン諸国 (BG-1) にもみられ、その勾配も水平材と束との長さの整数比がほとんどなので、アジアとの繋がりを最も強く感じさせるヨーロッパの小屋組ともいえるだろう。(→p.232)

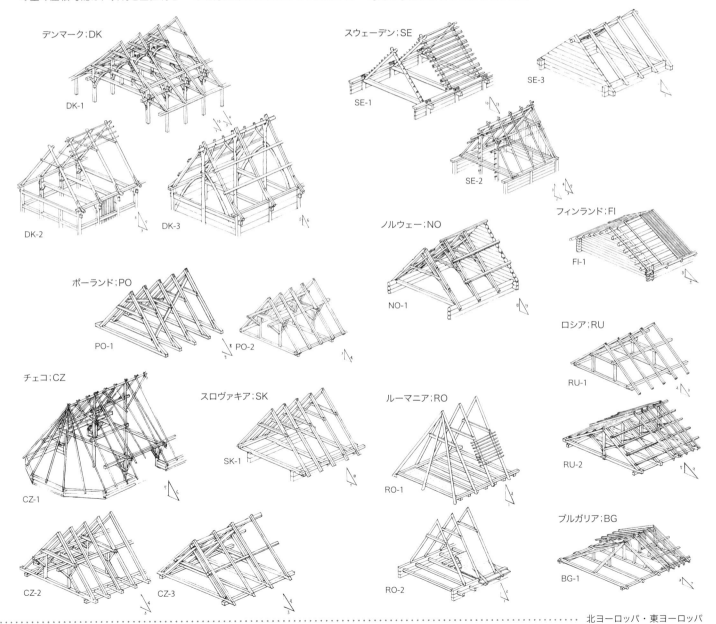

北ヨーロッパ・東ヨーロッパ

木造軸組 1

UK	timber framing (half timber)
FR	pans de bois (colombage)
ES	structura de madera
BE	Vakwerk
LU	pans de bois
CH	Fachwerk (Riegelhaus)

イギリス；UK

UK-1 チェシャー（→p.192）

UK-2 ヘレフォードシャー

UK-3 ウスターシャー

UK-4 グロスターシャー

UK-5 ケント

UK-6 スモール・ハイス、ケント（→p.37,192）

UK-7 ケント

UK-8 ラヴェナム、サフォーク（→p.38, 62, 214, 218）

ヨーロッパの木造軸組は、どこでも太さが似通った木材を柱や梁、土台などに用い、それを縦横に組み合わせた四角い枠組に、板や土、煉瓦などを組み込んで壁を造る点で共通している。しかし、柱・梁と壁をどう組み合わすか、またそれらをどう飾るかは、地域や民族ごとに違う伝統に従うのがヨーロッパでもある。軸組造が根付いた地域は素直な木材が容易に得られる温帯混合樹林帯で、中世以前にケルト系の民族が優勢していた西ヨーロッパと中央山地、それとゲルマン人の祖地であるバルト海沿岸に限られていた。それでも川筋や山並が変わるたびに家々の壁を彩る軸組の表情が多様に異なって見えるのは、誰もが認める事実なのだ。

イギリスでは、イングランドとウェールズの一部にしか軸組造がみられない。北から南に行くにつれ斜材や装飾（UK-1）の数が減る。内陸部（UK-2～3）の格子組は大胆に広いが、クラックトラスの軸組（UK-4）だけは別格だ。南部のドーヴァー海峡沿いでは、最初筋違を加えた簡素な枠組（UK-5）だったが、やがて間柱が縦繁（UK-6）になり、南東部の渡り腮の根太で上階を張り出す手法（UK-7）と共にハーフティンバー様式の代名詞になった。この様式は丸太を割って正角材にするからという意味。白壁と黒い間柱とで壁を2分するからという説もある。イギリス南東部（UK-8）やフランス西南部（FR-4）では古びたコナラの素地を塗らずに活かしたグレーが伝統色として尊ばれ、一方フランスのバスク地方（FR-9）のやや縦長の軸組に塗る赤や青が地方色として有名なのも面白い。スペイン

スペイン；ES

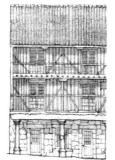
ES-1 ラ・アルベルカ、サラマンカ（→p.60, 192）

フランス；FR

FR-4 マルケーズ、アキテーヌ（→pp.54-6, p.192, 214）

FR-5 ブリーヴ＝ラ＝ガイヤルド、リムーザン

ES-2 コバルビアス、カスティーリャ・レオン（→p.60, 192）

ES-3 ゴイズエタ、ナバラ（→pp.58-9, p.192）

FR-9 サール、ペイ・バスク、アキテーヌ（→p.192）

フランス；FR

FR-1 ディナン、ブルターニュ
（→p.49, 192）

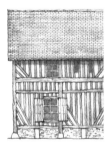

FR-2 ラ・ロジェール、
ノルマンディー

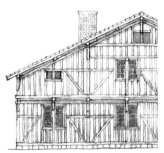

FR-3 カフォン、シャンパーニュ

FR-6 ノジャン＝ル＝ロワ、
ウール＝エ＝ロワール
（→p.192）

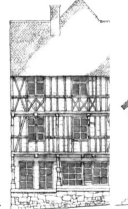

FR-7 バイユー、ノルマンディー
（→p.48, 192）

FR-8 ケゼルスベール、
アルザス（→p.77,192）

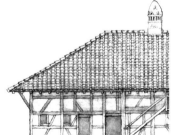

FR-10 ボーボン、ブール＝ガン＝ブレス、
ローヌ＝アルプ

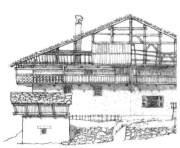

FR-11 ブール＝サン＝モーリス、
サヴォア、ローヌ＝アルプ

ベルギー；BE

BE-1 ウルウェーテゲム、
オースト・フランデレン
（→p.192）

ルクセンブルグ；LU

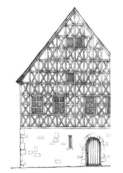

BE-2 デュルビュイ、
リュクサンブール（→p.192）

スイス；CH

CH-1 リヒタースヴィル、
チューリッヒ（→p.87,,192）

CH-2 エシュ、ルツェルン
（→p.192）

各地に点在する木造建築の多くは、1階の石壁の前に柱列（ES-1）を設けて上階の前面を支えるので柱列に陰が生じ、軸組全体が軽快（ES-2）に見えるが、その両端を分厚い石の防火壁で区切った軸組の街並は、スペイン側のナバラ（ES-3）にも残っている。フランス北部の農村にもイギリス南部のような間柱が縦繁の軸組構造（FR-3）が多くある。筋違（FR-2）が幾重にも入るのが特徴だ。都市部にある3、4階の建物（FR-7）の部材はやや細く、ドイツにくらべ下階から上階が渡り腮の根太で張り出す度合い（FR-1）はやや少ない。しかし、急勾配のスレート屋根に組み込んだ切妻の破風（きりづまのはふ）（FR-6）や屋根窓の形の多様さはこの地域でしかみられないもの。それらを背の高い軸組の壁と調和させることで魅力的な街並が創り出されている。規模の小さいベネルクス3国の軸組（BE-1、2）は、これらフランス北部の木造建築の垂直性と繊細さを引き継いだものといえるだろう。

ところが、寄棟屋根（よせむね）が多い内陸の農村では面倒な間柱を省略するため、腰貫（こしぬき）が多い軸組（FR-10）は水平性のほうが勝り、アルプスに近づくにつれ屋根も幅広で緩勾配の切妻（FR-11）となり、軒下には回廊が加わるから、この傾向はさらに強まる。壁や手摺に縦板を張り、小屋束をわざと見せるのもそれを補うためだろう。それにくらべるとライン川の上流にあたるアルザス地方（FR-8）とスイス北部（CH-1）の家はドイツと同じように屋根が急勾配なので、それに合わせて筋違の傾斜を揃え、窓枠を縦長に整えた。こうした軸組造の柱や梁が太いままだと、この地域に興った柱・梁＋厚板落し込み構法の家とよく似た立面になる。しかも壁板を横に張った軸組（CH-2）は井楼組（せいろうぐみ）とも見まがうから、その判別はむずかしい。ヨーロッパの多様な木造壁構法の分水嶺は、やはりこのアルプス周辺に昔あったのかと、ひとまず考えてみるのも旅の一興だろう。（→pp.232-3）

木造軸組 2

DE　Fachwerk (Fachwerkhaus)
AT　Fachwerk (Fachwerkhaus)
PO　drewniany szkielet (mur pruski)
DK　Bindingsværk
SE　Fackverk
CZ　dřevěný skelet (Hrázděné zdivo)

ドイツ；DE

ドイツの軸組造の特徴は、なんといっても上階の正面が次々に張り出していくその構法 (DE-2) の壮大さと、それらの部材に施された装飾の華麗さにある。とくに交易で栄えた北西部の諸都市では、腰壁と渡り腮で迫り出した床根太や桁、持送りなどをルネサンス風のさまざまな彫刻 (DE-1) で飾ることが中世末期から流行しはじめ、町ごとにその華やかさを競った。この地域の農家は元来が同緯度にあるイングランド中部と同じ幅広で剛直な軸組 (DE-4) だったが、この風潮が広がってから、寒さに弱い塗壁を煉瓦に換える際にも、それを化粧積みにして大きな切妻破風の軸組 (DE-3) を整えるようになった。

北西部より上階の迫り出しが少ないドイツ中央部の都市では、床桁から下は飾らずに窓上下の楣（階高が低い家は下のみ）の高さを揃え (DE-5)、それらと柱の間に太い筋違 (DE-7) を入れる。柱や腰壁の筋違にはさまざまな型 (DE-6) があり、「シュヴァーベンの女 (a)」とか「フランケンの野人 (e)」「フランケンの男 (f)」などの名が付いていて、それらを判別できるのが楽しい。(→p.73)

その一方、ライン川上流のアレマン地方には、これより細くて同じ傾きの筋違を柱や桁に相欠ぎで取り付けた古い民家 (DE-10) がいくつも残っている。その整然とした軸組は、屋根勾配のきつい多層の都市型建築だけでなく、緩勾配で庇の深い低層の建物でもその装飾性を発揮し、ドイツ東南部の井楼組住居 (DE-11) や柱・梁＋厚板落し込み構法の穀倉 (DE-12)、それとその

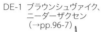

DE-1　ブラウンシュヴァイク、ニーダーザクセン (→pp.96-7)

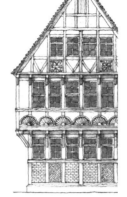

DE-2　ニーダーザクセン (→p.192)

DE-3　シュターデ、ニーダーザクセン (→p.110, 192)

DE-4　シュレースヴィヒ＝ホルシュタイン

DE-5　アルスフェルト、ヘッセン (→p.92, 192)

DE-6　バイエルン北部の腰壁（上）と柱周り（下）の筋違 (→p.73)

DE-7　レンス、ラインラント・プファルツ

DE-8　オーバーザイファースドルフ、ザクセン (→p.193)

DE-9　ニーダーラミッツ、バイエルン (→p.193)

DE-10　エスリンゲン、バーデン＝ヴュルテンベルク (→p.192)

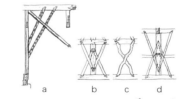

DE-11　バイエルン南部の柱周り筋違（上）、ファルハント、ガルミッシュ＝パルテンキルヒェン（下）(→p.192)

DE-12　トラウンシュタイン、バイエルン (→p.193)

デンマーク；DK
DK-1 リーベ、スュズダンマーク（→p.111, 192）
DK-2 フューン、スュズダンマーク
DK-3 ティルスト、ミットユラン（→p.113, 192）

スウェーデン；SE
SE-1 フォーレスンド、ゴットランド（→p.193）

ポーランド；PO
PO-1 ブダフフ、ルブシュ（→p.193）
PO-2 ザンチュク、ルブシュ
PO-3 クルキ、ポモージェ（→p.193）
PO-4 ブルダイニュ、ヴァルミア・マズールィ（→p.193）

チェコ；CZ
CZ-1 リブナー、ヘブ、カルロヴィ・ヴァリ（→p.193）
CZ-2 クライコヴァー、カルロヴィ・ヴァリ
CZ-3 ラドヴェシツ、ウースチー（→p.193）
CZ-4 リベレツ市内、リベレツ（→p.193）

オーストリア；AT
AT-1 リン、インタール、ティロル（→p.193）
AT-2 タウール、インスブルック、ティロル

隣のオーストリア山間部に特有な塗壁造の納屋（AT-1~2）などの妻壁を、各地各様のデザインで飾り立てている。こうした筋違などの斜材を多用する軸組は、北海の沿岸地帯や中央ヨーロッパのように似たような混合樹林帯の地域でその伝統が守られていたが、木造井楼組が優越する地域と隣接しているので、それと混合しながら使われることが多い。北西ドイツそのままの短い筋違（DK-1）や棟持柱を湾曲材で支える素朴な軸組（DK-2）はデンマーク、太い校木を柱間に落し込んだ壁に筋違で補強した軸組の妻破風を載せたのがスウェーデン（SE-1）。いずれも煉瓦や色付きの壁（DK-3）を間に充填するのでそれだけ軸組は色彩豊かになる。それにくらべるとポーランド北部の軸組（PO-2~3）は白壁1色で部材も細く、それだけ清楚な感じがする。

その反面、ドイツ東端のオーデル川上流で興った混構造（Umgebinde）は、井楼組の1階外壁に独立柱で支えた軸組造の2階を被せるため、その軸組（DE-8）は特異な形となり、川筋が違うヴィスワ川下流地域でも、それが妻破風の下の柱廊（PO-1）や3層軸組の妻破風を主屋と交叉させた混構造の柱廊（PO-4）にそのまま活かされている。

ドイツのバイエルン地方北部の軸組（DE-9）は妻破風の間柱や斜材の間隔が狭く、それと隣接するチェコのボヘミア西部に多い井楼組の壁の上の妻破風（CZ-1）とよく似ているが、ボヘミア北部には他の遠いドイツの例（DE-5、DE-10）のような軸組（CZ-2~4）もその混構造に多く見受けられる。このことは、自然環境が近い木造建築どうしだから似るだけでなく、同じゲルマン系民族が小規模な移動を繰り返した結果、その民族特有の似た型の軸組もここヨーロッパに点在していることを示している。その経緯が読み解ければ、木造軸組が地域の環境と民族的な背景とを共に表す格好の指標になることも納得できるだろう。（→p.233）

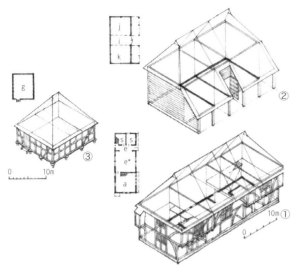

UK-f-1　チディングストーン、ケント　15世紀初頭（→p.36）

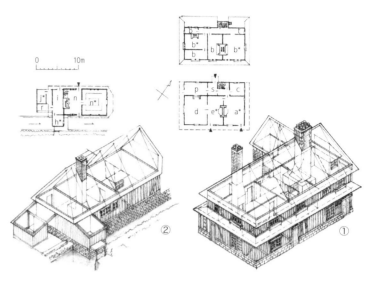

FR-f-1　ルー、オージュ、ノルマンディー　1856年（→p.48）

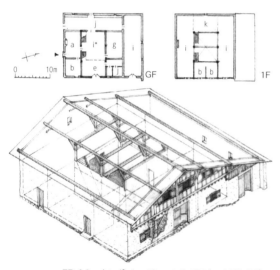

FR-f-2　カンボ=レ=バン、ペイ・バスク　1840-56年

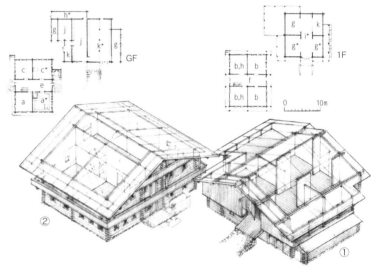

AT-f-1　ホレンツェン、ティロル　1723年（→p.82）

住宅の平面構成（農村部）

a	居間	a*	応接間
b	寝室	b*	兼居間
c	台所	c*	兼食堂
d	食堂		
e	出入口	e*	応接ホール
f	通路、板の間		
g	穀倉、納屋	g*	穀草室
h	納屋、物入	h*	格納庫
i	作業場	i*	打穀場
j	畜舎	j*	家禽舎
k	飼料庫	k*	肥料庫
l	ロフト		
m	製粉室		
n	製酪室	n*	チーズ置場
o	製パン竈		
p	パントリー、食品庫		
q	ワイン醸造室		
r	水場、洗濯場		
s	サーヴィス（台所を含む）		
t	便所		

ヨーロッパの木造住宅は、一辺が6mに満たない四角い空間を壁で囲い、そこで暖を採りながら一家がまとまって暮らす古代の一室住居からその歴史が始まっている。やがて家族の数が増え、食糧や資材などの備蓄が加わるとその部屋数は増していくが、その家を造る手法は、柱と梁で壁枠を造って元の部屋の隣に継ぎ足すか、井楼組で校木を別に組んで並べるかしたもので、アジアなどにみられるような、予め広めに造っておいた多柱空間を壁で仕切って部屋数を増す伝統はきわめて少なかった。

そのため、ヨーロッパにおける一般の住宅の空間構成では、炉か竈がある居間（最初は炊事場と食堂、寝室を兼ねた）にどう暖房のない部屋（寝室、納戸、倉庫など）が加わり、それらへ住み手が入口や廊下を通じてどう出入りしたかが、その形成過程を解き明かす鍵となる。

農村の住宅では、この基本形に農耕機器などの置場（納屋）、穀倉や農作業場等が加わり、さらに混合農業の場合は家畜小屋や飼料庫などが必要とな

211

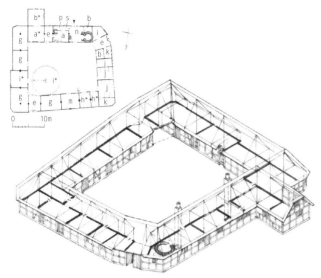

DK-f-1　フューン、スュズダンマーク　1747、1830年（→p.112）

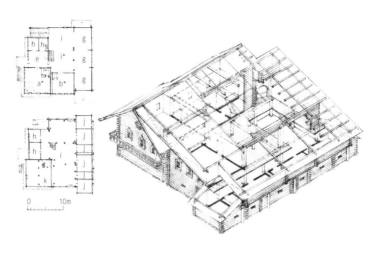

RU-f-1　セレトカ、カレリア　1860-80年（→p.126）

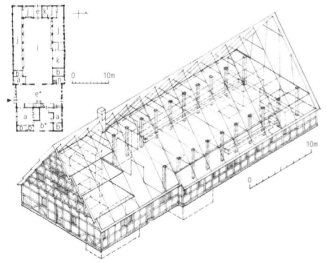

DE-f-1　シュタインキルヒェン、ニーダーザクセン　17世紀（→p.110）

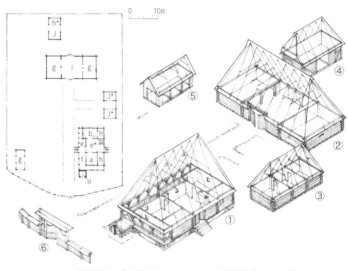

RO-f-1　ガルダ・デ・ススス、アルバ　18世紀末（→p.172）

る。ヨーロッパでも比較的温暖な気候の地域では、これらの諸施設を居住棟と分けて個々に建てるのが伝統（UK-f-1、FR-f-1、RO-f-1）だったが、寒気が厳しい北西部では、それらを居室と一緒に大屋根の下にまとめるか（RU-f-1、DE-f-1）、中庭を囲む低層の建物（DK-f-1）として繋げている。この手法は旧い慣習を持つ西部の農家（FR-f-2）にも稀にみられるが、中央の山岳地帯には居住部分と納屋・穀倉＋畜舎の部分とを明確に分けて建てる二棟式の建物配置（AT-f-1）が定着していて、その伝統がこの地域の農山村の集落に独自の景観をもたらしたと考えられよう。

居間と主寝室、炊事場や食品庫のような付属のサーヴィス部門が分離してくるに従い、そこへの出入りの仕方には幾つかの地域差が生まれてきた。軸組構法を主体とする地域では居間と付属部門との間から入り、居間を通ってしか寝室に行けない構成（UK-f-1、DK-f-1）が多いが、井楼組が優越する地域ではその構造上の特性から居間と主寝室との間に入り、付属部門はその入口の奥に配する構成（AT-f-1、RU-f-1）が主流となった。東南部では井楼組の諸室の片側に入口を兼ねた廊下を設ける形（RO-f-1）が多用されている。農家では居間と主寝室を地上階に設けるのが普通だったが、湿気を避けるためそれらを井楼組の上階（RU-f-1）に置き、来客や従業員などが多い場合は、寝室だけを軸組造の上階や小屋裏に設けた例（FR-f-1）も近世から多くなった。北西部では巨大な一棟家屋に居住部分と畜舎部分を総合する手法が古代から行われていて、それには細長い平面で三廊式の木造架構（DE-f-1、FR-f-2）が居住性や農作業の面で適しており、その中央の空間が広くとれることもあって、中世以降のヨーロッパでは、この平面形式が石造教会建築の基本形になるほど優越した存在だった。しかも切妻屋根なら小屋裏まで居室や倉庫に利用できることから、北西地域ではこの空間構成が、木造による中層都市住宅の原型として発展したことも、理解しておく必要がある。（→p.233）

住宅の平面構成（都市部）

a 居間
b 寝室
c 台所
d 食堂
e 出入口
f 通路
g 穀倉
h 納戸、物入
i 作業場
j 畜舎
k 店舗
l ロフト
m 中庭
n 製酪室
o 事務室
p パントリー、食品庫
r 水場・洗濯場
s サーヴィス（台所を含む）
t 便所、その他

a* 応接室
b* 兼居間
c* 兼食堂
e* 応接ホール
f* 客用通路
g* 商品倉庫
o* 兼居間

その大半が城壁に囲まれて育ったヨーロッパの中世都市では、数少ない道路に多くの町屋が並ぶので、いずれの敷地も間口が狭く奥行きは深い長方形にならざるを得なかった。そのため、最初は城壁外でも小規模な農地を耕作していた都市内農家（DE-t-1）は、中庭に通ずる通路を妻入りの建物の正面中央に設けることで、なんとか敷地内に作業場や納屋・倉庫を設けることができた。この際には前頁で述べた三廊式の農村型空間構成が効力を発揮したのである。普通の商家は地上階の妻面道路側に店を構え、その片側に裏道や中庭に通ずる通路を設けて、上階にある居間や主寝室へ上がる形式（UK-t-2、DK-t-1）をとった。その他の一般市民は道路際に居住部分以外の建物を必要としないので、敷地に余裕のある都市の商家と同じく、できることなら間口の広い平入りの建物（UK-t-1、UK-t-3）を好んだのである。小集落や都市内の敷地を塀で囲む風習はヨーロッパの西部にはきわめて少なく、敷地内に出入りする門扉は道路に面した建物の壁に設けるのが普

UK-t-1　ストラトフォード＝アポン＝エイヴォン、ウォリックシャー　16-17世紀（→pp.40-1）

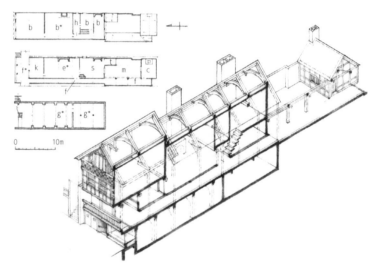

UK-t-2　チェスター、チェシャー　14世紀後半、17世紀（→p.39）

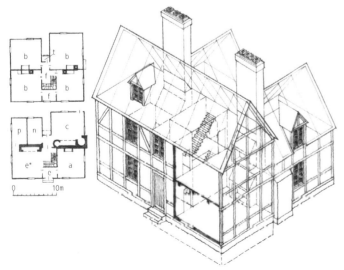

UK-t-3　キングズベリー、ウォリックシャー　1700頃

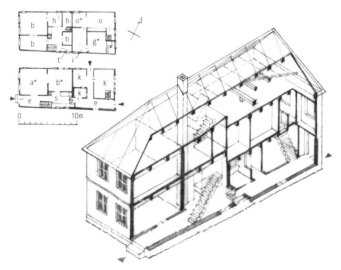

DK-t-1　リーベ、スュズダンマーク　1535-50年（→p.111）

通だったが、東部や東南部では塀に設けた門から敷地内に入り、そこから個々の建物に向かう伝統が都市 (BG-t-1) や農村 (p.211, RO-f-1) にも色濃く残っている。それでも道路際に建てた居室の窓やバルコニーから町の様子が見渡せるよう工夫するところが、この地域における街づくりの手法であろう。都市の住宅の大半が木造であった近世の頃でも、昔あった旧い町の石や煉瓦の基礎の上に木造の上階を載せて街並を造った例 (UK-t-2) や、毛織物の家内工業が盛んな集落では石造の作業場や倉庫の上に居住区を設けた例 (DE-t-2) もある。また、こうした半地下の部屋の上に木造多層の居住部分を載せ、それを縦軸に沿って2分割した棟割形式の二戸建て住宅 (DE-t-3) も、17-18世紀には出現していた。ただし、木造の床や壁は遮音性が低いため、同一家族内ならともかく、階ごとに異なる世帯が重層して住む共同住宅型の空間構成は、木造建築の時代からとくに発達していたとはいえない。

それとは別の、土壁や煉瓦壁で築いた地上階の上にやや広めの木造空間を載せる混構造の手法は、ヨーロッパの東南部に今でも深く根付いている。トルコの影響が大きい地域ではこうした上階の床を建物の四隅に張り出すのが高級な建築 (BG-t-1) とされたが、中世後期からヨーロッパ北西部の木造軸組構造による都市建築で興った張出し床の技法 (jetty) は、あくまでも周辺道路側に張り出すのが原則 (UK-t-1, DE-t-1) であった。そうした家々の床の張り出しがどのように見事な景観を形成してきたかは、今でも各都市の旧市街に残る伝統的な木造の街並で確認できるはずである。

なお、都市部ではこうして拡張された建物の上階部分にやがて暖炉付きの居間や主寝室も移っていくが、農村住宅に多かった吹抜けの居間の空間感覚 (GB-f-1) は高級住宅の玄関ホールにそのまま残り、都市内農家が持つ入口広間 (saal) の高さ (DE-t-1) は、近代以降の中高層建物に出現した中2階のとり方に引き継がれていったことも忘れてはならないだろう。(→p.233)

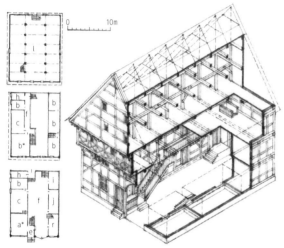

DE-t-1　グレーベンシュタイン、ヘッセン　1430、1780年

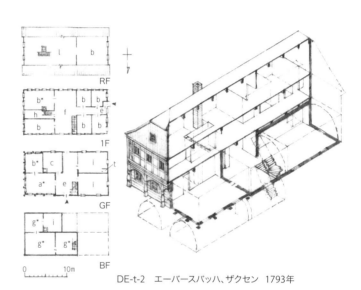

DE-t-2　エーバースバッハ、ザクセン　1793年

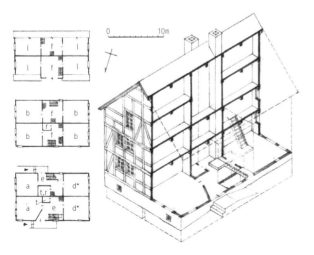

DE-t-3　フロイデンベルク、ノルトライン=ヴェストファーレン　1666年 (→p.61, 92)

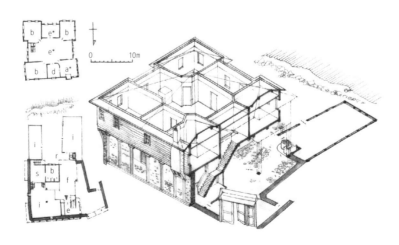

BG-t-1　ネセバル、ブルゴス　1840年 (→p.184)

旅の参考資料編

UK-1　チディングストーン、ケント　1540年（→p.36, 192, 210）

NL-1　ハルレフェルト、ゲルダーラント　1528年（→p.192）

UK-2　ラヴェナム、サフォーク　1529年（→p.38, 62, 206, 218）

FR-1　ブレス、ローヌ＝アルプ　1581年（→p.192）　サラセン風の煙突

FR-2　マルケーズ、アキテーヌ　19世紀前半（→pp.54-6, p.192, 206）

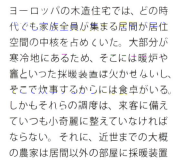

インテリア

ヨーロッパの木造住宅では、どの時代でも家族全員が集まる居間が居住空間の中核を占めていた。大部分が寒冷地にあるため、そこには暖炉や竈といった採暖装置は欠かせないし、そこで炊事するからには食卓がいる。しかもそれらの調度は、来客に備えていつも小奇麗に整えていなければならない。それに、近世までの大概の農家は居間以外の部屋に採暖装置を付けるだけの資力がなく、寝室は別にあってもそこは夜寝るだけの、飾り気のない質素な部屋になっていた。そのため、居間のインテリアこそ、ヨーロッパの木造建築での生活習慣や装飾文化を知るうえで、最も注目すべき対象だろう。

まず居間の大きさだが、基本的に伝統的な柱・梁架構や軸組造では短辺方向の梁か桁が1スパンの長方形、井楼組では校木1本の長さ5-6mを基準とした正方形である。したがって、その面積はほぼ25㎡から40㎡の間に収まるはずだ。そのほとんどは木造部分の最下階に位置し、水平な天井で覆われている。それでも中世末期までの古い家屋には、居間の上部に吹抜けの大空間がある例（UK-1, FR-1）や、小屋組の斜材をそのまま見せる例（NO-1, SE-1, FI-1）もあった。しかし、それはヨーロッパの北部や北西部の農山村に限られ、どの地域でも都市化が進むと、階上に他の部屋を設ける関係上、居間のほとんどが歴史的に早い段階で扁平な立体の空間になっていくのが、ヨーロッパの木造住宅の特徴である。

その天井高は意外と低く、高緯度の地域で軸組壁の場合（NL-1）、わざと天井を高くして高窓から採光すること

215

DE-1　カッペルン、ニーダーザクセン　1750年（→p.95）

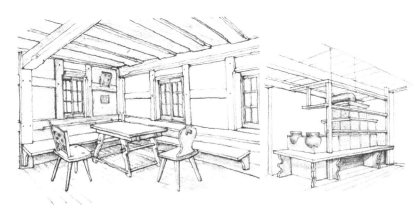

DE-2　ゾイバースドルフ、アンスバッハ、バイエルン　1684年

DE-3　オーバーヴォルファッハ、バーデン＝ヴュルテンブルク
1604年（→p.74）

CH-1　マディスヴィル、ベルン　1709-11年（→p.87）

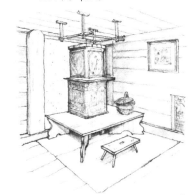

DE-4　オーバーヴォルファッハ、バーデン＝ヴュルテンブルク
1604年（→p.74）

IT-1　シェーナ、トレンティーノ＝アルト、アディジェ　1557年（→p.160）

を除くと、その平均の高さは2.5m前後でしかない。とくに井楼組では通常の壁の高さは校木8-9段積みが限度（FI-1、PO-1）なので、校木の径が30cmに満たない場合は、当然その天井高は軸組壁の平均値より低くなる。しかも、井楼組は部屋の四隅と腰壁に構造上開口部が設けられないから、窓は小さく、その数も通常は2ヵ所、よくて3ヵ所の居間が大勢を占めていた。また、軸組壁が優越する地域でも、外部から直接居間へ出入りする間取りの習慣がなく、近世以後にバルコニーが普及した際、南フランスやスペインにやっと内法高さまでの両開き戸（→p.218）が登場したくらい、ヨーロッパにおける木造家屋の居間は、元来が四周に壁を巡らしただけの閉鎖的な空間だった。そのため、そこで楽しい暮らしを営むには、小さくとも明るい窓と、彩り豊かな家具や装飾品が余計に必要だったのである。

ところで、居間の床中央に炉（open hearth）を置く慣習を最も長く保っていたのはヨーロッパの北西部から中央部に住み着いたケルト系やゲルマン系の民族で、それがイギリスなどの国々（UK-1、NL-1、FR-1、DE-1、NO-1）の古民家に色濃く残っている。その慣習はやがて火元を壁際に移し、炊事はできないが煙道を束ねることで、隣り合わせの部屋の暖房もできる壁付暖炉（UK-2、FR-2）や、壁裏の炊事場から煙だけ引いた鋳鉄製の竈（DE-4、DK-1）とする形式に変わっていった。a*、b*はフランスのブレッス地方に多く残るサラセン風の煙突。ちなみに居間を表すドイツ語のStubeやデンマーク語のstueの原意は、「暖められた部屋、stove（英語）のある部屋」である。（→p.233）

旅の参考資料編

NO-1　ヴァレ、セテスダール　17世紀後半（→p.108）

SE-1　キルクフルト、ブレーキンゲ　18世紀後半（→p.193）

DK-1　レス島、ノーユラン　1847年頃（→p.113）

CZ-1　コウジム、プラハ

SK-1　クルピナ、バンスカー・ビストリッツア

AT-1　シュライブフ、ケルンテン　1767年（→p,159）

ヨーロッパのケルト系やゲルマン系の民族が、伝統的に居間や台所の採暖を炉や暖炉から行うのを原則としていたのに対し、早くから炉を粘土や煉瓦で覆い、その保温力を採暖や調理に利用していたのがスラヴ系やその他アジア系民族の竈(oven)だった。当初はその焚口が居間側にあったため室内に煙が充満し、窓は煙出しの用しか果たせなかったが(AT-1、PO-1)、中世末期から竈に煙道(SE-1、FI-1、RU-1)を付けたことで煙害が減少し、さらに主たる焚口を隣の炊事場に設け、その煙を引いた竈を厚い土や化粧タイルで覆うことで、その余熱を暖房や食物の調理と保温、衣類の乾燥等に利用し、同時に室内の壁を白く塗ることが初めて可能になったのである(DE-2、CH-1、CZ-1、SK-1、HU-1、RO-1)。それでも、中近東の住文化の影響が濃いブルガリアでは、炊事場が居間とは遠い位置にあるため、大きな家の居間には採暖専用の暖炉を付けて装飾を兼ねるのが習いとなった(BG-1)。居間における家具の配置具合を考えると、居間の片隅に大きな竈(ペチカ)のあるヨーロッパ東部や中央部の民家では、そこから対角線の反対側が最も尊い場所とされ、そこに祭壇(SE-1、FI-1)や聖像(DE-3、IT-1、AT-1)あるいはイコン(聖画)を掲げ、その下を貴賓席とする慣習がいまでも守られている。方位としては西南、次いで東南の隅の事例が最も多い。伝統的な木造住居の場合、壁際の席は造り付けの厚板か長椅子(bench)が原則で、その前に正方形か長方形のテーブルを置き、その反対側に素朴な木の椅子か長くて背のない腰掛け(stool)を置く形が各地で定型化されていった。近代

FI-1　リエクサ、北カルヤラ　1809年（→p.123）

RU-1　オシェヴネーヴォ、カレリア　1876年（→p.126）

PO-1　ズブジツァ・グルナ、マウォポルスカ　1784年（→p.143）

RO-1　ベルベシュティ、マラムレシュ　1795年（→p.174）

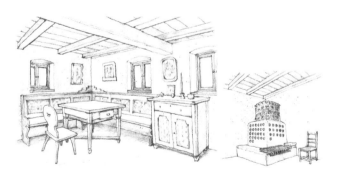

HU-1　シオーガールド、トルナ

BG-1　アルバナシ、ヴェリコ・トゥルノヴォ　1677年頃（→p.188）

以降、世界のインテリア・デザインを席巻してきたヨーロッパの椅子の歴史が、仮にこの地域から始まったとすると、それがベンチ・スタートだったことを、座ってみて知るのも面白い。それに対し、来客を炉のような火元のすぐ傍でもてなす習慣があったヨーロッパの北西部や北部の民家では、暖炉の時代になると暖炉に対してどう家具を配置するかが重要な問題になった。すると、実際にどうしたかで、地域や民族によって差が生じる。イギリスでは暖炉を横目に見ながら客と家人とが対面して座る形（UK-2）が普通になるが、大陸側では暖炉の火を見ながら客と家人が並んで座るほうが好まれるようになった。こうした椅子の置き方まで地方色や民族的な背景が浮かび上がり、しかもそれを現代まで引き継いでいるところが、ヨーロッパの居間らしい所ともいえよう。当然ながら炉や竈がある箇所は夜でも暖かく、格好の寝場所となる。北海の沿岸諸国ではそこに造り付けのベッド（NL-1、SE-1、DK-1）を設けるが、東部の農村ではペチカの上が長老たちの、その下が家畜や家禽たちの寝場所になった。若夫婦や子供たちは、渋々暖房があるかなしかの別室で寝る。したがって、この地域のペチカは、住み手の構成や数によってその規模や形がさまざまに変わることを、あらかじめ承知しておかねばならない。そうした日常生活のさまざまな場面を想像しながら、いろいろな地域の伝統的な居間を見て廻れば、木造インテリアの旅ならではの広い視野と、別の楽しみが得られるはずである。（→p.233）

218　旅の参考資料編

窓

ヨーロッパの窓は、壁の小さな換気口からその歴史が始まる。中世以前から木造軸組構造があった北西部では、壁上部にあるその孔を広げ、石造で開口部を石や木の方立で細分していた技を応用して、北国の暗い居間をより明るくできる高窓 (UK-1, BE-1) にした。寒いときは内外に板戸をあてがい、それを開きにすればよい (BE-2)。

2層になって階高が低くなると、換気と採光を兼ねた格子窓は目の高さに下げられ、通風と見るための窓になる。だが、ヨーロッパの中央部や東部の井楼組では、中世末期まで換気口すらない状況で、校木の下端と上端を削り、それを2段重ねにして「風の眼」を造るのがやっとだった。こうした経緯は、windowがvind (風) ＋auga (眼)、北欧系の窓がvindu, vindueやスラヴ系の窓がokna, oko (眼) などを語源とすることからも読み取れる。窓を覆うものは北西部で内開きの板戸、東部の井楼組では横引きの板だけだった。

小片のガラスが窓に使われ始めたのが北西部の都市でさえ15世紀末。それまで開口部を皮や布で覆い、家畜の膀胱や薄い石膏板を張っていた都市の富裕層は、その貴重なガラスを嵌殺し窓 (UK-2) に使った。框に直接ガラス入りの小さな片引き窓 (DE-1) を

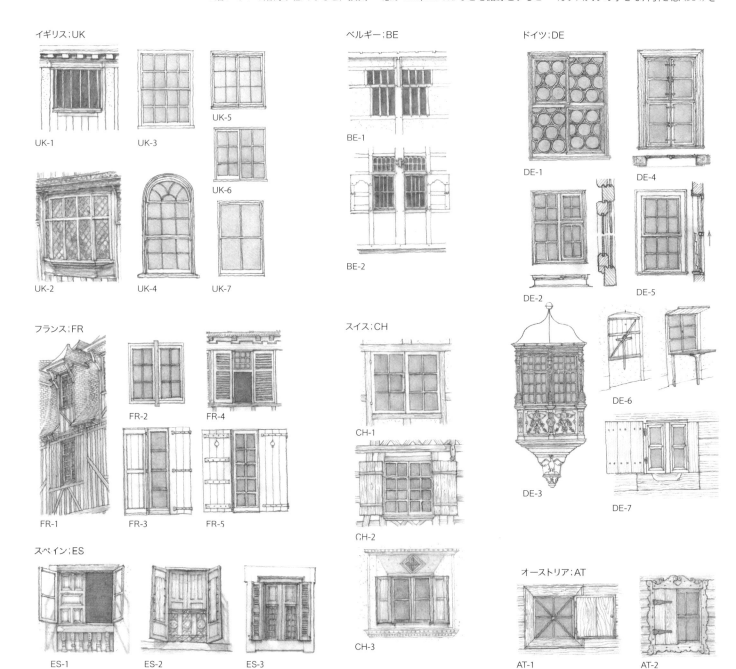

組み込む技法は、近世以降でも南ドイツ周辺の農家に残っている(DE-2)。オランダで17世紀半ばに生まれた板ガラスがイギリスに渡ると、縦方立に框戸を2枚組み込み、下部を動かす上げ下げ窓(UK-3)が出来た。フランスでは伝統的な板戸がガラスの内開き窓(FR-2)に替わっている。次はガラス窓を覆う板戸(FR-5)を、窓枠の外に外開きで加える形。この形はやがて標準タイプとなって周辺諸国(CH-2、DE-7、NO-1、FI-1)に広がっていったが、低緯度で陽射しの強い地域ではその板戸がより高価な鎧戸(FR-4、ES-3)に替わっているし、内開きの板戸をそのまま残し、ヴェランダに出るため窓が内法いっぱいの高さ(FR-3)になっても、ガラスの外開き窓を外側に付ける例(ES-1〜2)や、2重に外開き窓を付けた例(PO-1)があるところも、ヨーロッパの多様性を示していて興味深い。

こうした反面、元来開口部が小さかったヨーロッパの北や東の窓には、その仕掛けよりも窓枠やその周辺の装飾に力をそそぎ、そこに地方色を活かそうという傾向がある。下の腰壁とデザインを合わせたり(FI-2、PO-3)、窓枠の上に幅広の飾り枠(SK-1、2)を重ね、それを縁取ったり(CZ-4、RU-3)、華やかに彩色したりする(SK-3)。ブルガリア辺りになると東方的な窓の仕組みが現れ、座式の生活に適した二段窓にして通風の便を図る(BG-5)とか、外敵の侵入に備えて鉄格子(BG-4)を組み込んだりする。なかでもガラス窓の外に蔀戸(BG-1)や折畳み戸(BG-2)を加える技法は西方諸国の窓づくりにも影響を及ぼし、商店の窓(DE-6)や住宅の開放的な窓(ES-3)などにその面影が残っていることにも注目したい。(→pp.233-4)

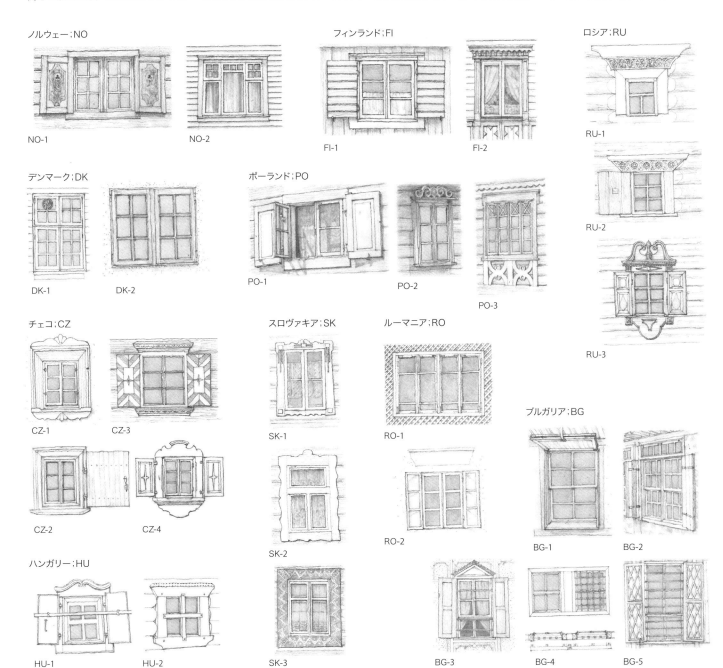

220　旅の参考資料編

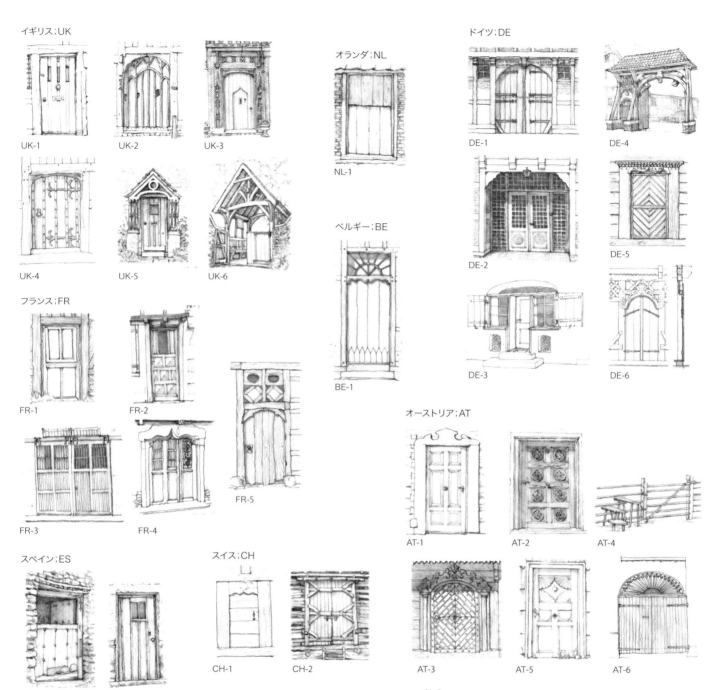

扉と門

どの時代でも建物に出入りするには戸口が必要で、とくに主たる戸口の扉は、機能的であると同時に、その家と周辺の自然や社会との関係を示す象徴的な役割を果たしてきた。そのため、ヨーロッパでも地域や時代によってその形や装飾はさまざまに変化している。ヨーロッパ西部の木造建築では軸組構法が多いので出入口は縦長にでき、階高が小さいと人の背丈(UK-1)になる

が、大さいと欄間がとれる(BE-1、DE-2、DK-1)。しかし、北部や東部では井楼組が優越していたため開口部は低くし、逆に縦枠を太くするのが普通だった(EE-1、CH-1、CZ-1)。扉の幅を広げたり二枚戸にするには、楣の丈を大きくするか、方杖を挟んで補強(FR-5、DE-1、SK-2、PO-3、CZ-2)する必要がある。中世以降は石造建築のアーチ型開口部の影響もあって、時代ごとに楣の形

(FR-4、DE-5、NO-1、CZ-5)や縦枠の装飾(AT-3、NO-2~4、UA-2)が変わり、次第にその華やかさを増していった。
ヨーロッパの扉は防御性を重視し、蝶番や閂を外に見せない内開きが原則である。例外は納屋(CH-2)や裏口(PO-1)の戸で外開き。ただし、外を窺う格子窓(UK-1、FR-2)や小窓(ES-2)を取り付けた扉はヨーロッパ西部に多く、上下別々に開けるダッチドア

221

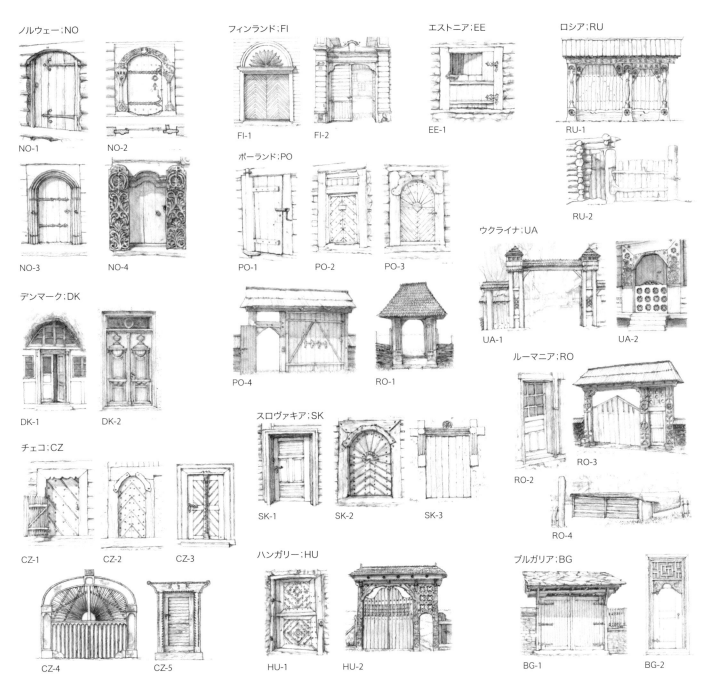

(dutch door) は、家畜や家禽を外に出さずに餌だけやる必要から生まれた工夫 (ES-1、NL-1、EE-1) だった。
扉板の仕上げは厚板縦張り (PO-1、RU-1) が最初で、農村では納屋などの付属屋の戸の裏桟に薄板を縦張りにした形が残っている。都市部の扉は薄板の縦張りに化粧板張り (UK-2, 5) から框組みに薄板張りの扉 (FR-1、AT-1、BG-2) へと変わっていき、彫り物を施した厚板を嵌め込んだ扉 (AT-2、DK-2) は裕福な家に限られた技法だ。厚めの板を斜めに化粧張りし、それでモミの枝振りを模した扉 (PO-2、CZ-2) は中央部の山村に多く、上部の板を放射状に張って太陽を表した例 (PO-3、SK-2) や菱形模様に張った例 (AT-3、HU-1) と同様、構造的にも強い造りとされてきた。

ヨーロッパ西部では敷地周辺を門塀で囲う習慣が昔からきわめて稀なため、民家の内庭や教会の敷地に入る門の例は、圧倒的に東部と東南部に多い。例外はイングランド国教会の門 (UK-6)。近世末にはやった住宅のポーチ (UK-5) にも同じ形が窺える。農家や商家の庭に通ずるこれらの門は、両開きの大戸だけの型 (AT-6、CZ-4、BG-1) と車馬専用の門の脇に片開きの通用門を付け加えた型 (DE-4、PO-4、HU-2、RU-1, RO-3) とに大別される。後者はカルパチア山地の南北に集中し、その門柱に彫り込んだ装飾を地域ごとに競っていた。教会の門 (RO-1) も東部に多く、鳩小屋を兼ねた例 (UA-1) もある。牧場の柵やその門 (AT-4) にも伝統的な形があり、扉自体の重心を利用して開閉する素朴な例 (RU-2、RO-4) がいまでも多く残っていて、それらの門を見て廻るだけでも楽しい。(→p.234)

教会の種類

a 前室
b 礼拝室
c 内陣
d 婦人堂
e 聖具室など

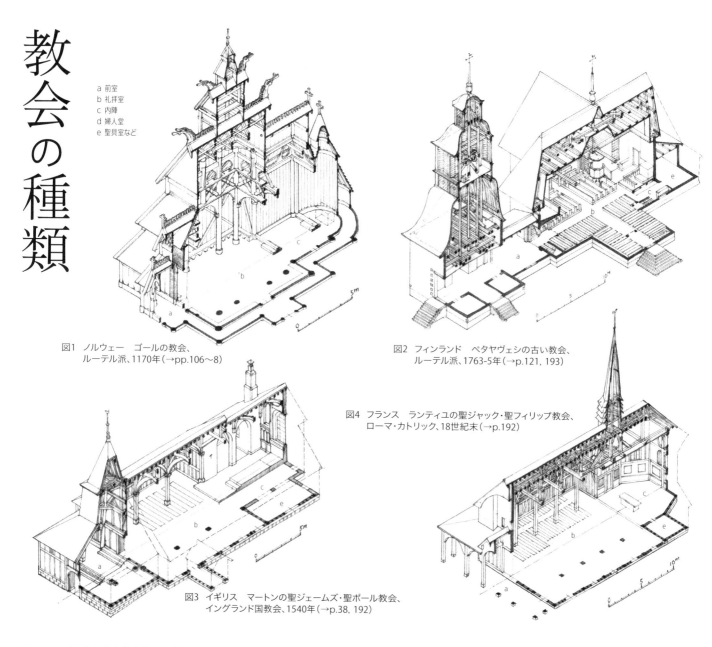

図1 ノルウェー ゴールの教会、ルーテル派、1170年（→pp.106〜8）

図2 フィンランド ペタヤヴェシの古い教会、ルーテル派、1763-5年（→p.121, 193）

図3 イギリス マートンの聖ジェームズ・聖ポール教会、イングランド国教会、1540年（→p.38, 192）

図4 フランス ランティユの聖ジャック・聖フィリップ教会、ローマ・カトリック、18世紀末（→p.192）

ヨーロッパの北西部と地中海の沿岸、そして他の地域の主立った都市と農村の教会は、ほとんどが石造で建てられている。しかし、イギリスとフランスの一部やヨーロッパの北部と東部の山間部には素晴らしい木造教会がいくつも残されていて、近世以前の木造建築の技法を黙々と継承してきた。なかでもノルウェーとポーランド、スロヴァキア、ルーマニアとウクライナにはその秀作が集中し、近年その多くが世界遺産に認定されたことで、ヨーロッパ以外の人々にもその魅力に接する機会が頻繁に訪れるようになったのである。

これらの伝統的な木造教会にはローマ・カトリックに属する例がごく少数で、ヨーロッパの北西部ではイングランド国教会が数例、あとは北部や東部で、ルーテル派の福音教会と正教の教会がその大勢を占める。東部に多かったユダヤ系の求心的平面の教会は第二次世界大戦で全滅。そのため、現存する木造教会の平面構成は、そのすべてが前室から身廊に入り、その正面奥に内陣を配置する簡素な教会の基本を踏襲していてわかりやすい。ただし、最も人目を惹く鐘塔だけは地域によって高さと形が異なり、その位置もその地方独自の構造形式に左右されているから、そこに着目して教会の種類を見分けるのも興味深い。

12-14世紀に興ったノルウェーのスターヴ教会（stave church, 図1）は柱・梁構造の典型だ。土台の上に立ち上げた柱（stave）を曲線豊かな梁や桁で固めたその小屋組にはヴァイキングの造船技術が使われている。その緊張感も素晴らしいが、内陣の後ろにある聖具室の壁や屋根にもその曲面を造る技が発揮されている。鐘塔は独立しておらず、身廊の上に設けることが多い。こうした柱・梁構造の教会は、やがて身廊から側廊が分離して幅広な三廊式の平面に、外壁は軸組造（図3、4）に変わるが、内陣の幅は旧来のままだった。中世末期から非正教系の大規模な石造教会ではここに身廊と内陣とを隔てる仕切りを設け、キリストの磔刑像（rood）またはその十字架をそこに掲げるのが常だったが、木造の教会にはそれを1本の梁（rood-beam）に置き

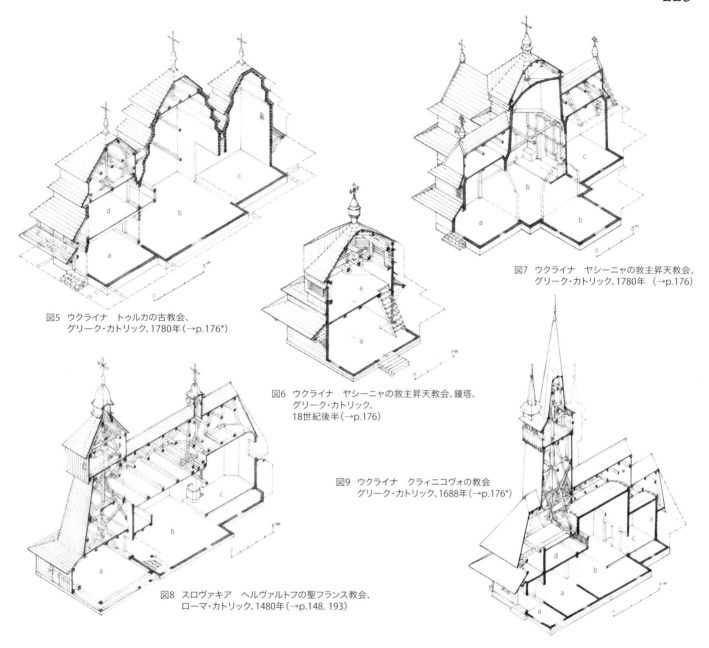

図5 ウクライナ トゥルカの古教会、
　　グリーク・カトリック、1780年（→p.176*）

図6 ウクライナ ヤシーニャの救主昇天教会、鐘塔、
　　グリーク・カトリック、
　　18世紀後半（→p.176）

図7 ウクライナ ヤシーニャの救主昇天教会、
　　グリーク・カトリック、1780年（→p.176）

図8 スロヴァキア ヘルヴァルトフの聖フランス教会、
　　ローマ・カトリック、1480年（→p.148, 193）

図9 ウクライナ クルィニコヴォの教会
　　グリーク・カトリック、1688年（→p.176*）

換えた例が多い。

ところが井楼組の教会は校木の長さに限りがあるため、礼拝室の面積を細長に広げることができず、平面を十字形にすれば（図7）その中央だけを巾広にできるが、そこと内陣た側との境には、その両脇に壁が必要となる。しかし、それらの壁の上部を水平に結ぶ梁だけでは力が弱く、その上に高い鐘塔を設けることができない。そこで前室を囲む井楼組の壁の上に柱・梁構造または井楼組の鐘塔を設けた例（図2、5、9）や、前室も柱・梁構造の鐘塔に含ませた例（図8）、鐘塔だけ柱・梁構造の別棟にした例（図6）が登場してくる。

これらの個性的な木造教会は、前述したようにポーランド東辺の旧ガリツィア地方に多くみられ、それを好んだ種族の名にちなみ、最も古い十字形平面の形（図7）はハツール（Hatsul）型、四角い平面を3つ繰り返し、中央礼拝室を最も高くした形（図5）はボイキ（Bojky）型、前室上に設けた鐘塔を最も高くした形（図8、9）はレムキ（Lemky）型と称している。

正教系教会の建築で最大の特徴とされるイコンの聖障は、礼拝室と内陣との間に壁を置かねばならないこうした井楼組の構造的な宿命を、巧みに利用したものと考えられよう。中央にあるのは形式上必要な扉で、象徴としての役割を果している。その両脇の扉が日常的に使われるが、聖職者以外は内陣に入れない。宗教儀礼の神秘性を聖障で保ち、そこに描かれた聖者像を背に聖職者が礼拝者に説教と祝福を授ける形式は意図的に築かれたものだ。しかも最初は、礼拝者は男の成人に限られていた。前室の上にあって内部のバルコニーに通ずる婦人席（図5, 9）は、後から付け加えられた空間である。こうした伝統のある正教系の教会とrood-beamを持つカトリック系の教会（図8）、それと北欧諸国で発達した十字形平面の教会（図2）の技法やそこからの資金援助を得た福音派教会などが混在するからこそ、ガリツィア地方の木造教会群だけが、よけい魅力的に見えてくるのは仕方がないであろう。（→pp.18-9, 234-5）

*該当頁下部の旅程図にその位置の記載あり

納屋と穀倉

ヨーロッパの納屋は、穀草や家畜の飼料などを蓄え、農機具などを収納する場所に使われている。寒冷地では穀草の乾燥や脱穀を室内で行うため、居室と納屋や畜舎とを同じ棟に纏めるが、その他の地域では納屋を別棟とし、住居より大きく構えるのが普通だ。一般には長方形の平面に寄棟屋根の建物が多く、その平側(UK-1、DE-2)に荷車用の大きな出入口をとるが、北ドイツでは妻側(DE-1)にとる。多角形の平面(FR-2)は馬を周廻させて脱穀するためのもの。イギリスの納屋で最古の例は13世紀(UK-2)。以来壁は軸組造＋塗壁(FR-1、DE-2、DK-1)が主流だったが、やがて煉瓦充填の壁に変わっていった。屋根を上下して乾草の高さを調整する仕組み(BE-1)は、東ヨーロッパの穀倉地帯(HU-2)のほうが本場である。

穀倉を都市に築く場合は高層(DE-4)にするが、農村では湿気や動物の害か

225

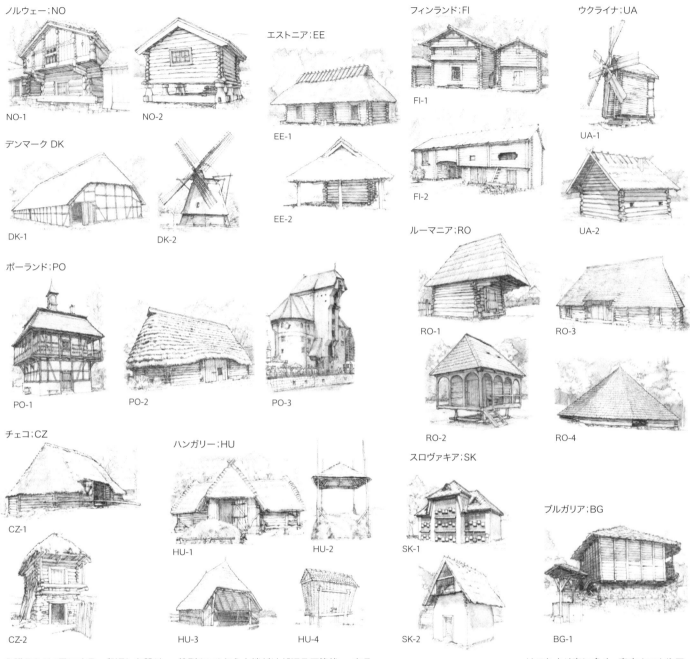

ら護るため2層にする。鼠返しを設ける技法は昔からアルプスの周辺 (CH-2、AT-3) やスペイン北部の山地 (ES-1、2)、ノルウェーの南西部 (NO-2) などで広く行われていた。束石としても使うため、18世紀のイギリスではこの型 (UK-4) が多い。フランスでは糞を肥料にする鳩小屋 (FR-3) や普通の鶏小屋 (FR-4) も高床にする。製粉用の風車は13世紀頃から北海沿岸で使われるようになり、風向きによって塔屋全体が廻る箱型 (UK-3) から上端だけが廻る円筒状の塔型、下部を多角形に広げたスモーク型 (NL-1、DE-3、DK-2) へと変わっていく。中央山地では、北欧 (NO-1、FI-1) と同様、納屋を井楼組の2階建 (CH-1) にして上を家具や衣装の置場にも使うほか、干草を木造軸組造の上に蓄え、下を畜舎とした例 (CH-3、AT-1、IT-1) が多い。南ティロルには大きな納屋 (AT-2) を主屋と並列させ、その東の地域では軸組を化粧として誇示する伝統 (AT-4) がある。

東欧の穀倉地帯では、納屋 (PO-2、CZ-1、HU-3、RO-3) だけ寄棟屋根の大架構だが、山間部 (CZ-2、HU-1) では規模が小さく、バルト海沿岸諸国には門代わり (FI-2) や漁網用 (EE-2)、双び倉形式 (EE-1) や監視塔を兼ねた果樹園の例 (PO-1) など、珍しい納屋が多い。木造クレーンではグダニスクの例 (PO-3) が有名だ。壁を厚く塗った穀倉 (SK-2) や屋外作業用の庇を出した井楼組の穀倉 (RO-1) はこれより南に多く、高床 (RO-2) や平屋 (UA-2) はわりと少ない。トウモロコシの貯蔵庫 (HU-4)、放牧場の山羊囲い (RO-4) や蜂小屋 (SK-1) のように、気候が温暖になるにつれて農作業用の建物はますます小規模になり、その反面で多様さを増していく。こうした傾向は、ヨーロッパの納屋や穀倉の型において、大きな特徴のひとつであろう。(→p.235)

細部の装飾

ヨーロッパの木造建築には、屋根や壁、柱など、そのいたるところにその地域特有の装飾が施されている。1はイギリス南部に伝わる茅葺屋根の棟押えのデザイン。葦や藁をハンノキやヤナギの丸い細枝で抑えている。2はベルギーの茅葺屋根の妻破風に設けられた装飾兼換気口で、屋根勾配に揃えた三角形を組み合わせたものだ。フランスやドイツの古い商家の軸組造では、隅柱に聖人の像などを彫る伝統があり、ストラスブールにあるカメルツェル館の「愛」「信仰」「希望」を表す彫像が有名だが、3のa~hは建主や裸身の女など人間臭い彫物を好んだヘッセン地方の例である。近世初期の北西ドイツでは渡り腮で出した根太の持送り部分やその間の埋木（4）に繰形を彫り、彩色している。この装飾は出桁の縁や腰壁にある三角の厚板にも現れ、16世紀にはルネサンスの影響もあって5のdの扇状や

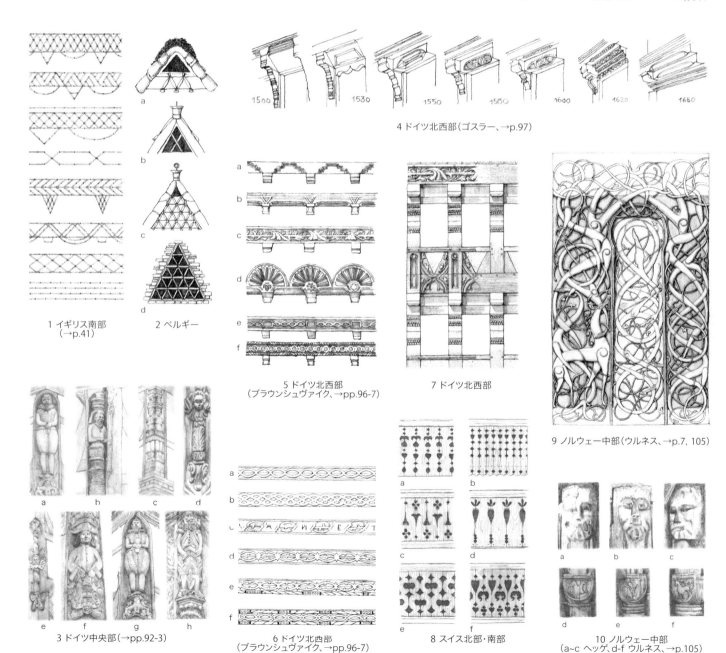

1 イギリス南部（→p.41）

2 ベルギー

3 ドイツ中央部（→pp.92-3）

4 ドイツ北西部（ゴスラー、→p.97）

5 ドイツ北西部（ブラウンシュヴァイク、→pp.96-7）

6 ドイツ北西部（ブラウンシュヴァイク、→pp.96-7）

7 ドイツ北西部

8 スイス北部・南部

9 ノルウェー中部（ウルネス、→p.7, 105）

10 ノルウェー中部（a~c ヘッゲ、d-f ウルネス、→p.105）

227

6の鎖帯状の模様が流行、やがてそれらの装飾を建物正面の軸組全体(7)に施すようになった。この頃から水車を用いた製材により薄板が得やすくなり、井楼組の多い山地でも縁を切り欠いた板どうしを縦に並べた手摺の意匠(8)が生まれている。木彫による建築の装飾はノルウェーの木造教会の例がヨーロッパでは最も古く、柱や壁(9)に竜や獅子、植物などを曲線豊かに描き、柱頭(10)には人面や動物を彫り込むのが最大の特徴だった。

アルプス山脈から東に多い緩勾配の切妻屋根には、その破風板の頂に木片を巧みに組み合わせた装飾(11)がみられる。この屋根を桁代わりに支えるのが井楼組の壁から張り出した数段の校木(12)で、その下端も繰形で飾られていた。その北のカルパチア山地では入母屋屋根が大勢を占め、その妻破風をさまざまな模様(13)の板張りで化粧をし、棟先に小さな飾柱を立てるのがここの伝統。スロヴァキアにはその妻破風の頂部に半円錐形の屋根飾り(14)が民族の証しとして残っている。幾種もの多角形や彫物を積み重ねることで、故人の性別や年齢、出自などを象徴的に表したハンガリー系の木の墓標(15,16)も見のがせない。ルーマニアでは、棟先の飾り柱(16)はスロヴァキアと同じだが、屋根の柿板の一方の端を棟から突き出し、その先端を切り欠くことで連続模様(17)を造るし、軒板の下端(18)や構造体の柱や梁(19)まで深く大胆に刻み込む伝統は、マラムレシュ地方の門柱を飾る象徴的な模様(20.)にも脈々と受け継がれている。(→pp.174-5)

ロシアのように陽光が淡いところでも、妻破風の螻羽板(21)などを厚く繰り抜いて飾りにした。手摺の模様(22)も同様だが、その素朴なデザインが遠く離れたアルプス山地と共通している点は、意外と興味深い。(→p.235)

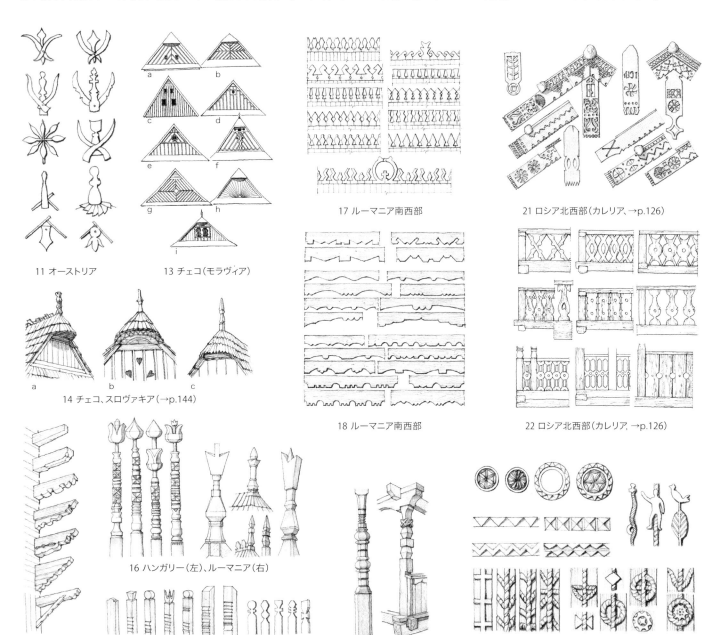

11 オーストリア

13 チェコ(モラヴィア)

17 ルーマニア南西部

21 ロシア北西部(カレリア、→p.126)

14 チェコ、スロヴァキア(→p.144)

18 ルーマニア南西部

22 ロシア北西部(カレリア、→p.126)

12 オーストリア

16 ハンガリー(左)、ルーマニア(右)

15 ルーマニア

19 ルーマニア(→p.175)

20 ルーマニア北部(マラムレシュ、→pp.174-5)

大工道具

太くて堅いナラやブナの木を建築や家具に用いるヨーロッパでは、鈍重な刃でも力を込めて使える頑丈な大工道具が普通で、薄くて鋭い刃でスギやヒノキのような軟らかい木を加工する日本の繊細な大工道具と、そこが大きく違う点だろう。

道具では斧の歴史が最も古く、木の伐採や柱や梁の整形に用いる縦斧（axe）と材面を斫る小刀（knife）や横斧（adze）とが、新石器時代から併存していた。そのため、小刀や横斧の発展形である鉋の歴史は比較的浅く、建築には素直な針葉樹材より曲がりの多い広葉樹材を用いる慣習が長くつづいたこともあって、部分用の小さな平鉋は鉄器時代に入った紀元前4から紀元2世紀まで、長い部材を平滑に削れる平鉋は14-16世紀にやっと普及し始めたくらいである。これらの鉋は日本とは違い、押して削るもので、そのための握り手が付いている。

鋸もヨーロッパでは押す型で、銅製や青銅製の片手用が紀元前からあったが、鉄器時代に四角い木枠を用いた枠鋸が生まれ、長大な角材を2人で挽き分ける台切鋸や枠鋸を含め、細い鋸刃に引張力を与えながら材を強く押し切る方式が、近世まで主流を占めていた。日本のように注意深く挽くことで大材の木目を活かす肉厚で幅広の大鋸や、木目を縦横に挽き分ける両刃鋸はヨーロッパにない。その代わり継手や仕口に木栓を多用するヨーロッパでは、ボート錐やハンドル錐のようにネジの原理を用いた穿孔用の道具が、近世以降とくに発達するようになった。

地域別にみると、広葉樹の部材を軸組造に用いるイギリス、フランス、ドイツ北部などの北西部には、上記のよ

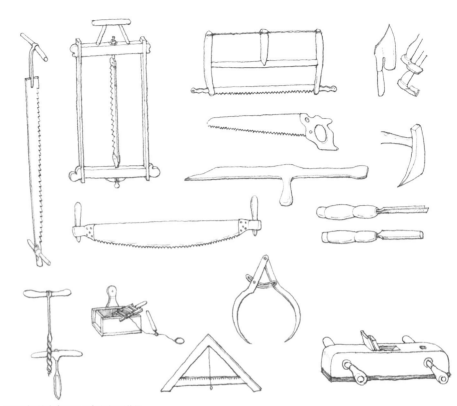

アルザス地方（フランス）の大工道具

ケルンテン地方（オーストリア）の大工道具

229

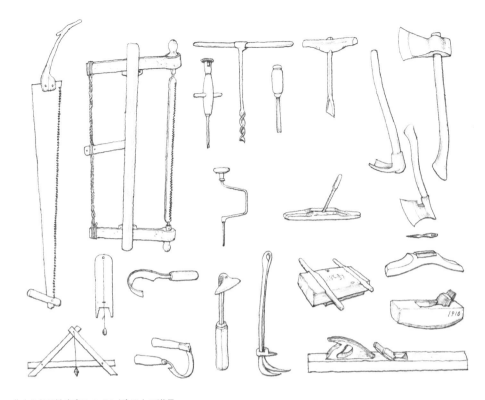

北カルヤラ地方（フィンランド）の大工道具

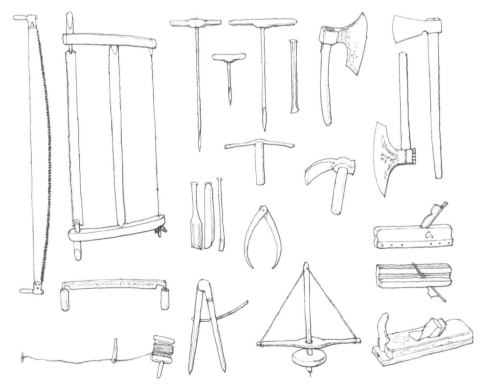

トランシルヴァニア地方（ルーマニア）

うなヨーロッパの大工道具の特徴が最もよく現れている。

しかし、ドイツ南部やオーストリアなどの中央部では、軸組構造に木栓を使う仕口が多いので多様な窄孔用の道具がいまでも使われているし、堅い木で井楼組や厚板落し込みの壁も築くことがあるので、斧や片手鋸がより頑丈に造られている。鑿(のみ)の種類も比較的多い。

それに対し、ノルウェーやフィンランド、それにポーランドやスロヴァキアの山地のように針葉樹材で井楼組を建てるヨーロッパの北や東の大工道具には、丸太の樹皮を剥ぐ道具や校木(あぜき)を積み重ねる際にその仕口の幅を決める計測器が加わってくる。その代わり、鑿の種類は少ない。斧も重要な道具だが、北西部や中央部よりも柄が短く、刃の幅が広いのは、それだけ木が軟らかく、校木などの加工がしやすいからであろう。

ハンガリーやルーマニア西部のように細い軸組材と塗壁とを併用する南東部では、他の地域のような鈍重で腕力を必要とする道具とは違い、細くても強い広葉樹の柄や枠組と必要最小限の金物を組み合わせながら、軽くて手になじみやすい道具を揃えている。慣性力を使った舞錐(まいぎり)やコンパスを使うことで、より南の古典的な文化を留めている点も興味深い。

こうしたヨーロッパの伝統的な大工道具はどの国でも著名な民家園なら必ず展示しているので、それを使って建てられた建築や家具・什器と現地で照合しつつ、その使い方を知ることも大切だろう。大工道具の展示は、フランスのトロワ(Troyes)にある木造軸組造の「道具と職人の博物館（モーロワ館）」、Maison de l' Outil et de la Pensée Ouvrière "Hôtel de Mauroy"がヨーロッパでは最も有名である。(→p.236)

旅の参考資料編

建築用の樹木

ヨーロッパには氷河期が3回あった。当時からそこをアルプス山脈が東西に横切っていたので、その北側に生えていた樹種のなかには、無氷河地帯の地中海側に逃れることができず、途絶えたり、逃れても再び北上できなかったものが多かったため、いまでもヨーロッパの樹種の数は極端に少ない。針葉樹では亜高山帯と冷温帯、亜寒帯にヨーロッパアカマツが広く分布し、北欧と東欧ではとくに多い。亜寒帯種はヨーロッパモミとヨーロッパトウヒが主で、前者は適潤な亜高山帯に自生し、後者は乾燥地でも生育するため、そのほとんどが人工林になっている。

中央から東の森林は冷温帯の落葉広葉樹林に属すが、同じ樹林帯のある

ヨーロッパモミ
(Silver fir, Weiß-Tanne , Abies alba)

ヨーロッパトウヒ
(European spruce, Gemeine Fichte,Picea abies)

オモリカスプルース
(Serbian spruce, Serbische Fichte, P. omorika)

ヨーロッパカラマツ
(European larch, Europäische Lärche, Larix decidua)

ヨーロッパクロマツ
(Austrian pine, Schwarz-Kiefer, Pinus nigra)

ヨーロッパアカマツ
(Scots pine, Waldkiefer, P. sylvestris)

マケドニアマツ
(Macedonian pine, Rumelische Kiefer, P. peuce)

スイスマツ
(Swiss pine, Zirbel-Kiefer, P. cembra)

フランスカイガンショウ
(Maritime pine, See-Kiefer, P. pinaster)

ヨーロッパカエデ
(Norway maple, Spitzahorn, Acer platanoides)

シカモアカエデ
(Sycamore maple,Berg-Ahorn, A. pseudoplatanus)

ヨーロッパハンノキ
(Black adler, Schwarz-Erle, Alnus glutinosa)

セイヨウトチノキ、マロニエ
(Horse chestnut, Gemeine Ross-kastanie, Aesculus hippocastanum)

ヨーロッパシラカバ
(Silver birch, Hänge-Birke , Betula pendula)

ヨーロッパダケカンバ
(European White birch, Moor Birke, Betula pubescen)

セイヨウシデ、ホーンビーン
(European Hornbeam, Weißbuche, Carpinus betulus)

ヨーロッパグリ
(Sweet chestnut, Edelkastanie, Castana sativa)

日本の本州東北部や北海道の平地部よりも夏冬の温度差や降水量が少なく、比較的乾燥しているのでナラの天然林が多く、ブナはやや湿潤な山地と東北部だけに限られる。ヨーロッパナラはオーク（英名）、アイヘ（独名）とも呼ばれ、日本のコナラ、ミズナラに類似するが、和名のカシとは別種で、カシワとも異なる。また、平地にはボダイジュ（シナノキ）、ニレなども比較的多く生育している。

建築用材としては、昔からナラが最も適材として多用されたが、近世以降は極端にその量が減少し、マツやモミ、トウヒなどがそれを補っている。ヨーロッパは高緯度にあり、夏は日本にくらべ陽射しは弱いが日照時間が長く、また上方からの直射光より方向性のない散光が多いので、ここで育つ広葉樹や針葉樹はみな樹高が高く、枝葉が垂直に保たれる傾向が強い。そのため、北方になるほど樹形、とくに樹冠は細長くなり、建築用の直材が得やすい。森の端部や空地に生える樹木には、樹幹が曲がる樹種も多いが、ナラやボダイジュ、クリなどの広葉樹は家具や造船材、樽材などに広く使われている。

近世以降のヨーロッパには、北米大陸などから良質の樹種を移植し、それで植生の改良を図った歴史もあるので、その点にも注意しておく必要がある。（→pp.12-3, p.236）

ヨーロッパブナ
(Common beech, Rotbuche, Fagus sylvatica)

ヨーロピアンアスペン、ヤマナラシ
(European aspen, Espe, Populus tremula)

ヨーロピアンアッシュ、セイヨウトネリコ
(Common ash, Gemeine Esche, Fraxinus excelsior)

ブラックポプラ、セイヨウハコヤナギ
(Black poplar, Schwarz-Pappel, Populus nigra)

ギンドロ、ウラジロハコヤナギ
(Silver poplar, Silber-Pappel, Populus alba)

ヨーロピアンウォルナット、シナノグルミ
(Common walnut, Echte Walnuss, Juglans regia)

セイヨウミザクラ
(Wild cherry, Vogel-Kirsch, Prunus avium)

ヨーロッパナラ
(English oak, Stieleiche, Quercus robur)

フユナラ
(Sessile oak, Traubeneiche, Q. petraea)

フユボダイジュ、コバノシナノキ
(Small-leaved lime, Winter-Linde, Tilia cordata Mill.)

ナツボダイジュ
(Large-leaved lime, Sommer-Linde, Tilia. platyphyllos)

ホワイトウィロー
(White willow, Silber-Weide, Salix alba)

ヨーロッパニレ
(Field elm, Feldulme, Ulmus minor)

ウィッチエルム
(Wych elm, Bergulme, U. glabra)

ヨーロッパホワイトエルム
(Fluttering elm, Flatterulme, U.laevis)

■ 写真・図版クレジット

松木一浩：p.48 写真15　　渡辺晶：p.126 写真39、p.190 写真36
上記以外の図版・写真はすべて著者による。

■ 図版の説明と出典

pp.8-9	木造建築の分布；Jordan (1973) p.263＋著者加筆・修正
pp.10-1	気候と建築；*The Times Concise Atlas of the World* (1972) p.12とwww.energie-paca.com/..../ensoleillement-en-pacaの資料 (2012) 等から著者作成
pp.12-3	植生の分布；Jordan (1973) p.44＋著者加筆・修正
pp.14-5	土地利用の形態；Jordan (1973) p.218＋著者加筆・修正
pp.16-7	民族的な背景；Jordan (1973) p.119＋著者加筆・修正
pp.18-9	宗教の分布；Jordan (1973) p.139＋著者加筆・修正
pp.20-1	建物の探し方；著者作成、別項「ヨーロッパの主たる木造街並と野外博物館」pp.237-9参照
pp.22-3	旅の実践；著者作成
pp.34-5	見開き図；太田邦夫 (1992) p.54等の資料により著者作成
pp.44-5	見開き図；太田邦夫 (1985) p.152等の資料により著者作成
pp.54-5	見開き図；Bidart (1984) pp.130-33等の資料により著者作成
p.62	案内図；Suffolk Preservation Society (1985)：*A Walk Around Lavenham*＋著者加筆
p.65	案内図；http://www.capper-online.de/Travel/Slovakia/html/Vlkolinec.htm＋著者加筆
pp.63-4, 66-7	案内図；google map等の資料により著者作成
pp.70-1	見開き図；Schilli (1977) p.285等の資料により著者作成
pp.80-1	見開き図；Schweitz Ing. und Architektenverein (1903) p.49 [Stadel in Fiesch, Wallis]と二川幸夫 (1978) pp.35, 66-93等の資料により著者作成
pp.90-1	見開き図；Walbe (1979) pp.98-101とhttp://architekturmuseum.ub.tuberlin.de/images/alsfeld等の資料により著者作成
pp.102-3	見開き図；Bugge (1969) pp.149-52等の資料により著者作成
pp.116-7	見開き図；Lissenko (1989) pp.68-70, 190-216等の資料により著者作成
pp.128-9	案内図；www.freilichtmuseum.at/ による
p.130	案内図；*Guidebook of Farm and Country Buildings Museum : the Funen Village*による
pp.136-7	見開き図；Brykowsky (1981) p.91, 121, 154とその他映像資料により著者作成
pp.152-3	見開き図；Haberlandt (1906) p.13 Haus von Nieder-Trax-Gut in Berg bei Söllheim, Salzburg等の資料により著者作成
pp.166-7	見開き図；太田邦夫 (1985) p.122とBaboş (2004) およびその他資料により著者作成
pp.180-1	見開き図；Péev (1967) tafel B, C等の資料により著者作成
pp.192-7	木造建築 (立面) の分布；各地の建物についての文献、映像等の資料により著者作成
p.198	屋根の形；太田邦夫 (1988) p.209とDonyon (1979) p.255等の資料に著者加筆・修正
p.199	屋根の形；太田邦夫 (1988) p.52-5等の資料に著者加筆・修正
p.200	屋根の仕上げ；Phleps (1942) pp.88-116等の資料により著者作成
p.201	壁の仕上げ；太田邦夫 (1988) pp.42-5等の資料に著者加筆・修正
p.202	構造部材の名称：図1；Gschwend (1971) p.28, 36, 図2；太田邦夫 (2007) p.192等の資料により著者作成
p.203	構造部材の名称：図3；Moser (1974) p.57, 図4；Langer (1983) pp.64-5, 図6；太田邦夫 (2007) p.112, 126, 図7；太田邦夫 (1985) p.157等の資料により著者作成

pp.204-5　小屋組の種類；各項に掲げた資料により著者作成

UK-1　1対の湾曲したクラックトラスの上に複数の母屋を載せ、そこに垂木を架ける型
Herefordshire, England, 16-7世紀；Harris (1978) p.72 (→p.40,192, 206)

UK-2　合掌を1対の束柱 (クイーンポスト) 上の母屋桁で支え、それを屋根筋違で補強する型
Ash, Sandwich, Kent, England, 1460年；Barnwell (1994) pp.54-5

UK-3　合掌組の締梁下端中央に地棟を通し、それを小屋梁上の真束 (クラウンポスト) で支える型
Biddenden, Kent, England, 1424年；Barnwell (1994) pp.54-5 (→p.36, 38, 192, 206)

UK-4　陸梁の両端かその下の軒桁から、上部を締梁で固めた合掌組の脚部を立ち上げる型
Bethersden, Kent, England, 14世紀前半以降；Barnwell (1994) pp.54-5

FR-1　1対の登梁を結ぶ繋ぎ梁に束を立て、それを小さなキングポストとして棟木を支える型
Taupont, Morhiban, Bretagne, 1679年；Meirion-Jones (1982) pp.186-90

FR-2　1対の湾曲した登梁の先端で、合掌組上部の繋ぎ梁中央に立った真束の脇を支持する型
Villettes, Plaine de Neubourg, Normandie, 1721年；Brier (1984) pp.194-6 (→p.192, 207)

FR-3　1対の束柱に天秤梁を載せ、その両端に母屋桁、中央に棟木を支える束束を置く型
Combo-les-Bains, Labourd, Pays Basques, 1840年；Bidart (1984) pp.198-201

FR-4　登梁と真束とをキングトラス状に組み、その頂点で棟木を、中間で母屋桁を支える型
Saint-Benoît, Vienne, Poitou-Charentes, 1830年以降；Jean (1981) pp.182-3

FR-5　1対の束柱に母屋桁を架け、そこに繋ぎ梁と締梁でその上部を固めた合掌組を載せる型

Kaysersberg, Alsace, 16世紀末-17世紀初頭；Denis (1984) pp.194-6 (→p.192, 207)

FR-6　井楼組妻壁の上端と小屋梁上に据えた束で棟木と母屋桁とを支え、そこに垂木を架ける型
Manigod, Bornes, Savoie, 1821年；Raulin (1977) pp.134-5 (→p.192, 206)

FR-7　小屋梁または小梁の上に束を立てて母屋桁を支え、寄棟状に垂木を架ける型
La ferme de la forêt, St Trivier de Courtes, Bresse, 16世紀；Fréal (1978) pp.112-4 (→p.192)

DE-1　小屋梁上の1対の束柱で支持した母屋桁を妻側に伸ばし、寄棟状に垂木を架ける型
Höfstetten, Ansbach, Mittelfranken, Bayern, 1368年；Bedal (1998) pp.197-201

DE-2　上桁桁に載せた陸梁両端に、上部を締梁で固めてユニット化した合掌の脚部を掘込む型
Lüneburger-Heide, Niedersachsen, 16世紀末；Schepers (1943) Tafel I (→p.110, 192, 208)

DE-3　棟持柱と1対の上屋柱で直接棟木と上屋桁を支え、そこに垂木を架ける型
Seppenhof, Zarten/Freiburg, Baden-Württemberg, 16世紀；Schilli (1977) Tafel I (→p.110)

DE-4　複数の校木からなる小屋梁の上の小屋束で棟木や母屋桁を支え、そこに垂木を架ける型
Bichl bei Waldhausen, Traunstein, Bayern, 1834年；Gebhard (1975) pp.42-5 (→p.192, 208)

AT-1　天秤梁の両端とその中央の束柱とで母屋桁と棟木を支え、そこに垂木を架ける型
Lesachtal, Kärnten；Moser (1971) p.51 (→p.193, 208)

AT-2　複数の校木からなる小屋梁の上の叉首束で棟木や母屋桁を支え、そこに垂木を架ける型
Unterkärnten；Moser (1971) p.57 (→p.193, 199)

CH-1　棟持柱の頂部を小屋梁両端からの筋違で固め、その上の棟木に長大な垂木を架ける型
Madiswil, Bern, 1709年；Gschwend (1980) p.16, pp.21-6 (→p.87, 192)

CH-2　小屋梁両端からの登梁で吊束上端を支え、その上に載せた棟木や母屋桁に垂木を架ける型
Meride, Ticino；Gschwend (1976) pp.78-9 (→p.192)

DK-1　1対の上屋柱に上屋桁を載せ、そこに繋ぎ梁と締梁でその全体を固めた合掌組を架ける型
Hjerl Hede, Midtjylland, 17-18世紀；Steensberg (1974) p.121 (→p.112)

DK-2　軒桁の上に直接締梁でその上部を固めた合掌組を架け、軒の出は添垂木で造る型
Store Valby, Sjælland, 17世紀末；Steensberg (1974) p.119 (→p.193)

DK-3　軒桁から股木柱の上の棟木へ登梁を架けて母屋を支え、軒の出は添垂木で造る型
Store Valby, Sjælland, 17世紀末；Steensberg (1974) p.71 (→p.193, 209)

CZ-1　棟持柱の上の棟木を小屋梁両端からの筋違で固め、そこから軒桁まで長い垂木を架ける型
Hlavňovice,Klatov, Jihočeský；Hájek (2001) p.99 (→p.225)

CZ-2　1対の束柱に上屋桁を載せ、そこに繋ぎ梁と締梁でその上部を固めた合掌組を架ける型
Jaroslaviice, Znojmo, Jihomoravský；Frolec (1974) p.49 (→p.193)

CZ-3　陸梁両端から叉首組を立ち上げて棟木と母屋桁を支え、そこに太い垂木を架ける型
Ješetice, Benešov, Středočeský, 1793年；Mencl (1980) p.309 (→p.193)

SK-1　小屋梁両端に載る軒桁の上に、上部を鉄繋ぎ梁で固めた鉄合掌をさし掛ける型
Turčianske Jaseno, Martin；Krivošova (2012) p.86 (→p.193)

RO-1　小屋梁両端に載る軒桁の上に、上部を鉄繋ぎ梁で固めた鉄合掌をさし掛ける型
Moişeni, Oaş 1780年；太田邦夫 (1988) p.253 (→p.193)

RO-2　小屋梁で補強された井楼組壁上端に鉄合掌の尻を掘込み、軒の出は添垂木で造る型
Domneşti (Adelsdorf), Bistriţa-Năsăud；太田邦夫 (1988) p.261 (→p.193)

PO-1　陸梁両端に上部を締梁で固めた合掌の尻を掘込んだ合掌組を屋根筋違で補強した型
Wiązar jętkowy；pl.wikipedia.org/wiki/Wiązar_(budownictowo) (→p.193)

PO-2　1対の束柱の上の繋ぎ梁に母屋桁を載せて方杖で補強し、そこと軒桁に垂木を架ける型
Wiązar płatwiowo-kleszczowy；pl.wikipedia.org/wiki/Wiązar_(budownictowo) (→p.193)

NO-1　鉄合掌の内側を鉄方杖で補強し、合掌材の端部を軒先までのばせるようにする型
Heddal stavkirke, 1284年；Bugge (1969) pp.165-7 (→p.192)

SE-1　側柱の頂部に落し込んだくびき梁の両端から立ち上げた叉首組に、母屋を細かく置く型
Folkeslunda, Långlöt, Öland, 18-19世紀；Henriksson (1996) pp.267-8

SE-2　叉首組の上の棟木と扁平な上屋柱で支えた母屋梁から幅広の軒桁まで垂木を架け下ろす型
Biskops, Bunge, Gotland, 1621年；Henriksson (1996) p.300

SE-3　相対する井楼組妻壁の最上端に棟木を掛け渡し、そこから軒桁まで垂木を架ける型
Hästaryd, Mörrum, Blekinge, 19世紀後半；Henriksson (1996) p.196 (→p.193)

FI-1　相対する井楼組妻壁の上端に複数の母屋を掛け渡し、その上に垂木を架ける型
Pielisen, Joensuu, 18-19世紀；Koponen (1983) pp.44-52 (→p.193)

RU-1　1対の束柱に母屋桁を載せ、それと軒桁の上に垂木を載せて、その先を軒先まで延ばす型
Висячих стропил；Основные составляющие двухскатной крыши (→p.193)

RU-2　小屋梁両端からの登梁を、中央の吊束とそこからキングトラス状に伸びた方杖で支える型
Двускатная крыша с двумя Стойками；Основные составляющие двухскатной крыши

BG-1　小屋梁上に立てた複数の小屋束で登梁や隅木を支え、そこに母屋＋垂木を架ける型
Кьщата Ов. Авщеряи, Шумен, 19世紀中葉；Ангелова (1965) p.120 (→p.185, 193)

pp.206-7　木造軸組－1；原典に図版がある場合も、それを基に著者が新図版作成

UK-1　Cheshire, 16世紀；Harris (1978) p.70 (→p.39, 192)
UK-2　Herefordshire, 17-18世紀；Harris (1978) p.70 (→p.40)
UK-3　Worcestershire, 16世紀；Harris (1978) p.70
UK-4　Didbrook, Gloucestershire, 14世紀；Prizeman (1974) p.48

UK-5　Kent, 16世紀；Harris（1978）p.22

UK-6　Small Hythe, Kent, 16世紀；写真より著者作成（→p.37, 192）

UK-7　Kent, 16世紀；Harris（1978）p.22

UK-8　Guildhall：Lavenham, Suffolk, 1528年；写真より著者作成（→p.38）

ES-1　La Arberca, Salamanca；写真より著者作成（→p.60, 192）

ES-2　Covarrubias, Burgos, Castellano, 写真より著者作成（→p.60, 192）

ES-3　Goizueta, Navarra；太田邦夫（1992）p.142（→p.58, 192）

FR-1　Maison 53 Rue de Petit Fort：Dinan, Bretagne；写真より著者作成（→p.49, 192）

FR-2　La Losiére, Normandie；Schweitzer（1986）p.36

FR-3　Ceffonds, Champagne；Schweitzer（1986）p.26

FR-4　Maison du Maître：Marquéze, Aquitaine,19世紀前半；太田邦夫（1992）p.141（→pp.54-6, 192, 206, 214）

FR-5　Brive-la-Gaillarde, Limousin；写真より著者作成

FR-6　Maison de l'Obrador：Nogent le Roi, Eure et Loire, 15世紀；写真より著者作成（→p.192）

FR-7　Maison rue des cuisiniers：Bayeux, Normandie；Schweitzer（1986）p.33（→p.48, 192）

FR-8　Kaysersberg, Alsace, 16世紀末-17世紀；Denis（1984）p.267（→p.76, 192）

FR-9　Sare, Labourd, Pays de Basques, 1839年；Bidart（1984）pp.192-7（→p.192）

FR-10　Beaupont, Bourg-en-Bresse, Rhône-Alpes；Fréal（1978）p.54

FR-11　Bourg-Saint-Maurice, Savoie, 1839年；Raulin（1977）pp.160-63

BE-1　Erwetegem, Oost-Vlaanderen；Trefois（1979）p.71（→p.192）

BE-2　Oude Korenhalle：Durbuy, Luxemburg, 16世紀；Trefois（1979）p.107（→p.192）

CH-1　Richterswil, Zürich, 1793年；Renfer（1982）p.269（→p.87, 192）

CH-2　Klosterhof：Aesch, Luzern, 1807年；Brunner（1977）pp.252-9（→p.192）

pp.208-9　木造軸組－2；原典に図版がある場合も、それを基に著者が新図版作成

DE-1　Braunschweig, Niedersachsen 15-17世紀；太田邦夫（1992）p.91（→pp.96-7）

DE-2　Niedersachsen；Hofrichter（1985）p.24（→pp.94-7, 192）

DE-3　Stade, Altes Land, Niedersachsen；太田邦夫（1992）p.90（→pp.110, 192, 207）

DE-4　Brunsbüttel, Schleswig-Holstein；Höhn（1980）p.17

DE-5　Apotheke am Rathaus：Alsfeld, Hessen, 1561年；写真より著者作成（→p.92, 192）

DE-6　（上）Höhn（1980）p.31, （下）Höhn（1980）p.28（→pp.72-3）
　　　a.シュヴァーベンの女　b.オーバーフランケンの女　c.ウンターフランケンの女
　　　d.シュヴァーベンの男　e.フランケンの野人　f.フランケンの男

DE-7　Rhens, Rheinland-Pfalz, 1629年；Schäfer, C.（1937）p.77

DE-8　Oberseifersdorf, Zittau, Sachsen；Bernert（1988）p.12（→p.193）

DE-9　Niederlamitz, Oberfranken, Bayern, 1742年；Gebhard（1975）Abb.57（→p.193）

DE-10　Altes Rathaus：Esslingen, Baden-Württemberg, 1420年頃；Schäfer（1937）p.82（→p.192）

DE-11　（上）Werner（1985）p.42,45（下）Farchant, Garmisch-Partenkirchen, Bayern, 18世紀；Werner（1985）p.45（→p.192）

DE-12　Taching am See, Trauenstein, Bayern, 19世紀中葉；Werner（1985）p.28

AT-1　Rinn, Inntal, Tirol；Werner（1985）p.63（→p.193）

AT-2　Thaur, Innsbruck, Tirol；Werner（1985）p.50

DK-1　Ribe, Syddanmark；写真より著者作成（→p.192）

DK-2　Fyn, Syddanmark；写真より著者作成

DK-3　True, Tilst, Midtjylland；写真より著者作成（→p.192）

SE-1　Fleringe, Fårösund, Gotland；Henriksson（1996）p.110（→p.193）

PO-1　Budachów, Bytnica, Lubskie, 19世紀；写真より著者作成

PO-2　Zajączek, Żary, Lubskie, 18世紀；写真より著者作成

PO-3　Kulki, Pomorskie；写真より著者作成

PO-4　Burdajny, Elbląg, Warmińsko-Mazurskie, 19世紀；写真より著者作成

CZ-1　Lipná, Cheb, Karlovarský；Haberlandt.（1906）p.56（→p.193）

CZ-2　Krajková, Karlovarský；写真より著者作成

CZ-3　Radovesice, Ústecký；写真より著者作成（→p.193）

CZ-4　Valdštejnské domky：Liberec, Liberecký,1668年；Bernert（1988）p.48（→p.193）

pp.210-1　住宅の平面構成（農村部）；各項ごとに掲げた資料により著者作成

UK-f-1　"Bayleaf" farmstead：①Wealden House, Chiddingstone, Kent,16世紀前半, ②Barn, Cowfold, 1536年, ③Granary, Littlehampton, 1731年；Weald and Downland O.A.M.（→p.36, 192）

FR-f-1　Maison de Reux：Pays d'Auge, Normandie,　① Habitation+② Laiterie-fromagerie, 1856年；Brier（1984）pp.242-9（→p.48）

FR-f-2　Maison de Combo-les-Bains：Labourd, Pays Basques, 1840年；Bidart（1984）p.198（→p.57）

AT-f-1　Hof Steiner：①Wohnhaus+②Wirtschaftgebäude, Hollenzen, Ötztal, 1723年；Rauter（1978）pp.118-9（→p.82）

DK-f-1　Gården fra Lundager：Fyn, Syddanmark, 1737+1830年；Den Fynske Landsby（→p.112）

RU-f-1　Дом Елизарова из д. Середка：Медвежьегорск, Карелия, 1860-80年；Lissenko（1989）

pp.108-9（→p.126）

DE-f-1　Bauernhaus in Steinkirchen；Altes Land, Niedersachsen；.Schäfer, D.（1906）p.51（→p.110）

RO-f-1　Gospodăria din Galda de Sus：Alba, ①casa（house）, 1778年, ②şură（barn）, 19世紀後半, ③ cotet（poultry）, ④şopron（shed）, ⑤tease（wine press）, ⑥porta（gate）；Cluj O.A.M.（→p.172）

pp.212-3　住宅の平面構成（都市部）；各項ごとに掲げた資料により著者作成

UK-t-1　Continuous-Jetty House：Stratford-upon-Avon, Warwickshier, 16-17世紀；Harris（1978）p.57（→pp.40-41）

UK-t-2　Leche House：Watergate st. 21, Chester, Cheshier, 17世紀；Quiney（1990）p.145（→p.39）

UK-t-3　House of double pile plan：Kingsbury, Warwickshier, 1700年頃；Barley（1990）p.134

DK-t-1　Gavlhus（Gabled house）：Grønnegade 12, Ribe, 1535-50年；Søndergaad（1986）pp.9-25（→p.111）

DE-t-1　Ackerbürgermuseum "Haus Leck"：Schachtenerstr. 11u.4, Grebenstein, Hessen, 1430+1780年；Helm（1967）Z26

DE-t-2　Faktorenhaus：Martin-Möler Str. 4, Ebersdach, Sachsen, 1793年；Bernert（1988）p.32

DE-t-3　Längs geteiltes Zweifamilienhaus："Alter Flecken", Freudenberg, Nordrhein-Westfalen, 1666年；Kienzler（1978）pp.12-3（→p.92）

BG-t-1　Etnografski muzei „Kishta Moskoyani"：Nesebar, Burgas,1840年頃；Иванчев（1957）p.148-52（→p.184）

pp.214-5　インテリア；各項ごとに掲げた資料により著者作成

UK-1　hall+open hearth：Wealden House, "Bayleaf" farmstead, Chiddingstone, Kent,1540年；Weald and Downland O.A.M.（→p.36, 192, 206）

UK-2　hall+hearth：Guildhall, Lavenham, Suffolk, 1528年；太田邦夫（1992）pp.22-3（→p.38, 62）

NL-1　woonkammer+open vuur：Kleine boerderij（Farmhouse）, Harreveld, Gelderland 1773年；Arnhem O.A.M.（→p.192）

FR-1　salle de séjour+foyer ouvert：La ferme de la forêt, St Trivier de Courtes, Bresse, 16世紀末；Ferme Musée de la Forêt（→p.192）

FR-2　salle commune+cheminée：La maison de maître, Marquise, Aquitaine, 1824年；Écomusée de la Grande Lande（→pp.54-6, p.192, 206）

DE-1　Wohnstube+offener Herd：Hof Haake（Erbwohnhaus）, Cappeln, Niedersachsen, 1750年；Cloppenburg O.A.M.（→p.95）

DE-2　Wohnstube+Kachelofen：Bauernhaus aus Seubersdorf, Ansdach, Bayern, 1684年；Bad Windsheim O.A.M.

DE-3　Wohnstube：Lorenzenhof, Oberwolfach, Baden-Württemberg, 1604年；Vogtsbauernhof, Gutach（→p.74）

DE-4　Ofen：Lorenzenhof, Oberwolfach, Baden-Württemberg, 1604年；Vogtsbauernhof, Gutach（→p.74）

CH-1　Wohnstube+Sandsteinofen：Haus von Madiswil, Bernermittelland, 1709-11年；Ballenberg O.A.M.（→p.87）

IT-1　Wohnstube+Gemauerterofen：Haus von Scena, Trentino-Alto Adige（Südtirol）1557年：Rudolph-Greiffenberg（1982）p.89

pp.216-7　インテリア（続き）；各項ごとに掲げた資料により著者作成

NO-1　dagligstue+åre：Årestue（hearth house）fra Åmlid, Valle, Setesdal, 1650-1700年；Norsk Folkemuseum（→p.108）

DK-1　dagligstue+ovn：Hofe von Morte Jensen, Laesø, Nordjylland 1847年頃；Meier-Oberist（1956）p.213（→p.113）

SK-1　obývaci izba+pec：Statok（farmhouse）, Kráľovce-Krnišov, Banská Bystrica；Botík（1988）p.348

SE-1　vardagsrum+kamin：Lilla Brödhult（Kyrkhultsstugan）, Kyrkhult, Blekinge, 18世紀後半；Skansen, Stockholm（→p.192）

CZ-1　světnice+pec：Rychta（building）z Bradlecké Lhoty, Semily, Středočeský；Kouřim O.A.M.

AT-1　Rauchstube+Feuerstätte：Salzerhaus, Schlaipf bei Rennweg, Kärnten,1767年；Maria Saal O.A.M.（→p.159）

FI-1　olohuone+uuni：Virsuvaaren Suurtupa（large room）, Lieksa, Pohjois-Karjala, 1809年；Pielisen O.A.M.（→p.123）

PO-1　izba biała +piec：Dwór Moniaków, Zubrzycy Górney, Małopolskie,1784年；Orawski Park Etnograficzny.（→p.143）

HU-1　nappali+kemence：Sárközi ház, Siógárd, Tolna；Balassa（1974）p.158

RU-1　gostinaya +pech：Дом Ошевнева из д. Ошевнево, Медвежьегорск, Карелия, 1876年；Kizhi O.A.M.（→p.126）

RO-1　cameră de zi+cuptor：Gospodăria ţărănească（peasant farm）, Berbeşti, Maramureş, 1795年；Cluj-Napoca O.A.M.（→p.174）

BG-1　vsekidnevna +pechka：Хаджиилиевата къща, Арбанаси, Велико Търново, 1677年頃；太田邦夫（1985）p.108

pp.218-9　窓；各項ごとに得られた映像資料により著者作成

UK-1　unglazed mullion window：Essex, 16世紀前半
UK-2　canted bay window：Lavenham, Suffolk,16世紀(→p.38)
UK-3　upper sash fixed window：17世紀後半-18世紀前半
UK-4　venetian window：18世紀後半
UK-5　two-light timber-mullioned window：17世紀
UK-6　casement window (single sliding)：18世紀
UK-7　viktorian sliding sash window, 19世紀中葉
FR-1　lucarnes à fenêtre：Renne , 19世紀(→p.49)
FR-2　fenêtre avec d'un meneau central：Picardie
FR-3　fenêtre à battant avec volet de bois ouverts：Provance
FR-4　fenêtre ouverte unique avec volet persiennes：Pays Basque
FR-5　fenêtre à battant avec volet de bois ouverts：France du Nord
ES-1　ventana madera con contraventana interior,：Santander
ES-2　puetra de cristal con contraventana interior：Celanova
ES-3　ventana con obturadores de madera：Leon
BE-1　open venster：Michelbeke, 17世紀
BE-2　venster +bovenlichten met glas-in-lood：St-Anna Pede, 17世紀後半
CH-1　Flügelfenster：Zürich, 18世紀
CH-2　Flügelfenster mit Bretterläden：Zürich, 18世紀末
CH-3　Flügelfenster mit Bretterläden：Engadine
DE-1　Fenster mit Butzenscheiben：Hildesheim, 16世紀(→p.96)
DE-2　Horizontal-Schibefenster：Baden-Württemberg, 16世紀
DE-3　Historisches Erkerfenster：Lindau, 16世紀
DE-4　Flügelfenster mit gekreuzt pfosten-riegel：Franken, 18世紀末
DE-5　Vertikal-Schiebefenster：Nürnberg, 16世紀後半
DE-6　Fenster mit Kaufmannsladen：Augsburg
DE-7　Flügelfenster mit Mittelpfosten und Bretterladen：Franken
AT-1　Einzelfenster mit Bretterladen：Kärnten
AT-2　Flügelfenster mit faltbare Bretterläden：Oberösterreich
NO-1　åpne vindu med skodder：Stavanger
NO-2　casement vindu：Gulsvik
DK-1　dannebrogsvindue med termoruder：Ribe, 18世紀
DK-2　vindue med en central lodpost：Fyn, 18世紀前半(→p.112)
CZ-1　otevřené okno：Spály
CZ-2　otevřené okno s dřevěným okenicím：Holenice
CZ-3　otevřené okno s dřevěnými okenicemi：Leitmeritz
CZ-4　otevřené oknos s dřevěnými okenicemi：Horská Kamenice
HU-1　nyitott ablak és fából boltok：Szombathely(→p.157)
HU-2　rögzített ablak：Szabolcs-Szatmár-Bereg
FI-1　saranaikkuna ikkuna ikkunaluukut levyt：Turku
FI-2　saranaikkuna ikkuna：Uusikaupunki
PO-1　podwójnie otwierane okna z żaluzjami z panelu：Olsztynek
PO-2　otwierane okna ze zdobionymi okiennicami：Nowogród
PO-3　otwierane okna ze zdobionymi okiennicami：Ciechanowiec
SK-1　otvorené okná so zdobeným okenného rámu：Stary Smokovec
SK-2　otvorené okná sa zrkadlá a zdobené okenný rám：Novy Smokovec
SK-3　otvorené okná s dekoráciou maľovaný okenný rám：Zdiar(→p.146)
RO-1　fereastră batante multiplu：Moldoviţa
RO-2　fereastră batante cu obloane din lemn：Bran (→p.171)
RU-1　окно внутреннего открывания с украшенным притолоке：Архангельская обл.
RU-2　окно внутреннего открывания с деревянной заслонкой：Ярославская обл.
RU-3　окно внутреннего открывания с деревянной заслонкой：Карелия(→p.126)
BG-1　горна крило фиксирана прозорци с клапа врата：Етър(→p.189)
BG-2　горна крило фиксирана множество прозорци с дървени сгъваеми капаци：Етър (→p.189)
BG-3　горна крило фиксирана множество прозорци с дървени капаци и жлезени решетки：Копривщица(→p.191)
BG-4　отваращи се навътре двустепенна прозорецт с жлезени решетки：Шумен
BG-5　отваращи се навътре прозорци с дървени капаци и жлезени решетки：Пловдив

pp.220-1　扉と門；各項ごとに得られた映像資料により著者作成

UK-1　entrance door：Stradford-upon-Avon, Warwickshire(→pp.40-1)
UK-2　entrance door：Lavenham, Suffolk(→p.38)
UK-3　entrance door：Lavenham, Suffolk, 15世紀(→p.38)
UK-4　entrance door of Cottrell Court：Petham, Kent

UK-5　entrance door and porch：Calne, Wiltshire, 19世紀,
UK-6　lychgate：St. Martin Church, Canterbury, 19世紀(→p.37)
FR-1　porte d'entrée：Sain-Germain-La-Campagne, Haute-Normandie
FR-2　porte d'entrée rustique：Pays basque, Pyrénées-Atlantiques
FR-3　portes suspendus avec portillon incorporé：Espelette, Aquitaine(→p.57)
FR-4　porte d'entrée：Matzenheim, Alsace
FR-5　porte d'entrée avec transom：Ringendorf, Alsace
ES-1　puerta holandés：Soria, Castilla y León
ES-2　puerta de entrada rustica：Segovia, Castilla y León
NL-1　staldeuren：Noord Brabant
BE-1　porte d'entrée avec transom：Poperinge, Rég. flamande
DE-1　Hoftor：Nord Deutschland
DE-2　Eingangstür：Mittelnkirchen, Niedersachsen(→p.110)
DE-3　Ladentür mit Fenstern：Judenberg, Augsburg
DE-4　Hoftor mit Gehtür：Neuenfelde, Hamburg, 1650年頃
DE-5　Eingangstür：Neukenroth, Kronach, Franken
DE-6　Hoftor：Nieder Bayern
CH-1　Scheunetür：Châtelat, Bern, 1672年
CH-2　Stadeltür：Vrin, Graubünden, 1790年
AT-1　Einflürige Haustür：Flachgau, Salzburg(→p.161)
AT-2　Einflürige Haustür mit Schnitzereien：Lechtal, Tirol
AT-3　Zweiflürige Haustüren：Kärnten
AT-4　Überstieg im Flurzaun：Niederösterreich
AT-5　Einflürige Haustür mit Schnitzereien：Grosspiesenham, Oberösterreich
AT-6　Lattentor mit Sonnenmotiv zwischen 2 Gebäuden：Prellenkirchen, Niederösterreich
NO-1　inngangsdør av gamle tømmerhus：Meldal, Sør-Trøndelag
NO-2　døren i undretasjen：Tveitoloftet, Hovin, Telemark, 1300年頃 (→p.108)
NO-3　døren i overetasjen：Loft på Lydvo, Voss region, 1880年
NO-4　døren i undretasjen：Loft på Kleivi, Åmotsdal, 1783年
DK-1　indgangsdør：Fyn, Syddanmark(→p.112)
DK-2　indgangsdør med tranzom：Ribe, Syddanmark(→p.117)
FI-1　tilalta lähdettäessä：Kaustinen, Keski-Pohjanmaa
FI-2　ovi siirtymäriitti：Rauma, Satakunta(→pp.118-9)
EE-1　hollandi uks：Pehka, Rakvere
PO-1　drzwi wejściowe：Tokarnia, Woj. podkarpackie(→p.138)
PO-2　drzwi wejściowe z paweży：Jabłonka, Woj. małopolskie, 19世紀前半(→p.143)
PO-3　drzwi wejściowe：Jabłonka, Woj. małopolskie, 1843年(→p.143)
PO-4　brama rolnicza z furtką：Nieboczowy,Woj. śląskie(→p.138)
CZ-1　vstupní dveře：Vítanov, Pardubický kraj
CZ-2　vstupní dveře：Svratouch, Pardubický kraj
CZ-3　vstupní dveře：Machov, Královéhradecký kraj
CZ-4　vrata do dvora velkostatku：Salajna, Karlovarský kraj
CZ-5　vstupní dveře：Litoměřice, Ústecký kraj
SK-1　vstupné dvere：Gelnica, Košický kraj
SK-2　vstupné dvere：Oščadnica, Žilinský kraj
SK-3　vstup do zrubovej sýpky：Ždiar, Vysoké Tatry
HU-1　bejárati ajtó a rönkházak：Aszófő, Veszprém
HU-2　termelői és gyalogos ajtó：Nyírbátor(→p.156)
RU-1　ворота фермы и пешеходный дверь：Киловсой овл.
RU-2　ворота со сбалансированным двери：Пермской обл.
UA-1　церковь ворот голубятни прилагается：Кривка, Львівської обл., 1763年(→p.178)
UA-2　вхідна арка прикрашена з половиною дверi：Тухорка, Львівської обл., 1910年(→p.178)
RO-1　poarta bisericii satului：Surdeşti, Maramureş(→p.173)
RO-2　usa de intrare：Poiana Teiului, Neamţ(→p.172)
RO-3　poarta agricole cu uşă pietonală：Strâmtura, Maramureş(→pp.174-5)
RO-4　poarta cu traversă echilibrat：Moişeni, Satu Mare, 18世紀末(→p.168)
BG-1　порта на фермата：Боженците, Обл. Габрово(→p.189)
BG-2　входна врата с хоризонтал прозорец：Шумен, Обл. Шумен(→p.185)

pp.222-3　教会の種類；各項ごとに掲げた資料により著者作成

図1　Gol stavkirke：Gol, Buskerud, Norge, 1170年；Bugge (1969) pp.153 6 (→pp.106-8)
図2　Petäjäveden vanha kirkko：Petäjävesi, Keski-Suomi,Suomi, 1763-5 年；National Board of Antiquities (1999) (→p.121,193)
図3　St. James and Paul's Church：Marton, Cheshire, United Kingdom, 1540年；Booklet of the VAG Spring Conference 2000 (2000)(→p.38)

図4　Église Saint-Jacques et Saint-Philippe：Lentilles (Aube), Champagne-Ardenne, France, 15世紀末；
Louis-Seurat (1997) pp.39-49

図5　Церква Покрови Пресвятої Богородиці：Турка, Львівська обл., Україна；Вечерський（2002)
pp.430-1

図6　Церква Вознесіння Господнього (Струківська), дзвіниця：Ясіня, Закарпатської обл.,
Україна,1813年；Макушенко (1976) pp.83-5

図7　Церква Вознесіння Господнього (Струківська) каплиця：Ясіня, Закарпатської обл.,
Україна,1824年；Макушенко (1976) pp.83-5

図8　Drevený rímsko-katolícky kostol sv. Františka z Assisi：Hervartov, Prešov, Slovakia, 1500年頃；
Zaloziecky (1926) pp.37-9（→p.148)

図9　Церква святого архистратига Михаїла：Крайниково, Закарпатська обл. Україна, 1688年；
Макушенко (1976) pp.71-5

pp.224-5　納屋と穀倉；各項ごとに得られた映像資料により著者作成

UK-1　barn：Hambrook, Sussex, 1771年；Weald & Downland O.A.M. (→p.36)

UK-2　wheat barn：Cressing Temple, Essex, 1225年

UK-3　windmill：Chillenden, Kent, 1868年

UK-4　granary：Littlehampton, West Sussex, 1731年；Weald & Downland O.A.M. (→p.36)

FR-1　grange：Louvetot, Seine-Maritime, Haute-Normandie

FR-2　grange octogonale：La Bonneville, Basse-Normandie

FR-3　pigeonnier：Tarn-et-Garonne, Midi-Pyrénées

FR-4　poulailler perché：Sabres, Landes, Aquitaine；Écomusée de la Grande Lande. (→p.56)

ES-1　hórreo asturiano：Pedrobeya, Asturias

ES-2　hórreo gallego：Burricios, La Coruňa, Galicia

NL-1　windmolen：Kinderdijk, Zuid-Holland

BE-1　hooiberging：Appels, Oost-Vlaanderen

DE-1　Scheune：Osterbelmhusen, Schleswig-Holstein, 1850年

DE-2　Zehntscheune：Sechtem, Bornheim, Nordrhein-Westfalen, 1734年；Kommern O.A.M.

DE-3　Windmühle：Borstel, Niedersachsen, 1856年

DE-4　Kornhaus：Dinkelsbühl, Bayern, 1508年 (→pp.72-3)

CH-1　Kornspeicher：Ostermundigen, Berner Mittelland, 1760年；Ballenberg O.A.M. (→p.87)

CH-2　Stadel (Speicher auf dem Stall)：Bosco/Gurin, Ticino, 1802年 (→p.84)

CH-3　Schuene auf dem Stall：Brontallo, Ticino (→pp.84-5)

AT-1　Stallscheune：Eben im Pongau, Salzburg, 1614年；Großgmain O.A.M. (→p.161)

AT-2　Scheune：Alpbach, Tirol (→p.82)

AT-3　Pfosten-oder Stützelscheune：St. Anton, Südtirol, 1529年；Stübing O.A.M. (→p.158)

AT-4　Bundwerkstadel：Tarsdorf, Oberösterreich, 1812年；Stübing O.A.M. (→p.158)

IT-1　Stadel：L'andria, Selva di Cadore, Belluno, Veneto, 19世紀

NO-1　loft：Ose, Setesdal, Aust-Agder 1700年頃；Oslo O.A.M. (→p.108)

NO-2　stabbur：Gol, Buskerud (→pp.106-7)

DK-1　agerumslade：Als, Nordjylland, 1632年；Hjerl Hede O.A.M. (→p.112)

DK-2　vindmølle：Maderup, Nordfyn.19世紀；Den Fynske Landsloy (→p.112)

EE-1　ait：Kuusalu Harju maakond, Tallin, 19世紀中葉；Estonia O.A.M. (→p.124)

EE-2　vörgukuurid：Toomalõuka, Saaremaa, 1880年；Estonia O.A.M. (→p.124)

FI-1　kalteri, aitta ja ruoka-aitta：Lieksa, Pohjois-Karjala；Pielisen O.A.M. (→p.123)

FI-2　Tallirivi：Närpes, Pohjanmaa, 19世紀初頭；Brage O.A.M. (→p.120)

PO-1　wieża winiarska：Budachów, Woj. Lubuskie, 19世紀；Ochla O.A.M.

PO-2　stodoła：Piece, Łuk. Śląski；Chorzów O.A.M. (→p.138)

PO-3　Brama Żuraw (dźwig portowy)：Gdansk, 1363年

CZ-1　stodola s polygnálně：Ješetice, Středočeský kraj

CZ-2　komora：Žitková, Zlínský kraj

HU-1　istálló：Vaskeresztes, Vas megye；Vasi O.A.M. (→p.157)

HU-2　abora：Tiszabecs, Észak-Alföld；Szentendre O.A.M. (→p.154)

HU-3　cséplő pajta：Magyarlapád, Judeţul Alba, Romania

HU-4　málékas：Magyarremete, Judeţul Bihor, Romania

SK-1　včeliny：Nitra, Nitriansky kraj, 19-20世紀；Nitra O.A.M. (→p.133)

SK-2　sýpka：Svidnik, Prešovský kraj；Svidnik O.A.M. (→p.149)

UA-1　вітряк：Кудряве, Охтирський рай., Сумської обл, 1900年頃；Kiev O.A.M.

UA-2　комора：Самари, Ратнівського рай., Волинської обл, 16世紀末

RO-1　şură：Săcel, Maramureş；Dumbrava O.A.M. (→p.170)

RO-2　cămară de alimenteşi moară de mână：Cerbia, Zam, Hunedoara；Dumbrava O.A.M. (→p.170)

RO-3　şură：Galda de Sus, Alba, 19世紀後半；Cluj-Napoca O.A.M. (→p.172, 211)

RO-4　oaie staul circular：Ludeştii de Sus, Hunedoara；Dumbrava O.A.M. (→p.170)

BG-1　обор：Боженците, Габрово (→p.189)

pp.226-7　細部の装飾；各項ごとに掲げた資料により著者作成

1　イギリス南部
　　イングランドの茅葺屋根に伝わる棟押えの装飾模様；West (1987) pp.86-7

2　ベルギー
　　ベルギーの切妻屋根に伝わる妻破風上端換気孔の装飾
　　a. Kastel, b. Sint-Baafs-Vijve, c. Tielt, d. Poperinge；Trefois (1978) p.261

3　ドイツ中央部
　　ドイツのヘッセン地方に伝わる木造軸組隅柱の木彫装飾
　　a-d. Alsfeld, e. Alsfeld, Neurathaus 1688年, f. Bretten 1710年, g. Alsfeld, Stumphaus 1688年,
　　h. Melsungen 17世紀；a-d. Walbe (1979) p.408, e-f. Gerner (1979) pp.34-5

4　ドイツ北西部（ゴスラー）
　　ゴスラーにおける床持送りと埋木繰形の変遷とその装飾様式；Griep (1985) p.136

5　ドイツ北西部（ブラウンシュヴァイク）
　　ブラウンシュヴァイクの木造床持送り部分における帯状装飾の変遷
　　a. 階段形 1470-1520年, b. ハンガー形 1500-1540年, c. 連続葉形 1520-1550年, d. 扇形 1535-
　　1560年, e. 鎖形＋切石形 1550-1670年, f. ダイヤモンド形 1550-1670年；Slawski (1988) p.21

6　ドイツ北西部（ブラウンシュヴァイク）
　　ブラウンシュヴァイクにおける鎖形帯状装飾の変遷
　　a. Güldenstraße 7, 1560年頃, b. Hinter der Magnikirche 2, c. Lacobstraße 1A, 1561年,
　　d. Ägidienstraße 5, e. Am Magnitor 1, 1600年頃, f. Ziegenmarkt 7, 1623年；Slawski (1988) p.49

7　ドイツ北西部
　　16世紀前半における木造軸組建物の壁面装飾
　　Braunschweig, Reichsstraße 7, 1517/20年；Gerner (1979) p.46

8　スイス北部・南部
　　スイスの農家のバルコニーに伝わる縦板格子の繰形模様
　　a. Berneroberland, b-d. Wallis, e. Berneroberland, f. Graubunden

9　ノルウェー中部（ウルネス）
　　ウルネス木造教会の外壁に遺された木彫（11世紀）；Bugge (1969) p.139

10　ノルウェー中部（a-c. ヘッゲ教会、d-f. ウルネス教会）
　　伝統的な木造スターヴ教会の柱頭に施された木彫；a-c. Hegge stavkirke, Øystre Slidre,
　　Oppland, 1216年, d-f. Urnes stavkyrkje, Luster, Sogn og Fjordane, 1130年

11　オーストリア
　　ケルンテン地方に伝わる破風飾り；Moser (1985) p.90

12　オーストリア
　　ザルツブルク地方に伝わる桁木持送り部分の装飾；Gebhard (1977) p.132

13　チェコ（モラヴィア）
　　モラヴィア地方に伝わる妻壁部分の装飾；a. Roudno, b. Fryšava, c. Domášov, d. Střelná, e. Fryšava,
　　f. Seninka, g. Ždánice, h. Hutisko, i. Tylovice；Frolec (1974) p.90

14　チェコ、スロヴァキア
　　チェコとスロヴァキアに伝わる半円錐状の破風飾り（kabřinec CZ., kukla SK.)
　　a. Banská Bystrica SK, b. Česká Lípa CZ, c. Jetřichovice CZ；Frolec (1983) p.83,118

15　ルーマニア
　　ルーマニア在住のハンガリー人（セーケイ人）の墓標
　　左. Alsórákos, 右. Runci, Rugi など；Kós (1994) p.194, Stănculescu (1973) p.80

16　ハンガリー、ルーマニア
　　ハンガリー人とセーケイ人の墓標
　　左 Égerszög, Telkibánya など、右 Omboztelke など；Kós (1994) p.196

17　ルーマニア南西部
　　ゴルジュ地方に伝わる軒桁下端の繰形模様；Stănculescu (1973) p.83

18　ルーマニア南西部
　　ゴルジュ地方に伝わる野地板先端の繰形模様；Stănculescu (1973) p.82

19　ルーマニア
　　ゴルジュ地方に伝わる独立柱の繰形模様；Stănculescu (1973) p.71

20　ルーマニア北部（マラムレシュ）
　　マラムレシュ地方の農家に伝わる門柱の彫刻；Nistor (1977) p.12

21　ロシア北西部（カレリア）
　　オネガ湖周辺の農家の切妻屋根に伝わる懸魚と蝶羽板の繰形模様；Lissenko (1989) p.81

22　ロシア北西部（カレリア）
　　オネガ湖周辺の農家のバルコニーに伝わる縦板格子の繰形模様；Lissenko (1989) p.97

pp.228-9　大工道具；各項ごとに掲げた資料により著者作成

アルザス地方（フランス）の大工道具；Ruch (1977) pp.53-5 など

ケルンテン地方（オーストリア）の大工道具；Moser (1985) pp.48, 95, 176, 206 など

北カルヤラ地方（フィンランド）の大工道具；Koponen (1983) pp.79-82 など

トランシルヴァニア地方（ルーマニア）の大工道具；Kós (1994) pp.74-9 など

写真・図版クレジット、図版の説明と出典

pp.230-1 建築用の樹木
www.dkimages.comとwww.pfaf.org等の資料により著者作成

■ 主たる参考文献

01. Ангелова, Рашел (1965)：Шуменски възрожденски къщи, Издателство на Българската Академия на Науките, София

02. Baboş, Alexadru (2004)：Tracing Sacred Building Tradition − Wooden Churches, Carpenters and Founders in Maramureş until the turn of 18th century, School of Architecture, Lund University, Sweden

03. Balassa, I. & Gyula, O. (1974)：Hungarian Ethnography and Folklore, CORVINA KIADÓ, Budapest

04. Barley, M. W. (1990)：Chapters from the Agrarian History of England and Wales, 1500-1750：vol.5 The Building of the countryside, 1500-1750, Cambridge University Press, Cambridge

05. Barnwell, P. S. & A. T. Adams (1994)：The House Within − Interpreting Medieval House in Kent, Royal Commission on the Historical Monuments of England, London

06. Вечерський, Віктор（2002）：ВТРАЧЕНІ ОБ'ЄКТИ АРХІТЕКТУРНОЇ СПАДЩИНИ УКРАЇНІ, НДІТІАМ, Київ

07. Bedal, Konrad (1988)：Häuser aus Franken − Museumsführer Fränkisches Freilandmuseum in Bad Windsheim −, Delp'sche Verlagsbuchhandlung, München

08. Bernert, Karl (1988)：Umgewindehäuser, Beton Verlag, Düsseldorf

09. Bidart, Pierre & Gérard Collomb (1984)：L'architecture rurale française; Pays aquitains − bordelais, gascogne, pays basques, béarn, bigore −, Berge-Leverault, Paris

10. Botík, Ján (edt.1988)：Hont − tradície ľudovej kultúry −, Vydavateľstvo Osveta, Banská Bystrica

11. Brier, M. & Brunet. P. (1984)：L'architecture rurale française; Normandie, Berge-Leverault, Paris

12. Brunner, Ernst (1977)：Die Bauernhäuser im Kanton Luzern, Schweizerischen Gesellschaft für Volkskunde, Basel

13. Brykowsky, Ryzard (1981)：Drewniana architektura kościelna w Małopolsce XV wieku, Polska Akademia Nauk・Institute Sztuki, Wroclaw

14. Bugge, Gunner & Norberg-Schulz, C. (1969)：STAG OG LAFT I NORGE − Early wooden architecture in Norway −, Byggekunst, Norske Arkitekters Landsforbund, Oslo

15. Denis, M. & Groschens, M. (1984)：L'architecture rurale française; Alsace, Berge-Leverault, Paris

16. Donyon, Georges & Hubrecht, Robert (1979)：L'architecture Rurale & Bourgeoise en France, Dominique Vincent et Cie, Paris

17. Fréal, Jacques (1978)：Habitat et vie paysanne en Bresse, Editions Garnier, Paris

18. Frolec, Václav (1974)：LIDOVÁ ARCHITECTURA − na Moravě a ve Slezsku −, Nakladatelstvi BLOK, Brno

19. Frolec, V. & Josef, V. (1983)：Lidová architektura / Encyklopedie, Ekonomickej literatúry, Praha

20. 二川幸夫、C. Norberg-Schulz & 鈴木恂 (1978)：『木の民家ヨーロッパ』, A.D.A.Edita Tokyo, 東京

21. Gebhard, Torsten (1975)：Der Bauernhof in Bayern, Süddeutscher Verlag, München

22. Gerner, Manfred (1979)：Fachwerk − Entwicklung, Gefüge, Instandsetzung −, Deutsche Verlags-Anstat, Stuttgart

23. Griep, Hans-Günter (1985)：Kleine Kunstgeschichte des Deutschen Bürgerhauses, Wissenschaftliche Buchgesellschaft, Darmstadt

24. Gschwend, Max (1971)：Schweizer Bauernhäuser, Verlag Paul Haupt, Bern

25. Gschwend, Max (1976)：Die Bauernhäuser des Kantons Tessin, Band I, der Hausbau, Schweizerische Gesellschaft für Volkskunde, Basel

26. Gschwend, Max (1980)：Ballenberg − Guide to the Swiss Open-Air Museum −, Swiss Open-Air Museum, Ballenberg, Brienz

27. Haberlandt, M & Dachler, A.(1906)：Das Bauernhaus in Österreich-Ungarn und seinen Grenzgebieten, Curt R. Vincentz Verlag, Hannover

28. Hájek, Václav (2001)：LIDOVÁ STAVENÍ − OPRAVY A ÚPRAVY −, Grada Publishing, Praha

29. Harris, Richard (1978)：Discovering Timber-Framed Buildings, Shire Publications Ltd., Princes Risborough, UK

30. Helm, Rudolf (1967)：Das Bürgerhaus in Nordhessen. Das deutsche Bürgerhaus IX, Verlag Ernst Wasmuth, Thüringen

31. Henriksson, Gunner (1996)：SKIFTESVERK I SVERIGE ; ett Tusenårigt Byggnadssätt, Byggforskningsrådet, Stockholm

32. Hotrichter, Hartmut & Grassnick, Martin (1985)：Deutsche historische Bürgerhäuser, Keyser, München

33. Höhn, Alfred (1980)：Fachwerbauten in Franken, Echter Verlag, München

34. Иванчев, Иван (1957)：Несебър и Къщи—Еволюция на града, развитие и особености на къщата—Наука и Изкуство, София

35. Jean, Suzanne (1981)：L'architecture rurale française; Poitou, pays charentais, Berge-Leverault, Paris

36. Jordan, T. G. (1973)：The European Culture Area ; A Systematic Geography, Harper & Row, New York

37. Kienzler, Herbert (1978)：Freudenberg, Westfälische Kunststätten, Heft 2, Westfälischer Heimatbund, Freudenberg

38. Koponen,Onni E. (1983)：PIELISEN MUSEON KERTOMAA III, Pielisen museo, Joensuu

39. Kós, Károly (1994)：Néprajzi képeskönyv Erdélyböl, Tárogató Kiadó, Budapest

40. Krivošová, Janka (2012)：Slovenská ľudová Architektúra, Trio Publishing, Bratislava

41. Langer, Jiři & Vařeka, Josef (1983)：Naše lidové stavby, Albatros, Praha

42. Lissenko, L. M. (1989)：Die Russische Holzbaukunst, Verlag Georg D. V. Callwey, München

43. Louis-Seurat, Josette (1997)：A la découverte des églises champenoises à pans de bois, Dominique Guéniot, Langres

44. Макушенко, П. И. (1976)：Народное деревянное зодчество Закарпатья, Стройиздат, Москва

45. Meier-Oberist, Edmund (1956)：Kulturgeschichte des Wohnens im abendländischen Raum, Ferdinand Holzmann Verlag, Hamburg

46. Meirion-Jones, Gwyn I. (1982)：The Vernacular Architecture of Brittany, John Donald Publishers, Edinburgh

47. Moser, Oskar (1971)：DAS BAUERNHAUS und seine landschaftliche und historische Entwicklung in Kärnten, Verlag des Landesmuseums für Kärnten, Klagenfurt

48. Moser, Oskar (1985)：Handbuch der Sach- und Fachbegriffe − Zur Erläuterung von Hausanlagen, Bautechnik, Einrichtung und Gerät im Kärntner Freilichtmuseum Maria Saal −, Kärntner Freilichtmuseum, Klagenfurt / Maria Saal

49. National Board of Antiquities (1999)：Petäjävesi Old Church, Petäjävesi parish

50. Nistor, Francisc (1977)：POARTA MARAMUREŞEANA, Edita Sport-Turism, Bucureşti

51. 太田邦夫 (1985)：『ヨーロッパの木造建築』講談社

52. 太田邦夫 (1988)：『東ヨーロッパの木造建築 − 架構形式の比較研究』相模書房

53. 太田邦夫 (1992)：『ヨーロッパの木造住宅』駸々堂出版

54. 太田邦夫 (2007)：『工匠たちの技と知恵−世界の住まいにみる』学芸出版社

55. Péev, Christo (1967)：Alte Häuser in Plovdiv, Florian Kupferberg Verlag, Mainz

56. Phleps, Hermann (1942)：Holzbaukunst, Der Blockbau, Brüderverlag, Karlsruhe

57. Prizeman, John (1974)：YOUR HOUSE − the outside view −, Quiller Press, London

58. Quiney, Anthony (1990)：The Traditional Buildings of England, Thames and Hudson, London

59. Raulin, Henri (1977)：L'architecture rurale française; Savoie, Berge-Leverault, Paris

60. Rauter, Otto (1978)：Häuser-Höfe-Handwerkskunst, Bäuerliche Kultur im Zillertal, Wort und Welt, Innsbruck

61. Renfer, Christian (1982)：Die Bauernhäuser des Kantons Zürich, Band I Zürichsee und Knonaueramt, Schweizerischen Gesellschaft für Volkskunde, Basel

62. Ruch, Maurice (1977)：LA MAISON ALSACIENNE á colombage, Berger-Levrault, Paris

63. Rudolph-Greiffenberg, M. (1982)：ALPINE BAUKULTUR IN SÜDTIROL − Urform und Vollendete Gestaltung −, Verlagsanstalt Athesia, Bozen

64. Schäfer, Carl (1937,1982)：Deutsche Holzbaukunst, Gerstenberg Verlag, Dresden

65. Schäfer, Dietrich (1906)：Das Bauernhaus im Deutschen Reich und in seiner Grenzgebieten, Curt R. Vincentz Verlag, Hannover

66. Schepers, Josef (1943)：Das Bauernhaus in Nordwestdeutschland, Aschendorffsche Verlagsbuchhandlung, Münster in Westfalen

67. Schilli,Hermann (1977)：Das Schwarzwaldhaus, Verlag W. Kohlhammer, Stuttgart

68. Schweitz Ing. und Architektenverein (1903)：Das Bauernhaus in der Schweiz, Curt R. Vincentz Verlag, Hannover

69. Schweitzer, Roland (1986)：La tradition du bois en France, in HABITER LE BOIS, Ministére de l'Equipment, du Logement, de l'Aménagement du territoire et des Transport, Paris

70. Slawsky, Robert (1988)：Braunschweiger Fachwerk − Blick in das 16.Jahrhundert − Ein Stadtrundgang, Pfankuch, Braunschweig

71. Søndergaad, Steffen, M. & etc.：Grønnegard 12 i Ribe, Fredningsstyrelsen, Ribe

72. Stănculescu, Florea ; Gheorghiu, Adrian & Petrescu, Paul (1973)：Tezaur de arhitectură populară din Gorj, Editura Scrisul Românesc, Craiova

73. Steensberg, Axel (1974)：DEN DANSKE BONDEGÅRD, FORUM, København

74. Trefois, Clemens V. (1978)：Ontwikkelingsgeschiedenis van onze LANDELIJKE ARCHITECTUUR, Uitgeverij Danthe, Sint-Niklaas

75. Trefois, Clemens V (1979)：VAN VAKWERK TOT BAKSTEENBOUW, Uitgeverij Danthe N.V., Sint-Niklaas

76. Walbe, Heinrich (1979)：Das Hessische-Fränkische Fachwerk, Verlag der Brühlschen Universitatsdruckerei, Gießen-Wieseck

77. Werner, Paul (1985)：Das Bundwerk ; Eine alte Zimmermannstechnik・Konstruktion・Gestaltung・Ornamentik, Callwey, München

78. West, Robert C. (1987)：THATCH − a manual for owners, surveyors, architects and builders −, David & Charles, London

79. Zaloziecky, W. R. (1926)：Gotische und Barocke Holzkirchen und den Karpathenländern, Kinstall-Verlag, Wien

図版の説明　別項 pp.22-3 ヨーロッパの主たる木造街並と野外博物館

(*印：本書では紹介されていない事例、「野外博物館など」にある年代は開設年を示す)

1. イギリス (United kingdom–England, Scotland, Wales & Northern Ireland；UK)

△ 木造の街並
1. カンタベリー (Canterbury)
2. ライ (Rye)
3. ラヴェナム (Lavenham)
4. カージー (Kersey)
5. ストラトフォード゠アポン゠エイヴォン (Stratford-Upon-Avon)
6. ウェルフォード゠オン゠エイヴォン (Welford-on-Avon)
7. チェスター (Chester)
8. ナントウィッチ (Nantwich)
9. シュルーズベリー (Shrewsbury)
10. ベルリュウ (Berriew)
11. ウェオブリー (Weobley)
*12. レッドベリー (Ledbury)

◎ 野外博物館など
UK-1. ウイールド・アンド・ダウンランド野外博物館 (Weald and Downland Open Air Museum)；Singleton, Chichester, West Sussex, 1971年
UK-2. エイヴォンクロフト建築博物館 (Avoncroft Museum of Historic Buildings)；Bromsgrove, Worcestershire, 1967年
UK-3. チルターン野外博物館 (Chiltern Open Air Museum)；Buckinghamshire, 1976年
UK-4. セント・ファーガンス国立歴史博物館゠ウェールズ民俗博物館 (St Fagans National History Museum - Welsh Folk Museum)；St Fagans, Cardiff, 1948年

2. アイルランド (Ireland；IE)

◎ 野外博物館
*IE-1. コナマーラ遺産・歴史センター (Connemara Heritage and History Centre)；Lettershea, Galway, 1980年

3. スペイン (Spain；ES)

△ 木造の街並
1. レサカ (Lesaka)
2. ゴイズエタ (Goizueta)
3. エチェバリア (Etxebarria)
4. アバディーニョ (Abadiño)
5. ビトリア / ガスティス (Vitoria / Gasteiz)
6. コバルビアス (Covarrubias)
7. ラ・アルベルカ (La Alberca)

4. フランス (France；FR)

△ 木造の街並(*印「フランスの最も美しい村」)
1. ルーアン (Rouen)
2. オンフルール (Honfleur)
3. ル・マン (Le Mans)
4. レンヌ (Rennes)
5. ディナン (Dinan)
6. サン゠ブリュー (Saint-Brieuc)
7. モルレ (Morlaix)
*8. トゥール (Tours)

*9. ブールジュ (Bourges)
*10. コンク (Conques)°
*11. サン゠シルク゠ラポピー (Saint-Cirq-Lapopie)°
*12. ラ・バスティード゠クレーランス (La Bastide-Clairence)°
13. サン゠ジャン゠ド゠リュズ (Saint-Jean-de-Luz)
14. エスプレット (Espellette)
15. アイノア (Ainhoa)°
16. サン゠ジャン゠ピエ゠ド゠ポル (Saint-Jean-Pied-de-Port)
*17. トロア (Troyes)
*18. アンスバッハ (Hunspach)°
19. ストラスブール (Strasbourg)
20. リクヴィール (Riquewihr)°
21. ケゼルスベール (Kaysersberg)
22. コルマール (Colmar)
*23. ブーダン (Boudin, Beaufort)
*24. サン・ヴェラン (Saint Véran, Dauphiné)°

◎ 野外博物館など
FR-1. グランド・ランド・エコミュゼ (Écomusée de la Grande Lande)；Marquèze, Sabres, Landes, 1969年
FR-2. エコミュゼ・ダルザス (Écomusée d'Alsace)；Ungersheim, Mulhouse, Alsace, 1984年
*FR-3. ナンクレ・コントワーズ家野外博物館 (Musée des plein air des Maisons Comtoises de Nancray)；Nancray, Franche-Comté, 1988年
*FR-4. サン゠マリー゠デュ゠ラック゠ニュイズマン村落博物館 (Village-musée de Sainte- Marie-du-Lac-Nuizement)；Nuisement-aux-bois, Der-Chantecoq, Marne, 1974年
*FR-5. ヴィルヌーヴ゠ダスク野外博物館 (Musée de plein air de Villeneuve-d'Ascq)；Villeneuve-d'Ascq, Nord-Pas de Calais, 2008年

5. オランダ (Netherlands；NL)

◎ 野外博物館など
*NL-1. アーネム・オランダ野外博物館 (Nederlands Openluchtmuseum Arnhem)；Schelmseweg, Arnhem, 1918年

6. ベルギー (Belgium；BE)

◎ 野外博物館など
*BE-1. ボックレイク野外博物館 (Openlucht-museum Bokrijk)；Hasselt, Limburg, 1958年

7. スイス (Switzerland；CH)

△ 木造の街並
1. ツェルマット (Zermatt)
2. テルベル (Törbel)
3. ボスコ/グリン (Bosco/Gurin)
4. ブロンタルロ (Brontallo)
5. グアルダ (Guarda)
6. シュタイン・アム・ライン (Stein am Rhein)

◎ 野外博物館
CH-1. バレンベルク・スイス地方文化野外博物館 (Schweizerisches Freilichtmuseum Ballenberg für ländliche Kultur)；Brienz, Bern, 1978年

8. イタリア (Italy；IT)

△ 木造の街並
*1. マクニャーガ (Macugnaga, Piemonte)
2. サン・ピエトロ、ヴァッレ・アウリーナ (St. Pietro, Valle Aurina)

9. デンマーク (Denmark；DK)

△ 木造の街並
1. リーベ (Ribe)

◎ 野外博物館など
DK-1. 国立博物館゠ソーウンフリー野外博物館 (Nationalmuseet–Frilandsmuseet ved Sorgenfri)；Sorgenfri, Lyngby-Tårbæk, Copenhagen, 1897年
DK-2. フューン村落博物館 (Den Fynske Landsby)；Sejerskovvej, Odense, 1946年
DK-3. ガムレ・ビュ街区博物館 (Den Gamle By)；Viborgvej, Århus, 1909年
DK-4. イェアル・ヒーゼ野外博物館 (Hjerl Hede Frilandsmuseet)；Vinderup, Holstebro, 1930年
DK-5. フュアカト・ヴァイキング砦 (Fyrkat Viking Fortress)；Hobro, Nordjylland, 1986年

10. ノルウェー (Norway；NO)

★ 木造の世界文化遺産がある町や村
1. ベルゲン、ブリッゲン地区 (Bryggen, Bergen)
2. ウルネス (Urnes, Hafslo, Luster i Sogn og Fjor-dane)

△ 木造の街並
1. ラルダールソエイリ (Lærdalsøyri)

◎ 野外博物館など
NO-1. オスロ・ノルウェー民俗博物館 (Norsk Folkemuseum Oslo)；Bygdøy, Oslo, 1894年
*NO-2. トロンハイム・スヴェッレスボルグ゠トロンデラーグ民俗博物館 (Sverres borg –Trøndelag Folkemuseum Trondheim)；Sverresborg, Trondheim, 1909年
NO-3. ガムレ・ベルゲン街区博物館 (Gamle Bergen)；Sandviken, Bergen, 1949年
NO-4. ヴォス民俗博物館 (Voss Folkemuseum)；Mørstervegen, Voss, 1917年
NO-5. ソグン民俗博物館 (Sogn Folke-museum)；Vestreim, Kaupanger, 1980年
NO-6. ヴァルドレス民俗博物館 (Valdres Folkemuseum)；Tyinvesen, Fagernes, 1901年
N0-7. スカガ・ゴール民家園 (Gol Bygdetun Skaga)；Skaga, Gol, Halingdal

NO-8. ヘッダール民家園 (Heddal Bygdetun)；Heddal, Notden, 1983年
NO-9. マイハウゲン民俗博物館 (Maihaugen Folkemuseum)；Lillehammer, 1904年

11. スウェーデン (Sweden；SE)

★ 木造の世界文化遺産がある町や村
*1. ガンメルスタード (Gammelstad, Luleå)

◎ 野外博物館など
*SE-1. ストックホルム・スカンセン野外博物館 (Skansen Stockholm)；Djurgården, Stockholm, 1891年
*SE-2. ヴァルビー野外博物館 (Vallby Friluftmuseum)；Vallbyleden, Västerås, 1921年
*SE-3. フラェーノェ・フォルサ農園 (Forsa forngård i Fränö)；Fränö, Hälsingland, 1958年
*SE-4. トレレボー・ヴァイキング砦 (Trelleborgar, Viking ring Fortress)；Trelleborg, Slagese, Zealand, 1995年

12. フィンランド (Finland；FI)

★ 木造の世界文化遺産がある町や村
1. ラウマ (Rauma)
2. ペタヤヴェシ (Petäjävesi)

△ 木造の街並
1. ラーヘ (Raahe)
2. ポルヴォー (Porvoo)

◎ 野外博物館など
FI-1. セウラサーリ野外博物館 (Seurasaaren Ulkomuseo)；1909年 Seurasaari, Helsinki
FI-2. ルオスタリンマキ手工芸博物館 (Luotsinmäki Käsituöläismuseo)；Luotsinmäki, Turku, 1940年
FI-3. ブラーゲ野外博物館 (Bragen Ulkomuseo)；Bragegården, Vaasa, 1933年
FI-4. ストゥンダルス博物館 (Stundars Museo)；Sulva near Vaasa, 1965年
FI-5. トゥルカンサーリ野外博物館 (Turkansaaren Ulkomuseo)；Turrkansaarentie, Oulu, 1922年
FI-6. ピエリセン博物館 (Pielinen Museo)；Pappilantie, Lieksa, 1963年
FI-7. カルヤラ民家博物館 (Karjalainen kotitalo/Ulkomuseo)；Kotipolku, Imatra, 1959年

13. ドイツ (Germany；DE)

★ 木造の世界文化遺産がある町や村
1. ゴスラー (Gosler)
2. クヴェトリンブルク (Quedlinburg)

△ 木造の街並

1. シュタインキルヒェン（Steinkirchen）
2. ツェレ（Celle）
3. ブラウンシュヴァイク（Braunschweig）
4. ヒルデスハイム（Hildesheim）
5. アインベック（Einbeck）
6. ヴェルニゲローデ（Wernigerode）
7. ハン（ハノーファーシュ）・ミュンデン（Hann.; Hannoversch Münden）
8. メルズンゲン（Melsungen）
9. フリッツラー（Fritzlar）
10. ホムベルク（エフツェ）（Homberg/Efze）
11. シュマルカルデン（Schmalkalden）
12. アルスフェルト（Alsfeld）
*13. グリューンベルク（Grünberg）
14. マールブルク・アン・デア・ラーン（Marburg an der Lahn）
15. フロイデンベルク（Freudenberg）
*16. ベルンカステル＝クース（Bernkastel-Kues）
*17. バンベルク（Bamberg）
18. バート・ヴィンプフェン（Bad Wimpfen）
19. シュヴェービッシュ・ハル（Schwäbisch Hall）
20. ローテンベルク・オプ・デア・タウバー（Rothenburg ob der Tauber）
21. ディンケルスビュール（Dinkelsbühl）
22. ネルトリンゲン（Nördlingen）
23. テュービンゲン（Tübingen）
*24. オーバーアマガウ（Oberammergau）
*25. ヴァルタースドルフ（グロースシェーナウ）（Waltersdorf / Grosschönau）
*26. ヒルシュフェルデ（ツィッタウ）（Hilschfelde/ Zittau）

◎ 野外博物館など
DE-1. モルフゼー・シュレースヴィヒ＝ホルシュタイン野外博物館
（Schleswig -Holsteinische Freilichtmuseum Molfsee）; Molfsee, Kiel, 1965年
DE-2. キーケベルク野外博物館
（Freilichtmuseum am Kiekeberg）; Rosengarten-Ehestorf , Hamburg, 1953年
DE-3. シュターデ野外博物館
（Freilichtmuseum Stade）; Auf der Insel, Stade, 1910年
DE-4. クロッペンブルク・ニーダーザクセン野外博物館
（Niedersächsische Freilichtmuseum Cloppenburg）; Postfach, Cloppenburg, 1934年
*DE-5. デトモルト・ヴェストファーレン＝リッペ野外博物館
（LWL-Freilichtmuseum Detmold）; Krummes Haus, Detmold, 1966年
*DE-6. ハーゲン・ヴェストファーレン＝リッペ野外博物館・州立手工業・技術博物館
（LWL-Freilichtmuseum Hagen-Landesmuseum für Handwerk und Technik）; Mäckingerbach, Hagen, 1973 年
*DE-7. コンメルン・ライン野外博物館
（Rheinisches Freilichtmuseum Kommern）; Mechernich-Kommern in der Eifel, Bonn, 1971年
*DE-8. バート・ゾーベルンハイム・ラインラント＝プファルツ野外博物館
（Rheinlandz -Pfälzische Freilichtmuseum Bad Sobernheim）; Nachtigallental, Bad Sobernheim, 1975年
*DE-9. ラントヴュスト・フォークトラント野外博物館

（Vogtländisches Freilichtmuseum Landwüst）; Landwüst, Plauen, 1968年
*DE-10. フラドゥンゲン・フランケン野外博物館
（Fränkisches Freilandmuseum Fladungen）; Fladungen, Eisenach, 1996年
DE-11. ヴァッカースホーフェン・ホーエンローエ野外博物館
（Hohenloher Freiland-museum Wackershofen）; Wackershofen, Schwäbische Hall, 1983年
DE-12. グータッハ・シュヴァルツヴァルト野外博物館
（Schwarzwälder Freilichtmuseum Vogtbauernhof Gutach）; Gutach, Ortenaukreis, Freiburg, 1964年
DE-13. ボーデン湖・ウンターウールディンゲン野外考古博物館
（Archäologisches Freilichtmuseum Unteruhldingen am Bodensee）; Unteruhldingen -Mühlhofen, Bodensee, 1922年
*DE-14. バート・ヴィンヅハイム・フランケン野外博物館
（Fränkisches Freilandmuseum Bad Windsheim）; Einweiherweg, Bad Windsheim, Nürnberg, 1979年
*DE-15. ティットリンク・バイエリッシェアヴァルト民家村
（Museumsdorf Bayerischer Wald）; Am Dreiburgensee, Tittling, Bayern, 1974年
*DE-16. マッシング・ニーダーバイエルン野外博物館
（Niederbayerisches Freilichtmuseum Massing und Finsterau）; Steinbül, Massing, Bayern, 1969年
*DE-17. アメラン農家博物館
（Bauernhaus-meseum Amerang）; Amerang, Rosenheim, Bayern, 1972年
DE-18. グレントライテン・オーバーバイエルン野外博物館
（Freilichtmuseum Glentleiten des Bezirks Oberbayern）; Grentleiten, Großweil, Bayern, 1976年
*DE-19. レーデ野外博物館
（Freilandmuseum Lehde）; Lehde, Lübbenau, Spreewald, Brandenburg, 1884年
*DE20. クロッケンハーゲン野外博物館
（Freilichtmuseum Klockenhagen）; Ribnitz-Damgarten, Mecklenburg-Vorpommern, 1991年

14. オーストリア（Austria; AT）
△ 木造の街並
1. シュヴァルツェンベルク（Schwalzenberg）
2. アルプバッハ（Alpbach）
3. オーバーティリアッハ（Obertilliach）

◎ 野外博物館など
AT-1. シュテュービング・オーストリア野外博物館
（Österreichisches Freilichtmuseum Stübing）; Stübing bei Graz, 1972年
AT-2.ヴァインフィールテル・ニーダーズルツ博物館村
（Weinviertler Museumsdorf Niedersulz）; Niedersulz, Weinviertel, 1979年
AT-3. ゲーラースドルフ野外博物館
（Freilichtmuseum "Ensemble Gerersdorf"）; Gerersdorf bei Güssing, 1996年
AT-4. マリア・ザール・ケルンテン野外博物館
（Kärntner Freilichtmuseum Maria Saal）; Domplatz, Maria Saal bei Klagenfurt, 1972年
AT-5. グロースグマイン・ザルツブルク野外博物館

（Salzburger Freilichtmuseum Großmain）; Großmain, Salzburg, 1984年
AT-6. クラムザッハ・ティロル農家博物館
（Museum Tiroler Bauenhöfe Kramsach）; Kramsach bei Rattenberg, 1974年
AT-7. ミッターキルヒェン・ケルト村野外博物館
（Freilichtmuseum Keltendorf Mitterkirchen）; Mitterkirchen bei Linz, 1991年
AT-8. アスパルン古代史博物館
（Museum für Urgeschichte Asparn）; Asparn/Zaya, Niederösterreich, 1970年

15. スロヴェニア（Slovenia; SI）
◎ 野外民家園など
*SI-1. ロガテック野外博物館（Muzej na prostem Rogatec）; Rogatec, Styria, 1999年

16. ポーランド（Poland; PO）
★ 木造の世界文化遺産がある町や村
1. シフィドニツァ（Świdnica）
2. ヤヴォル（Jawor）
3. デンブノ（Dębno Podohalańskie）
4. センコヴァ（Sękowa）
5. ハチュフ（Haczów）

△ 木造の街並
1. ホホウフ（Chochołow）
2. ザコパネ（Zakopane）
3. シュチャヴニツァ（Szczawnica）
4. クリニツァ（Krynica）

◎ 野外博物館など
*PO-1. クルキ・スウォヴィンスキー村落博物館
（Muzeum Wsi Słowińskiej w Klukach）; Kluki, Słupsk, Pomorskie, 1965年
*PO-2. ブジジェ・キシェフスキエ・カシュブイ民族園
（Kaszubski Park Ethnograficzny we Wdzydzach Kiszewskich）; Wąglikowice, Wdzydze Kiszewskie, Pomorskie, 1906年
*PO-3. オルシュティネック民俗建築博物館
（Muzeum Budownictwa Ludowego w Olsztynku）; Sportova, Olsztynek, Warmińsko-Mazurskie, 1962年
*PO-4. トルン民族博物館
（Muzeum Etonograficzne w Toruniu）; Toruń, Kujawsko-pomorskie, 1974年
*PO-5. オフラ・ジェロナ・グラ民族博物館
（Muzeum Etnograficzne w Zielonej Górze z Siedzibą w Ochli）; Ochla, Zielona Góra, Lubuskie, 1977年
*PO-6. チェハノヴィエツ・クシシュトフ・クルク農業博物館
（Muzeum Rolnictwa im. ks. Krzysztofa Kluka w Ciechanowcu）; Cicchanowiec, Podlaskie, 1964年
*PO-7. ルブリン村落博物館
（Muzeum Wsi Lubelskiej w Lublinie）; Lublin, 1979年
PO-8. トカルニー・キェルツェ村落博物館
（Muzeum Wsi Kieleckiej w Tokarni）; Walica,Tokarnia, Świętokrzyski, 1989年
PO-9. サノク民俗建築博物館
（Muzeum Budownictwa Ludowego w Sanoku）; Traugutta, Sanock, Podkarpackie, 1966年

PO-10. ノヴィ・ソンチ山地民族公園
（Sądecki Park Etnograficzny w Nowym Sączu）Nowy Sącz, Małopolskie, 1969年
PO-11. ズブジツァ・グルナ・オラヴァ民族公園
（Orawski Park Etnograficzny w Zubrzycy Górnej）;Zubrzyca Górna,Małopolskie, 1955年
PO-12. ヴィギェウゾフ・ヴィスワ河畔民族公園
（Nadwiślański Park Etnograficzny w Wygiełzowie）; Wygiełzow, Katowice, 1968年
PO-13. ホジュフ・上シロンスク民族公園
（Górnośląski Park Etnograficzny w Chorzowie）; Chorzow, Śląskie, 1964年

17. チェコ（Czech; CZ）
△ 木造の街並
*1. ヴォラリ（Volary）
*2. ヴルフラビー（Vrchlabí）

◎ 野外博物館など
*CZ-1. ワラキア自然博物館
（Valašské Muzeum v Přírode）; Rožnov pod Radhoštěm, Vsetin, 1962年
*CZ-2. プジェロフ・ナト・ラベム・ラーベ川流域民族博物館
（Polabské národnipské museum v Přerov nad Labem）; 1967年 Přerov nad Labem, Nymburk
*CZ-3. ストラージュニツェ・南東モラヴィア村落博物館
（Museum vesnice jihovýchodní Moravy）; Strážnice Jihomoravský, 1973年
*CZ-4. コウジム・中央ボヘミア村落博物館
（Muzeum středočeské vesnice v Kouřimi）: Kouřim, Středočeský, 1975年
*CZ-5. ズブルニツェ民家博物館
（Muzeum lidové architektury Zubrnice）; Zubrnice, Ústi nad Labem, 1988年
*CZ-6. トジェビーツ民族博物館
（Národopisné muzeum v Třebízi）Třebiz, Středočeský, 1975年
*CZ-7. ロウニィ地域博物館＝プジェスノ野外考古博物館
（Skansen Oblastní museum v Lounech– Archeologický skansen Březno）; Březno, Louny, Ústí nad Labem, 1981年
*CZ-8. ヴィソキー・フルメッツ野外博物館
（Skanzen Visoký Chlumec）; Visoký Chlumec, Středočeský, 2002年

18. スロヴァキア（Slovakia; SK）
★ 木造の世界文化遺産がある町や村
1. ヴルコリーネツ（Vlkolínec）
2. フロンセク（Hronsek）
3. ケジュマロク（Kežmarok）
4. ヘルヴァルトフ（Hervartov）
5. ラドミロヴァー（Ladomirová）

△ 木造の街並
1. ポドビエル（Podbiel）
2. チチィマニ（Čičimany）
3. ジュディアル（Ždiar）

◎ 野外博物館など
SK-1. ズベレッツ＝ブレストヴァー・オラヴァ村落博物館

(Múzeum oravskej dediny Zuberec-Brestová);
Zuberec, Orava, 1967年

SK-2. マルティン・スロヴァキア村落博物館
（Múzeum slovenskej dediny Martin）; Martin,
1968年

SK-3. プリビリナ・リプトフ村落博物館
（Múseum liptovskej dediny Pribylina）; Pribylina,
Liptovský Mikuláš, 1991年

SK-4. バルデヨフ温泉野外民族博物館
（Skanzen-Múzeum ľudovej architektúry v
Bardejovských Kúpeloch）; Bardejov, 1965年

SK-5. スヴィドニーク・ウクライヌ文化野外博物館
（Skanzen - Múzeum ukrajinskej kultúry Svidník）;
Svidník, Prešov, 1982年

SK-6.フメンネー野外博物館
（Expozícia ľudovej architektúry a bývania v
Humennom）; Humenné, 1984年

SK-7. ニトラ・スロヴァキア野外農業博物館
（Slovenske polnohospodarske muzeum v Nitre）;
Dlhá, Nitra, 1984年

19. ハンガリー (Hungary；HU)
★ 木造の世界文化遺産がある町や村
1.ホッローコェ（Hollókő）

◎ 野外博物館など
HU-1. センテンドレ野外民族博物館
（Szentendrei Szabadtéri Néprajzi Múzeum）;
Szentendre near Budapest, 1967年

HU-2. ソンバトヘイ・ヴァシュ博物館村
（Vasi Múzeumfalu）; Szombathey, 1973年

HU-3. ザラエゲルセグ・ゲチェイ村落博物館
（Göcseji Falumúzeum Zalaegerszeg）; 1968年
Zalaegerszeg

HU-4. センナ 野外民族資料館
（Szennai Szabadtéri Néprajzi Gyűjtemény）;
Szenna near Kaposvár, Somogy, 1982年

HU-5. ニーレジュハーザ・ショーシュトー博物館村
（Sóstói Múzeumfalu）; Nyíregyháza, 1979年

20. スロヴェニア (Slovenia；SI)
◎ 野外博物館など
*SI-1 ロガテツ野外博物館
（Muzej na prostem Rogatec）; Rogatec, 1981年

21. ボスニア＝ヘルツェゴヴィナ (Bosnia-Herzegovina；
BA)
△ 木造の街並
*1. ヤイツェ （Jaice）
*2. トラヴニク（Travnik）

◎ 野外博物館など
*BA-1 スタニチチ民族村
（Etono celo Staníšíći）; Bijeljina, 2003年

22. クロアチア (Croatia；HR)
◎ 野外博物館など
*HR-1. スタラ・ロニャ民族村
（Etno selo Stara Lonja）; Lonjsko Polje, 1990年
*HR-2. クムロベッツ村落博物館
（Muzej "Staro selo" Kumrovec）; Kumrovec, 1992年

23. セルビア (Srbija；RS)
◎ 野外博物館など
*RS-1. シロゴイノ野外博物館
（Muzej na otvorenom-Staro selo-Sirogojno）;
Sirogojno, Zlatibor Mountain, 1979年

24. ルーマニア (Romania；RO)
★ 木造の世界文化遺産がある町や村
1. シュルデシュティ（Surdeşti）
2. ブルサナ（Bârsana）
3. イェウッド（Ieud）

△ 木造の街並み
1. ベルベシュティ（Berbeşti）

◎ 野外博物館など
RO-1. ブクレシュティ・ルーマニア村落・民芸博物館
（Muzeul satului şi de artă populară România
Bucureşti）; Bucureşti, 1936年
RO-2. ゴレシュティ・アルジェシ 葡萄・果実栽培
（Muzeul Viticulturii si Pomiculturii Golesti- Argeş）;
Ştefăneşti, Goleşti, Argeş, 1962年
RO-3. クルティショアラ・ゴルジュ民家博物館
（Muzeul Arhitecturii Populare din Gorj de la
Curtişoara）; Curtişoara, Târgu Jiu, 1975年
*RO-4. ティミショアラ・バナート村落博物館
（Muzeul Satului BănăţeanTimişoara）; Aleea CFR,
Timişoara, 1971年
RO-5. ブラン村落博物館
（Muzeul Satului Bran）; Bran near Braşov, 1966年
RO-6. ドゥムブラヴァ伝統民俗文化博物館
（Muzeul Civilizaţiei Populare Tradiţionale "Astra"）;
Dumbrava,Sibiu, 1963年
RO-7. トランシルヴァニア民族博物館野外展示部門
（Muzeul Etnografic al Transilvaniei, secţia în aer
liber）; Hoia, Cluj-Napoca, 1929年
RO-8. バヤ・マレ民族・民芸博物館
（Muzeului de Etnografie şi Artă Populară Baia
Mare）; Baia Mare, Maramureş, 1950年
RO-9. シゲトゥ・マルマツィエイ・マラムレシュ村落
博物館
（Muzeul Satului Maramureşean din Sighetu
Marmaţiei）; Sighetu Marmaţiei, 1981年

25.ブルガリア (Bulgaria -BG)
★ 木造の世界文化遺産がある町や村
1. ネセバル（Nesebar）

△ 木造の街並
1. バンスコ（Bansko）
2. コヴァチェヴィツァ（Kovatchevitsa）
3. シロカ・ルカ（Shiroka Lăka）
4. スモリャン（Smolyan）
5. プロヴディフ（Plovdiv）
6. コプリフシュティツァ（Koprivshtitsa）
7. トリャヴナ（Tryavna）
8. エレナ（Elena）
9. ボジェンツィ（Bozhentsi）
10. ヴェリコ・トゥルノヴォ（Veliko Târnovo）
11. アルバナシ（Arbanasi）
12. シュメン（Schumen）
13. コテル（Kotel）
14. ジェラヴナ（Zheravna）

15. ソゾポル（Sozopol）

◎ 野外博物館など
BG-1. エトゥール民家村
（Архитектурно-етнографския комплекс
"Етър"）;Etăr near Gabrovo, 1964年

26. マケドニア (Macedonia；MK)
△ 木造の街並
*1. オフリッド（Ohrid）
*2. ストルーガ（Struga）

27. ギリシア (Greece；GR)
△ 木造の街並
*1. カストリア（Kastoria）

28. エストニア (Estonia；EE)
◎ 野外博物館など
EE-1. エストニア野外博物館
（Eesti vabaõhu-muuseum）; Rocca al Mare, Tallin,
1957年

29. ラトヴィア (Latvia；LV)
◎ 野外博物館など
*LV-1. ラトヴィア野外民族博物館
（Latvijas Etnogrāfiskais brīvdabas muzejs）; Brīvbas
gatve, Riga, 1932年

30.リトアニア (Lithuania；LT)
◎ 野外博物館など
*LT-1. リトアニア民俗博物館
（Lietuvos Liaudies Buities Muziejus）; Rumšiškès
between Vilnius and Kaunas, 1966年

31. ベラルーシ (Belarus；BY)
◎ 野外博物館など
*BY-1. ベラルーシ国立民族建築・生活博物館
（Белорусский государственный музей народной
архитектуры и быта）; Strochitsy, Minsk, 1987年
*BY-2. ドゥドゥツキ伝統交易・工芸博物館
（"Дудутки" музей старинных народных
промыслов и технологий）; Dudutki 40km
south of Minsk, 1994年

32.ウクライナ (Ukraine；UA)
◎ 野外博物館など
*UA-1. キエフ・国立ウクライナ民族建築・生活博物館
（Національний музей народної архітектури та
побуту України）; Pyrohiv, Kiev, 1969年
*UA-2. ペレヤースラウ＝フメリヌィーツキー・中部ド
ニエプル上流域民族建築・生活博物館
（Музей народної архітектури та побуту
Середньої Наддніпрянщини）; Pereyaslav-
Khmelnytsky, Kiev ob., 1964年
UA-3. リヴィウ・民族建築・生活博物館
（Музій народної архітектури та побуту у Львові）;
Chernecha Hora, L'viv, 1972年
UA-4. ウージュホロド・ザカルパッチャ民族建築・生

活博物館
（Закарпатський музей народної архітектури та
побуту）; Uzhhorod, Zakarpattia ob., 1970年

33. ロシア (Russia；RU)
―ただしMoscowの周辺から西の地域のみ―
★ 木造の世界文化遺産がある町や村
1. キージ島（Ostrov Kizhi）

◎ 野外博物館など
RU-1. キージ野外保存博物館
（Музей-заповедник "Кижи"）; Kizhi, Lake Onega,
1966年
RU-2. ヴィトスラヴリツイ木造建築野外博物館
（Музей деревянного зодчества Витославлицы）;
Yurevskoe shosse (Vitoslavlitsy), Veliky
Novgorod, 1967年
*RU-3. ヴォログダ州建築・民族博物館
（Архитектурно-этнографический музей
Вологодской области）; Semenkovo, Vologda,
1993年
*RU-4. アルハンゲリスク・マリエ・カレリー木造建築
博物館
（Малые Корелы музей деревянного Зодчества）;
Malye Karely near Arhangelsk, 1964年
*RU-5. コローメンスコエ木造建築博物館
（Коломенское. Музей деревянного Зодчества）;
Kolomenskoye, Moscow, 1923年
*RU-6. スーズダリ木造建築・農民生活博物館
（Музей деревянного зодчества икрестьянского
быта, Суздаль）; Suzdal, Vladimir, 1960年
*RU-7. ヴァシリエヴォ民族建築野外博物館
（Архитектурно-этнографический музей под
открытым небом "Василёво"）; Vasilyevo,
Torzhok, Tver, 1976年

索引
■ 人名、地名、建物・施設名

あ

アーネム・オランダ野外博物館　192, 237
アールト、A.　114, 116, 118, 120, 122, 123
　ヴィラ・マイレア　119
　　夏の家　122
　　博物館　122
アールンタール（南ティロル）　150, 160
アーレン（バーデン・ヴュルテンベルク）　68
アイアンブリッジ渓谷　40
アイゼナハ（テューリンゲン）　88, 99
　ヴァルトブルク城　99
　　歌合戦の間、99
　　バッハの家　99
アイデン（ケント）　37
アイノア（アキテーヌ）　52, 57, 58, 237
アインベック（ニーダーザクセン）　88, 94, 238
　ティデクセル通　94
　マルクト通　94, 99
　マルクト広場　94
　旧市庁舎　95
アキテーヌ（地方）　192, 206, 214
アギラル・デ・カンポー（カスティーリャ・レオン）　60
アストゥリアス地方　60, 192
アスパルホヴォ（コンスタンツァ）の奇岩　184
アスパルン（アン・デア・ツァーヤ）　163
　古代史博物館　163, 238
　　大型住居　163
　　竪穴住居　163
　　ロングハウス、163
アスリンク（東ティロル）　160
アゼ＝ル＝リドー城（ロワール）　51
アッシュフォード（ケント）　32, 37
アディジェ（南ティロル）　215
アテネ　178
アドゥール川（バイヨンヌ）　56
アドリア海　16
アナトリア地方　184
アバディーニョ（バスク）　52, 60, 192, 237
　ムンハラズ家　60
　ランダ家　60
アプファルタースバッハ（東ティロル）　160
アミアン（ピカルディ）　42, 192
　大聖堂　46
アムステルダム　32, 78, 88, 100, 134, 150, 164
アムラッハ（東ティロル）　160
アメラン農家博物館　161, 238
アラー川（ニーダーザクセン）　95
アラゴン地方　55
アラド県　172, 193
アランツァ（ナバラ）　58
アルザス（地方）　22, 68, 71, 74, 75, 76, 77, 132, 192, 207, 228, 236
　ワイン街道　68, 76
アルジェシ県　169, 193
アルスフェルト（ヘッセン）　88, 90, 92, 93, 98, 192, 208, 238
　アムト・ホーフの角の家　93
　ヴァルプルギス教会　93
　オーバー街　92, 93
　市庁舎　90, 92
　フルダー街　92
　ヘルスフェルダー通のシュテンダーハウス　92
　マルクト広場　90, 92
　　ヴィンホルト・ハウス　92
　　結式の家　92
　　ストゥンプハウス　92
　　ワインハウス　92
　リター街のノイラート＝ハウス　92
アルディノ（クルジャリ）のイーグル・ロック　183
アルテス・ラント地方　110, 192
アルバ県　172, 193, 211, 225
アルバナシ（V. トゥルノヴォ）　178, 188, 217, 239
　カンディラロフ家　188
　コンスタンツァリエフ家　188
　大天使ミハエル・ガブリエル教会　189
　ニコルチョコストフ家　188
　ハジ・コストフ家　189
　ハジ・パニョト司祭の家　188
　ハジリエフ家（歴史博物館）　189
　リチェフ家　188
アルハンゲリスク・マリエ・カレリー木造建築博物館　239
アルプス（山地）　10, 18, 22, 78, 80, 103, 153, 199, 207, 225, 227, 230
アルプバッハ（ティロル）　78, 82, 158, 238
　ハンスラー家　158
　ボークラーホーフ　82
アルボーレ修道院（ブコヴィナ）　175
アルマシュ（アルバ）の農家　172
アルメニア人　185
アルランサ川（カスティーリャ）　60
アレクサンドル2世　122
アレッチ、L（ルーアン）.　46
アレマン人　71
アレマン地方　71, 208
アングレ（ラブール）のイリンツィーナ館　57
アンジェ（ベイ・ド・ロワール）　42, 51, 192
　サント＝クロワ広場　51
　アダム館（工匠の家）　51, 192
　ロワゼルリ通の町屋　51
アンジュー公国　51
アンスバッハ（バイエルン）　215
アンスパッハ（アルザス）　237
アンダイ（ラブール）　52
アンデルセン、H.C.　112
　アンデルセン博物館　112
　アンデルセン幼少時代の家　112
アンデルマット（ウーリ）　78
アンボアーズ城（ロワール）　51

い

イーリー（ケンブリッジ）　32
イイ川（北オストロボスニア）　120
イヴァーノ＝フランキーウシク　164
イヴァノヴォ（ルセ）の岩窟教会　185
イエアル・ヒーゼ野外博物館　112, 192, 237
　ヴィンゲル農場　112
　牧師館　112
イェウッド（マラムレシュ）　164, 174, 239
　ゴルゾ家　175,
　聖処女降誕教会　173, 174
イェーインゲ（スコーネ）の2戸建民家　113
イェンナースドルフ（ブルゲンラント）　157
イェンバッハ（ティロル）　78
イガンツィ（ナバラ）　58
イザハ川（マラムレシュ）　164, 173, 174, 175
イスタンブール　178
イスラム教　18
イゼル川（東ティロル）　160
磯崎新　138
イタリア人　181
イプスウイッチ（サフォーク）　38
イマトラ（南カレリヤ）　114, 123, 193
イリ・リー（北オストロボスニア）　120
イリアール、L.　56
イル川（アルザス）　77
イルン（バスク）　52

う

イン川　78, 80, 82, 84, 158
イングランド　32, 35, 38, 42, 44, 56, 206, 208
インスブルック（ティロル）　78, 82, 150, 158, 209
　黄金の小屋根　82
　ティロル民族博物館　82
インゼル（シュマルカルデン）　99
インターラーケン（ベルン）　87
インタール　193, 209
インナーアルプバッハ（ティロル）　82
　鉱夫の博物館　82

ヴァーフ川（ジリナ、プレショフ）　144, 145
ヴァーフ川流域博物館　143
ヴァーサ（ボフヤンマー）　114, 120, 193
ヴァーベルン（ヘッセン）　94
ヴァーモシュオロシ（サボルチ・サトマール・ベレグ）の製粉所　154
ヴァイキング　18, 22, 100, 103, 105, 106, 111, 222
ヴァイス川（アルザス）　76
ヴァイデブルン（テューリンゲン）　99
　ノイエ・ヒュッテ　99
ヴァイトマン、L.（ローテンブルク）　73
ヴァイマールのバウハウスとその関連遺産群　98
ヴァインフィールテル・ニーダーズルツ博物館村　162, 163, 238
　ヴィルデンドゥルンバッハの家　163
ヴァシュ県　157, 193
ヴァシリエヴォ（カレリア）　126
ヴァシリエヴォ民族建築野外博物館　239
ヴァッカースホーフェン（シュヴァーベン）　72
　ホーエンローエ野外博物館　72, 238
ヴァウ渓谷（ニーダーエスターライヒ）　163
　ヴァハウ渓谷の文化的景観　163
ヴァプツァロフ、N.（バンスコ）　182
ヴァリス（地方）　78, 80, 84, 85, 86
ヴァリス人　84
ヴァルタースドルフ（グロスシェーナ）　238
ヴァルツ、J. J.（アルザス）　77
ヴァルドレス地方　100, 107
　ヴァルドレス民俗博物館　100, 107, 237
ヴァルナ　150
ヴァルビー野外博物館　237
ヴァルミア・マズールィ（県）　193, 209
ヴァレ（セテスダール）　216
ヴァレア・ヴィイロレ（シビウ）の要塞教会　171
ヴァングスミョーセ湖（オップラン）　106, 107
ヴァンヌ（ブルターニュ）　42, 50, 51, 192
　アンリ4世広場　50, 192
　共同洗濯場　51
　サン＝ソロモン通　50
　大聖堂　42, 50
　大聖堂前のラ・コユ　51
　デ・アール通の家　50
　バスティオン・ヌフ地区　50
　ラ・ガレンヌ公園　50
ヴィープリ/ヴィボルグ　114, 124
ウィールド・アンド・ダウンランド野外博物館　36, 192, 210, 214, 237
　ベイリーフ中世農場　36, 192, 210, 214
ウィーン　78, 82, 88, 100, 134, 150, 162, 164, 178
　シェーンブルン宮殿とウィーン歴史地区　163
ヴィル川（オージュ）　48
ヴィギェウズ川（マウォポルスカ）　138
　ヴィスワ河畔民族公園　138, 238
ヴィスクリ（ブラショフ）の要塞教会　171
ヴィストラヴィツィ木造建築博物館　114, 125, 193, 239
　ウスペーニャ教会　125, 193
　エキーモフ家　125, 193
　キリスト降誕教会　125
　ニコライ教会　125

ヴィスワ川　136, 138, 141, 143, 209
ヴィソキ・フルメツ野外博物館　238
ヴィトキェヴィチ、S.（ザコパネ）　142, 143
ウィリアム（ノルマンディー公）　48
ヴィリニュス　128, 239
ヴィルゲンタール（東ティロル）　160
　オーバーマオエルン　160
ヴィルヌーヴ＝ダスク野外博物館　237
ヴィンデラップ（ミットユラン）　112
ウージュ川（ザカルパッチャ）　176
ウージュホロド（地方）　134, 176, 177
　ザカルパッチャ民族建築・生活博物館　176, 239
ウースチー（州）　107
　ウヴダール（ブスケルー）の木造教会　107
ウール・エ・ロワール（県）　192, 207
ヴェーザー川（ニーダーザクセン）　88, 90, 94
ヴェーデル（ニーダーザクセン）のヴェールブルク家　95
ウェールズ　32, 39, 40, 41, 206
　ウェールズ民俗博物館　41, 237
　クライード地方の納屋　41
ウェオブリー（ヘレフォードシャー）　40, 192, 237
ヴェストファーレン地方　61, 92
ヴェネツィア　150
ヴェラ川（ヘッセン）　90, 94, 99
ヴェラ渓谷（ニーダーザクセン）　94
ヴェリーキー・ノヴゴロド　114, 125
　ユリエフ修道院　125,
ヴェリコ・トゥルノヴォ　178, 185, 187, 188, 189, 190, 217, 239
　イヴァン・ヴァゾフ通　187
　貴族（ボリャル）の家　188
　ゲネラル・グルコ通　187
　サモヴォドスカ・チャルシヤ街　187
　猿の家　187
　ステファン・スタムボロフ通　187
　聖ニコラ・カピノフスキ修道院　187
　ツァレヴェツの丘　187
　ハジ・ニコリ・イン（民族博物館）　187
　プレオブラジェンスキ修道院　187
　民族復興および国民議会設立博物館　187
ヴェルキー・リブニーク（プレショフ）の家　146
ヴェルター湖（ケルンテン）　160
ヴェルニゲローデ　88, 98, 193, 238
　オーバープファールキルヒホーフ　98
　ガーデンシュテット家　98
　クリント街　98
　「極小の家」　98
　シーフェス・ハウス　98
　ヒンター通「最古の家」　98
　ブライテ通　98
　　クルンメルの家　98
　　クレリの鍛冶屋　98
　マルクト広場　98
　市庁舎　88, 98, 193
ウェルフォード・オン・エイヴォン　32, 41, 237
ヴォイテネル（スチャヴァ）の家　168
ヴォエノエク（ヴァシュ）の家　157
ヴォクスリ川（南カルヤラ）　123
ヴォクセンニスカの教会（イマトラ）　123
ヴォス（ホルダライン）　100, 104, 192
　ヴォス教会　104
　ヴォス民俗博物館　100, 104, 237
　　チェルスタ　の農家　104
　　フィネスロフテット　104
ヴォス地方　104
ヴォラリ（南ボヘミア）　193, 238
ウォリックシャー（州）　212
ヴォルフガング湖（ザルツカンマーグート）　162

ヴォルプスヴェーデ（ブレーメン）の芸術家村 95
ヴォロヴェッツ（ザカルパッチャ） 177
ヴォログダ州建築・民族博物館 239
ヴォロネッツ修道院（ブコヴィナ） 175
ウクライナ人 176
ウクライナ正教会 18
ウジョク（ザカルパッチャ）の聖ミハエル大天使教会 176
ウスターシャー（州） 192, 206
ヴュルツブルク司教座 73, 99
ヴュルテンブルク州 72
ヴュルテンベルク大公 77
ヴラド1世 171
ウラル山脈 116
ウリッチスケー・クリヴェー（プレショフ）の教会 149
ウルウェーテゲム（オースト=フランデレン） 192, 207
ヴルコリーネツ（ジリナ） 24, 65, 134, 144, 154, 193, 238
シドロヴォの丘 145
博物館 145
ウルチ（サノク）の救主昇天教会 140
ヴルチャ県 174
ウルネス（ソグン） 100, 105, 226, 237
ウルネス木造教会 105, 235
ヴルフラビー（フラデッツ・クラロヴェー） 238
ウルリヘン（ヴァリス） 85
ヴロツワフ 138
ウンガースハイム（アルザス） 75
ウンターウールディンゲン（ボーデン湖） 74
野外考古博物館 74, 238
ウンターエンガディン（地方） 78, 84

え
エアフルト（テューリンゲン） 88, 99
エアフルト市役所 99
クレーマー橋 99
ツム・ブレーテン・ヘルト 99
ツム・ローテン・オクセン 99
ドーム広場 99
フィッシュマルクト 99
エアレンバッハ（ジンメンタール） 87
ブラッツハウス 87
エイヴォン川（ウォリックシャー） 32, 40
エイヴォンクロフト建築博物館 40, 41, 237
商人の家 41
納屋 41
木造教会 41
エーゲ海 124
エーバースバッハ（ザクセン） 213
エゲル（ヘヴェッシュ） 150
エゲル城 155
エコミュゼ・ダルザス 68, 75, 132, 237
国際展示場 75
エシュ（ルツェルン） 207
エストニア野外博物館 114, 124, 193, 239
エスプレット候（ナバラ）
エスプレット（アキテーヌ） 52, 57, 237
エスリンゲン（シュヴァーベン） 208
エゼロヴォ（スモリャン） 182
エチェバリア（ビスカヤ） 52, 60, 237
エッツタール（ティロル） 80
エトゥール（ガブロヴォ） 178
エトゥール民家村 189, 239
ストラノプリエムニツァ 189
エトルタ海岸（ノルマンディー） 47
エフツェ川（ヘッセン） 94
エルステン（クロッペンブルク）のクヴァットマン家 95
エルベ（川） 14, 100, 109, 110

エレナ（V.・トゥルノヴォ） 178, 185, 237
イラリオン・マカリオポルスキの家 185
エレナの師範学校 185
司祭ニコロフの家 185
ハジ・ディミトロフの家 185
ラディヴォエフの家 185
エンガディン地方 80, 84
エンゲル、C. L. 118, 123

お
オウル（北ボフヤンマー） 114, 120, 121, 156, 193
オエイエ木造教会（オップラン） 106
オージュ（地方） 42, 48, 210
オースト=フランデレン（州） 192, 207
オーデル川 209
オーデンセ 100, 112, 130, 131
デン・ガムレ・クロ 113
モェンターゴーデン博物館 112
オーバーアマガウ（バイエルン） 78, 238
オーバーインタール（ティロル） 83
オーバーヴァルト（ヴァリス） 85
オーバーヴォルファッハ（バーデン・ヴュルテンベルク） 215
オーバーエスターライヒ（州、地方） 129, 153
オーバーエンガディン地方 78
オーバーザイファースドルフ（ザクセン） 193, 208
オーバーティリアッハ（東ティロル） 160, 238
オーフス 100, 112, 133
ガムレ・ビュ街区博物館 112, 133, 192, 237
商家（市長の家） 112
税関の建物 112
職人の町屋 112
オーベルスドルフ（ニーダーズルツ） 162
オールボー（ノアユラン）の商家 112
オシェヴネーヴォ（カレリア） 217
オシェヴネーヴォの家 126
オシフィエンチム（マウォポルスカ） 138
ナチス・ドイツの強制収容所 138
オシャネッツァ、D.（トリヤブナ） 190
オストロフ（コンスタンツァ）の家 168
オスナブリュック（ニーダーザクセン） 95
オスマン・トルコ 182,
オスマン朝 175, 180, 183, 184, 185, 189
オスマン帝国 171
オスロ 100, 106, 108, 128
ヴァイキング船博物館 108
旧市街区 108
ノルウェー建築博物館 109, 237
ノルウェー民俗博物館 108, 237
オッフェンブルク（シュヴァーベン） 68
オップハイム（ヴォス）の農家 104
オドラ川（シロンスク） 138
オネガ湖 114, 117, 125, 126, 235
オビツァ（マウォポルスカ）の建物 139
オフチャリ（マウォポルスカ）の聖マリア教会 140
オフラ・ジェロナ・グラ民族博物館 193, 238
オフリド 193, 238
オラヴァ川（ジリナ） 134, 143, 144
オラヴァ地方 143, 144
オラヴァ盆地（ジリナ） 143
オラフカ（マウォポルスカ）の教会 143
オリホヴィッツァ（ザカルパッチャ）の農家 176
オリヤフチク（リヴィウ）の農家 177
オルシュティネック民俗建築博物館 238
オルブリヒ、J. M. 68
オンダヴァ川（プレショフ） 149
オンフルール（ノルマンディー） 42, 47, 237
サント=カトリーヌ教会 47
シャルル・サンク通のサティの生家 47

カーヴァーシュ（ザラ）の農家 157
カージー（サフォーク） 38, 237
カーディフ 41
カーン（ノルマンディー） 42, 47
ガイル川（東ティロル） 160
カヴェルニョ（ティチーノ） 84
カウパンゲル（ソグン） 100, 104
カウパンゲル木造教会 104, 108
カケンシュトルフ（ハールブルク）のマイボーム家 109
カザンラク 178
トラキア人の墳墓 190
バラの谷 178, 190
カシン・イムベル（ハルギタ）の農家 172
ガスコーニュ地方 55
カスティーリャ・レオン（地方） 60, 192, 206
ガスティス/ビトリア 52, 59, 237
カストラノヴァ（ドルジュ）の家 168
カストリア 239
カスプロヴィチ、J.（ザコパネ） 142
カッセル（ヘッセン） 88, 93, 94
ヴィルヘルムスヘーエ公園 94
カッペルン（ニーダーザクセン） 215
カトヴィツェ 134, 138
ガトウィック空港 32, 52
カナブヴィル（オージュ）の荘園 48
カフォン（シャンパーニュ） 207
カブール（ノルマンディー） 48
ガブロヴォ 178, 189
カポシュヴァール（ショモジ） 156
カマンベール（ノルマンディー） 48
カムチヤ川（スリヴェン） 186
ガムレ・ベルゲン街区博物館 104, 237
カラヴェロフ、D. 191
ガリツィア（地方） 18, 136, 138, 139, 140, 223
山地農牧民 139
高地人 139, 141
低地人 141
カリネシュティ（マラムレシュ） 164, 174
イレア家 175
キリスト生誕教会 174
聖処女降誕教会 174
ベルチ家 175
カルナック（ブルターニュ） 42, 51
カルパチア山地 18, 22, 134, 136, 153, 176, 221, 227
ガルミッシュ=パルテンキルヘン（バイエルン） 78, 208
ガルモ木造教会（オップラン） 107
カルヤラ（地方） 122, 123, 236
カルヤラ民家博物館 123, 193, 237
カルロヴィ・ヴァリ 193, 209
カレー（パ・ド・カレー） 42
カレー海峡 44, 47
カレリア（地方） 22, 114, 118, 122, 123, 193, 211, 217, 227, 235
カレリア共和国 126
カレリア人 116, 122
カンタブリア地方 60
カンタベリー（ケント） 32, 37, 237
織物職人の家 37
大聖堂 32, 37
マーサリー・レーン 37
チェッカーズ・オブ・ホープ 37
ガンバー、A. 138
カンペール（ブルターニュ）のサン・コランタン大聖堂 50
カンボ=レ=バン（アキテーヌ） 52, 210
ガンメルスタード（ノールボッテン） 192, 237

き
キーケベルク野外博物館 109, 238
シャルムベックのジルバーホーフ 109,
キージ島 114, 117, 126, 239
キージ野外保存博物館 125, 126, 193, 239
ムーロム修道院のラザルス復活教会 126,
プレオブラジェンスカヤ教会 117, 126, 193
ポクロフスカヤ教会 126,
ギーセン（ヘッセン） 88, 92
ギーブスコア県 59
キーム湖（バイエルン） 161
キーリ島（南オストロボスニア）の野外博物館 120
キール 100, 110, 111
キエフ・国立ウクライナ民族建築・生活博物館 193, 239
キエリッキ・センター（オウル） 120
キェルツェ（シフィエンティクシュ） 138
キェルツェ村落博物館 138
キシュバヨム（ショモジ）の農家 156
北オストロボスニア地方 120
北カルヤラ（県、地方） 122, 123, 217, 229
北ボヘミア 29
ギュイエンヌ地方 55
ギュッシング（ブルゲンラント） 157
ギョーム（ノルマンディー公） 36
キラレシュ（ビストリツァ・ナサウド）の教会 172
ギリシア・カトリック 140, 147, 148, 149
ギリシア人 184
キルクフルト（ブレーキング） 216
キングズベリー（ウォーリックシャー） 212
キンツィッヒ川（シュヴァルツヴァルト） 74

く
グアルダ（グラウビュンデン） 78, 84, 237
クヴェトリンブルク 88, 98, 237
ヴォルト街 98
木造軸組博物館 98
シュタインヴェーク通 98
ホテル・ツア・ゴールデネン・ゾンネ 99
カール=リッター通 98
クヴェトリンブルク大聖堂 98
クロップシュトック, F. G. の生家 98
シュティーク街のアルター・クロップシュトック 98
シュロスベルク地区 98
フィンケンヘルトの街並 98
マティルダの噴水 98
マルクト広場 98
旧製靴組合の建物 98
グータッハ（シュヴァルツヴァルト） 68, 71, 74
シュヴァルツヴァルト民家野外博物館 68, 74, 238
ヒッペンゼッペンホーフ 74
フォークトバウエルンホーフ 71, 74
ローレンツェンホーフ 74
クーフシュタイン（ティロル）の農家 82
クーペサルト（オージュ）の荘園 48
グシュタード（ジンメンタール） 78
グダニスク（ポモージェ） 225
グドヴァンゲン（ソグン） 100
クバウフカ山（ザコパネ） 142
クフィアトン（マウォポルスカ）の聖パラスヴァ教会 140
グブランスダール地方 107
クムロベッツ村落博物館 193, 239
グラ・フモルルイ（スチャバ） 175
クラーゲンフルト（ケルンテン） 150, 159
グラーツ 128, 129, 150, 157, 158

グラーツ市街とエッゲンベルク城 158
クライコヴァー（カルロヴィ・ヴァリ）209
クライナー・ポリャナ（コシツェ）149
クライニコヴォ（ザカルパッチャ）の教会 223
クライ・エシャーデ（ニーダーザクセン）の木造教会 95
クラクフ 134, 138, 139
　ヴァヴェル城の旧王宮 138
　クラクフ歴史地区 138
　日本美術・技術センター"マンガ館" 138
グラスゴー 32
クラスナ（ゴルジュ）の木造教会 169
クラチューノフツェ（プレショフ）の家 147
クラムザッハ（ティロル）78, 82
　クラムザッハ・ティロル農家博物館 78, 82, 238
グランド・ランド・エコミュゼ 56, 237
グリーク・カトリック 223
グリーグ、E. 104
クリスティーナンカウプンキ（南オストロボスニア）120
クリフカ（リヴィウ）の聖ニコライ教会 177
グリム（兄弟）88, 93
グリューンベルク（ヘッセン）238
クリュニツァ（マウォポルスカ）139, 238
　ヴィラ・ロマヌフカ 139
グルーベ（シュレースヴィヒ・ホルシュタイン）の牧師館 111
クルキ（ポモージェ）193, 209
　スウォヴィンスキー村落博物館 193, 238
クルジュ＝ナポカ 150, 164, 172
　トランシルヴァニア民族博物館野外展示部門 164, 172, 239
クルジュ県 168, 172
クルティショアラ（オルト）164, 169
　ゴルジュ民家博物館 164, 169, 239
クルニク（アルバ）の要塞教会 170, 171
クルピナ（バンスカー・ビストリッツァ）216
クレヴクール＝アン＝ノージュの荘園 48
グレーベンシュタイン（ヘッセン）213
グレントライテン（バイエルン）162
　オーバーバイエルン野外博物館 162, 238
　ジークスドルフのビッフル家 162
　ジーゲルツブルンの農家 162
クロアチア人 157
クロイツリンゲン（トゥールガウ）74
グロースヴァイル（バイエルン）162
グロースグマイン・ザルツブルク野外博物館 150, 161, 193, 238
グロスターシャー 206
クロスノ（ポドカルパチエ）141
クロッケンハーゲン野外博物館 193, 238
クロップシュトック、F. G. 98
クロッペンブルク（ニーダーザクセン）28, 95, 238
　ニーダーザクセン野外博物館 95, 192, 238
グロンジョヴァ（サノク）のギリシア・カトリック教会 141
クンプ・ルイ・ネアグ（フネドアラ）の小屋 170

け
ケウルウ（ケスキ＝スオミ）121
　占い教会 121
ケーニッヒ湖（バイエルン）161
ゲーラースドルフ・バイ・ギュッシング（ブルゲンラント）157
　ゲーラースドルフ野外博物館 158, 238
ゲーリー、フランク O. 52, 60
ゲオルゲ・ノウ修道院（ブコヴィナ）175
ゲキシュ（マラムレシュ）の木造教会 173
ゲシェネン（ウーリ）78
ゲシネン（ヴァリス）85
ケジュマロク 134, 146, 238

木造十字教会 146,
ケゼルスペール（アルザス）68, 76, 192, 207, 237
　オッフィンガー、P. の家 76
　コンスタンティン帝の噴水 76
　シュヴァイツァー博物館 77
　ルワート館 76
ゲタリー（アキテーヌ）52, 58
　村役場 58
ケチュコフツェ（プレショフ）の農家 149
ゲッティンゲン 88
ゲラ川（エアフルト）99
ゲランド（ペイ・ドラ・ロワール）の塩田 51
ケリマキ（南サヴォ）の木造教会 123
ゲルダーラント（州）214
ケルト（系）16, 80, 206, 215, 216
ケルト人 18, 72, 162
ケルト文化 162
ゲルニカ（バスク）52, 60
ゲルマン（系）16, 22, 71, 88, 103, 136, 164, 166, 178, 199, 209, 215, 216
ゲルマン人 16, 18, 71, 80, 138, 199, 206
ケルン 93
ケルンテン（州、地方）129, 150, 153, 158, 159, 160, 216, 228, 235, 236
ケント（州）37, 206, 192, 210, 214
ケンブリッジ大学農場 41

こ
ゴイズエタ（ナバラ）52, 58, 192, 206, 237
　オラハンディネラ家 59
　ヤンデネラ家 58
小椅子の道（ブランクーシ）169
コヴァチェヴィツァ（ブラゴエブラト）182, 239
　カブスゾフ家 182
　聖ニコラ教会 182
コウヴォラ（キュメンラークン）114
コウジム（中央ボヘミア）216
　コウジム・中央ボヘミア村落博物館 193, 238
コーカサス 16
コーカソイド系 16
ゴール（ブスケリー）100, 106, 108
　ゴールの木造教会 106, 108, 222
　スカガ 106
コシツェ 134, 148, 150
コジャニ（プレショフ）の木造教会 148
古城街道（ドイツ）72
ゴストヴィツァ（マウォポルスカ）の農園 139
ゴスラー 88, 97, 226, 235, 237
　ケッテン通 97
　コルン通 97
　シューホーフ 97
　シュライバー通 97
　　ジーメンスハウス 97
　　ホテル・ツア・ベルゼ 97
　市立博物館 97
　水車がある建物 97
　フォルスト通 97
　　ブーデ（鉱夫の家）97
　ブライテ通 97
　ブライテス塔 97
　ベッカース通 97
　マルクト広場 97
　メンヒ通 97
　　メンヒハウス近代美術館 97
　ランメルスベルク鉱山 97
ゴツェ・デルチェフ（ブラゴエブラト）178, 182
黒海 8, 10, 22, 143, 168, 178, 180, 184, 198
ゴッタルドトンネル 85
ゴットハルト 193, 209
コッハー川（シュヴァーベン）68, 72
コッヘル（バイエルン）162
コテニ（リヴィウ）の聖ウラディミール教会 177

コテル（スリヴェン）178, 186, 239
　ガラタ地区 186
　ガラタンスコ学校 186
　クォルベエフ家（民族博物館）186
ゴドバージュ、H. 57
コナマーラ遺産・歴史センター 237
コバルビアス（ブルゴス）52, 60, 192, 206, 237
　サンチャ、D. の家 60
　マイヨール広場 60
　アルフォンサ・ホテル 60
コブリフシュティツァ（ソフィア）178, 190, 193, 239
　オスレコフ、T. の家 191, 193
　カブレシュコフ、T. の家 191
　カラヴェロフ家 191
　カンタルジェヴァ家 191
　ストイコフ、G. の家 191
　デベリャノフ、D. の家 191
　ドガノフ、D. の家 191
　ベンコフスキ、G. の家 191
　リュトヴァ家 191
コペンハーゲン 32, 88, 100, 112, 113, 128, 134
　コペンハーゲン造幣局長の私邸 112
コマンチャ（サノク）の農家 141
ゴメス兄弟（フランス）56
コモ湖 78, 84, 85
ゴラール人 120
ゴルジュ（県、地方）168, 170, 174, 169, 193, 235
コルスホルム郡 120
コルチェスター（エセックス）32, 38
コルマール（アルザス）64, 68, 71, 74, 76, 237
　クリトノー地区 64, 76
　タヌール地区 64, 76
　テット通のテット館 76
　フィステール館 64, 76
　マルシャン通 64, 76
　メルシェール通 76, 77
ゴリツィ（マウォポルスカ）140
コルンド（ハルギタ）の陶芸家の家 170
ゴレシュティ（アルジェシュ）169
　ゴレシュティ・アルジェシュ　ブドウ・果実栽培博物館 169, 239
　ゴレシュティ博物館 169
　　野外博物館部門 169
コローメンスコエ木造建築博物館 239
コロチャヴァ（ザカルパッチャ）の聖霊教会 177
コンク（ミディ＝ピレネー）192, 237
コングルトン（チェシャー）32, 38
　リトル・モートン・ホール 32, 35, 38
　　グレート・ホール 35
　　ゲート・ハウス 35
コンスタンツ（ボーデン湖）68
コンスタンツァ県 168, 193
コンメルン・ライン野外博物館 92, 192, 238

さ
ザース・フェー（ヴァリス）86
ザーストール（ヴァリス）86
ザーネン（ベルナー・オーバーラント）78
ザーファウス（オーバーインタール）83
ザーブレ・ジュ（ジリナ）の木造教会 144
サーミ人 116
サーリネン、E. 116, 122
サール（アキテーヌ）192, 206
サーレマー島（サーレ）124, 193
　家屋敷 124, 193
　漁網小屋 124
サイマア湖（南カルヤラ）123
サヴィタイパレ（南カルヤラ）の教会建設者博物館 124
サヴォア（県、地方）192, 207
サヴォ人 116

ザウレッゲン（ケルンテン）の建物 158
ザカルパッチャ（州、地方）136, 167, 174, 176
ザクセン（州、地方）208, 213
ザクセン人 170, 171, 172
ザコパネ（マウォポルスカ）134, 139, 142, 146, 238
　イエズス聖心教会 142
　ヴィラ・アトマ 142
　ヴィラ・コリバ 142
　ヴィラ・ハレンダ 142
　ヴィラ・ポト・イェドラミ 142
サスキズ（ムレシュ）の要塞教会 171
サセックス（地方）32, 36
サティ、E. 47
サトウ・マーレ県 168, 173
サノク（ポドカルパチェ）134, 140, 141, 193
　サノク民俗建築博物館 140, 141, 193, 238
サノク川 141
サフォーク（州、地方）32, 38, 192, 206, 214
サブル（アキテーヌ）52, 55, 56, 192, 214
ザマグリー村落博物館 146
サモヴォデネ（ヴェリコ・トゥルノヴォ）187
サラージュ県 170, 172
ザラエゲルセグ（ザラ）150, 156
　ゲチェイ丘陵 156, 193
　ゲチェイ村落博物館 156, 239
　ザラ川 156
サラフォエ（ヴァシュ）の民家 154, 157
サラフキナ（ヴェリコ・トゥルノヴォ）の家 187
サラマンカ 60, 192, 206
サルヴァ（ビストリツァ＝ナサウド）164
ザルツカンマーグート（ザルツブルク）162
ザルツブルク 150, 153, 161, 193
　ザルツブルク市街の歴史地区 161
　ゼルハイムの農家 153
　テンネンガウ地区 161
　ピンツガウ地区 161
　　クラルラー家 161
　フラッハガウ地区 161
　　引退した農夫の家 161
　　ケステンドルフの家 161
　　ローナー農園の家 161
　ポンガウ地区 161
　　ポンガウの査定農民の家 161
　ルンガウ（地区）161
　　ノイマン家 161
ザルツブルク（州、地方）153, 161, 235
サロネン、J（サヴィタイパレ）124
サン＝ヴェラン（ドーフィネ）192, 237
サン＝ジャン・ド・リュズ（ラブール）52, 58, 237
　ヴィラ・ゾルツィコ 58,
サン＝ジャン＝ピエ＝ド＝ポル（アキテーヌ）52, 57, 237
　シタデル通のアルカンゾア館 57
　シタデル通のメゾン・デ・ゼヴェク 57
　スペイン通 57
サン＝シルク＝ラポピー（ロット）192, 237
サン・セバスティアン（バスク）52, 55, 59
サン＝テミリオン（アキテーヌ）地域 56
サン・ピエトロ（ヴェネッシュ・アウリーナ）160, 237
サン＝ブリュー（ブルターニュ）42, 50, 237
　カンケーヌ通 50
　ファルデル通 50
　マルタイ広場 50
　ラン広場 50
　ル・リボー館 50
サン＝マリー＝デュ＝ラック・ニュイズマン村落博物館 237
サン川（ポドカルパチェ）140
ザーンクト・ヴァレンティーン（ニーダーエスターライヒ）
ザンクト・ガレン修道院 75
ザンクト・ニコライ（シュタイアーマルク）のレー

ラー家　158
サンクト＝ペテルヴルグ　114
　サンクト＝ペテルヴルグ歴史地区　125
　民俗建築公園　125
ザンチュク（ルブシュ）　209
サンティアゴ・デ・コンポステーラ（ガリシア）　57
サンモリッツ（グラウビュンデン）　78

【し】
ジーゲン（ノルトライン・ヴェストファーレン）　88, 92
ジヴィエツ（シロンスク）　134
シェイクスピア、ウィリアム　32, 40, 41
シェーナ（トレンティーノ＝アルト）　215
ジェラヴナ（スリヴェン）　186, 193, 239
　学校（民族博物館とアート・ギャラリー）　186
　チョルバジ、N.の家　186
　チョルバジ、R.の家　186
　フィラレトフ、S.の家　186, 193
　ヨウゴフ、I.の家　186
シェレストーヴェ（ザカルパッチャ）　176
シオーガールド（トルナ）　217
シオーフォク（ショモジ）　150, 156
　オウル公園　156
　福音教会　156
シギショアラ（ムレシュ）　171
　シギショアラ歴史地区　171
シゲット・マルマツィエイ（マラムレシュ）　164, 174
　マラムレシュ村落博物館　175, 239
　オンセシュティの大天使教会　175
シチンスキ、V.（ウクライナ）　149
シビウ　128, 164, 169, 170
　シビウ旧市街　170
　シビウ県　170
シフィドニツァ（D.・シロンクス）　134, 138, 193, 238
　平和教会　138, 193
シブカ峠（スターラ・ザゴダ）　190
シフルト（オージュ）の荘園　48
シマノフスキ、K.　142
シャールフィーミズドー（ザラ）の農家　157
ジャカ（クルージュ）の農家　172
シャフハウゼン　68, 75
シャリシュ地方　147
シャルゴータルヤーン（ノーグラード）　150
シャロヴァ（マウォポルスカ）の聖ミカエル大天使教会　140
ジャンヌ・ダルク　46
シャンパーニュ（地方）　192, 207
シャンボール城（ロワール）　51
シュヴァーベン地方　22, 68, 71
シュヴァイツァー、A.　76
シュヴァルツヴァルト地方　68, 71, 74, 192
シュヴァルツェンベルク（フォアアールベルク）　78, 83, 159, 192, 238
　カウフマン、A.ホール　83
　シューベルティアーデ　83
　ロマンティック・ホテル・ヒルシェン　83
シュヴァンゼン半島（シュレースヴィヒ＝ホルシュタイン）の農家　111
シュヴィントラッツハイム（アルザス）の家　75
シュヴェービッシュ・ハル　68, 72, 238
　クラウスニッツアーハウス　72
　ケッケンホーフ　72
　ヘーリッシュ・フレンキッシェ博物館　72
　ゲルビンガー街　72
　　エンゲルハルトバウ　72
　　グレーターハウス　72
　　ヨーゼン塔　72
　ゴルデナー・アドラー　72
　ズルファー橋　72

ゾイマルクト　72
マルクト広場　72
ローター橋　72
シュヴェンダウ（ツィラータール）　82
シューベルト、フランツ　83
シュクォル（エンガディン）　78
シューテデ（ニーダーザクセン）　109, 110, 192, 208
　アルターハーフェン　109
　　クンストハウス　109
　　市長の家（ヒンツェ・ハウス）　109
　　バオムハウス　109
　中の島　109
　　シューテデ野外博物館　109, 238
　　アルテスラントの家　109
　　ゲストハウス　109
シュタイアーマルク（州、地方）　128, 129, 153, 158, 193
シュタイン・アム・ライン（シャフハウゼン）　68, 74, 237
　ウンタートール　75
　オーバートール　75
　ゾンネ　75
　ツム・シュタイネラー・トラウベン　75
　フォルデレ・クローネ　75
　ホーエンクリンゲン城　75
　ラートハウス広場　75
　ローター・オクセン　75
シュタインキルヒェン（ニーダーザクセン）　110, 211, 238
シュタッペン、S.　96
シュタルヴィ（ヴァリス）　86
シュチャヴニツァ（マウォポルスカ）　139, 238
　旧法律事務所の建物　139
シュツットガルト　68
　ヴァイゼンホーフ（ジードルンク）　68, 74
ジュディアル（プレショフ）　30, 134, 146, 238
　ジュディアル民家博物館　146
シュテューピング（グラーツ）　129, 150, 158
　シュテューピング・オーストリア野外博物館　128, 129, 150, 158, 238
シュトライプフ（ケルンテン）　216
シュノンソー城（ロワール）　51
シュパイアー大聖堂　72, 77
シュピーツ（ベルン）　78, 86
ジュフカ（リヴィウ）の聖三位一体教会　177
シュマルカルデン（チューリンゲン）　88, 99, 193, 238
　アルトマルクト（インゼル）　99, 193
　改革派学校　99
　クロスター街　99
　ザルツブリュッケ広場　99
　聖ゲオルグ教会　99
　ノイマルクト広場のリーバオク家　99
　福音教区公邸　99
　ヘッセン公邸　99
　ルター広場（ルターの家）　99
シュミット、C.（シュタイン・アム・ライン）　75
シュメン　178, 185, 193, 239
　スラヴャンスキ通　185
　ツアーリ・オスヴォボディテル通　185
　ヴォイニコフ、D.の家　185
　ヴォロフ、P.の生家　185
　ヴラディゲロフ、P.の家　185
　コシュート、L.が寄寓した家　185
　スレブロフ、D.の家　185
シュルーズベリー　32, 40, 237
　ブッチャー・ロウ　40
　　アボッツ・ハウス　40
　　オーエンズ・マンション　40
　　ローリーズ・マンション　40
シュルデシュティ（マラムレシュ）　164, 167, 173, 239

聖ミハイル・ガヴリエル大天使教会　164, 167, 173
シュレースヴィヒ＝ホルシュタイン（州）　110, 113, 192, 208
ジョージ4世　36
ショモジュ（県、地方）　156
ジリナ　134, 143
シレジア地方（シロンスク）　138, 139
シレン、（K.＆H.）夫妻　118
シロカ・ルカ（スモリャン）　183, 193, 239
　ズグロフとカライジースクの家　183, 193
シロゴイナ野外博物館　193, 239
シロンスク（シレジア地方）　138
ジロンド地方　56
シングルトン（サセックス）　32, 36
ジンゲン（バーデン・ヴェルテンベルク）　74
シンプロントンネル　85
ジンメンタール（ベルン）　78, 85, 86, 87, 192

【す】
スイッカネン、T.R.（イマトラ）　123
スヴィドニーク（プレショフ）　134, 149
　ウクライナ・ルテニア文化博物館　149
　ウクライナ文化野外博物館　149, 239
スウェーデン王　138
スヴェシタリのトラキア人の墳墓　185
ズヴォレン（バンスカー・ビストリツァ）　146
スーズダリ木造建築・農民生活博物館　239
ズーデーティ山脈　136
スオミ族　116
スオヤルヴィ（カレリア）　118, 122
　ペルティノッツア　118
　ボンバ・ハウス　122
スカガ・ゴール民家園　237
スキーヴェ（ミットユラン）　112
スコーネ地方　113
スコットランド　113
スコットランド国教会　18
スタウ川（ケント）　32, 37
スタニシチ民族村（スルプス）　239
スタラ・ザゴラの古代集落遺跡　184
スタラ・ロニャ（シサク・モスラヴィナ）民族村　239
スタラー・リュボフニャ（プレショフ）　146
スタルハイム渓谷（ソグン）　104
スタンステッド空港　52
スチェヴィツァ修道院（ブコヴィナ）　175
スチャヴァ　164, 175
　スチャヴァ県　168, 174, 193
ストウンダルス博物館　120, 237
ストーンサークル（エーヴベリー）　41
ストーンヘンジ（ウィルトシャー）　41
ストックホルム　114, 121, 127, 128
　スカンセン（野外博物館）　127, 192, 237
ストラージュニツェ・南東モラヴィア村落博物館　238
ストラスブール　68, 71, 74, 77, 226, 237
　カメルツェル館　77, 226
　グラン・ディル　77
　サン・ニコラス埠頭　77
　アルザス地方博物館　77
　大聖堂　68
　タヌール館　77
　ノートルダム大聖堂　77
　プティット・フランス地区　77
　メルシエール通の薬局　77
ストラトフォード＝アポン・エイヴォン　32, 40, 41, 212, 237
　アーデンの森　41
　アン・ハサウェイズ・コッテージ　41
　シェイクスピア・ホテル　32, 41
　シェイクスピアの生家　40

チェストナットウォーク　40
チャペル・ストリート　41
チャーチ・ストリート　41
　救貧院　41
　ギルド・ホール　41
ハイ・ストリート　41
　オールド・チューダー・ハウス　41
　ガーリック・イン　41
　ハーヴァード・ハウス　40, 192
ホールズ・クロフト　40
ローザー・ストリートのメイソンズ・コート　41
ストランジャ自然公園（ブルガス）　184
ストルーガ　239
ストルムトゥラ（マラムレシュ）の家と門　175
ストレパ（レーネ）の教会　125
ストロイアー（ミットユラン）　112
ストロンダ・フィヨルド　107
スニナ（プレショフ）　149
スピッシュ地方　146
ズブジツァ・グルナ（マウォポルスカ）　134, 143, 217
　ズブジツァ・グルナ・オラヴァ民家公園　134, 143, 238
　モニアク家　143
ズブルニツェ（ウースチー）民家博物館　238
ズプレ兄弟（フランス）　56
ズベレッツ（ジリナ）　134, 144
　ズベレッツ＝プレストヴァー・オラヴァ村落博物館　144, 238
　オラヴァ川流域の民家　144
ズボイ（プレショフ）の木造教会　27, 147
スモール・ハイス（ケント）　37, 206
　スモールハイス・プレース　37, 192, 206
スモリャン　182, 193, 239
　ウストヴォ　182,
　　シェレメテフ家,　183,
　ライコヴォ　182,
　　ギオロジェフ兄弟の家　182,
　　パンガロワ家　182,
　　ミルオン・チェシテフ家　182,
スモルニク（サノク）の聖ミカエル大天使教会　140
ズューダーシュタペル（キール）の納屋　111
スズダンマーク（地域）　192, 209, 211, 212
スラヴェイコフ、P.（トリャブナ）　190
スラヴ系　16, 22, 216, 218
スラヴ語圏　127
スラヴ人　16, 138
スランゴスレン（クルーイド）　39, 192
　プラス・ニューウッド　39
スリヴェン　178, 186
スリュースベリー　40
　ハイ・ストリート　40
　アイルランズ・マンション　40
スルヴァ地区（ヴァーサ）　120
スレイマン2世　188
スロヴァキア山地　136
スロヴァキア人　147
ズントー、P.の温泉施設（グラウビュンデン）　84
ズンネッガ（ヴァリス）　86

【せ】
聖アウグスティヌス　37
正教（会、系）　18, 222, 223
聖テレーズ（カルメル会）　48
正統派（オーソドックス）　18
セイナッツァロ（ユヴァスキュラ）の町役場　122
セイナヨキ（南ボフャンマー）　114, 120
　タウンホール　120
　平原の十字架教会　120
聖ペテロの舟（ルーアン）　46

セヴァーン川 40
セウラサーリ（ヘルシンキ）118, 122
　セウラサーリ野外博物館 114, 118, 193, 237
　　アンティ農場 118
セーケイ人 171, 172, 235
セーヌ（川）42, 46, 47
ゼーフェルト（ティロル）78
セグハルミ、B. 155
セスト（南ティロル）160
接吻の門（ブランクーシ）169
セテスダール 216
　セテスダールの主屋 108
　セテスダールのロフト 108
ゼビッシュ、A. V. 138
ゼメリング鉄道（シュタイアーマルク）159
セルゲフ、D.（トリャヴナ）190
セレトカ（カレリア）211
　セレトカの家 126
セレドニエ・ヴォドゥアネ（ザカルパッチャ）の聖ニコライ教会 176
センコヴァ（マウォポルスカ）238
　聖ピリポ・聖ヤコブ使徒教会 140
センテンドレ（ペシュト）150, 154
　センテンドレ野外民族博物館 150, 154, 193
セントペーテルファ（ヴァシュ）の家 157
センナ（ショモジュ）156, 193
　カルヴィン派教会 156
　センナ野外民族資料館 156, 193, 239
ゼンプリンスカ湖（コシツェ）148
ゼンプリン地方 147

そ
ゾイバースドルフ（バイエルン）215
ソーウンフリー野外博物館 112, 113, 192, 237
ソグネフィヨルド 100, 104
ソクルニッツア（フスト）の教会 176
ソグンダール 100, 105
ソグン地方 104, 106
　ソグン民俗博物館 100, 105, 237
ソソボル／アポロニヤ（ブルガス）178, 184, 239
　トレンダフィロフ、A.の家 185
　キリル・メトディ通 185
　ラスカリディス、D.の家 185
ソフィア 178, 182, 183, 190
　ソフィア聖堂 125
　ボヤナの教会 182
ソフィアリヤータ、D. 187
ソルヴォーン（ソグン）105
ソンバトヘイ 150, 157, 193
　ヴァシュ博物館村 157, 193, 238

た
タウール（ティロル）209
ダキア人 166, 174
タタール人 18
タトラ山塊 142, 146
ダニロヴァ（フスト）の聖ニコライ教会 176
タリン 114, 124, 128, 193, 239
タルヌフ（マウォポルスカ）139
ダルムシュタット（ヘッセン）68
　ダルムシュタット芸術家村 77
タンペレ 114

ち
チェアウル（ゴルジュ）の家 168
チェシャー（州）192, 206, 212
チェスター 32, 39, 237
　ウォーターゲート・ストリート 39
　　ゴッズ・プロヴィデンス・ハウス 39
　オールド・レッチェ・ハウス 39
　グロスヴナー博物館 39

ザ・クロス 39
ザ・ロウ 39
スタンレイ・パレス 39
聖マルティン大通 39
チェスター大聖堂 39
ピアリオド・ハウス 39
ビショップ・ロイズ・ハウス 39
ブリッジゲート・ストリート 39
ロウアー・ブリッジゲート・ストリート 39
チェハノヴィエツ・クシシュトフ・クルク農業博物館 193, 238
チゼル（サラージュ）の聖ニコライ教会 172
チチェスター（ウェスト・サセックス）32, 36
チチマニ（ジリナ）134, 143, 146, 193, 238
地中海 8, 10, 12, 14, 18, 80, 198, 199, 200, 222, 230
チディングストーン（ケント）206, 210, 214
チャルネ（マウォポルスカ）の正統派教会 139
チャルフォント（セント・ジャイルズ）40
中央山塊 10, 12, 14, 198, 199, 200, 204, 205, 206, 225
チューリッヒ 68, 78, 87, 134, 192, 207
チュルニウツィー 164
チョーリーウッド（ハートフォードシャー）40
チラム（ケント）32, 37
チルターン野外博物館 40, 41, 237
沈黙の円卓（ブランクーシ）169

つ
ツィラータール（ティロル）78, 80, 82, 161
ツェペシュ、V.（ドラキュラ）171
ツェラー湖（ザルツブルク）160
ツェル・アム・ツィラー（ティロル）83
ツェルマット（ヴァリス）78, 86, 237
　カプラナイハウス 86
　森林官の家 86
　タウクヴァルダーハウス 86
　バーンホフ通 86
　ヒンタードルフ通の倉庫群 86
　フィンデルン 86
ツェレ（ニーダーザクセン）66, 88, 95, 97, 238
　イム・クライゼ 95
　ユダヤ教木造会堂 95
　シュー通 95
　ツェルナー通 66, 95
　　アム・ハイリゲン・クロイツ 95
　ノイエ通 95
　ポスト通 95
　　ホッペナー・ハウス 66, 95
　ツェレ公爵家 95
ツオデ（ザラ）の農家 157
ツネヴォ湖（コンスタンツァ）184

て
ディー川（チェシャー）39
ディームティゲン（ジンメンタール）87
　カーレンハウス 87
　グロッセハウス 87
ティーン湖（オップラン）107
ティサ川 153, 154, 155, 174, 176
ティサベチュ（サボルチ・サトマール・ベレグ）の乾草小屋 154
ティソヴェッツ（リヴィウ）の聖ニコライ教会 177
ティチーノ地方 78, 80, 84, 192
ティットリンク・バイエリッシュアウヴァルト民家村 193, 238
ディナン（ブルターニュ）42, 49, 192, 207, 237
　オート・ヴォワ通の建物 49
　コルドヌリ通 49
　コルドリエ広場 49
　ジェルジュアル通 49
　プティ・フォール通 49, 192, 207

メルシエ広場 49
ラポール通 49
ラポール通8の建物 49
ティハニ（ヴェスプレーム）156
　ティハニ野外博物館 156
　　農夫の家 156
　　漁師組合の家 156
ディブロヴァ（ザカルパッチャ）の教会 176
ティミショアラ 164
　バナート村落民家園 239
ティルスト（ミットユラン）193, 209
ティロル（州、地方）78, 80, 82, 83, 150, 153, 158, 160, 161, 193, 209, 210
ディンケルスビュール（バイエルン）68, 73, 192, 238
　コッペン街の穀物庫 73
　シュランネ（穀物広場）73
　ゼクリンガー通のヘゼルホーフ 73
　ドイチェス・ハウス 73, 192
デヴィン渓谷（スモリャン）183
デセシティ（マラムレシュ）164, 173
　聖パラスキヴァ教会 173
テッサロニキ 178
デトモルト・ヴェストファーレン＝リッペ野外博物館 93, 192, 238
デブレツェン 150, 164
テムズ川 35, 37
テュービンゲン（シュヴァーベン）68, 74, 238
　マルクト広場 74
　ホーエンテュービンゲン城 74
　ホルツマルクトのヘッケンハウアー書店 74
テューリンゲン（地方）22, 88, 90, 99
デュランゴ（ビスカヤ）60
デュルビュイ（リュクサンブール）192, 207
デルシュテッテン（ジンメンタール）のクヌッティ・ハウス 87
テルナ（ビストリツァ・ナサウド）の農家 172
テルベル（ヴァリス）86, 237
テレーズ、マリー（スペイン王女）58
テレマーク（地方）31, 108, 192
　テレマークのロフトと穀倉 108
テンターデン（ケント）37
デンブノ・ブジェスキ（マウォポルスカ）139
デンブノ・ボトハランスケ（マウォポルスカ）134, 139, 193, 238
　聖ミカエル大天使教会 137, 139, 193

と
ドイツ系 171, 205
ドイツ人 16, 138, 172
トゥーク川（ノルマンディー）48
トゥール（アンドル＝エ＝ロワール）192, 237
トゥヴルドシーン（ジリナ）のロシア・カトリック派聖人教会 143, 144
トゥーン（ベルン）78
トゥーン湖 87
ドゥクラ峠（プレショフ）149
トゥジャンスク（サノク）の聖ミカエル大天使教会 125
ドゥドゥツキ伝統交易・民芸博物館 239
ドゥブラヴァ（カルロヴィ・ヴァリ）20
トッホツリヤ（ノヴゴロド）のニコライ教会 125
トゥムバロヴォ（ガブロヴォ）の家 189
ドゥムブラヴァ（シビウ）170
ドゥムブラヴァ伝統民俗文化博物館 164, 170, 239
トゥリエッツ川（ジリナ）144
トゥリエッツ地方 144
トゥルカ（フスト）の古教会 223
トゥルカンサーリ野外博物館 120, 193, 237
　トゥルカンサーリの木造教会 120, 193
トゥルク 114, 118, 193

カルナ教会 118
トゥルク大聖堂 119
マンネルヘイム通 119
トゥルグ・カルブネシュティ（ゴルジュ）の家
トゥルグ・ジウ（ゴルジュ）164, 169
　英雄通 169
ドゥルジウ（ハルギタ）の要塞教会 171
トゥルジェヴィル（ノルマンディー）47
　グラティーニュの荘園 47
　ラ・ピバルディールの荘園 47
トゥレア（クルジュ）の教会 168
ドゥロホビーチ（リヴィウ）177, 193
　聖ゲオルグ教会 177, 193
ドゥンブラヴェニ（スチャバ）の家 168
ドーヴァー海峡 22, 32, 35, 205, 206
ドーヴィル（ノルマンディー）42, 47, 48
トカイ地方 155
　トカイワイン産地の歴史・文化的背景 155
トカルニャ（シフィエンティクシシュ）133
　キュルツェ村落農園 133, 138, 193, 239
トジェビース（中央ボヘミア）民族博物館 238
トスカナ地方 122
ドスパット湖（スモリャン）183
ドナウ（川）14, 71, 153, 154, 156, 162, 163, 166, 168, 198
ドナウエッシンゲン（シュヴァーベン）74
ドブラ川（シャリシュ）147
ドブリツァ（ゴルジュ）の家 169
ドブロジャ地方 166
トホルカ（リヴィウ）の教会 177, 193
トポルニッツア川（ソフィア）190
トラヴェ川（リューベック）110
ドラウ川（南ティロル）160
トラヴニク（中央ボスニア）193, 239
トラウン湖（ザルツカンマーグート）162
トラウンシュタイン（バイエルン）208
トラキア（人）16, 182, 184
ドラキュラ（ツェペシュ、V.）171
ドラゴミレシュティ（マラムレシュ）の教会 168
トランシルヴァニア（地方）22, 150, 155, 156, 164, 166, 169, 170, 171, 172, 177, 229, 236
トリャヴナ（ガブロヴォ）178, 185, 190, 193, 239
　カピタン・デャド・ニコラ広場 190
　　アンゲル・クンチェフ家 190, 193
　　聖ミハエル大天使教会 190
　　時計台 190
　　美術学校 190
　　ライコフ家 190
　スラヴェイコフ、P. R. 通 190
　　カリンチェフ家 190
　　スラヴェイコフ家 190
　　ダスカロフ家 190
トリャヴナ派 190
ドリャノヴォ（ガブロヴォ）188
　聖ミハイル大天使ドリャノヴォ修道院 188
トルーエ（ミットユラン）の農家 113
トルコ人 185, 187
ドルジュ県 217
トルノ（県）217
ブルニュ・ヴ・ビーレ（ジリナ）144
トルポ（ブスケルー）木造教会 106
ドルンビルン（フォアアールベルク）78
トルン民族博物館（クヤヴィ＝ポモジェ）238
トレレボー・ヴァイキング砦
トレンティーノ＝アルト（南ティロル）215
トロア（シャンパーニュ）192, 229, 237
　道具と職人の博物館（モーロワ館）229
トロールハウゲン（ベルゲン）のグリーグ、E. の家 104
トロチャニイ（プレショフ）の木造教会 148
ドロミテ・アルプス 160

トロンハイム・スヴェッレスボルグ＝トロンデラーグ民俗博物館 192,237
ドンコフ, L.(ガブロヴォ) 189
ドンブルフカ(ポトカルパチェ)の農家 141

な
ナーンタリ(ヴァルシナイス＝スオミ) 119
　ナーンタリ博物館 119
　ムーミン・ワールド 119
ナッシュ, J. 36
ナバラ(県、地方) 52,55,57,58,59,192,206
ナポレオン3世 56
ナルペス(ポフヤンマー)の農場 120
ナンクレ・コントワーズ家野外博物館 237
ナント 42,51
　カルメ通の建物 51
　ジュイヴリ通 51
　バクルリー通 51
　ロワイヤル広場 51
ナントウイッチ(チェシャー) 32,38,237
　チャーチス・マンション 38
　ハイ・ストリート 39
　　クラウン・ホテル 39

に
ニーヴ(アキテーヌ)川 56,57
ニーダーエスターライヒ(州、地方) 153,163
ニーダーザクセン(州、地方) 22,28,88,90,95,98,192,208,211,215
ニーダーズルツ(ヴァイン・フィールテル) 162
ニーダーラミッツ(バイエルン) 193,208
ニールバートル(サボルチ・サトマール・ベレグ) 156
　ゴシック教会 156
　ゴシック教会の鐘塔 156
ニーレジュハーザ(サボルチ・サトマーク・ベレグ) 150,155,156,164,193
　ショーシュトー博物館村 155,193,239
　ショーシュトーフルドェ 155
ニヴェル川(アキテーヌ) 58
ニエボチョヴィ(シロンスク)の木造教会 138
ニエメラ(ケスキ＝スオミ)の小作農家 118
ニキフォル, K.(ムロンツァ) 139
西スラヴ系 16,199
西スラヴ人 136
ニジュニー・コマールニク(プレショフ)の木造教会 149
ニトラ 133
　スロヴァキア野外農業博物館 133,145,239

ぬ
ヌーシャテル湖(ヌーシャテル) 87
　古代水上住居跡 87
ヌーシャテルの都市計画 87
ヌルメス(北カルヤラ) 122
　キルッコ通の木造住宅 122

ね
ネアムツ県 168,193
ネストール(カレリヤ) 126
ネスハイム(ヴォス)の農家 104
ネセバル(ブルガス) 178,184,185,193,213,239
　イヴァン・アレクサンドル王通 184
　カピタン・パヴェル家 184
　聖ステファン教会 184
　ネセバルの古代都市 184
　メサンブリヤ通 184
　モスコヤニ家(民族博物館) 184
ネッカー川(シュヴァーベン) 68,71,74
ネメシュボルゾヴァ(サボルチ・サトマーク・ベレグ)の鐘塔 154
ネルトリンゲン(シュヴァーベン) 67,68,73,238

ダニエルの塔 67,73
パラディース街の旧穀物庫 73
マルクト広場 67,73
　市庁舎 67
　タンツハウス 73
　ライムリンガー門 67
ネルビオン川(ビスカヤ) 60

の
ノイジードラー湖(ブルゲンランド) 163
ノヴァ・マハラ(カブロヴォ)の家 189
ノヴァ・ポリアンカ(プレショフ)の木造教会 149
ノヴィ・ソンチ(マウォポルスカ) 134,139,140
　ノヴィ・ソンチ山地民族公園 139,238
ノヴィ・タルク(マウォポルスカ) 134,139
ノヴォセリッツァ(フスト)の教会 176
ノヴゴロド州 125,193
ノーグラード県 154
ノートオッデン(テレマーク) 100,108,192
ノーユラン(県) 216
ノーレ・フィヨルド 107
ノーレの木造教会(ブスケルー) 107
ノジャン＝ル＝ロワ(ウール＝エ＝ロワール) 192,207
ノッティンガム 40
ノルトライン＝ヴェストファーレン(州) 213
ノルマン人 103
ノルマンディー・バリエール(ドーヴィル) 47
ノルマンディー(地方) 22,32,42,44,46,48,192,207,210
　スイス・ノルマン自然公園地区 48
ノルマンディー公ウイリアム 48
ノルマンディー公ギヨーム 36

は
ハーゲン・ヴェストファーレン＝リッペ野外博物館 92,238
バーゼル 68,74
パーテリ(北カルヤラ)の木造教会 123
バーデン＝ヴュルテンベルク(州) 208,215
バート・ヴィンツハイム・フランケン野外博物館 238
バート・ヴィンプフェン(バーデン・ヴュルテンベルク) 68,72,238
　クロステル街の建物 72
　ハウプト街の公立博物館 72
バート・ゾーベルハイム・ラインラント＝プファルツ野外博物館 77,238
ハーネンクレー(ゴスラー)の木造教会 97
バーミンガム 32,38,40
ハールブルク(ハンブルク)の民家 109
バイエルン(州) 192,208,209,215
バイエルンアルプス 78
バイエルン人 160
ハイデルベルク(カールスルーエ) 68
　ハイデルベルク城 72
バイユー(ノルマンディー) 42,48,192,207
　ノートルダム大聖堂 48
　バイユーの観光案内所 48,207
バイヨンヌ(ラブール) 52,56,57
　小バイヨンヌ地区 56
　大バイヨンヌ地区 56
　フォーブール＝サンエスプリ地区 56
　ボーミー通 56
　　ヴィラ・アリ・ゴリ 56
　　ヴィラ・イッツァラ 56
バイロイト歌劇場 99
ハウザッハ(シュヴァルツヴァルト) 68,74
パヴロフスキー, A. 58
バオムガルテンベルク(オーバーエスターライヒ) 162

ハコラ, A. 121
バスク人 60
バスク地方(スペイン) 22,52,55,59,60,192,207
バスク地方(フランス) 52,55,56,57,58,192,206,210
ハチュフ(ポトカルパチェ) 141,238
　聖処女マリア被昇天教会 141
ハッティング(ティロル)の農家 82
バッハ, J. S. 99
ハッランド(地方)の農家 113
ハトヴァン(ヘヴェシュ) 150
バトシェヴォ(ガブロヴォ)の家 189
パトラウツィ修道院(ブコヴィナ) 175
ハドリー(サフォーク)のギルドホール 38
ハノーファー(ニーダーザクセン) 88,95
パビツェ(マウラポルスカ) 138
ハプスブルク家 145
ハメ人 116
　サウナ小屋 118
バヤ・マレ(マラムレシュ) 164,173,174
　バヤ・マレ民族・民芸博物館 173,239
バラトン湖 150,156,157
パリ 32,42,46,47,52,68,88,100,134,164
　ヴェルサイユ宮殿 46
　フォンテーヌブロー宮殿 46
パリジョフツェ(リプトフ)の領主の城 145
ハリングダール(ブスケルー) 106,192
パルージャ(リプトフ)の領主の城 145
バルカン山地 18,22,153,178,180
バルカン半島 10,16,166,189
ハルギタ県 170,172,193
ハルシュタット湖 162
ハルツ(地方) 22,88,90,94,98
　ハルツ山 98
　ハルツ鉄道 97
バルデヨフ(プレショフ) 27,134,147,148
　聖エギディウス教会 147
　バルデヨフの旧市庁舎 147
　ラドニチュネー広場 147
バルデヨフ温泉 147
　バルデヨフ温泉野外民家博物館 147,239
バルト(海) 8,10,14,22,114,116,119,206,225
ハルレフェルト(ゲルダーラント) 214
ハレ(ザーレ) 88
バレシュティ(ゴルジュ)の木造教会 169
バレンベルク野外博物館 78,87,128,192,237
パローツ族 154,155
ハロルド(ウェセックス伯) 36
ハン(ハノーファーシュ)・ミュンデン(ニーダーザクセン) 88,94,238
　キュスターハウス 94
　シデクム通のツーム・オクセンコップ 94
　パストーレンハウス 94
　マルクト通のティリー・ハウス 94
　ランゲ通の商家 94
ハンガリー王 172
ハンガリー系 166,171,227
ハンガリー人 153,155,172,235
ハンザ同盟 100,103,104,109,110
バンスカー・ビストリツァ 145,216
バンスカー・シュティアフニツァの歴史的街区 145
バンスコ(ブラゴエヴグラト) 178,182,239
　ヴァプツァロフの生家 182
　ヴェリャノフ家 182
　リルスキ, N. 182
パンノニア平原 22,150,153,157
ハンブルク 100,109,110
　エーストルフ地区 109
　　キーケベルク野外博物館 109
　　ベッカーブライター小路の木造住宅 109
バンプローナ(ナバラ) 55

サン・フェルミン祭 59
バンベルク(バイエルン) 238
　バンベルク旧市街 99

ひ
ビアリッツ(ラブール) 52,56
　ヴィラ・ウージェニー 56
　オテル・デュ・パレ 56
　海洋博物館 57
ヒースロー空港 32,52
ピーターバラ(ケンブリッジシャー) 32
ビエシュチャディ山地(ポトカルパチェ) 141
ピエチ(マウォポルスカ) 140
ピエタリラ夫妻 123
ピエリセン博物館 122,123,193,237
ピエリネン湖(北カルヤラ) 122,123
ビエルタン(シビウ)の要塞教会 171
東スラヴ系 16,199
東ティロル地方 82,150,153,160
ピカソ, P. 52,60
ビグドイ(オスロ) 108
ビゴール地方 55
ビザンティン帝国 184
ビジャディエゴ(ブルガス) 60
ビスカヤ(県、地方) 52,55,59,192,207
ビストリツァ＝ナサウド県 172
ビダール(アキテーヌ) 52
ビダソア川(バスク) 59
ビダソア渓谷 58
ビッデンデン(ケント) 37
　オクセンブリッジ家 37
ピテシュティ(アルジェシュ) 169
ビトリア／ガステイス 52,59,237
　コレリア通 59
　　エル・パルタロン 59
　スペイン広場 59
　ビルヘン・ブランカ広場 59
　ロス・アルキロス通 59
ビナロヴァ(マウォポルスカ)の聖ミカエル大天使教会 140
氷河特急(スイス) 84
ビリペッツロヴ(ザカルパッチャ)のマリア生誕教会 177
ピリン国立公園 182
　ピリン山 182
ビルシュフェルデ(ツィッタウ) 238
ヒルデスハイム(ニーダーザクセン) 88,90,95,96,238
　聖マリア大聖堂と聖ミカエル教会 96
　ヒンター・ブリュール通 96
　　ヴェルナーハウス 96
　マルクト広場 96
　　ヴェデキントハウス 96
　　クノッヘンハウアー・アムトハウス 96
　　毛織物組合の建物 96
　　市営酒場だった建物 96
　　製パン組合の建物 96
　　テンペルハウス 96
　　ロココハウス 96
ビルバオ(バスク) 52,55,60
　グッゲンハイム美術館 52,59,60
ピレネー山脈 55,57
ビレレズ(コペンハーゲン) 112

ふ
ファーゲルネス(オップラン) 100,106,107
ファグス靴工場(アルフェルト) 94
ファルカシュファ(ヴァシュ)の住居 157
ファルハント(バイエルン) 208
ファントフト(ベルゲン)の木造教会 104
フィエッシュ(ヴァリス) 80,85
フィエルステズ(フューン)の農家 112

さくいん

フィス（オーバーインタール） 78,83
　コレース／カタライン・ハウス 83
　フィスの村立博物館 83
フィズ（ヴァリス） 78
フィチェト、K. 187
フィラッハ（ケルンテン） 150
フィン・ウゴル語族 116
フィンランド湾 118,125
ブーダン（ボーフォール） 237
ブール＝ガン＝ブレス（ローヌ＝アルプ） 207
ブール＝サン＝モーリス（ザヴォア） 207
ブールジュ（ヴァル・ド・ロワール） 192,237
　ブールジュ大聖堂 51
フェシュテティッチ宮殿（ケストヘイ） 157
フェルクリンゲン製鉄所（ザールラント） 77
フェレロブ（ミットユラン）の荘園 113
フエンテラビア／オンダリビア（バスク） 59
　マヨール通 59
フォアアールベルク（州、地方） 78,83,128,159
フォイツベルク（グラーツ）のグロース・シュロッター 158
フォーレスンド（ゴットランド） 193,209
フォルタン（ソグン） 104
ブクレシュティ／ブカレスト 128,164,168,169,178
　フランチェズ通のハヌル・ルイ・マヌク 168
　ルーマニア村落・民芸博物館 164,168,193,239
フクリヴィイ（ザカルパッチャ）の聖霊教会 177
ブコヴィナ地方 164,175
ブザウ県 174,169
ブジェシュ・ナト・ラベム・ラーベ川流域民族博物館 193,239
ブジジェ・キシェフスキエ・カシュブイ民族園 193,238
フスト（ザカルパッチャ） 176
プスラ（ウーシマー） 118
　プスラの木造教会 118
ブダフフ（ルブシュ） 193,209
ブダペスト 128,134,150,154,164
　ドナウ河岸とブダ城地区 155,156
ブデシュティ（マラムレシュ） 174
　聖ニコライ教会 173
ブトナ修道院（ブコヴィナ） 175
フネドアラ県 170,193
フメンネー民家博物館 148,149,239
フモール修道院（ブコヴィナ） 175
フュアカト要塞（ヴァリス） 112,237
フューン（地方、島） 71,112,130,131,209,211
フューン村落博物館 112,192,237
ブラーゲ野外博物館 120,193,237
ブライトン（イースト・サセックス） 32,36
　大桟橋 32,36
　ロイヤル・パヴィリオン 36
ブラウンシュヴァイク（ニーダーザクセン） 88,95,96,208,226,235,238
　アルテ・クノッヘンハウアー通 97
　　この町最古の家 97
　市参事の家 97
　アルトシュタットマルクト 96
　　ゲヴァントハウス 96
　ヴォルマルクト 96
　　計量所兼倉庫 96
　ザック街 96
　ノイノ・ヴァイ＝フルク通 97
　フネボルシュテル、F.＆A. 96
　ブルク広場 96
　　ギルドハウス 96
　　商工会議所 96
　マグニ教会裏の建物 97
フラェーノエ・フォルサ農園 237
ブラゲヴグラート 178,182
ブラショフ 164,171

ブラショフ県 171,193
ブラティスラヴァ 134,150
フラドウンゲン・フランケン野外博物館 238
ブラナ、F. 58
ブラハ 134,216
ブランクーシ、C. 169
　ブランクーシ、C.の生家 169
フランクフルト・アム・マイン 32,52,68,78,88,100,134,150,164,178
ブラン城（ブラショフ） 164,171
ブラン村落博物館 171,239
ブラントベルク（ティロル） 83
フランドル地方 38
ブリーヴ＝ラ＝ガイヤルド（リムーザン） 206
フリーゼンザッハのペータースブルク城址 159
フリードリヒ（大司教） 110
ブリエンツ（ベルン） 78,87
　ブリエンツの民家 87
　ブルン街 87
ブリエンツ湖 87
ブリクラ（プレショフ）の教会 149
ブリズネ（サノク）の諸聖人教会 141
ブリックレック（ティロル） 78
フリッツラー（ヘッセン） 88,93,238
　シルッテラー通の結婚式の家 93
　ホッホツヴァイトハウス通の郷土博物館 93
　マルクト広場 93
　　ホテル・ツァ・リリー 93
ブリテン島 16
プリビリナ（ジリナ） 145
　プリビリナ・リプトフ村落博物館 145,239
ブル、S. 104
フルカ街道（ヴァリス） 85
ブルガール人 180
ブルガス 178,184
フルカ峠（ヴァリス） 85
ブルガリア人 184
ブルガリア正教（会） 18,182
ブルゲンラント（州、地方） 129,153,157
ブルゴス 52,60,213
　ブルゴス大聖堂 59
ブルサナ（マラムレシュ） 164,174,175,239
　聖母奉献教会 173,174
ブルターニュ（地方） 22,32,42,46,49,50,51
ブルターニュ半島 42
ブルダイニュ（エルブロンク） 193,209
ブルダ川（ヘッセン） 90,94
ブルナリ・ビジネの聖ミカエル大天使教会 140
ブルニコ（南ティロル） 150,160
ブルノ 134
ブレーキンゲ（地方） 216
ブレーグラーテン（東ティロル） 160,193
ブレーメン 95,110
　市庁舎とローラント像 95
フレール岬（ブルターニュ） 49
ブレゲンツ（フォアアールベルク） 83
ブレゲンツァーヴァルト地域 83
　ブレゲンツァーヴァルトの農家 159
プレジュメル（ブラショフ）の要塞教会 171
プレショフ 134,146
ブレストの城塞（ブルターニュ） 50
フレスベルク（ブスケルー）の木造教会 108
ブレッス（地方）（ローヌ＝アルプ） 214,215
プレナヴォン（ウェールズ）の産業景観 40
プレルカ・ヌーア（マラムレシュ）の農家 173
ブレンナー峠 82,160
フロイデンシュタット（バーデン・ヴュルテンベルク） 68
フロイデンベルク（ノルトライン・ウェストファーレン） 61,88,92,213,238
　アルター・フレッケン 92
　ガルテン通 92

クールパルク 92
　バーンホーフ通 92
　フロイデンベルクの福音派教会 92
　　ミッテル通の町立博物館 92
ブロヴディフ 178,180,182,183,190,191,193,239
　キリル・ネクタリエフ通 183
　スボルナ通 183
　地域史博物館（D.ゲオルギアディ家） 180,183,193
　ドクトル・チョマコフ通 183
　ネトコヴィッチ家 183
　ネベト・テペ遺跡 183
　バラバノフ、P.の家 183
　ヒサル・カピヤ 183
　ヒンドリヤノフ家 183
　ブルディン通 183
　民族誌博物館（クユムジオグル家） 183
フローリスドルフ（ウィーン） 162
ブロッケン現象（ハルツ） 97
プロピシュ（マラムレシュ） 173
　聖大天使教会 173,193
プロボタ修道院（ブコヴィナ） 175
フロム（ソグン） 100
ブロムスグローヴ（ウスターシャー） 41
フロンセク（バンスカー・ビストリツァ） 145,238
　福音派教会 145,146
ブロンタルロ（ティチーノ） 84,85,237
フンコフツェ（プレショフ）の木造教会 149

へ
ベアルン地方 55
ヘイスティングズ（E.・サセックス） 26,32,36
　バトル修道院・古戦場 36
　　木造倉庫 36
ヘーネフォス（ブスケルー） 100
ベケット、トーマス 37
ベシュティシャニ（ゴルジュ）の木造教会 169
ベシュテラ（ブラショフ）の家 171
ベスキディ山脈 136,139,141,147,149
ベゼッド（サラージュ）の木造教会 170
ベタヤヴェシ（ケスキ・スオミ） 114,121,193,237
　古い教会 121,193,222
ヘダル（オップラン）の木造教会 107
ヘッゲ（オップラン）（の木造教会） 226,235
ヘッセン（地方） 22,88,90,92,93,94,95,192,208,213,226,235
ヘッセンパーク野外博物館 92
ヘッダール（テレマーク）の木造教会 100,108,192
ヘッダール民家園 108,237
ベッリンツォーナ（ティチーノ） 78
ベデティ（クルージュ）の農家 172
ペトウリンドウ（サラージュ）の教会 172
ペトロザボーツク（カレリヤ） 114,126
ペニャランダ・デ・ドゥエロ（ブルゴス） 60
ヘブ（カルロヴィ・ヴァリ） 29,193,209
ベラ＝デ＝ビダソア（ナバラ） 52,58
ヘラストラウ湖（ブクレシュティ） 164
ベラルーシ国立民族建築・生活博物館 193,239
ヘルヴァルトフ（プレショフ） 148,238
　聖フランシス教会 148,223
ベルゲン 100,101,106,192,236
　ハンザ博物館 104
　ブリッゲン地区 104,192,237
ヘルシンキ 100,114,118,122,124,128,134
　オタニエミ工科大学の礼拝堂 118
　スオメンリンナの要塞 118
ベルナー・アルプス 78
ベルナー・オーバーラント（地方） 78,80,86,87
ベルベシュティ（マラムレシュ） 164,174,217,239
　ベルベシュティの農家 172,173

ベルリュウ（ウェールズ） 40,237
　牧師館 40
ベルン 87,215
ベルンカステル＝クース（ラインラント＝プファルツ） 238
ベルン旧市街 87
ベレス・デ・バスタン、ユアン（ナバラ） 57
ベレヒテスガーデン国立公園 161
ヘレフォード 40
ヘレフォードシャー（州） 192,206
ペレヤースラウ＝フメリヌィーツキー・中部ドニエプル上流域民族建築・生活博物館 193,239
ベロン、P.（コテル） 186

ほ
ホイア（クルジュ・ナポカ） 172
ポイアナ（シビウ）の羊毛家の家 170
ポイエニレ・イゼイ（マラムレシュ） 174
　聖パラスキウァ教会 173,174
ボイキ人 141
ボヴロジニク（マウォポルスカ）の聖ヤコブ教会 139
ボーイス地方の農家 41
ボーデン湖 74,75
　ウンターウールディンゲン野外考古博物館 238
　僧院の島ライヒェナウ 75
ボーボン（ローヌ＝アルプ） 207
北西シュレースヴィッヒ地方の民家 113
ボグダン・ヴォダ（マラムレシュ） 164,174
　ボグダン・ヴォダの木造教会 174
ボゴリディ、S.（コテル） 186
ボジェンツィ（ガヴロヴォ） 178,189,193,239
　ツアナ・ミホフ家 189
　ドンチョ・ポパの家 189
　ババ・ライナ家 189
ポジュチャチ（サノク） 141
ホジュフ（シロンスク） 138
　ホジュフ・上シロンスク民族公園 193,238
ボスコ／グリン（ティチーノ） 84,192,237
　ボスコの博物館 237
ボチュコヴェッツア、I.（トリャブナ） 190
北海 8,14,22,71,103,204,217,225
ボックレイク野外博物館 237
ボッタ、M. 85
ホッパースタッド（ソグン）木造教会 104
ホッホスターヴィッツ城（ケルンテン） 159
ホッローケー（ノーグラード） 150,154,193,239
　村立博物館 155
　ホッローケー城 155
　（木造）教会 154,155
ボティザ（マラムレシュ）の木造教会 174
ホティニエツ（ポドカルパチェ）の聖処女マリア教会 141
ボテルイチ（リヴィウ）の聖誕降誕会 177
ポドヴィルク（マウォポルスカ）の宿屋 143
ボドゥルジャル（プレショフ）の聖ニクラオス教会 148,149,193
ポトカルパナエ地方 140,193
ポトパラード（サボルチ・サトマール・ベレグ）の中流農家 154
ポドハレ地方 142,193
ポビエル（ジリナ） 134,144,238
ホビツァ（ゴルジュ） 170
ポプラド＝タトリ（プレショフ） 134,146
ホブロ（ノーユラン）のヴァイキングの砦 112
ボヘミア（地方） 141,209
ホホウフ（マウォポルスカ） 63,134,142,143,193,238
　ホホウフの博物館 143,
ホムベルク（エフツェ）（エッセン） 88,94,238

247

ホッホツアイト街のホテル・ツア・クローネ　94
ホムベルク市庁舎　94
ポモージェ（県）　193, 209
ポモリエのトラキア人の墳墓　184
ボルヴィラー（アルザス）　74
ポルヴォー（ウーシマー）　118, 193, 237
　アレクサンテル通　118
　ルーネベリ家　118
　大聖堂　118
　木造倉庫群　118
ポルヴォー川　118
ボルグン木造教会（ソグン）　97, 100, 106, 192
ボルティゲン（ジンメンタール）　78, 87
　グロースハウス　87
ボルドー　52, 55, 57
ホルトバージ国立公園　156
ボルドレ地方　55
ボルホフ川（ノヴゴロド）　125
ホルンベルク（シュヴァルツヴァルト）　74
ホレズ（ヴルチャ）修道院　169
ホレンツェン（ツィラータール）　82, 210
ポン=レヴェック（オージュ）　48
ポンチャル・ドルニ（サノク）のローマ・カトリック教会　141
ポントカサステ水路橋と運河（ウェールズ）　39
ポントルソン（ノルマンディー）　42
ボンビン，J.　122

【ま】
マージ川（チェシャー）　39
マートン（チェシャー）の聖ジェームズ・聖ポール教会　38, 192, 252
マールブルク（アン・デア・ラーン）（ヘッセン）　88, 92, 93, 237
　シェーファーシェス・ハウス　92, 93
　バルフュッサー通　93
　ルター，M. が住んだ家　93
　グリム兄弟が住んだ家　93
　ヒルシュベルク街の住宅　93
　マルクト広場のホテル・ツア・ゾンネ　93
マーンドク（サボルチ・サトマール・ベレグ）のギリシア・カトリック教会　154
マーンド（サボルチ・サトマール・ベレグ）のカルヴィン派教会　154
マイハウゲン民俗博物館　100, 107, 192, 237
マイヤーホーフェン（ツィラータール）　78, 82
マイン川　93
マインツ大司教　93
マウォポルスカ（県、地方）　139, 217
マウルブロン修道院　72
マクニャーガ（ツイラータール）　192, 237
マコヴェッツ，I.　75, 156
マジャール人　153
マダラの騎士像（シューメン）　185
マッジアタール（ティチーノ）　84
マッジョーレ湖　78, 85
マッシング・ニーダーバイエルン野外博物館　238
マッタータール（ヴァリス）　86
マッターホルン（ヴァリス）　80, 86
マッテン（インターラーケン）の農家　87
マディスヴィル（ベルン）の家　87, 215
マティルダ（ウイリアム公の妃）　48
マテウツヴァー（プレショフ）の木造教会　146
マトキフ（ザカルパッチャ）の聖ドミトリー教会　176
マラムレシュ（県、地方）　18, 22, 153, 164, 167, 168, 170, 172, 173, 174, 193, 217, 227, 235
　マラムレシュの木造教会群　174
マランゴザ，G.（トリャブナ）　190
マリア・ザール（ケルンテン）　150, 159
　ケルンテン野外博物館　159, 193, 238

クラマー家　159, 193
ザルツァ家　159
ラヴァントタールのコゲルニク家　159
マリー・テレーズ　58
マリシェル（クルジュ）の農家　172
マルケーズ（アキテーヌ）　52, 55, 56, 192, 206, 214
　製粉業者の家　56
　地主の家　55, 56, 192, 206, 214
　マルケーズ民俗村　52, 56
マルティン（ジリナ）　134, 144
　スロヴァキア国立博物館　144
　スロヴァキア村落博物館　144, 239
　オラヴァ地方の自作農の家　144
マン、トーマス＆ハインリヒ　110
マンチェスター　39
マンハイム　68

【み】
ミクラーショヴァー（シャリシュ）の木造教会　147
ミシュコルツ　134, 150, 155
　アヴァシュの丘のカルヴィン派教会　155
　ペトエヴィ・シャーンドル広場　155
　木造教会　155
ミジュヒル地方（ザカルパッチャ）　176
ミックスニッツ（シュタイアーマルク）の樵小屋　158
ミッターキルヒェン・イム・マラント（オーバーエスクーライヒ）　162
ミッターキルヒェン・ケルト野外博物館　162, 238
　主長の家　162
　冬の家　162
ミッテルンキルヒェン（アルテスラント）　110
ミットユラン（地域）　192, 209
南オストロボスニア地域博物館　120
　ワサスティエルナ家　120
南オストロボスニア地方　120
南カルヤラ地方　123, 124
南ティロル（地方）　82, 128, 150, 153, 160, 225
南バイエルン地方　162
ミャチーノ湖（ノヴゴロド）　125
ミュールーズ（アルザス）　74, 75
ミュスタール（グラウビュンデン）のベネディクト派聖ヨハネ修道院　84
ミュッリュマキ農場（ウーシマー）　118
ミュンヘン　78, 88, 134, 150, 162, 164, 178
ミラノ　42, 52, 164
ミランダ・デ・エブロ（バスク）　52
ミルシュテッター湖（ケルンテン）　160
ミルテンベルク（バイエルン）　25, 192
　マルクト広場のホーエスハウス　25, 192

【む】
ムカチェヴォ（ザカルパッチャ）　176
　聖ミハエル教会　176
無限柱（ブランクーシ）　169
ムシャルニツァ（マウォポルスカ）の農園　139
ムラディノフ，G.　191
ムルナウ（バイエルン）　162

【め】
メゼイ，G.　156
メルズンゲン（ヘッセン）　88, 94, 238
　アム・マルクト　94
　フリッツラー通　94
　メルズンゲン市庁舎　94
メルヘン街道　88

【も】
モイシェニ（サトゥ・マーレ）の家　168
モエチウ（ブラショフ）の家　171

モーニョ／フシオ（ティチーノ）　85, 192
　モーニョの教会　85
モスクワ　114, 134, 178
　クレムリンと赤の広場　125
　コローメンスコエの昇天教会　125
　コローメンスコエ木造建築博物館　239
　ノヴォデヴィチ女子修道院　125
モネの庭（ジヴェルニー）　46
モラヴィア（地方）　134, 227, 235
モラヴィア人　134
モリッツ，J（ナッソウ・ジーゲン伯）　92
モルサン（アキテーヌ）　52
モルダヴィア北部の壁画教会群　175
モルドヴァ（地方）　168
モルドヴィツァ修道院（ブコヴィナ）　175
モルビアン湾（ブルターニュ）　50
モルフゼー（キール）　111
モルフゼー・シュレースヴィヒ=ホルシュタイン野外博物館　111, 192, 238
モルレ（ブルターニュ）　42, 50, 192, 237
　大通の建物　50
　鉄道橋　50
　ムール通　50
　アンヌ公妃の家　50, 192
　修道院　48
モンゴル人　155
モン・サン=ミッシェル（ノルマンディー）　42, 48, 49
モンテ・ローザ山塊（ヴァリス）　80

【や】
ヤーノシュ（フランシスコ派修道士）　156
ヤイツェ（ボサンスカ・クライナ）　239
ヤヴォル（D.・シロンスク）　138, 238
　平和教会　138
ヤシニャ（ザカルパッチャ）　176
　救主昇天教会　176, 223
　鐘塔　223,
ヤッリノヤ，R.　120
ヤブウォンカ（マウォポルスカ）の農家　143
ヤムカ（カレリア）　126
ヤムサ教会（ケスキ=スオミ）　121
ヤントラ川（V.・トゥルノヴォ）　187, 189, 190

【ゆ】
ユヴァスキュラ（ケスキ=スオミ）　114, 121, 122
　ユーリッカサーリ地区　122
ユダヤ人　77, 155, 184, 185
ユトランド半島　16, 100, 112, 113
　半島東部の民家　113
ユングフラウ山塊　80

【よ】
ヨエンスー（北カルヤラ）　114, 122
　北カルヤラ文化・観光センター＋北カルヤラ博物館　122
　キルッコ通　122
　聖ニコラス教会　122
ヨーク（アルテス・ラント）　110
　アルテス・ラント博物館　110
ヨハネス（アルスフェルトの名工）　92

【ら】
ラーヘ（北オストロボスニア）　114, 121, 237
　ペッカトーリ広場　121
　ランタ通の旧市庁舎　122
ラ・アルベルカ（サマランカ）　60, 192, 206, 237
ライ（イースト・サセックス）　32, 36, 37, 237
　セントメアリーズ教会　37
　マーメイド・イン　32, 36
ライプツィヒ　93
ライン川　64, 68, 71, 72, 74, 75, 76, 77, 88, 99, 207, 208

ラインラント・プファルツ（州）　208
ラヴィッツァラ渓谷（ティチーノ）　85
ラヴェナム（サフォーク）　32, 38, 62, 192, 206, 214, 237
　ウォーター・ストリート　38, 62
　スワン・ホテル　32, 38, 62
　ウール・ホール　38
　ラヴェナムの小修道院　38
　中央広場　38
　ギルドホール　38, 62, 206
　シリング・ストリート　62
　ハイ・ストリート　38, 62
　ラヴェナムの教会　38, 62
ラウマ　114, 119, 121, 193, 237
　ヴァンハンキルッコ通　119
　カウッパ通　119
　マレーラ　119
　ラウマ博物館　119
　旧市街
　　聖十字教会　119
　　木造町役場　119
　ポーヤ通のキルスティ　119
　ホテル・ヴァンハ・ラウマ　119
ラズカノフ、ハジ（エレナ）　185
ラッテンベルク（ティロル）　82
ラップ人　116
ラップ人の住居　118
ラッペーンランタ（南カルヤラ）　114, 124
　南カルヤラ博物館　124
　ラッペーン・マリア教会　124
ラディス（オーバーインタール）　83
ラティマー（バッキンガムシャー）　40
ラテン系　16, 71, 164, 166, 178, 199
ラトヴィア野外民族博物館　193, 239
ラドヴェシツ（ウースチー）　193, 209
ラドガ湖　125
ラドミロヴァー（プレショフ）　238
　大天使ミカエル教会　149
ラトリツィア川（ザカルパッチャ）　176
ラドルシュ（ポドカルパチェ）の聖パラスケヴァ教会　141
ラ・バスティード=クレーランス（ラブール）　237
ラヒヴ（ザカルパッチャ）　176
ラヒカイネン，T（カヴィタイパレ）　124
ラブーエール（アキテーヌ）　52, 56
ラブール地区（アキテーヌ）　52, 57
ラプシュ（マラムレシュ）の農家　173
ラフ人　139
ラブチウニツァ（ネアムツ）の教会　168
ラホヴィツェ（マウォポルスカ）の教会　143
ラマルティーヌ，A.　183
　ラマルティーヌ博物館（プロヴディフ）　183
ラ岬（ブルターニュ）　50
ラルダールスェイリ（ソグン）　100, 106, 237
　オエイラ通　106
　　ゴラッテイエルデ家106
　　ヘンリック家106
　　リンドストレーム・ホテル106
　ガムレ・ラルダールスェイリ　106
ラ・ロジエール（ノルマンディー）　207
ランゴー（ミットユラン）　112
ランティユ（オーブ）の聖ジャック・聖フィリップ教会　237
ランデック（ティロル）　78, 83
ラントヴュスト・フォークトラント野外博物館　238
ランド地方　52, 55, 56, 192
ランバル（ブルターニュ）　42

【り】
リース盆地（バイエルン）　73

リート・イム・オーバーインタール　78, 83
リーベ（スュズダンマーク）　100, 111, 192, 209, 212, 237
　ソエナポート通　111
　トルヴェット通のヴァイス・スチュー　111
　フネ通　111
　リーベ・ヴァイキング博物館　111
リヴァプール　39
リヴァロ（オージュ）　48
リヴィウ　133, 134, 164, 177
　シェフチェンキフスキー・ハイ公園　177
　リヴィウの歴史地区　177
　リヴィウ・民族建築・生活博物館　133, 177, 193, 239
リヴィウ地方　149, 193
リエクサ（北カレリヤ）　114, 122, 193, 217
リエクサ川　122
リエンツ（東ティロル）　150, 160
リガ　128, 239
リカ川（ザカルパッチャ）　177
リクヴィール（アルザス）　68, 77, 237
　オーベルトール　77
　キーナー館　77
　ド・ゴール将軍通　77
　　イリオン館　77
　　プライス・ツインマー館　77
　　リープリッヒ館　77
　　アンリ美術館　77
　ドルデの門　77
リジウー（オージュ）　42, 48
リジウー南部　48
　オービション家　48
　シフルトの荘園　48
　ベルーの荘園　48
　マトゥラン家　48
リズニャーガ峠（ナバラ）　58
リトアニア民俗博物館　193, 239
リヒタースヴィル（チューリッヒ）　207
リプトフ湖　145
リプトフスキー・フラードック（プレショフ）　145
リプトフ地方　144, 145
　リプトフ地方の家並　144
リブナー（カルロヴィ・ヴァリ）　193, 209
リプニツァ・ヴィエルカ（マウォポルスカ）の木造教会　139
リプニツァ・ムロヴァナ（マウォポルスカ）の聖レオナルド教会　139
リベレツ（市内）　193, 209
リボーヴィル（アルザス）の聖ウルリッヒ城　76
リムーザン（地方）　206
リュウーナネン、E.　123
　リュウーナネンのスタジオ　123
リューネブルガーハイデ（ニーダーザクセン）　95
リューベック　100, 104, 110
　アン・デア・オーバーシュトラーヴェ　110
　　製粉所兼倉庫　110
　トラヴェ運河　110
　ホルステン橋の南の塩倉庫　110
　メンク通のブッデンブローク館　110
リュクサンブール　192, 207
リュフォス（ゴール）　106
リュボフニャ城（プレショフ）　146
リラ（キュステンディル）　178, 182
　聖母誕生教会　182
　僧院　178, 182, 187
リレハンメル（オップラン）　100, 106
　ストル通　107
リン（インタール）　193, 209
リンツ　162

【る】

ル・アーヴル（ノルマンディー）　42, 47
　オーギュスト・ペレーの都市再建計画　47
ルイ14世　58
ルー（オージュ）　210
ルーアン　42, 44, 46, 192, 237
　ヴィユ・マルシェ広場　46
　　サント＝ジャンヌ＝ダルク教会　46
　オー＝ド＝ロベック通　46
　サル・ドゥ・マリアージュ　46
　グロ・ゾルロージュ通　44, 46
　　時計台　44, 46
　コショワーズ通　47
　サン＝ヴィヴィアン通の町家　46
　サン＝トゥアン教会　47
　サン＝マクルー教会　46
　サン＝マクルー墓地　46
　サン＝ロマン通　46
　　ヴィエイユ・メゾン　46
　大聖堂　46
　マルタンヴィユ通　46
ルーセ（ルーセ）　164
ルーテル派（教会）　18, 121, 124, 138, 156, 222
ルーネベリ、J. L.　118
ルーマニア人　172
ルーマニア正教（会）　18, 175
ルオヴェスィ（ピルカンマー）の教会のボート小屋　118
ルオコラハティ（南カレリヤ）　123
　木造教会と鐘塔　123
　ルオコラハティ地域史博物館　123
ルオスタリンマキ手工芸博物館　118, 119, 237
ルガーノ湖　85
ルクセンブルグ　207
ルコフ＝ヴェネツィア（プレショフ）の木造教会　148
ルシュクリッツァ（フネドアラ）の家　170
ルジョンベロック（ジリナ）　134, 144, 145
ルスカー・ビュストラー（コシツェ）の聖ニコラオス教会　144
ルター、M.　93, 99
ルツェルン　192, 207
ルテニア人　147, 149
ルドノ（ジリナ）の教会　144
ルブシュ（県）　193, 209
ル・マン（ペイ・ド・ラ・ロワール）　42, 48, 192, 237
　サン・ジュリアン大聖堂　48
　ル・マンの大通　48
　レーヌ・ベランジェール通　48
　ピエレ・ルージュ通　48, 192
　二人の友の家　48

【れ】

レインリ（オップラン）の木造教会　107
レヴォチャ（プレショフ）　146
レーディチュ（ザラ）の民家　154
レーティッシュ鉄道アルブラ線・ベルニナ線　84
レーデ野外博物館　238
レキテイ（ザカルパッチャ）の農家　176
レリカ（ナバラ）　52, 58, 237
レシュティニ（ジリナ）の福音派教会　144
レシュテン（プラゴエヴグラト）　182
レス島（ノーユラン）　216
レッチェベルクベーストンネル　86
レッドベリー（ヘレフォードシャー）　40, 237
レッパネン、J. K.　121
レマン湖　86
レムシ人　139, 141
レリクオゼーロ（カレリア）　126
　アルハンゲル・ミハイル礼拝堂　126
レンス（ラインラント・プファルツ）　208

レンヌ（ブルターニュ）　42, 49, 192, 237
　サン・ギヨーム通　49
　テイ・コス（ゲスラン館）　49
　サン・ジョルジュ通　49
　サン・ソヴール通　49
　シャン＝ジャケ広場の建物　49, 192

【ろ】

ロアール渓谷　42
ロヴァニエミ（ラッピ）　114
ロウニィ地域博物館＝ブジェスノ野外考古博物館　238
ローテンブルク・オプ・デア・タウバー（バイエルン）　68, 73, 238
　シュミート街の棟梁の家　73
　マルクト広場　73
　　市庁舎　73
　　食肉業会館　73
　マリエーン薬局　73
ロートホルン（ブリエンツ）のアプト式鉄道　87
ローヌ＝アルプ　207, 214
ローヌ川　80, 85
ローマ　78, 134
ローマ・カトリック（教会）　18, 136, 137, 141, 145, 147, 148, 222, 223
ローマ人　170
ローマン・バース（バース）と旧市街　41
ローメン木造教会（オップラン）　106
ロールマンニン、E.　123
ロガテツ野外博物館　193, 239
ロカルノ（ティチーノ）　78, 84
ログモルチェイ（カレリヤ）の家　126
ロゴス（マラムレシュ）の聖大天使教会　173
ロザヴレア（マラムレシュ）　164, 174
　ロザヴレアの教会　174
ロシア正教（会）　18, 122
ロシェ運河（コルマール）　76
ロスキレ大聖堂（シェラン）　112
ロスナ川（オップラン）　107
ロソリン（サノク）のギリシア・カトリック教会　141
ロッカ・アル・マーレ（タリン）　124
ロドピ山脈　178, 180, 182
ロトボフ（ブラショフ）　171
ロハティン（イヴァーノ＝フランキーウシク）の聖霊降誕教会　176
ロブニク（ケルンテン）の穀倉　159
ロマ人　155
ロマンティック街道　67, 68, 73
ロム（オップラン）　107
ロラーク（ブスケレー）の木造教会　107
ルルシュ（ヘッセン）の大修道院　72
ロワール川　51
ロンシャン（フランシュ＝コンテ）の教会　75
ロンドン　32, 36, 38, 40, 41, 52, 88, 100, 134, 164, 178
　ウエストミンスター寺院　36
　キュー王立植物園　36
　ニューランド・パーク　41
　マリタイム・グリニッジ　36

【わ】

ワイマール（テューリンゲン）　88
ワラキア　143
ワラキア自然博物館　143, 193, 238
ワラキア地方　22, 164, 166, 168, 169, 171
ワルシャワ　134

索引
■建築用語、素材名など

【あ】

アーケード　141
アーチ（状）　35, 106, 141, 199, 220
相欠き　202, 208
相欠き鎌継ぎ　203
アイヘ　231
アカマツ　12
上げ下げ窓　219
葦　226
脚固め　95, 98, 109
校木　8, 12, 80, 85, 86, 87, 108, 126, 141, 142, 143, 144, 148, 149, 153, 158, 159, 163, 202, 203, 209, 210, 214, 215, 218, 223, 227, 229
校木の（出）鼻　30, 119, 146, 203
頭繋ぎ　203
厚板　103, 108, 167, 173, 216, 221, 226
厚板落し込み　87, 103, 113, 201, 207, 208, 229
雨戸　76
網倉　26, 36,
蟻掛け　202, 203,
蟻継ぎ　203
アルドワーズ（粘板岩）　50, 51
アルベルビソル（酸性土壌）　14
アレマン風（軸組）　72
アンドレア十字　98, 106

【い】

井桁状の柱　118
イコン　18, 126, 148, 190, 216, 223
石置き（屋根）　128, 153, 161, 200
石壁　8, 49, 58, 59, 109, 158, 180, 182, 183, 186, 190, 207
石組み　58
石畳　49, 119, 183, 184
石積み（壁）　8, 55, 57, 58, 59, 60, 80, 84, 121, 148, 155, 180, 182, 186, 191, 201, 205, 201
石葺（屋根）　80, 84, 200
石室　86
泉　64, 84
板（張り）壁　26, 36, 88, 90, 106, 112, 116, 119, 146, 184, 186, 189, 190, 203, 227
板ガラス　219
板戸　218, 219
板柱　108
板葺（屋根）　83, 166, 200
イチイ　146, 148, 149
一室住居　210
居間　56, 74, 83, 84, 86, 109, 141, 147, 154, 159, 161, 162, 175, 183, 191, 210, 211, 212, 213, 214, 215, 216, 217, 218
入母屋（屋根）　124, 137, 141, 142, 144, 155, 199, 227
入母屋破風　24
インド風（外観）　36

【う】

ウィールデンハウス　35, 36, 37, 41
ヴィクトリア様式　36
ウィッチエルム　231
ヴェランダ（ベランダ）　60, 74, 142, 155, 180, 186, 189, 190, 219
ヴォールト（天井）　106, 145, 148, 155, 167, 173
牛小屋　120
薄板　221, 227,
内法（貫）　202, 219,
内梁　203
内開き（窓）　218, 219, 220

厩 107, 157
埋木 226
ウラジロハコヤナギ 231
ウルネス様式 105
ウンターフランケンの女(筋違) 233

え
エコミュゼ 20, 132
X字形(筋違) 93
エリザベス様式 40
L(字)形(の)平面 153, 154, 157, 162, 163, 174
L型枘差し 202
円錐形(屋根) 116, 199
円錐形二段屋根 199
煙道 125, 215, 216
円筒状(の塔) 225
煙突 141, 147, 215
円盤ガラス 77

お
追掛け楔締め継ぎ 203
扇状の模様 226
応接室 189
オーク 231
大戸 221
オーバーフランケンの女(筋違) 233
大梁 122, 138, 203
大鋸 228
置千木 200
追掛け継ぎ 203
斧 228, 229
表の居間 157
主屋 56, 84, 95, 107, 109, 112, 118, 120, 121, 123, 124, 126, 127, 137, 146, 157, 158, 160, 161, 162, 163, 171, 172, 209, 225
オモリカスプルース 230
折上げ天井 191
オリーヴ 12
折畳み戸 189, 219

か
カージー織 38
開口部 57, 71, 188, 215, 218, 219, 220
街村 63, 84
階段 35, 61, 67, 86, 107, 109, 186, 188, 190, 191
階段室 125
回廊 108, 122, 125, 155, 187, 207
鈎型(の平面) 163
垣根 174
角材 85, 201
隠し部屋 188
囲み庭(型) 146, 170, 171
飾り柱 227
飾り枠 219
カシ 231
傾ぎ蟻鼻欠き 203
傾ぎ蟻鼻付き 203
傾ぎ大入れ短枘差し 202
傾ぎ胴付き輪薙込み 202
鍛冶屋 123, 130, 162
カシワ 231
風の眼(窓) 218
片蟻掛け 202
片手鋸 229
片流れ屋根 118, 139, 199
片引き窓 218
片開き(戸) 174, 221
家畜小屋 14, 56, 120, 155, 210
滑車 96
合掌 72, 112, 154, 199, 202, 203, 205, 232
合掌受木 202, 203,
合掌組 74, 84, 104, 139, 142, 205, 232

角丸太 203
カバ 140, 155,
兜屋根 71, 74, 143
壁桁 203
壁筋違 202
壁梁 203
鎌掛け 202, 203
框 218, 221
框戸 219
竈 124, 147, 158, 159, 203, 210, 214, 215, 216, 217
カムチヤ型(出桁造) 186
萱 200, 201
茅葺(屋根) 32, 35, 41, 44, 47, 48, 109, 110, 112, 124, 129, 156, 162, 226
ガラス 74, 218
ガラス框戸 189
空積み 201
カラマツ 12, 86, 139
ガルーダ(怪鳥) 156
カレリア風(木造建物) 122
側壁 57, 59, 106
側柱 232
側梁 202
瓦葺(屋根) 57, 155, 170, 171, 180, 187, 189, 200, 201
換気口 60, 84, 218, 226
緩勾配(屋根) 55, 56, 57, 80, 126, 128, 153, 155, 159, 160, 161, 180, 199, 200, 205, 207, 227
乾燥小屋 14
乾燥室 124
鉋 228
閂 85, 220

き
キオシュク(涼み台) 185, 191
木組 44, 75, 77, 80
椪小屋 123
基礎 203
貴賓席 216
客室 83, 155
ギャラリー 57
急勾配(屋根) 41, 44, 55, 76, 80, 84, 93, 110, 120, 121, 124, 126, 137, 139, 142, 145, 147, 148, 153, 155, 158, 168, 175, 176, 199, 200, 205, 207
求心的平面 121, 222
キューポラ 121
曲線状(軒, 方杖) 87, 185
曲線状の屋根 191
漁網 36, 124, 225
キリストの磔刑像(rood) 222
切妻破風(屋根) 95, 109, 110, 126, 140, 199
切妻屋根 39, 41, 55, 56, 57, 60, 66, 68, 71, 72, 73, 80, 82, 84, 86, 90, 92, 93, 95, 97, 100, 103, 104, 105, 108, 110, 119, 120, 125, 128, 129, 153, 156, 158, 159, 160, 162, 199, 207, 208, 211, 226, 227
キリム織 186
キングトラス 232
キングポスト(トラス) 35, 232
キンツイッヒテーラーハウス形(構造形式) 74
ギンドロ 231

く
クイーンポスト 232
潜り戸 174
草葺屋根 137, 166, 199, 200
鎖帯状(模様) 227
グツリシュチーナ(型)教会 176
くびき梁 232
クラウンポスト 38, 232
鞍型屋根 199
クラックトラス 35, 40, 41, 205, 232
クリ 231

繰形(模様) 97, 226, 227
榑板 128, 132, 139, 141, 200,
榑板葺(屋根) 129, 153, 159, 161
クレーン 225
黒い居間 143

け
懸魚 227
化粧タイル 216
化粧積み 208
化粧目板 221
桁行 104, 106, 158, 203
煙たい居間 125, 158, 161
煙たい台所 157
蟋羽板 141, 159, 203, 227
玄関 35, 84

こ
後期バロック(様式) 140, 148
交叉ヴォールト 121
交叉梁 121, 124,
格子 35, 64, 188, 189, 206
格子窓 96, 218, 220
杭上住居 74
格天井 138
向拝屋根 168, 199,
広葉樹(材) 12, 228, 229, 231
小刀 228
穀倉 14, 31, 36, 60, 80, 84, 85, 103, 107, 112, 123, 127, 133, 148, 153, 155, 159, 171, 208, 210, 211, 212, 225
小口 60, 146,
柿板(葺き) 200, 203, 227
柿葺(屋根) 112, 121, 123, 126, 128, 137, 139, 142, 145, 146, 147, 148, 153, 154, 155, 159, 166, 168, 171, 174, 176, 200
腰 199
腰板 66
腰折れ切妻屋根 199
腰掛け蟻掛け 202
腰壁 46, 77, 93, 94, 95, 96, 97, 98, 208, 215, 219, 226
ゴシック(風, 様式) 8, 18, 39, 46, 59, 60, 97, 103, 104, 121, 135, 167, 173, 174, 177, 205
5室直列型平面 157
腰貫 35, 202, 207
コナラ 206, 231
コの字形(平面) 153, 157, 163
コバノシナノキ 231
小梁 202, 203, 232
木舞(組) 8, 40, 109, 154, 155, 156, 157, 162, 201
小窓 220
小屋裏 35, 90, 96, 104, 126, 175, 199, 205, 211
小屋組 35, 71, 73, 74, 80, 95, 110, 112, 124, 139, 142, 154, 157, 158, 159, 199, 204, 205, 214, 222, 223
小屋束 202, 203, 205, 207
小屋根 139
小屋梁 202, 203, 205, 232
転ばし根太 203
コロンバージュ(様式) 44, 46, 47, 48, 55
混構造(ハイブリッド構造) 8, 201, 209, 213
コンパス 229

さ
サージ(織) 38
彩色画 140, 141, 148, 167
彩色壁 183
彩色模様 86, 146,
砕石 8
祭壇 18, 106, 139, 140, 148, 182, 216
サウナ 116, 123,
作業小屋 189
作業場 95, 112, 126, 141, 155, 158, 171, 199, 210,

212, 213
柵 167, 170, 221
ザコパネ様式 134, 142, 143
叉首 158, 203, 205
叉首組 232
左右対称(形)の平面 180, 183, 191
サラセン風 214, 215
サロン 191
桟瓦 200
散光 12, 231
3室構成(教会の平面) 137, 146, 147
3室直列型(平面) 125, 126, 147, 149, 153, 154, 155, 157, 163, 168
三方囲み庭型 157
三廊式(架構) 95, 109, 112, 138, 140, 205, 211, 212, 222

し
ジェティ 37, 40
シカモアカエデ 230
敷桁 202
敷土 203
軸組 12, 14, 25, 35, 37, 39, 40, 41, 44, 46, 47, 49, 55, 56, 57, 58, 59, 60, 61, 64, 66, 71, 72, 74, 75, 76, 77, 87, 92, 93, 94, 95, 96, 97, 98, 99, 103, 104, 109, 110, 111, 112, 113, 116, 120, 130, 131, 132, 138, 142, 154, 156, 157, 158, 162, 180, 182, 184, 185, 186, 187, 190, 201, 203, 206, 207, 208, 220, 229
軸組(造、構法) 8, 16, 22, 57, 90, 92, 131, 137, 138, 139, 145, 161, 162, 163, 177, 202, 203, 204, 206, 207, 208, 211, 213, 214, 218, 222, 224, 225, 226, 228, 229
軸組(塗)壁(造) 88, 208, 214, 215
仕口 44, 159, 189, 202, 228, 229
仕事場 119, 120, 189
綴屋根 199
下欠き丸太 203
下見板 32, 35, 36, 37, 104, 119, 120
市庁舎 72, 73, 92, 94, 95, 97, 99
漆喰 38, 60, 93, 141, 146, 171, 188
尻挟み継ぎ 203
蔀戸 189, 219
シナノグルミ 231
シノワズリー 36
芝土 201
芝土押え 200
地棟 232
締梁 202, 232,
締梁叉首組 158, 159
下胴付きの玉葱形ドーム(ルコヴィッツァ・クーポラ) 126
ジャコビアン様式 40
斜柱 112
シュヴァーベンの男(筋違) 233
シュヴァーベンの女(筋違) 73, 208, 233
十字形(平面) 121, 124, 125, 126, 137, 146, 176, 223
集成材 46
祝祭ホール 73
宿泊棟 132
樹皮(葺屋根) 200, 229
小居間 158
城郭 171
正角材 206
上下欠き丸太 203
城塞(砦) 36, 39, 56, 57, 171, 185
鐘塔 47, 57, 65, 66, 105, 106, 117, 118, 121, 123, 124, 129, 137, 139, 140, 141, 145, 147, 148, 149, 155, 156, 158, 167, 168, 173, 174, 176, 177, 222, 223
商品搬入口 96
城壁 42, 48, 49, 50, 59, 60, 67, 73, 75, 77, 93, 97, 99, 170, 212

障壁画　167
城門　49, 60, 67
上屋桁　232
上屋柱　232
食堂　75, 83, 161, 210, 212,
食料庫　116, 120, 154, 155, 175, 211
ショップ　159
白壁　35, 61, 56, 57, 82, 84, 92, 112, 129, 130, 155,
　　160, 189, 206, 209
資料館　185
飼料庫　210
白い居間　143
寝室　35, 56, 83, 86, 107, 120, 147, 154, 155, 161, 183,
　　190, 191, 210, 211, 212, 213, 214
信者席　138
真束　71, 74, 154, 202, 205, 232
針葉樹（材）　12, 228, 229, 230, 231
身廊　106, 108, 138, 140, 141, 222

す
炊事場　104, 210, 211, 215, 216
水車　14, 56, 98, 170, 227
水車小屋　123, 131
スイスマツ　230
スイス様式（外観）　139
スギ　228
スグラッフィート（技法）　84
筋違　35, 46, 71, 73, 82, 90, 92, 93, 104, 105, 108, 145,
　　158, 206, 207, 208, 209, 232
スターヴ教会　22, 100, 103, 104, 222
ステップ（地帯）　10, 12
ステンドグラス　46, 142
隅木　232
隅柱　105, 202, 226
隅丸榑板　200
隅丸平瓦　200
スモーク型（風車）　225
スレート　201
スレート（葺）（屋根）　92, 200, 207

せ
聖具室　121, 148, 222
製材所　123, 162, 170
聖障（イコノスタス）　126, 140, 141, 147, 148, 149,
　　176, 223
成長林（森林）　12
晴天率　10
製粉室　210
正方形（平面）　38, 60, 123, 125, 126, 148, 214, 216
セイヨウシデ　230
セイヨウトチノキ　230
セイヨウトネリコ　231
セイヨウハコヤナギ　231
セイヨウミザクラ　231
製酪室　210
井楼組　8, 12, 16, 22, 30, 63, 78, 80, 84, 86, 87, 103,
　　104, 106, 108, 116, 118, 119, 120, 121, 122, 123,
　　124, 126, 128, 129, 137, 138, 139, 140, 141, 142,
　　143, 144, 145, 146, 147, 148, 153, 154, 157, 159,
　　160, 161, 162, 166, 167, 172, 173, 174, 176, 177,
　　201, 202, 203, 205, 207, 208, 209, 210, 211, 214,
　　215, 218, 220, 223, 225, 227, 229, 232
世界（文化）遺産　8, 20, 74, 88, 97, 98, 104, 105, 110,
　　114, 119, 121, 124, 125, 134, 137, 139, 140, 141,
　　144, 145, 146, 148, 149, 150, 154, 170, 171, 174,
　　175, 176, 177, 184
積算温度　10
石造アーチ　59
石版（葺）　189, 200, 201
説教壇　121
迫出し　58, 86, 90, 112, 208
穿孔用（の道具）　228, 229

前室　118, 125, 126, 137, 141, 143, 175, 176, 177, 190,
　　222, 223
扇状トラス　122
尖塔　73, 92, 93, 95, 98, 126, 155, 173

そ
倉（庫）　75, 83, 86, 94, 96, 103, 109, 112, 119, 147,
　　189, 199, 210, 212, 213, 226
装飾模様　38, 39, 108, 109, 142, 143, 157, 191, 226
僧坊　182
添垂木　202, 203, 232
側廊　140, 141, 222
組積造　74, 84, 85, 201
外開き　219, 220

た
台切鋸　228
大工道具　163, 228, 229
台所　35, 56, 86, 131, 154, 155, 212, 216
タイル張り　95
台輪　202, 203,
楕円形平面　199
楕円形ホール　183
多角錐（出窓）　75
高窓　214, 218
高床（式）　31, 55, 60, 86, 103, 107, 108, 125, 159, 216
焚口　216
出桁　37, 66, 90, 93, 94, 95, 97, 176, 186, 203, 226,
出桁の鼻　99
脱穀場　124, 161, 162, 171
ダッチドア　220
竪穴式（住居）　162
縦板格子　226, 227
縦斧　228
縦枠　203, 220
玉葱型（ドーム、屋根）　117, 126, 177, 199
樽型交叉ヴォールト　146
垂木　112, 154, 199, 202, 203, 204, 205, 232
垂木構造　130
短柱　107, 108,
段葺（屋根）　147, 177
暖炉　35, 56, 183, 213, 214, 215, 216, 217
単廊式（架構）　106

ち
チェルノーゼム（黒土）　14
地下室　92
畜舎　14, 71, 74, 84, 103, 109, 112, 123, 127, 132, 158,
　　161, 162, 171, 172, 199, 210, 211, 212, 224, 225
チャルダク（ヴェランダ）　186
チューダー様式　32, 37, 38, 40, 41
柱頭　49, 96, 105, 106, 171, 227
中2階　213
柱列　104, 168, 205, 207
柱廊　49, 60, 106, 126, 139, 140, 148, 153, 154, 168,
　　171, 174, 175, 177, 182, 186, 191, 209
長円形（屋根）　199
彫刻　39, 66, 95, 96, 119
長多角形（屋根）　199
蝶番　220
頂塔　106, 126, 140, 149
長方形（平面）　60, 121, 143, 166, 212, 214, 216, 224
直射光　12, 231
貯蔵庫　225

つ
築地壁　180, 183, 191
通用口　139
通用門　221
束　82, 86, 103, 202, 205, 232
束石　225
束掛け　200

束柱　153, 159, 232
継手　71, 202, 203, 228
造り付けベッド　217
蔓　201
土（壁）　8, 109, 112, 153, 154, 155, 201, 206, 213, 216
筒型ヴォールト　47, 121
繋ぎ受梁　202
繋ぎ小梁　139, 158
繋ぎ梁　94, 141, 202, 203, 205, 232
妻入り　55, 58, 97, 159, 162, 212
妻飾（Bundwerk）　82
妻壁　28, 29, 57, 58, 59, 65, 80, 85, 110, 137, 145, 199,
　　208, 232
妻側　224
妻破風　95, 142, 144, 157, 209, 226, 227
釣鐘形屋根　199
吊束　202, 232
ツンドラ　12

て
（出）入口　59, 103, 106, 108, 143, 146, 168, 174, 176,
　　183, 187, 188, 191, 211, 212, 213, 220, 224
ティロル型（平面構成）　161
出隅　144
手摺　51, 59, 121, 177, 207, 227
鉄筋コンクリート（製）柱・梁構造　201
鉄格子　219
鉄骨トラス　35, 46
鉄骨（製）柱・梁構造　201
出窓　38, 41, 44, 75, 76, 98, 191
天蓋　106, 123
天井板　203
天井垂木　38
テント　16
テント形（屋根）　125, 126
天然スレート（張り）　44, 200, 201
天秤梁　232

と
樋　203
塔　48, 52, 60, 67, 75, 94, 95, 99, 155, 199
塔型（風車）　225
胴差　203
同士鎌継ぎ　203
塔付き住宅　60
戸口　119, 154, 155, 220
トウヒ　12, 148, 149, 231
通柱　92, 93, 98, 112, 202
独立柱　60, 103, 105, 106, 108, 141, 153, 187, 203,
　　204, 209, 227
トスカナ風（外観）　98
土台　86, 108, 202, 203, 206, 222
トネリコ　175
土間　147
土曜の部屋　140
鳥居　174
鶏小屋　55, 56, 225
ドルメン（支石墓）　42, 51

な
内陣　18, 105, 106, 108, 121, 126, 137, 139, 140, 141,
　　148, 149, 222
長板押え　200
中桁　203
長筋違　202
中庭　46, 95, 107, 119, 122, 172, 182, 211, 212
中貫　202
ナショナル・ロマンティズム（フィンランド）
　　122
ナツボダイジュ　231
斜受束（柱）　202
納屋　14, 84, 95, 143, 146, 153, 157, 158, 160, 161,

　　163, 171, 208, 211, 212, 220, 221, 224, 225
ナラ　12, 38, 40, 56, 60, 112, 113, 154, 156, 174, 228,
　　231
双び倉形式　225
納戸　83, 107, 120, 210, 212

に
ニーダーザクセン風（軸組）　98
二戸建て住宅　213
2室構成（教会の平面）　139
二重窓　130
二段窓　219
日射量　10
日照時間　10, 12, 231
二枚戸　220
二枚枘差し　202
ニレ　231

ぬ
貫土台　108
塗壁　35, 37, 40, 74, 75, 76, 83, 87, 90, 92, 111, 149,
　　155, 156, 163, 166, 168, 171, 183, 184, 185, 186,
　　191, 201, 203, 208, 224, 229

ね
ネオ・クラシック様式　119, 121
ネオ・ゴシック様式　99, 123, 140
ネオ・バスク様式　52, 56
ネオ・リージョナリズム（フランス）　57
捻り柱　146
鼠返し　36, 41, 80, 84, 85, 86, 107, 108, 159, 225
根太　8, 58, 60, 93, 202, 203, 207, 208, 226
粘土　201, 216
粘板岩　200

の
軒　58, 87, 119, 142, 147, 175, 189, 190, 199, 207, 227,
軒桁　108, 202, 203, 227, 232
軒庇　186, 189
鋸　228
鋸屋根　199
野地板　201, 227
野面石　84
登梁　232
鑿　229
ノルマン・ゴシック様式　48

は
ハーフティンバー（様式）　22, 32, 35, 36, 37, 44,
　　62, 112, 206
ハイサイドトップライト　122
ハイデンハウス型（構造形式）　74
博物館　37, 38, 40, 41, 48, 96, 99, 112, 113, 118, 124,
　　142, 182, 183, 186, 187, 189, 190, 191
箱型（風車）　225
鋏合掌　175, 203, 232
鋏軒梁　154, 157
鋏繋ぎ小梁　202, 203
鋏繋ぎ梁　202, 232
鋏方杖　232
橋桁　99
柱（stave）　222
柱・梁（構造）　8, 44, 55, 87, 88, 98, 126, 180, 201,
　　204, 206, 207, 208, 214, 222, 223
柱形　119
柱間　209
柱割り　55
バシリカ　105, 106
バスク（風、様式）　57, 59
バタフライ屋根　199
ハツール型（教会）　137, 176, 223
八角形（平面）　121, 123, 125, 126, 140, 149

八角錐 (屋根) 125, 126, 177
鳩小屋 221, 225
破風 38, 51, 67, 84, 104, 106, 108, 141, 144, 185, 199, 207, 208
破風板 126, 227
破風屋根 (ポーチカ) 126
羽目板 148
嵌殺し窓 218
梁 (rood-beam) 222
梁組 35
張出し 49, 50, 87, 93, 108, 121, 142, 153, 180, 183, 185, 190, 191, 208, 213
梁間 158, 203
針目縫い 200
バルコニー 55, 58, 67, 77, 139, 153, 161, 162, 182, 190, 191, 213, 215
バロック (風、様式) 98, 110, 140, 147, 149, 183, 190
半入母屋根 144
半円母錐形の (屋根) 飾り 24, 137, 144, 173, 227,
ハンガリー風 (外観) 171
半地下 (式) 168, 213
パン・ド・ボア (様式) 44, 55
ハンドル錐 228
ハンノキ 156, 226
半丸太押さえ 200
半寄棟 (屋根) 71, 75, 99, 111, 129, 153, 158, 199
半寄棟破風屋根 199

ひ
ヒース 112
控壁 104
引違い窓 74
ピクチュアレスク 36
庇 56, 142, 175, 176, 180, 186, 199, 208, 225
菱形 (模様) 98, 99, 221
肘木 168, 187
美術学校 46, 190
羊小屋 146
一棟家屋 211
ヒノキ 228
日乾煉瓦 8, 10
病院 72
平入り 71, 97, 98, 112, 212
平側 224
平瓦 (張り) 200, 201
平鉋 228
平柄差し 202
広小舞 203
鬢太欠き 203

ふ
ファールンレッド (赤茶色) 116, 118, 120
ファッハヴェルク (軸組構法) 90
ファルトダッハ (屋根) 199
風車 14, 95, 111, 125, 130, 131, 171, 225
葺板の押さえ木 159
葺下ろし (屋根) 75, 199
吹抜け 35, 36, 213, 214
吹放ち 55, 56, 180, 185
覆土住居 116
副礼拝室 177
婦人席 141, 148, 223
二棟式 (建物配置) 211
ブナ 12, 154, 228, 231
舟型平面 112
踏固め (草葺配置) 201
フユナラ 231
フユボダイジュ 231
ブラックポプラ 231
フランケンの男 (筋違) 208, 233
フランケンの野人 (筋違) 208, 233

フランスカイガンショウ 230
ブルガリア・バロック風 187
フレスコ画 174, 175, 182, 191
プロヴディフ様式 (平面構成) 186
噴水 67, 75, 93

へ
塀 126, 149, 167, 174, 212, 213, 221
壁画 75, 126, 139, 170, 172, 173, 174, 175
ペチカ 126, 141, 143, 216, 217,
ベランダ (ヴェランダ) 60, 74, 142, 155, 180, 186, 189, 190, 219

ほ
ボイキ型 (教会) 137, 140, 141, 147, 149, 177, 223
防火壁 55, 59, 207
方形 (屋根) 60, 120, 140, 149, 191
方立 77, 202, 218, 219
方杖 75, 92, 93, 122, 180, 183, 185, 186, 189, 191, 202, 203, 220, 232
放物線型 (屋根) 199
堡塁 112
ポーチ 143, 187, 221
ボート錐 228
ボート小屋 118
ホール 35, 185, 210, 212, 213
ホーンビーン 230
補強梁 (井楼組) 121
牧師館 120, 130,
ボザール (美術学校) 56
乾草 (置場) 83, 84, 161, 162
ボダイジュ (シナノキ) 149, 231
ホテル 22, 32, 37, 38, 39, 41, 47, 60, 72, 73, 75, 77, 86, 93, 96, 97, 99, 119, 168, 189
ポドゾル (酸性土壌) 14
墓標 227
ポプラ 155
ボルグン型 (教会) 103, 104, 106, 108
歩廊 50, 67, 73
ホワイトウィロー 231

ま
舞錐 229
楣 71, 87, 202, 203, 208, 220
間口 58, 86, 98, 142, 153, 159, 212
曲木 39
マケドニアマツ 230
間仕切 (壁) 74, 148, 205
股木 (柱) 111, 232
町役場 75
マツ 55, 124, 231
マット (谷) 86
窓台 202
窓枠 57, 119, 146, 207, 219
窓割り 47
マナーハウス (領主館) 35, 38
間柱 35, 44, 77, 87, 98, 184, 202, 203, 206, 207, 209,
丸瓦 201
丸太 84, 85, 103, 158, 171, 201, 203, 206
マロニエ 230
マンサード屋根 199

み
ミズナラ 231
水場 65, 145, 188, 210
ミラドール (見晴らし窓) 59
民俗バロック様式 (チェコ) 156
民族復興様式 (ブルガリア) 183, 184, 186, 188

む
棟木 92, 112, 154, 157, 202, 203, 204, 205, 232
棟持柱 16, 71, 74, 87, 111, 112, 131, 163, 202, 204, 205, 209, 232
棟 59, 95, 97, 119, 126, 141, 199, 227
棟押え 226
棟 (破風) 飾り 41, 174
棟割形式 213

め
目板張り 201
目地 (押え) 141, 146, 158
目違い継ぎ 203
面取り丸太 203
メンヒル (長い石) 51

も
木栓 71, 229
木造トラス 118
木彫 39, 50, 80, 86, 94, 105, 106, 109, 120, 123, 126, 142, 148, 167, 171, 174, 176, 177, 180, 182, 183, 186, 189, 190, 191, 227
裳階 108
モダンデザイン (北欧) 100
持送り 49, 50, 90, 95, 202, 203, 208, 226
物置 143
モミ 12, 140, 141, 142, 143, 149, 154, 157, 175, 221, 231,
母屋 120, 205, 232
母屋組束立 159
母屋桁 202, 203, 204, 205, 232
盛土 203
モルタル 8, 201,
門 (構え) 167, 170, 172, 174, 177, 190, 191, 213, 221, 225
門棟 121
門柱 174, 175, 221, 227
門扉 20, 175, 212

や
山羊囲い 225
屋敷門 120
屋中 201, 203
ヤナギ 226
屋根裏 (部屋) 44, 46, 92, 131
屋根飾り (ククラ) 144, 173
屋根筋違 203, 232
屋根窓 103, 139, 207
ヤマナラシ 126, 231

ゆ
床組 38, 93
床桁 60, 93, 208

よ
要塞 182, 187, 188
擁壁 148
(養) 蜂小屋 133, 225
ヨーロッパアカマツ 230
ヨーロッパカエデ 230
ヨーロッパカラマツ 230
ヨーロッパグリ 230
ヨーロッパクロマツ 230
ヨーロッパシラカバ 230
ヨーロッパダケカンバ 230
ヨーロッパトウヒ 230
ヨーロッパナラ 231
ヨーロッパニレ 231
ヨーロッパハンノキ 230
ヨーロッパブナ 231
ヨーロッパホワイトエルム 231
ヨーロッパモミ 230
ヨーロピアンアスペン 231
ヨーロピアンアッシュ 231
ヨーロピアンウォルナット 231

横斧 228
横桟 74, 84
寄棟 (屋根) 44, 48, 55, 56, 71, 74, 75, 87, 111, 121, 124, 129, 141, 143, 147, 153, 155, 156, 166, 168, 171, 175, 176, 177, 180, 186, 187, 199, 207, 224, 225, 232
鎧戸 64, 76, 219
4室直列型平面 147
四廊式 (架構) 163

ら
落葉広葉樹 (林) 12, 14, 230
落葉針葉樹林 12
欄間 220

り
リブ・ヴォールト 156
略鎌 203
竜頭彫刻 106
リュンディ (曲線状の軒板) 87
両刃鋸 228
両開き (戸) 174, 175, 215, 221

る
ルネサンス (風、様式) 95, 97, 98, 99, 109, 121, 147, 208
ルビソル (土壌) 14

れ
礼拝室 18, 121, 123, 125, 126, 137, 139, 140, 141, 146, 148, 149, 223
レニッシュ・ヘルム (屋根) 199
レムキ型 (教会) 137, 140, 147, 148, 149, 168, 170, 172, 173, 176, 177, 223
煉瓦 8, 35, 59, 60, 96, 97, 109, 110, 111, 122, 201, 206, 208, 209, 213, 216, 224
煉瓦 (壁、積み) 88, 104, 110, 111, 113, 129, 153, 201, 213
煉瓦造 8, 20, 38, 39, 41, 51, 163
煉瓦タイル 201

ろ
炉 35, 36, 108, 116, 210, 215, 216, 217
廊下 210, 211
ローマ・カトリック風 141
陸梁 158, 202, 205, 232
ロココ様式 140, 147
ロゼット (模様) 95, 97, 98, 175
ロフト 31, 103, 107, 210, 212
ロマネスク (様式) 48, 105

わ
枠鋸 228
渡り腮 (掛け) 202, 203, 206, 207, 208, 226
薬 147, 200, 226
薬葺 (屋根) 129, 139, 141, 149, 153, 155, 156, 157, 171, 172, 176, 177

あとがき

　私の「木のヨーロッパ」の旅は、1974年のロシアと東欧への個人旅行から始まっている。

　その後1984年からは、木造建築研究フォーラムの主催で2週間にわたるツアーを組み、1999年まで都合9回、ヨーロッパ各地の木造建築と街並を訪ねる旅を重ねてきた。

　そこで、せっかくならその旅の記録を留めようと、旅の常連だった松木一浩氏の発案で、同じく常連の植田実・上杉啓の両氏と私、また彰国社側からは田尻裕彦・後藤武の両氏とデザイナーの伊原智子氏が加わった委員会を2001年に結成、以来執筆担当の私が提供する資料を基に、毎回その編集方針を皆で協議しながら纏めたのが本書である。残念ながら松木氏は2004年3月に物故されたが、ほぼ15年間にわたったこうした編集委員会の存在と支援があったお陰で、このように一般の読者にも読みやすい本が発刊できたことを、ここで強調しておきたい。

　ただし、最初はこうした旅の記録だけでなく、どうしたらヨーロッパの木造建築や街並の旅が今後もまんべんなく、かつ楽しくできるかというガイドブック的な内容へと本書を拡大しようとしたが、それらに関する技術的な知識やその歴史・地理的な背景を図解しながら多く加えることで、建築や町づくりの専門家だけでなく、一般の読者も「木のヨーロッパ」を総合的に理解し、そこから新たな知見や興味が生まれることが期待できるような、一種の特定分野に関する事典としての体裁を整えるようになった。

　そのこともあって、当初は事例ごとの写真と解説で済むと気楽に執筆を引き受けたものの、中途から木造の建築や街並の表現によりふさわしい鉛筆手書きの図面重視へと編集方針を転換し、それが発刊を10年近くも遅らせる要因となった。しかし、この試みは、アナログ時代に育った者たちのデジタル世代に対するささやかな抵抗と受け取られやすい反面、ここ10年にわたる世界的な情報網の発達なくして到底本書は完成に至らなかったと、私はデジタル化社会の恩恵に感謝している。本書のように通算36ヵ国・31種の言語に記述が及ぶ場合、それを正確に表現す

るのには、ネットから即座に得られる豊富な情報が頼りだったからである。

　また、本書はこれまでのツアーで訪れた地域を中心として構成したため、その分割コース案を3例追加したとはいえ、他の地域を全部カヴァーすることは紙幅の制約もあってできなかった。木造建築がいまだに豊富なフランスのブルゴーニュ地方とサヴォア地方、ドイツの東部とチェコのボヘミア地方、ポーランドの北辺とバルト三国、スウェーデンの全域、セルビア西部とクロアチア東部などが除外された地域で、とりわけ最初の2地域はワインやビールのメッカだけに、旅好きの読者には不満があろう。せめてもの償いに、こうした未掲載地域の建物の情報もpp.192-7の分布図に含ませておいた。それでどうかご容赦いただきたい。

　それに、本書では特殊な建物や専門的な字句にはなるべく現地語による表現を添えることにしている。現地でそれを示しさえすれば、なんとか見学や調査の目的を達することができるからで、それが学術的に厳格な分類や定義がなされているか、語学的にも綴りや発音が完璧かというと、そうでない箇所を残しているかもしれない。それを補うべく、旅先には現地語の小辞典なり地図なりを持参されるようお勧めしたい。

　末尾になったが、これまで永い間何度も適切な助言や校閲をいただいた前述の植田氏と上杉氏、出版不況の中でも敢えて本書の刊行に踏み切られた後藤会長、複雑多岐にわたる言語の文章を纏めていただいた田尻氏、それに絶妙な配色とレイアウトで本書を見事に仕上げていただいた伊原氏には、改めて深甚の謝意を表する次第である。また、40年にわたる当方の勝手きわまる海外調査や執筆活動を、陰ながら支えてくれた妻恭子をはじめとする家族一同の協力にも、この際感謝の念を添えておきたい。

2015年9月吉日

太田邦夫

編集協力

植田 実（うえだ まこと）
住まいの図書館出版局編集長（建築批評・編集）

上杉 啓（うえすぎ けい）
東洋大学名誉教授（建築計画・構法計画）

松木一浩（まつき かずひろ）
元 ドット・コーポレーション代表
（建築プロデュース＆コンサルタント）、2004年3月没

レイアウト・ブックデザイン
伊原智子（るび デザイン ラボ）

著者紹介

太田邦夫（おおた くにお）

・略歴

1935年	東京生れ
1959年	東京大学工学部建築学科卒業、（株）現代建築研究所入社
1961年	東京大学教養学部図学教室助手
1966年	東洋大学工学部建築学科助教授
1984年	同教授
2001年	ものつくり大学建設技能工芸学科教授
2005年	同大学退職、太田邦夫建築設計室主宰、現在に至る。
	東洋大学・ものつくり大学名誉教授
	工学博士

・主な著書・訳書

『木造の詳細―構造編、仕上編』（共著）彰国社、1968、1997年。『ヨーロッパの木造建築』講談社、1985年。『東ヨーロッパの木造建築―架構方式の比較研究（1985年度日本建築学会賞受賞論文）』相模書房、1988年。『ヨーロッパの民家（建築巡礼）』丸善出版、1988年。『ヨーロッパの木造住宅』駸々堂出版、1992年。『工匠たちの技と知恵―世界の住まいにみる』学芸出版社、2007年。『エスノ・アーキテクチュア』SD選書、鹿島出版会、2010年。『建築のかたちと空間をデザインする』フランシス D.K. チン著・太田邦夫訳、彰国社、1987年など。

・主な設計作品

「ぼっこ山荘」1962年、「三笠の家」1963年、「五千尺ロッジ」1965年、「松本の家」1966年、「杢太良」1972年、「あかげらの家」1976年、「史跡根古谷台遺跡（復原設計）」1990年など。

木のヨーロッパ／建築とまち歩きの事典

2015 年 11 月 10 日　第 1 版 発　行

著　者　太　田　邦　夫

発行者　下　出　雅　徳

発行所　株式会社 彰　国　社

著作権者と
の協定によ
り検印省略

自然科学書協会会員
工学書協会会員

Printed in Japan

Ⓒ太田邦夫　2015 年

ISBN 978-4-395-32044-8　C3052

162-0067 東京都新宿区富久町8-21
電話　03-3359-3231(大代表)
振替口座　00160-2-173401

印刷：真興社　製本：ブロケード

http://www.shokokusha.co.jp

本書の内容の一部あるいは全部を、無断で複写(コピー)、複製、および磁気または光記録媒体等へ
の入力を禁止します。許諾については小社あてご照会ください。